JN065816

鎌倉時代論

五味文彦

Gomi Fumihiko

吉川弘文館

はじめに

本書は、著者が一九七三年から二〇一六年までの間に発表したところの、鎌倉時代に関する八編の論考を収録したものである。Ⅰには鎌倉時代前期の通史、Ⅱには鎌倉時代後期の通史を載せ、Ⅲでは鎌倉時代に関わる六編の論考を収録した。

旧稿を収録するにあたり、多少の字句の修正を行ったが、内容の修正はしていない。ただⅡの「鎌倉後期の社会変動」については、一部改稿を施して内容を膨らませている。以下に初出一覧を掲げる。

Ⅰ　京・鎌倉の王権

五味文彦編『京・鎌倉の王権』（日本の時代史8）吉川弘文館、二〇〇三年

Ⅱ　鎌倉後期の社会変動

五味文彦著『文学で読む日本の歴史　中世社会篇』山川出版社、二〇一六年の一部（第五章と第六章）

Ⅲ　鎌倉時代論

一　平氏軍制の諸段階

『史学雑誌』第八八編第八号、一九七九年

二　建暦期の後鳥羽院政――『世俗浅深秘抄』と「建暦の新制」――
　『明月記研究』一〇号、二〇〇五年

三　道家の徳政と泰時の徳政
　『明月記研究』一二号、二〇一〇年

四　使庁の構成と幕府――一二～一四世紀の洛中支配――
　『歴史学研究』第三九二号、一九七三年

五　絵巻の身体――『一遍聖絵』と『石山寺縁起』――
　五味文彦著『中世の身体』（角川叢書）角川学芸出版、二〇〇六年の一部（第二章と第四章）を再構成

六　王権と幕府――殺生禁断令を媒介に――
　『別冊文藝　天皇制―歴史・王権・大嘗祭―』河出書房新社、一九九〇年

本書は『吾妻鏡の方法』に続く、鎌倉時代に関わる第二論文集であり、前著が基本史料の『吾妻鏡』を中心として考察したのに対し、本書では『吾妻鏡』を踏まえつつも、それを一歩進め考察したところの論考を収めた。

目次

図表目次

＊『天狗草紙』個人蔵、『一遍聖絵』清浄光寺蔵、『一遍聖絵』（図Ⅲ-5-9）東京国立博物館蔵、『一遍上人絵詞伝』真光寺蔵、『石山寺縁起』石山寺蔵、『絵師草紙』宮内庁三の丸尚蔵館蔵。

Ⅰ　京・鎌倉の王権

一　鎌倉幕府の成立

1　頼朝の挙兵と内乱

令旨の衝撃

治承・寿水の内乱に始まって、武家政権が鎌倉に構築され、その成長とともに京から宗尊親王を皇族将軍として迎えるまでの七〇年ほどの歴史が、本稿の対象となる。

それまでの列島の社会は京の王権が中心となって動いていたが、鎌倉に新たな王権が生まれたことにより、社会は多元化の方向を明確に示し、その二つの王権の支配が重なり合いながら列島の隅々へと向かってゆくことで、大きな変動が起こり始めた。東アジア世界の片隅にあって、摂関時代以後は大陸の影響も間接的にしか受けていなかったものが、交流は列島の内部へと深く広がり、また大陸との交渉も深まって社会的にも経済的にも大きな影響を受けるようになった。

その社会変動の切っ掛けになったのは、一片の紙であった。一片の紙も歴史を変えることが時にある。その典型が治承四年（一一八〇）四月に発せられた以仁王の令旨であった。これが東国の各地にもたらされるや、それまで全国を覆っていた緊張は一気に崩れ、内乱状態へと突入したのである。

これ以前、三度のクーデターを経て、平氏は武家政権を形成してきた。その最初は保元元年（一一五六）の保元の乱である。信西が後白河天皇を推し立て崇徳上皇らの政敵を葬ると、これに動員された源氏・平氏の武士は朝廷の政治に深く関わるようになった。次の平治元年（一一五九）の平治の乱では、藤原信頼が源義朝を語らって政権の掌握を目指してこれに失敗すると、代わって平清盛が武家政権樹立の足場を固めた。

やがて平氏が武家政権を形成すると、それへの反発から治承元年（一一七七）には「鹿谷の陰謀」と称されるクーデター未遂事件がおき、その二年後の治承三年十一月に清盛がついに後白河法皇を鳥羽殿に押し込めるという三度目のクーデターがあって、朝廷の政治は平氏が全面的に掌握することとなった（元木泰雄・二〇〇二）。

こうして築かれた平氏の体制に真っ向から挑んだのが以仁王の令旨である。平清盛が安徳天皇を擁立し、高倉上皇を安芸の厳島社に誘って参詣に赴いていたその隙をねらって、後白河法皇の皇子以仁王が、源頼政らの源氏とともに平氏打倒の挙兵を計画し、東国の源氏らに発したものである。この令旨は、「清盛法師」の「威勢をもって凶徒を起こし、国家を亡じ、百官万民を悩乱し、五畿七道を虜掠し、皇院を幽閉し、公臣を流罪し、命を絶ち、身を流し、淵に沈め、楼に込め、財を盗みて国を領し、官を奪いて職を授け、功無くして賞を許し、罪にあらずして過に配す」などと、クーデター以後の「悪行」を数え上げ、その追討を催促したものである。平氏を仏敵とみなし、謀反人と断じ、挙兵を東国の武士に呼び掛けた（佐藤進一・一九八三）。

しかし都での反乱は未然に漏れてしまい、五月に以仁王・源頼政らは三井寺に逃れ、南都北嶺の大衆の連合を模索したが、延暦寺との連携に失敗して三井寺から南都に赴く途中の宇治で官軍の追撃にあい、二人とも討死して失敗に帰した。乱に驚いた平氏は、諸国に警戒体制を指示するとともに、南都北嶺の大衆連合を警戒して摂津の福原に遷都を図ったが、その情報が伝わるとともに各地で反乱の狼煙があがった。

伊豆では八月に源頼朝が挙兵し、信濃では源（木曾）義仲が、甲斐では源氏の武田信義が挙兵した。さらに奥州藤原氏や越後の城氏も対応する動きを見せ、畿内近国でも八月中旬に熊野の権別当湛増が謀反を起こして、平氏方の弟湛覚の城を焼き払った。西国でも伊予の河野氏や九州は肥後の菊池氏が次々に挙兵して、令旨は内乱を瞬く間に全国に拡大させていった。

各地の武士が平治の乱から二〇年の間に在地において実力をつけていたことがその最大の原因といえようが、実はそれは中央での武家政権形成の歩みとともにあったのであり、平氏政権が武士をうまく組織することができなかったのがもう一つの要因である。その両者の関係を一片の令旨が壊したわけで、この時に令旨を最大限に利用したのが頼朝であった。

館の社会

地方の武士は、荘園・公領のなかに館を築いて支配の足場となし、周辺の地を開発や勧農などにより所領経営にとりこみ、さらに主従関係に基づく武威や、本所・国衙の権威を頼んで、その領主支配を定着させ、安定した展開を行なうようになっていた。館の多くは河川の流域の水辺や小さな谷の突端に構えられ、それを中心に同心円的な支配関係が広がっていた（石井進・一九八七）。

かつては都から下ってきた受領の構える館が地方の文化や政治の中心にあった。しかし院政時代に入ると、それに代わって武士の館が中心となった。こうした館の社会の様相を文献とともに裏づけてくれるのが考古学の発掘の成果である。伊豆の北条にある願成就院の近くの遺跡からは、伊豆の「豪傑」と称された北条氏の館関連の遺跡と遺物が発掘されており、この地の盛んな経済・文化活動を物語っている。

奥州の平泉では、藤原秀衡が中尊寺の金色堂を正面から拝する地に「平泉の館」を構えていたが、その館跡である柳之御所遺跡を発掘した結果、大量の土器と中国陶磁器が掘り出され、五期以上にわたる建物の遺構が確認され、ここが大消費地であったことがわかってきている。一二世紀後半には平泉の館の周辺には一族の屋敷が設けられており、近くの毛越寺の周辺には高屋などが道に沿って存在し、明らかに都市的な様相を示し始めていた。陸奥の大道は奥州の入り口の白河から津軽の外ガ浜までを繋ぎ、その沿道には藤原氏によって阿弥陀仏を彫り込んだ笠卒塔婆が設けられ、平泉の中尊寺はその丁度中間に位置していたという。

館の立地条件から見ても武士の自立性は高かったが、横の連携をもつようにもなっていた。その連携をよく物語るのが、伊豆・駿河・相模・武蔵の国々の武士の交流を描いた『曾我物語』である。

ここにまた一つの不思議あり。武蔵・相模・伊豆・駿河、両四箇国の大名たち、伊豆の奥野に狩して遊ばむとて、伊豆の国へ打越えて伊藤（伊東）が館へ入りにけり。助親（祐親）大きに喜て、様々にもてなしつつ、三日三箇夜の酒宴ありけり。両四箇国の人々はかれこれ五百余騎の勢を以て伊豆の奥野へ入りにけり。

『曾我物語』はこのように武蔵・相模・伊豆・駿河の四ヵ国の武士たちが伊豆の奥野に集まったこと

から話を始めている。その武士たちは「馬の上、徒歩立ち、腕とり、おどりこえ物などこそ武士のしわざなり」などと称して遊びに興じていて、そこには日常的な交流が認められる。この狩の場で父を殺害された曾我兄弟の場合、「父方は伊豆の豪家、母方は相模の国の御家人たちなり」と、父や母の縁者の家に何日も逗留しつつ遊び育っていたといい、武士たちの間には広く婚姻関係が結ばれていた（石井進・一九七四）。

こうした人的な結合を生んでいたのは、先述の四ヵ国が東海道という道を介して結びついていたからである。武士たちの根拠地である館は、東海道やその支線に沿った地に構えられ、曾我兄弟が往来したのはそれらの館を結ぶ道であった。また各地にある天台宗系統の有力寺院の存在も重要な役割を果たしていた。『曾我物語』の世界でいえば、箱根・伊豆権現が広く武士の信仰を集めており、武士の子弟もそこで童となって教育を受けたり、また出家して大衆の一員となったりすることもあった。そうしたなかで武士の交流が盛んになり、様々な情報を共有するようになっていたのである。

西国に目を向けると、筑前の博多は日宋貿易の根拠地として栄えており、大宰府の有力在庁の館が構えられて、ここにも館の社会が築かれていた。博多から瀬戸内海を経て摂津の大輪田泊に至るまでの航路が整備されると、その航路に沿って海辺に館を構えた水軍が支配を広げていた。筑前の山鹿水軍、伊予の河野水軍、阿波の阿波民部大夫成良などである。なお近年、九州の薩摩の持体松遺跡からは大量の中国陶磁器が発掘されているが、それは近くにあった阿多氏と深い関係があった。唐房や唐人原などの日宋貿易に関わる地名も見えるなど、その根拠地の一つであったことが明らかにされている（柳原敏昭・一九九九）。

頼朝の挙兵

鎌倉幕府の歴史を描く『吾妻鏡』は、以仁王の令旨が治承四年（一一八〇）四月に、八条院の蔵人に任じられた源行家によって伊豆の北条の館にもたらされ、源頼朝・北条時政の手によって開かれるところから始まっている。

高倉宮の令旨、今日、前武衛の伊豆国北条館に到着す。（中略）北条四郎時政主は当国の豪傑なり。武衛を以て婿君となし、専ら無二の忠節を顕す。これに因りて最前彼の主を招き令旨を披かしめ給ふ（『吾妻鏡』治承四年四月二十七日条）。

令旨に象徴される朝廷の権威、頼朝という武士の長者、それらと時政に代表される東国の武士団の三つの結びつきによって幕府は始まった、というのが『吾妻鏡』の主張するところであり、この記事は幕府形成の起点をよく言いあてている（五味文彦・二〇〇〇b）。

その朝廷の権威を示す令旨には、どこを見ても頼朝に東国の支配をゆだねるという文言はない。しかし挙兵した頼朝は、伊豆の武勇の目代の平兼隆を滅ぼした直後に、伊豆の蒲屋御厨に出した下文のなかで、以仁王の令旨（「親王宣旨」）が、東国の荘園・公領を一向に沙汰する権限を頼朝にゆだねていると主張し、伊豆の文筆の目代の「史大夫」中原知親の知行を否定したのであった（『吾妻鏡』）。これ以後、広く以仁王の令旨は頼朝支配権の根拠とされていった。行軍の旗に結い付けられ、安房国ではこの令旨に基づいて軍勢催促が行われ、京下りの輩を搦める命令が出されている。なお「史大夫」とは朝廷の史という事務官で、大夫つまり五位に叙された官人のことで諸国の目代に任じられ、文書行政に従事することが多かった（五味文彦・一九八四）。

しかし令旨だけではいかんともしがたいのであって、頼朝は挙兵にあたってその中核となる武力として「累代の御家人」を動員した。かつて父義朝が東国に下っていた際に築いた主従関係を拠り所にしたものであり、それにしても少ない軍勢ではあったが、八月十七日に北条の館に挙兵した頼朝は平兼隆の山木館を攻めた。伊豆国は、以仁王の乱後、検非違使別当であった平時忠の知行国とされ、目代には平氏一門の平兼隆が任じられ、兼隆は北条館の直ぐ近くに館を構えていた。頼朝はこれを伊豆一宮の三島社の祭礼の日を狙って滅ぼすと、相模の三浦氏の後援を得て鎌倉に入ることを目指し、「伊豆・相模の御家人」を率いて伊豆を出た。だが三浦氏と合流する直前の二十三、四日に相模の石橋山で平氏軍の大庭景親に大敗してしまった。

そこで命からがら真鶴半島から脱出して海路をとり、房総半島へと逃げ込んで東京湾の周囲の勢力を頼むところとなる。この湾岸の相模・安房・上総・下総・武蔵の五ヵ国でも東海道四ヵ国と同様に武士間の濃密な交流があって、武士たちは親族や姻戚関係で結ばれていた。たとえば上総氏と下総の千葉氏は同族、上総広常の弟は相模の三浦氏の娘婿になっており、三浦義澄は安房の「国郡の案内者」と称されていた。この地域はかつて頼朝の父義朝が活動していた地であって、義朝は「上総曹司」と称されたごとく、上総で成長しており、下総の相馬御厨においては千葉氏から荘園の文書を押しとっており、やがて房総半島から三浦半島の三浦氏を頼って鎌倉に住むと、隣接する大庭御厨にも介入している（五味文彦・一九八四）。なお安房には源頼義が所領を初めて朝廷から拝領した丸御厨が所在し、安房の在庁官人の安西氏は頼朝が幼い頃に仕えていたという。

ただこの地域の武士は、父義朝との個人的な関係が強く、頼朝が軍勢の動員を命じただけでは容易に従わなかった。九月十九日に参上した上総広常は、頼朝に主人の器量がなかったならば殺そうとも考えていたといわれる。しかし頼朝はその器量を示し彼らを帰服させると、さらに十月四日には畠山重忠・河越重頼・江戸重長などの武蔵の有力者をも味方につけた。こうして頼朝は東海道四ヵ国と東京湾岸諸国の南関東一帯の武士たちから主人として認知され、東国の主として君臨する基礎を築いた。

鎌倉殿と所領安堵

頼朝は十月六日に相模に入り翌七日には鎌倉に到着した。鎌倉は先祖の頼義が北条時政の先祖である平直方から譲られた由緒の地であった。頼義は奥州の安倍貞任を攻めるにあたって鎌倉の由比浜に石清水八幡の若宮を勧請しており、父義朝は三浦氏をバックにして亀谷に館を構えていたことがある。

そうした由緒とともに、鎌倉が三方を山に囲まれ前方が海という要害の地であったことから、ここに居を占めることと定め、伊豆に逃れていた妻の政子を十一日に迎えると、翌日に由比の八幡を小林郷に遷して鶴岡八幡として祭った。ここに「鎌倉殿」という幕府政権の核が形成されたのである。

こうして形ばかりの体制が整ったところに、頼朝追討軍が駿河に到着した。これ以前、頼朝の挙兵の報が届くと、すぐ九月五日に頼朝追討の宣旨が出された。それは「伊豆国流人源頼朝」が凶徒を語らって伊豆や隣国を虜掠しているので、平維盛・忠度・知度らを追討使として派遣することから、東海・東山道の武士はこれらに加わるようにという内容であった（『玉葉』）。しかし頼朝が没落したとの噂がいったん流れたこともあって、追討軍の派遣は遅れに遅れ、その間に頼朝は南関東を支配下に入れていたのである。

すでに関東の平氏方軍勢のみならず、平宗盛の知行国の駿河の目代をも滅ぼされていたなかでの頼朝追討軍は、敵の情報の入手もかなわぬまま、頼朝軍と合流した甲斐の武田信義から送られてきた使者の口上に憤激し、そこに富士川の川辺の民家の明かりや鳥の飛び立つ音に驚いて、一戦も交えぬままに退却していった、と伝えられている。

これを見て頼朝は、すぐに上洛するように命じた。都で育ち、保元の乱後に蔵人を経て四位の兵衛佐に任じられていたことからすれば、当然のことであったろう。しかしそのまま上洛したとしたらどうであろうか。背後には敵を抱え、向かうところには強大な平氏の軍勢が待ち受けており、しかも京で迎えてくれる勢力もほとんど期待できないのでは、前途多難は明らかであった。宿老である千葉常胤・三浦義澄・上総広常らの勧めを受け入れて東国にとどまったのは、賢明な選択であった。

頼朝はこの富士川の合戦で平氏の追討軍を破ったことから、東国の反乱軍の中心の地位を占めるようになり、弟の義経が奥州から駆けつけてくると、これを受け入れ、また駿河・遠江の「守護」を甲斐源氏の武田信義・安田義定らに託し引き上げていった。そしてこの合戦からの帰途、十月二十三日に相模の国府で、北条時政以下の南関東一帯の武士に新恩の授与と本領の安堵を行っている。

『吾妻鏡』は、その時に三浦義澄を三浦介となし、下河辺庄司行平を下河辺庄司になしたと具体例をあげている。これらはそれぞれ本来は国司や本所などの権限に関わるものであったが、それとは別に頼朝が独自に行っていることに注意したい。国司や本所の権限を全く否定するのではなく、新たに鎌倉殿の下に武士を組織し、所領の給与や安堵を行ったのである。平氏が支配していた所領のみを没収しており、それ以外に旧来の秩序を大きく変えたわけではない。個々の領主権を安堵し、またその領主間の争いや、国司・本所との間に発生する争いに積極的に関与することとしたのである。

翌治承五年（一一八一）に、安房国の洲崎神領の訴えを聞いて安堵するとともに国衙への公事を免除し、また下河辺庄司行平の勲功を賞して行平が下総国の国役として奉仕していた貢馬を免除している（『吾妻鏡』）、これらは頼朝の方針をよく物語っている。すでに東国にはそれなりに安定した秩序が形成されつつあって、これを前提に鎌倉殿の権力を位置づけることが図られたのである。

2　治承・寿永の内乱

東国の王権

上洛を断念した頼朝は、上総・下総・常陸・陸奥の太平洋側四ヵ国の制圧を目指した。なかでも常陸には、在庁官人として一大勢力を築いた常陸大掾氏が、「権威は境外に及び、郎従は国中に満つ」と称されていた佐竹氏と結んで大きな勢力を誇っていた。頼朝は上総広常がこの地域の実情に明るいことから、先兵として派遣し、広常が佐竹秀政を誘い出して謀殺すると、佐竹秀義の籠る金砂城を総攻撃し、ついに陸奥に逐いやり、その所領を没収している。

こうして当面する背後の脅威を退けて鎌倉に戻ってきた頼朝は、治承四年（一一八〇）十一月十七日に和田義盛を侍所の別当に任じるとともに、平氏方に加わっていた武士の投降を次々に受け入れていった。また鎌倉の大倉郷に新たな館「大倉御所」を設けて、十二月十二日に移っている。「寝殿に入御の後、御共の輩、侍所（十八ケ間）に参り二行対座す。義盛、その中央に候じ着到す」とあって、儀式は侍所の別当が御家人の着到を受け付けて始まった。ここに見えるように御所は寝殿と大規模な侍とからなっており、「凡そ出仕の者三百十一人と云々、又御家人ら同じく宿館を構う」とあるように、多数の御家人がそこに出仕し、御所の周囲には御家人の宿館が建てられ、道路も整備されていった。

御所は東国の武士の大庭景義が作事の奉行にあたったことから見てもわかるように、東国の武士の館の延長上に建てられており、東国支配の拠点とされた。そしてその主である鎌倉殿は東国に生まれた王権の性格を帯びることになった。

東国の王権という点で比較すべきは奥州藤原氏の存在である。藤原氏は陸奥・出羽を支配領域として、平泉を中心とする館の社会を築き、その王としての性格を有していた。馬・金などを朝廷に貢納し、在地の首長の地位を朝廷に認められ、さらに鎮守府将軍に任じられたが、頼朝もまた関東の武士が貢納していた馬の貢納を一手に握り、さらに奥州藤原氏の責馬と貢金を取り次ぐ形で東国の首長の立場を築いてゆくことになる（五味文彦・一九九五b）。頼朝は藤原氏の達成の上に東国に王権を築くことになったものと指摘できよう。

その東国の王権の支配機構は、東国諸国の国衙機構を利用しつつ、これを媒介として整備されていった。東国各国に守護を置いた時期は明らかでないが、相模の三浦氏、下総の千葉氏、下野の小山氏はそれぞれ国衙の在庁官人として国内の検断（警察権）に関わってきており、それがそのままに守護とされて国とともに鎌倉殿を守護するものと位置づけられた。

王権を精神的に守るべく御所の西に遷されたのが鶴岡八幡宮であり、政子が頼家を産む時には鶴岡社頭から由比浦までの参詣の道が作られた。また箱根・伊豆権現にも手厚い保護が加えられ、王権の護持の機能が求められた。相模・伊豆を始めとする関東諸国の有力神社にも所領を寄進して保護し、有力寺院も頼朝の祈禱を行なう関東祈禱寺として保護していった。さらに義朝の菩提を弔う勝長寿院が御所の南に、奥州合戦の死者の怨霊を鎮めるために永福寺が御所の東北に建てられ、それぞれ御所と鎌倉殿とを守る役割を担ったのである。

鎌倉殿の王権は、建仁三年（一二〇三）九月に頼朝の子実朝が将軍になった時の『吾妻鏡』の記事に見える「関東の長者」の表現によく示されている。頼朝のその「関東の長者」の立場は治承四年（一一八〇）十月に大倉の御所に入った時点で誕生したのである。

平氏の反攻

関東で鎌倉殿の王権が成長していたころ、富士川の合戦で惨敗した平氏は立て直しに必死だった。延暦寺の衆徒が還都を奏上し、そうしないのならば山城・近江を占領することを告げてきたこともあって、宗盛の意見を入れて都を戻した清盛は、畿内一帯の掃討作戦を遂行した。治承四年十二月二日には近江に平知盛を、伊賀に平資盛を、さらに伊勢に藤原清綱を派遣して追討作戦を開始し、延暦寺の大衆の反乱を十一日に平定し、三井寺の大衆も十五日までにほぼ平定を終えると、さらに南都の大衆の追討を計画した（五味文彦・一九七九）。

十二月二十三日にその官軍を南都に派遣したところ、衆徒が奈良坂・般若路を固めて城郭を築いたので、二十八日に平重衡率いる大軍が南都に攻め入ったところ、そのつけた火は強風に煽られて奈良中をなめ尽くしてしまい、興福寺の堂舎ばかりか、東大寺の大仏殿までを燃やしてしまった。

翌養和元年（一一八一）正月、高倉上皇は病が悪化して亡くなるが、その際、天皇（安徳）が幼く政治が著しく不安定となるため、上皇の遺言として、新たに畿内近国の惣官職の設置が図られ、宗盛がその惣官に任じられた。これは天平の例をもち出して畿内周辺の軍事組織の樹立を目指したものであるが、これによって畿内近国一帯に兵士役と兵糧米を課すことが可能となり、臨戦体制が築かれた（五味文彦・一九七九）。

しかしそこを襲ったのが清盛の突然の死である。閏二月四日、家人の平盛国の家で清盛は亡くなるが、朝に死を予感した清盛は後白河法皇に対し、死後のことは万事につけ宗盛に命じておいたので、宗盛とともに天下のことを計らって欲しい、と伝えたという。これを法皇が全く受けいれなかったため、やむなく宗盛は、清盛の死後、法皇の院政を無条件で復活することに同意し、諸国の反乱軍に対峙することとした。

平氏が当面した敵は頼朝軍だけではなかった。東山・北陸道には木曾義仲の勢がおり、東海道の三河には源行家勢、さらに伊予の河野や、鎮西に勢力を拡大した肥後の菊池の勢力もあった。なかでも義仲は、反乱軍追討の宣旨をあたえられていた越後国の住人城氏の軍勢を、信濃の横田河原で破っており、平氏の基盤となっていた北陸道へと進出してきていた。城氏は越後から出羽・会津地方にかけて勢力を築いた平氏の一族であるが、この敗戦で会津に退いた。

また行家は、以仁王の令旨を東国の源氏に伝えていて、内乱の火付け役であったから、頼朝が関東に勢力を広げてゆくなかでも、独立心が旺盛で、三河から尾張に勢力を広げて、ついに三月十日に尾張と美濃の境の墨俣で平重衡の率いる平氏軍と激突した。

この合戦では、平氏が軍事力を畿内近国に集中させた策がうまく機能し、行家軍は軍兵六九〇人の多数を討ち取られる壊滅的な打撃を受けた。それとともに平氏は反攻に転じ、北陸道や四国、西海道へと追討使を派遣した。四月には肥後の菊池隆直を追討する宣旨が下されて平氏の家人の平貞能が鎮西に、八月には北陸道追討の宣旨が下され平通盛が北陸道に、そして九月には家人の阿波成良が河野の討伐のため四国に向かい、十月には平為盛が熊野の凶徒の追討へと向かった。

他方、この時期の頼朝は幾つかの点から身動きできなかった。まず奥州の藤原秀衡に頼朝追討の宣旨があたえられ、背後に敵をもったことがあげられる。次に、清盛が亡くなり、平氏が後白河を面に立てたことで、令旨に正統性を求める頼朝の権力の根拠が揺らいだことがあげられる。もはや令旨では院宣や宣旨に対抗できなくなっていた。そして第三に全国的な飢饉の影響もあげられるが、飢饉はむしろ平氏に多大な影響をあたえた。

飢饉と頼朝

養和の飢饉の前触れはすでに前年六月頃から表れていたが、この年四月になると、道路に餓死するものが満ち溢れるようになったと記され始めており（『吉記』）、しだいに深刻化し、翌寿永元年（一一八二）正月には「嬰児、道路に棄て、死骸、街衢に満つ」「飢饉、前代を超ゆ」といわれ（『百練抄』）、さらに二月二十二日には飢えた者が死人を食したことが伝えられるなど（『吉記』）、悲惨の度を増してゆく。さらにこれに追い討ちをかけて疫病が発生したのであるが、この飢饉の様を記したのが鴨長明の『方丈記』である。

築地のつら、道のほとり、飢ゑ死ぬるものの類、数も知れず。とり捨つるわざも知らねば、臭き香世界にみち満て、かはりゆく形有様、目もあてられぬ事おほかり。いはむや、河原などには、馬・車のゆきかふ道だになし。

このような死者の姿を見て悲しんだ仁和寺の隆暁法印が、死者の額に「阿」の字を書き記しまわったところ、二ヵ月で四万二三〇〇にものぼったとも記している。「阿」は梵語の最初の字であり、宇宙の根源、大日如来を象徴する。

中世の飢饉はこれを溯る長承・保延年間（一一三二―四〇）に始まっており、その時期から、地方の社会での武士の活動が盛んとなり、源平両氏が台頭し、やがて保元の乱へと帰結することになったのだが、では養和の飢饉は何をもたらしたのであろうか。

すぐに問題になったのが食料の確保である。しかし食料倉ともいうべき北陸道と西海は反乱軍が掌握しており、これを討たなければ米穀の確保は難しかった。しかし討つためには兵糧米が必要となるが、それを得ようとすると、飢餓は一層進行することになる。事実、畿内近国で平氏が兵糧米の徴集を行ったところ、各地でこぜりあいが起きたのである。やむなく追討軍の活動を停止せざるをえなくなり、飢饉の収束を祈るしかなかった。

頼朝もこの時期には動きを見せていない。『吾妻鏡』は取り立てて特筆されるような記事を載せておらず、わずかに十一月に軍兵を遠江に派遣しようとして取りやめたこと、伊勢神宮と連絡をもち、願書を記して所領を寄進したことが目につく程度である。ところが摂関家の九条兼実の日記『玉葉』の八月一日条は興味深い記事を載せている。宗盛の勢力がしだいに減少しているのに、諸国の武士は敢えて上洛しようとせず、貴賤の所領を奪っては勇武の輩にあたえているので、勢力は万倍になっている、との情報を記しており、さらに頼朝からは次のような奏請があったという。

全く謀叛の心無し。偏に君の御敵を伐たんがためなり。しかるに若しなほ平家を滅亡せらるべからざれば、古昔のごとく源氏・平氏相並んで召し仕ふべきなり。関東は源氏の進止となし、海西は平氏の任意となし、ともに国宰においては上より補せらるべし。

謀叛の心などは全くなく、院政の下で源氏・平氏が並んで仕えるということであれば、関東は源氏の支配下におくことで、平氏には西国を支配することを認めたい、と提案してきたという。

東国を支配下においている実績を背景に外交的手段により、東国の支配権を認めさせようとしたものである。おそらく東国も西国ほどではないにしても飢饉に見舞われていたであろう。あるいは西国の飢饉の情報を耳にしながら、飢饉の最中の京都に上ること、法皇の治世に歯向かうことの愚を思い、上洛を急がずに平氏を追い詰めてゆく手段を講じたものと考えられる。伊勢神宮との接触はそのことを物語っていよう。

平氏の都落ちと十月宣旨

こうして天下は、東海道の頼朝、北陸・東山道の義仲、そして畿内近国から西国にかけての平氏に三分された状態が続くことになったが、寿永二年（一一八三）春になると、ついに平氏は北陸道に大軍を派遣することになり、再び戦局が動き始めた。ようやくに飢饉からの回復の兆しも見えてきたからであろう。

しかしその直接の切っ掛けは、墨俣合戦で惨敗した源行家が頼朝のもとにあったのが、その待遇を不満として木曾義仲についたことや、常陸に根拠をおいていた頼朝の叔父の源先生義広も、義仲と結んで頼朝に反旗を翻したことにある。義広は下野・上野の北関東の勢力を糾合し、さらに信濃の義仲と結んで兵をあげたが、失敗に終わり、義仲は子の清水義高を頼朝の人質に差し出して合戦は終わった。その義仲と頼朝軍との交戦を見て、平氏が北陸の木曾義仲を攻めたのであろう。「北国謀反の輩、寒路をたつの間、京中貴賤、衣食を欠くものなり」（『玉葉』）とあるように、都の食料倉ともいうべき北陸道の奪回を目指し、畿内近国から兵士と兵糧米を調達して決戦に臨んだ。

この時の兵士と兵糧米の徴集に関わる文書が残されているが、それによれば中心になっていたのは畿内近国惣官の平宗盛とその家人で検非違使の源季貞であり、山城の和束杣では武器を帯びない杣工まで動員している（五味文彦・一九七九）。

大軍を擁した平氏軍は四月に越前の火打城を落とすと、五月には加賀に進んで連戦連勝の勢いであったが、それに乗じて五月十一日に越中に入った時に、義仲軍の総反撃に遭って敗退し（倶利伽羅峠の戦い）、加賀の篠原の戦いでも大敗を喫した。六月初旬に都に戻ってきたその姿は、「四万余騎の勢、甲冑を帯るの武士、僅かに四五騎ばかり。そのほか過半は死傷」（『玉葉』）という有様であったという。

頼むは鎮西に派遣していた平貞能の軍勢であったが、その勢力も期待していたほどのことはなく、比叡山の鎮守である日吉社を平氏の氏の神として奉仕することを伝え、延暦寺の大衆を頼んだものの、その了解がえられぬなか、法住寺殿にいた後白河法皇が京を抜け出して比叡山に逃れた。もはや万事休す。東国から上洛する軍勢の足音を背にして、攻められるに弱い京都を捨て、平氏は幼い安徳天皇を擁して都落ちしたのである。

代わりに上洛したのは義仲とそれに加わった行家であった。しかしこの二人には外交的手腕がなかった。ともに功を争い、法皇が幼い後鳥羽天皇をたて、都落ちの途中から戻ってきた近衛基通を摂政につけたが、二人はそうした動きに何も参画できぬまま、平氏追討のために西海に派遣された。この隙をついたのが頼朝である。義仲が西海に赴いている間に法皇と交渉を持ち、それまでの以仁王の令旨を根拠とした東国の支配権に代えて、寿永二年十月宣旨によって東海・東山道の東国一帯の支配権を認められるところとなった（佐藤進一・一九八三）。その内容については多くの説があるが、ここでは国司や荘園領主の権限はそのままに、東国の頼朝による委任統治が認められたものと考えたい。

頼朝との交渉を知って怒ったのは義仲である。戦わずして頼朝は義仲が得た権限以上のものを獲得したのだから無理もない。しかし義仲が後白河法皇の責任を追及するうち、その近臣の挑発に乗り法皇の住む法住寺殿を攻める事態となり、院近臣を追放し、摂関に松殿基房の子師家を据えて自らは征夷大将軍となって、ここに清盛の二の舞いを演じることになった。

すでに頼朝の勢力は十月宣旨を背景にして都の近くに迫っていた。「鎌倉殿御代官」として派遣されてきた範頼・義経の二人の頼朝の弟の攻撃を受けて、宇治川を突破されると、義仲は京から逃れて、落ちゆく途中の近江の粟津で敗死した。

3　鎌倉幕府の成立

朝廷と頼朝

頼朝は寿永二年（一一八三）十月以降、朝廷からの宣旨や院庁下文などによって、多くの権限を獲得してゆき、体制を整えていった。それをまとめたのが表I-1である。区切りとなる文治二年（一一八六）十月八日の太政官符までを示したが、これらの権限を次々と獲得することで、頼朝は東国を実力でかちとった土地の支配を整えてゆくとともに、それをさらに全国へと広げていった。

表に沿って説明すると、2の平宗盛追討の宣旨は、義仲にあたえられていたものが、義仲の滅亡で頼朝にあたえられるようになったもの。さらに3の義仲余党追討の宣旨もあたえられ、ここに頼朝は朝廷の軍事権を全面的に掌握することとなった。一年前の謀反人は一転して、朝廷の守護者となったのである。これに基づいて義経は正月二十九日に平氏追討のために京を立った。

平氏は摂津の輪田泊で亡き清盛の仏事を二月四日に行なっていた。しかも和平交渉があったために休戦していたところ、そこを源氏軍に襲われた。なかでも義経が摂津一ノ谷にいた平氏を鵯越から攻め降りて不意をついたため、平氏は重衡が生け捕りにあい、通盛も討死するなど大敗を喫した。その直後に発せられたのが4と5の二つの宣旨である。

前者は、諸国の検断権を頼朝に認める宣旨であり、武士らが「自由の下文」を発して、荘園・公領に入って乱暴している事態について、こうした行為を調査し、処断せよと頼朝に命じている。『吾妻鏡』

表Ⅰ-1　頼朝の権限と宣旨

番号	年　月　日	形　式	内　容	出　典
1	寿永2年(1183)10月	宣旨	東海・東山・北陸道の委任統治	百練抄
2	寿永3年(1184)正月26日	宣旨	平宗盛の追討	玉葉
3	寿永3年(1184)正月	宣旨	源義仲余党の追討	玉葉
4	寿永3年(1184)2月18日	宣旨	諸国検断	吾妻鏡・玉葉
5	寿永3年(1184)2月22日	宣旨	諸国兵糧米の停止	玉葉
6	寿永3年(1184)3月	院庁下文	平氏没官領の知行	延慶本平家物語
7	元暦2年(1184)6月	院庁下文	九州狼藉乃貢の巡検	吾妻鏡
8	文治元年(1185)11月25日	宣旨	源義経・行家の追討	吾妻鏡
9	文治元年(1185)11月29日	宣旨	守護・地頭の設置，兵糧米徴収	吾妻鏡
10	文治2年(1186)10月8日	官符	地頭非法の停止，地頭の権利	吾妻鏡

によれば、これは頼朝の申請に基づいて出されたという。これによって頼朝は日本全国にわたって武士の違法を調査・処断する権限を得たことになり、それを実行するために鎌倉殿御使や惣追捕使、守護・地頭などの名目で各国や荘園に御家人を派遣することが可能となった。

後者は、諸国の荘園や公領から平氏・義仲が兵糧米を徴集していたことを踏まえ、それの停止を告げたものである。そこでは頼朝が「西賊」を討滅したことが記されており、すでに内乱の収束が意識されていた。一ノ谷の合戦の意義がよく知られよう。

二月二十五日になると、頼朝は法皇の近臣である高階泰経を通じて、「朝務」などについて四ヵ条の奏聞を行っている。その第一条の「朝務等の事」では、「徳政を施す事」を求め、東国・北国両道では謀反人の追討のために「土民」がいない状態なので、「浪人」らを旧里に帰住させ、安堵させる施策の実現を要請している。これは、頼朝が「徳政」を標榜し、東国を治めてきたことの延長上にある要求である。

続いて第二条の「平家追討の事」では、畿内近国の弓矢を携える人々に義経の指揮の下で従軍するように命じて欲しい、と求めるとともに、そこでの勲功賞については頼朝が計らうことを述べている。院宣に基づいて平家の追討が行われるべきことを指摘しつつも、勲功は頼朝が計らうとして、武士らの自由任官を拒否する姿勢を表明したものであって、追討によって法皇に結びつく勢力の存在を恐れていたのである。

第三条の「諸社の事」では、まず「我が朝は神国なり」と記して、往古の神領を安堵するとともに、破壊転倒した神社の再建や神事の勤めの励行を求めている。これも頼朝が東国で行ってきたことを朝廷に要求したものである。また第四条の「仏寺の事」は恒例の勤めが疎かにならないように求めるとともに、僧らの武勇を禁じて頼朝の沙汰で武具を奪い取る方針を示し、要請している。

以上は以後においても一貫して追求される政治方針であって、すでに武家政権としての体制はここに整っていたことが理解できよう。したがって以後、「幕府」のことばを使いたい。

鎌倉殿の親裁体制

幕府体制の整備という面では、経済的な基盤の整備も必須であった。表Ⅰ-1の寿永二年（一一八三）十月の宣旨により、頼朝が実力で獲得した東国の主要な所領は関東御領として認められていたが、続いて西国に広がる平氏没官領についても、寿永二年十二月二日に義仲が「平家領」を惣領する旨の院庁下文をあたえられたことを踏まえ、これに沿って頼朝も同じ要求を行い、認められている。それが6の寿永三年三月の院庁下文による平氏没官領知行権であるが、その中味をめぐる交渉があった末、大量の平氏没官領が頼朝の掌中に入った。

平氏の経済的基盤にはほかに知行国があったが、清盛のクーデターの結果、全国の半分が平家に関わる人々の知行国になったが、保元の乱後は三ヵ国、平治の乱後でも知行国は一門で一〇ヵ国程度であった。そこで頼朝はそうした経緯を踏まえ、五月二十一日に源氏一門の範頼、広綱、義信を受領に推挙して、三河・駿河・武蔵の三ヵ国をまず獲得し、以後、しだいに増やしてゆき、文治元年（一一八五）八月には八ヵ国としている。

この関東御領や関東知行国の経営にあたったのが政所である。政所といっても、貴族に家政機関として認められたそれではなく、荘園の現地に置かれたり、官衙や寺院のなかに置かれたりした事務機関としてのそれである。『吾妻鏡』元暦元年（一一八四）八月二十四日条は、公文所が新造されて大江広元や二階堂行政らが参集したと伝えているが、これは政所の中に公文所が新造されたという記事に過ぎない（五味文彦・二〇〇〇b）。

その政所をとりしきった広元は、鎌倉に下る以前の嘉応二年（一一七〇）に権少外記となり、承安三年（一一七三）に五位に叙されて外記を退いている。そこから知られるように「朝廷の政所」ともいうべき太政官の公文を扱う外記の職にあったから、その技能が求められ鎌倉に下ってきて幕府の政所の経営にあたったのである。行政は、公文所の新造の記事に「主計允」として見え、その後も政所の職員として活動しているが、主計允となったのは治承四年（一一八〇）のことであり、やがて鎌倉に下ってきて、主計允という官職の技能が財政機関としての政所の経営に役立てられたのである。

最も遅れて整備されたのが問注所である。訴訟は頼朝の親裁に属し、人々の訴えは頼朝の側近を通じて頼朝に届けられ、頼朝の裁断を受けて下文や奉書が出されたが、御家人間の相論は頼朝の面前で対決する御前対決に持ち込まれた。そこで問注所は十月二十日に書面での審査を行う訴訟機関として御所の中に置かれ、三善康信の指揮の下で藤原俊兼や平盛時が寄人として沙汰することとされた。

康信は頼朝に早くから接触しており、養和元年（一一八一）閏二月十九日には一通の記録を頼朝に届けて「洛中の巨細」を伝えてきている。応保二年（一一六二）に右少史となっているが、史は太政官で訴訟や公事の事務を行なっていたから、その技能が幕府で役立てられたのである。鎌倉に下ったのは元暦元年（一一八四）四月十四日で、すでに出家して法名を善信と名乗っていた。この時に頼朝と対面すると、「武家の政務」を補佐すべきことを求められたとあるが、ただこの記事を載せる『吾妻鏡』は康信の行動をとくに賛美する傾向が強く、字面のままには受け取れない。

こうして諸機関は整備されたが、それらは基本的には頼朝の親裁を助ける機関であり、軍議は有力な武士を交えて凝らされ、幕政は以上に見た「文士」と称される、京下りの朝廷の下級官人の補佐をえて行われた。文治元年（一一八五）五月八日に「鎮西の事」について群議が行われたが、そのメンバーは広元、康信、藤原俊兼、行政、惟宗孝尚などの政所や問注所の文士であった（五味文彦・一九九二）。

平氏の滅亡と義経

幕府の体制整備が進むかたわらで、平氏追討は最終局面を迎えていたが、幾つかの問題が生じていた。元暦元年（一一八四）五月に伊勢で志太義広が反逆を起こし、八月に伊賀で平氏の残党が蜂起するなど混乱が続いていたところに、畿内近国に派遣されて兵士役の徴集や訴訟の裁定などを行っていた源義経が、頼朝の了解なしに八月六日に検非違使に任じられたのである。これについて義経は、度々の勲功に対する「自然朝恩」であり、固辞できなかったと、釈明したが、頼朝は自由任官であると怒り、追討使からはずした。

他方、西国に派遣された源範頼は、平氏が讃岐の屋島に内裏を設け、備前の児島や長門の彦島に根拠地を占めて瀬戸内海の制海権を握っていたことから苦労を強いられていた。範頼は豊後に渡って背後から平氏をつこうとしたが、なかなか船を調達できず、また兵糧米の現地調達が禁じられていたので、兵糧の欠乏にも悩まされていた。侍所の別当の和田義盛さえひそかに本国に帰ろうとしたという噂なども、頼朝の耳に伝わってきた。

そうしたこともあって頼朝は追討使に義経を復帰させ、代わりに畿内近国一一ヵ国の民庶の訴訟を聴取し、院に奏聞し沙汰を行う「鎌倉殿御使」として近藤国平・中原久経の二人を派遣した。これにより義経は文治元年（一一八五）二月十六日に摂津渡辺（渡部）から暴風のなか渡海を断行し、阿波に上陸して、阿波水軍の根拠地である桂浦で阿波成良の弟良遠を攻め、さらに北上して讃岐の屋島の内裏を背後から襲い、これを攻略した。

こうして義経は瀬戸内海の東の制海権を奪うと、しだいに平氏を追い詰めてゆき、ついに三月二十四日には長門の壇ノ浦での決戦にもちこみ、八四〇余りの船を浮かばせ、五〇〇余りの船を擁した平氏をここで滅亡させたのである。宝剣を持った二位尼時子、女房の按察局に抱かれた安徳天皇は入水して海底に沈み、教盛や知盛も入水して戻らぬ人となったが、天皇の母の建礼門院や宗盛らは生虜となった。三種の神器のうち宝剣のみが失われ、残りの内侍所と神璽を供奉した義経が上洛したのは、その一ヵ月後の四月二十四日のことである。

平氏滅亡の報が鎌倉に届いたのは四月十一日で、折しも義朝の菩提を弔うための勝長寿院の棟上げが行われていた。これを聞いた翌日に、頼朝は戦後の処理を群議を経て定め、範頼は九州に残って没官領について沙汰すべきこと、義経は生虜を連れて上洛すべきこととしたのである。さらに十五日には頼朝の許可を経ずに任官した東国の侍について、墨俣以東の東国への帰郷を認めず、もし帰郷したならば本領を召して斬罪に処すという下文を発している。義経の検非違使任官を踏まえ、御家人の自由任官による朝廷との結び付きを禁じたのである。

こうして幕府は義経の動向に注意しつつ、戦後体制の構築へと向かっていった。五月十一日に宗盛を捕えて進めた賞として、頼朝は二位に叙されて公卿の地位へと昇進したが、義経が宗盛を連れて下ってきても鎌倉中に入れようとせず、腰越から広元に宛てた書状(腰越状)を送ってとりなしを訴えてきたのにもかかわらず、会おうとはしなかった。平氏との合戦中から聞こえてきた義経の「自専」行為を咎めたもので、さらに六月十三日には義経にあたえていた没官領二四ヵ所を没収し、そこに地頭を任じている。

八月になると、源氏一門が受領に任じられ、義経は伊予守となったが、それは頼朝の知行国であって義経に実権はなかった。義経の周辺はしだいに頼朝の包囲網により狭められてゆき、十月十七日に頼朝から義経殺害の刺客として送られた土佐房昌俊が、義経の六条室町亭を襲ったのが決定的となり、翌日に義経は後白河法皇に迫って頼朝を追討する内容の宣旨を出させるにいたる。

しかし周囲は頼朝の勢力に取り囲まれていたので、義経は四国を沙汰するという内容の院庁下文を得て摂津の大物浜から四国への渡海を企てたものの、状況はすでに一変していた。平氏合戦の時のようにはうまくゆかず、船は転覆し、渡海を断念すると、そのまま南方に没落してしまった。慌てたのは法皇である。頼朝が大軍を引き連れて上洛するという噂が流れると、すぐに義経を捜索し、その身を召すように畿内近国の国司に院宣で命じた。それとともに、近臣の高階泰経が鎌倉に使者を送って弁明にこれ努めた。

守護地頭の設置

義経の行動は「天魔の所為」であると弁明する泰経の書状に、頼朝は「日本第一の天狗は、さらに他の者にあらざるか」と冷たく突き放した（河内祥輔・一九九〇）。この頼朝の意を帯びて、大軍を率いた北条時政が上洛したのは十一月二十五日であり、すぐに義経に頼朝追討を命じた責任を追及すると、後白河法皇は一転して頼朝に義経追討を命じる宣旨を出した。

しかし時政はこれだけで満足せず、同月二十八日に「諸国平均に守護・地頭を補任し、権門勢家庄公を論ぜず、兵粮米（段別五升）を宛て課」すことを申請すると、翌日に勅許が出された。この時の地頭は諸国平均とあるように、それまでのような随時認められたものとは違い、一律に設置が認められたものである。ただその際に認められた権限の内容や範囲については、肝腎の宣旨が残っていないこともあって、「守護地頭論争」として多くの説が出され、特に「国地頭職」の存在をめぐってはホットな議論が展開されてきた（石母田正・一九六〇）。

しかし地頭職の具体像はいまだに明らかでない。ここでは頼朝の獲得した権限の総体を「諸国荘園下地」を一向に領掌する権限として集約しておきたい。これは『吾妻鏡』文治三年（一一八七）九月十三日条に載る頼朝の御教書に見える表現である（石井進・一九七〇）。

こうして文治元年（一一八五）の勅許によって朝廷から大幅な権限を獲得したことから、その後の幕府の基本的な権限はここに定まり、武家政権としての幕府の体制は名実とも確立したものといえよう。これは実力で東国を支配してきたことを基礎に内乱時の謀反人の追捕を名目にして築きあげたものであった。治承四年（一一八〇）にその幕府の核が生まれ、寿永二年（一一八三）に骨格が定まり、元暦元年（一一八四）に基盤が整い、そしてこの文治元年に幕府の体制が定まったのである。

さらに頼朝は、追い討ちをかけるように十二月六日になると、広元・善信・俊兼・邦通らとの協議を経て、廟堂改革を法皇に求めた。法皇による独裁政治ではなく、議奏公卿を設置し、彼らが神祇から仏道にまでに及ぶ朝務を審議し、その議奏に基づいて政治を行うようにすることを求めたもので、議奏公卿の一人の九条兼実には内覧の宣旨を下し、蔵人頭には藤原光長・源兼忠の二人を登用し、また諸国の知行国を議奏公卿や蔵人頭に配分するよう求め、あわせて義経の謀反に同意したと見られる高階泰経らの解官を要請している。

極めて踏み込んだ要求であり、朝廷の情報をよく知ってのものであろう。これらの情報を提供したのは、平氏の都落ちに従わずに鎌倉に下ってきた平氏の一門の平頼盛や、頼朝の妹婿の一条能保、頼朝の推挙により摂関になることを期待していた九条兼実の家司の藤原光長、さらには朝廷に独自の立場を築いていた八条院に仕える人々などが考えられる。それを反映して、兼実が内覧に、光長は蔵人頭に推薦され、同じく兼実の家司の藤原親経は弁官に推挙され、八条院の近臣である藤原宗頼は大蔵卿に推挙されている。

頼朝の強い意思を感じた朝廷では、その要求を大幅にいれたので、ここに幕府の体制は、兼実を中心とした朝廷と連携して歩むことになった。文治二年（一一八六）二月に頼朝は内覧の兼実を摂政に推挙し、兼実は三月に摂政となるが、それとともに頼朝は前年に得た権限の全面的な行使には慎重になっていった。

兵糧米の徴収を打ち切り、六月には西国三七国で起こされる地頭の乱暴に関する訴訟を院宣によって鎮めることを申請している。そこでは尾張・美濃以西が朝廷の管轄範囲の西国とされ、その西国での紛争の審理は朝廷の記録所に委ね、幕府は朝廷の命令を受けて初めて違乱の停止などの行動に出るものとされた。また幕府の西国の国々の在庁官人に対する支配権も大田文などの文書の調進の権限などに限定された（石井進・一九七〇）。

この流れの変化を見て、朝廷や権門からは幕府に次々と地頭の押領の停止や地頭の停止・廃止の要求が寄せられてきた。そこで幕府は地頭を謀反人の跡にのみ置くこととしたが、やがて地頭の権利の具体的な内容も、文治二年（一一八六）十月八日の太政官符で定められた。地頭の権利は、それまで謀反人が有してきた権利や得分などを引き継ぐものであり、それ以外に加徴や課役などを徴集してはならないこと、謀反人跡の権利のみに支配は限定されることなどであった（五味文彦・一九九二）。

こうして十月の太政官符をもって朝廷と幕府との関係の了解が成立し整ったのであるが、その太政官符は幕府を「武家」と称しており、朝廷の体制からすれば、あくまでも幕府は朝廷を守護する武家に過ぎなかった。東国の王権としての性格と朝廷の武家としての性格をあわせて有したところに、幕府は存立していたのである。

なお九州のみは表I-1の7の院庁下文に見られるように特殊な権限が幕府に認められていたが、それはここが大宰府の支配下にあることと、東国から遠くにあって、その支配権を確保しておく必要があったことによる。文治二年（一一八六）六月の院宣による地頭の乱暴の停止の対象となる国々も、大宰府管轄下にあることをもって除外されている。幕府はここには天野遠景を派遣して兵糧米などの沙汰をさせていたが、十二月になると、遠景を「鎮西奉行人」として改めて任じたのであった（石井進・一九七〇）。

こうして朝幕関係は文治二年に定まり、この文治二年体制の枠組みで以後、推移することになった。

二　京の王権と幕府

1　後白河と九条兼実

後白河院政

鎌倉に幕府が成長しつつあった一一八〇年代、京の朝廷はいかに動いたのか、またそれまでの京への求心構造はどうなったのか、さらに武士による政権が生まれたことからくる朝廷の内部の価値観の動揺や立て直しはどう行われたのか、実力により東国を切り取られ、軍事力を握られたなかにあって、朝廷はどのような動きを示すようになったのか。

これらの問題を考える時、注目したいのが後白河法皇の動きである。近衛天皇の死によって思いも掛けない形で帝位につき、何度も政治の実権を奪われることがあったにもかかわらず、その都度、復活を遂げて三五年に及ぶ政界のトップの地位を保っていたからである。九条兼実の弟慈円の『愚管抄』によれば、法皇は出家前から袈裟を着て護摩をたくなど、仏法に帰依しており、また他方で舞や猿楽を常に好んでいたという。

今様を好んでは喉を何度も潰した上、『梁塵秘抄』を自ら編んだという人柄であれば、もとより政治に向いていたとは思えない。藤原信西は次のように後白河について語ったという。

和漢の間に比類少なきの暗主なり。謀反の臣傍らに在るも、一切覚悟の御心無し。人、これを悟らせ奉ると雖も、猶以て覚えず。かくの如き愚昧は古今未だ見ず、未だ聞かざるものなり（『玉葉』）。

近臣に謀反をおこす人物がいても、法皇はこれに気づかず、知らせてもさとらない。これ程の愚昧な君主は古今に比類ない、という。後白河は近臣を信頼するとともに、それに左右される性格でもあったらしい。後白河を育て側で見てきた信西ならではの評価であるが、この話を兼実に語った大外記の清原頼業が、兼実の子の良通に学問を教えており、また話した時期が源平の争乱期の兼実の不遇な時であるので、幾分は割り引いて考えるべきであろう。

さらに信西は、後白河を愚昧な天子と述べるとともに、「だが、徳が二つある。その一つは自分でやりたいと思ったことは人が制しても必ず遂げること、これは賢主の場合は大いなる失であるが、愚昧の余りに徳となる。二つ目は、自分が聞いたことは決して忘れない、年月が経っても心底、忘れることがない」とも指摘していたという（『玉葉』）。

これは並の天子ではない。中世を生き抜く天子にはこの資質が必要だったといえるかもしれない。聞いたことは決して忘れないというその資質からすれば、後白河は、信西の手になる、王土の支配を高らかに宣言した保元元年（一一五六）の新制も忘れていなかったろう。それには「九州の地は一人の有つところなり、王命の外、何ぞ私威を施さん」とある。この王土思想に沿って荘園の整理や、悪僧・神人の濫行の取り締まり、さらに京都の整備、大内の再興など、天皇の支配権の下に新たな体制を模索し実行に移されてきた（五味文彦・一九八四）。したがって鎌倉に幕府が生まれたとて、この天皇の支配権を維持し、幕府を朝廷の体制下に組み込むことへとつきすすんでゆくことになる。

ところで中世の国家体制をさす概念として権門体制という考え方が提唱されてから久しい。これは古代の律令体制、近世の幕藩体制に対置させ、公家・寺家・武家などの諸権門が寄り集まって相互に機能を補完させ国家を維持してゆくシステムとして構想されたものである（黒田俊雄・一九七五）。

この権門体制の概念が創出されたのは、承久の乱後に興福寺と石清水八幡との間で起きた紛争における幕府と朝廷の対応の分析に始まり、さらに建久年間（一一九一―九九）に延暦寺が訴えた近江の武士の佐々木定綱の処置をめぐる幕府と朝廷の対応の分析によるものであるが、そこからさらに中世国家の体制にまで概念を拡張させ、そこまで拡張させたことから多くの問題点を含んでいる。そこでそれを国家体制としてではなく、中世の朝廷の政治の一段階として考えてみたらどうであろうか。

そうすれば、後白河院政の時期からの朝廷の政治体制は、よくあてはまるように思う。その「権門体制」の思想的な基盤をなしたのは王土思想であり、後白河はそれを象徴する人物であった。

大仏再建

「権門体制」は分権・分裂してゆく動きを統合する性格をもっていたが、後白河がとくに果たしたのは文化的統合の面での役割である。法住寺殿に付属して造営された蓮花王院の宝蔵へのコレクションや、平氏によって焼き討ちにあった東大寺の大仏の再建はそのことをよく物語っている。

治承四年（一一八〇）年末に平重衡に焼かれた南都の東大寺・興福寺の復興もすぐに始まった。なかでも鎮護国家の象徴である東大寺の大仏が焼け落ちたことは社会に大きな衝撃をあたえ、多くの貴族や僧は、東大寺が創建された際の聖武天皇の詔に見える「若し我が寺興復せば天下興復し、我が寺衰弊せば天下衰弊す」の詞を思い浮かべたことであろう。

こうしたなかで後白河は、六月二十六日に近臣の藤原行隆を造東大寺と修理大仏長官に任命し、天平の東大寺造営の例に基づいて知識の詔書を下し、広く知識の勧進によって造営するものとした。大仏再興は知識の「一粒半銭」「寸鉄尺木」の寄進によってなるものであり、その施しによる妙力により、寄進した人々は長寿を保てる、と功徳を訴え、法皇が広く天下に勧進して再興にあたるとのべている。その上で法皇は自分に代わって勧進上人の重源に「不日の功」を遂げるように命じたという（『吾妻鏡』建久六年〈一一九五〉三月十二日条）。

こうして再建を担うことになった重源は、当時、六十一歳という高齢であったが、中国に三度も渡った行動力、山林修行によって鍛えられた体力と気力、持経者としての宗教心、勧進の組織力など、どれひとつをとっても勝る人物はほかにいなかった。八月の重源の敬白状（勧進帳）は勅命に沿って都鄙の「十方の檀那の助成」を頼むこと、「勧進の詞」に応じて「奉加の志」を示してほしいことなどを訴えている。

こうして東大寺の勧進は後白河法皇の強力な後援を得て開始され、その後の主要な儀式にも法皇は事あるごとに出席を望んだ。寿永二年（一一八三）正月に大仏鋳造が本格的に開始されると、それに立ち合うことを望み（『玉葉』）、文治元年（一一八五）八月二十八日の大仏の開眼供養では式に出たばかりか、手ずから開眼を行ったのである。また重源が東大寺の大仏の再興のために奥州の藤原氏や鎌倉の頼朝の協力を取りつけたことは、分裂してゆく権力を朝廷に統合してゆく上で役立った（五味文彦・一九九五a）。

元暦元年（一一八四）六月二十三日に兼実亭を訪れた造寺造仏長官の行隆は、頼朝から一〇〇〇両、奥州の秀衡から五〇〇〇両を奉加してくれるとの約束ができていることを語っており、頼朝は翌年三月七日に米一万石、金一〇〇〇両、上絹一〇〇〇疋を奉加物として重源に寄せている。その時に頼朝が南都の大衆に宛てた書状は、鎮護国家の祈りを東大寺の修復によって行い、また法皇が舜徳を施すことで王法・仏法がともに繁昌することの必要性を力説しているが（『吾妻鏡』）、これは法皇の立場と全く同じものであった。

文治二年（一一八六）から始まった大仏殿の造営の際にも、重源に周防国が大仏殿の造営のためにあたえられると、頼朝はそれに協力して御家人を動員し、地頭の乱暴を排除したり、奉加物の寄進を行なったりした。建久三年（一一九二）に後白河が没した後も、後援を惜しまず、その結果、建久六年（一一九五）の大仏殿の供養には上洛し臨席している。

なお重源の関与した事業は、重源自身が書き記した『南無阿弥陀仏作善集』にその全貌が記されている。東大寺の造寺・造仏を行う東大寺別所のほか、高野山別所・伊賀新別所・播磨別所・備中備前別所・周防別所など、各地に別所と称される宗教施設を設けており、そこに勧進集団を組織・動員した。重源は自らを「南無阿弥陀仏」と称し、信仰を共にする同朋には法華経の経文から一字をとって、「安阿弥陀仏」（仏師快慶の名）などと命名した。この南無阿弥陀仏と同朋の集団を核にして、その外縁部には多くの協力者を組織し勧進集団が形成されていた。

宗教世界の変動

巨大な大仏と大仏殿の造営のために大陸の技術を導入し、多くの技術者を組織して請け負う勧進集団が形成され、庶民の信仰を誘うための芸能や美術における演出も試みるなど、重源の活動は様々な面で大きな影響をあたえたが、そこで重要な役割を果たした勧進活動について見ると、鳥羽院政の時期に広がり始め、治承・寿永の内乱の少し前から大きな展開をみせていた。

重源は大陸に渡って宗教・文化の摂取に力を注いだ後、帰国して高野山を中心に勧進を行い、西行は高野山の蓮華乗院の造営の勧進を行い、文覚は神護寺造営の勧進を開始していた。また法然は念仏の勧進により浄土宗を開く素地を築いていた。

勧進活動がこの時期に特に盛んになったのは、知行国や荘園の制度の成熟とともに、新たな経済的基盤をみつけねば寺院の造営なども困難になっていたことがあげられる。知行国や荘園が貴族の家の経済に取り込まれ、それらは飽和状態に達していたのである。そうしたなかで台頭してきたのが裕福な「有徳人」である。保元の乱の直後に朝廷は祇園御霊会に向けて、京中の富裕の人（「有徳人」）を馬上（馬頭）に指名し、その経済的負担で祭礼を行うものとしたが、こうした「有徳人」の経済的負担による祭の運営は稲荷祭や日吉祭などでも行われ、馬上役として定着していった。治承の内乱の時期には、平氏が兵糧米の欠如を京中の有徳人から徴集して補ったこともある。

この有徳人などの「民庶」に財源を求める一つの方法として勧進が広がり、作善の一つとして米銭を仏に喜捨することが求められたのである。「民庶」の共通の利益となるような、橋や道路・港湾の修理や造築などの公共性の高い土木事業や、「民庶」の信仰を集める寺院や鐘、大仏の造営などに勧進の対象は広がっていった。

そうした勧進活動からさらに直接に仏道に結縁する作善の勧めへとおよんでいったところに、新たな宗教活動の展開があった。その作善とは持戒・持仏・持経の三つである。

持戒とは、殺生を慎み、精進を行うなどの行業を通じて仏道に結縁することで、その戒を保持することにより往生がもたらされるとされた。持仏とは、仏への信仰であり、阿弥陀仏への信仰を説く念仏を始め、観音や地蔵菩薩、弥勒や釈迦如来のそれぞれの功徳を強調し、保持する信仰である。仏像を造ることや、仏に帰依しその真言を唱えることで救われると説いており、法然の浄土宗の開宗はその延長上にあった。

持経とは、経典への信仰に発するもので、特に法華経の教えを保持し、その教義の実践が説かれた。経を書写する写経や経塚に埋める埋経などが行われ、平氏は一門の発展を祈って厳島に写経を奉納し(平家納経)、後白河法皇は常に法華経を暗誦する「法華の持者」と称され、頼朝も「法華八軸の持者」と称された(『吾妻鏡』)。

他方、勧進活動はとくに復興に大きな力を発揮し、戦乱や飢饉で荒廃した荘園や公領の再興に向けられた。重源は荒廃していた播磨の大部荘の再興のために播磨別所として浄土寺を建立しているが、これは荘園の再建の基地の役割を果たした。また盲目の勧進上人の鑁阿は高野山の大塔の再興とその麓の天野の整備を行うとともに、備後国の太田荘の再興に取り組み、その後の高野山領としての基礎を築いている。こうした荘園の復興をよく物語るのが、荘園を経営するための文書集『雑筆要集』が、この時期に著されていることであり、荘園の経営のノウハウが、蓄積されてゆくようになった。

また大仏再建にともなう重源の活動に触発されて多くの宗教者が活動を始めた。東大寺とともに焼かれた興福寺では信円が別当として再建に尽力し、大和の菩提山を学問所として再興している。文覚は神護寺再建の後は頼朝の後援を得て東寺の勧進活動に関わったが、その神護寺の近くの高山寺を中心にして学僧として活躍したのが明恵である。

また重源を継いで東大寺や法勝寺の再興を担ったのは、禅宗を日本に伝えた栄西であるが、栄西は建久二年（一一九一）に宋から帰国し、博多に聖福寺を創建、やがて鎌倉に下って北条政子の帰依を受けて寿福寺を開き、京都には建仁寺を創建するなど広範な活動を展開している。さらに比叡山の別所で活動を始めていた法然は念仏信仰を訴えてゆき、専修念仏の立場を確立した。興福寺の学僧の貞慶は笠置に遁世し、弥勒菩薩や釈迦如来への信仰を訴え、持戒に基づく戒律の集団による生活を送るようになった。

九条兼実の執政

実力で東国を奪いとられ、幕府の軍事力の前に大幅な権限を譲渡せざるをえなかった朝廷では、その統治の技術を駆使して政治の刷新を図るようになり、この政治改革を中心になって推進したのが摂関家の九条兼実である。

兼実は、忠通が家の女房との間に儲けた子だけに、晩年の父のもとで愛されて育ち、姉の皇嘉門院の庇護を受けつつ、研鑽を積みながら成長した。その様子は日記『玉葉』からよく知ることができるが、やがて治承三年（一一七九）の清盛のクーデターの頃に見た夢の告げによって、次の摂関は自分であることを確信するにいたったという（『愚管抄』）。

清原頼業や藤原光盛らの儒者、中原（坂上）明基らの明法家などと、政治や文化の勉強会をもつなか、飢饉と戦乱の最中には朝廷にしきりに徳政を要請し、また大仏再建の勧進にも積極的に関与していた。兼実が摂関となる機会は、その後も平氏の都落ち直後と義仲の法住寺合戦の直後、さらに義仲の没落直後と三度も訪れたが、常に甥の師家や近衛基通が摂関に選ばれ無念をかみしめた。基通は「法皇の愛物」であるから無理なのだと、法皇と基通の特別な関係を非難することで自らを慰めてきた。そして内乱の後に頼朝の援護を得て、やっと摂関となったのである。

兼実は弛緩した朝廷の政治を見て、律令に基づく綱紀粛正をはかり、適材適所による人材を登用した。基本的な政治形態は天皇が幼いこともあって院政の形態はとるものの、摂関が主導する公卿の議定を政治の中心に据えた。公卿や識者から意見を聴取して、それを政治に反映させ、また訴訟では記録所を復活して、そこで十分に審議することにした。

そうした改革を兼実は後白河に直接に言い出さずに、頼朝から奏請することで実現していった。後白河サイドの反発を考えてのものであろう。それにこたえて頼朝は、文治二年（一一八六）四月に「天下の政道」について善政を行うよう、六月九日には記録所を置いて訴訟を沙汰することを摂政兼実に命じるように奏請している。その結果、八月十九日に後白河は記録所を置くことを認めた。まさに二人の連携になるものであった。

これに先立つ六月二十八日に兼実は文殿を設置し、蔵人で弁官の藤原親経を別当に据え、文殿衆に明経道の中原広季・師直、儒者の中原師綱・俊光、算道の三善行衡、明法道の中原章貞・明基などを任じている。明らかに記録所の設置に向けてのものであり、翌年二月二十八日には執権に弁官の藤原定長と親経の二人を据えて、一二人の寄人になる記録所を発足させている。この記録所は保元の記録所が荘園の整理と訴訟を扱っていたのに加えて、「年中式日公事用途」の答申をも任務として負っており、朝廷の財務機構の役割も担ったが、これは公事や行事の振興を図るためのものであった（佐々木文昭・一九七七）。

また三月二日には意見を人々から召すことについて、後白河の承認を得て、兼実は識者に「政務の中」での問題点を具申するように要請したが、その時に意見の提出を求めたのは、左右内大臣の三大臣のほか、三人の大納言、前任・現任の五人の中納言、参議藤原雅長、右大弁光長、大外記の清原頼業・中原師尚、大夫史の小槻広房のほか、出家した二人の太政大臣、中納言、式部大輔藤原俊経らである。出家した人物にまで意見を求めたことに兼実の意気込みがよくうかがえる。

こうして西国を主たる領域とする朝廷の支配体制は整えられ、他方で幕府には閑院の内裏や六条殿の院御所の造営を請け負わせるなど、幕府と朝廷とが連携して全国を統治するシステムが形成された。

2　幕府と御家人

御家人身分の創出

頼朝に結集して成立した幕府は、主人と従者との間に成り立つ主従関係に基づいていたが、支配の拡大とともに様々な勢力を抱え込んでいったので、新たに秩序を整えてゆく必要があった。平氏が武家政権を樹立するほどに強大なものとなったにもかかわらず、滅び去ったのは、その家人の組織がばらばらであり、一門の家々の家人の寄り合い集団であった点に一因があった。

そこで頼朝がとったのは、頼朝に結集し、幕府に奉仕する人々を御家人として一律に組織することである。もともと流人であった頼朝に仕える武士は少なく、挙兵にあたっては父の代に家人として仕えていた武士を「累代の御家人」として誘ったものの、主従関係は個と個とが結ぶものであるから、誘いに従わぬ者も多かった。そこで利用したのが以仁王の令旨であり、その令旨に沿って頼朝に従うものを「御家人」として組織していった。寿永元年（一一八二）十二月三十日に「上総国の御家人周西二郎助忠以下」に「本宅の安堵」を行なったというのはそのことを意味している。

さらに寿永二年十月宣旨以後は、令旨に代わって追討の宣旨を利用した。義経は寿永三＝元暦元年（一一八四）に畿内近国で住人に兵士役を課していった際、河内の水走に根拠をおく源康忠に対し、「御家人」と認定し「本宅の安堵」を行っている（『平安遺文』）。その翌年正月に頼朝が鎮西の住人に下した下文では、「鎌倉殿の御家人」として朝敵の追討にあたるようにと命じており、朝敵追討に従う住人をそのまま「御家人」となし、「本所」（本宅）を安堵している（『吾妻鏡』）。

このような本宅安堵の御家人の場合、その所領の安堵は鎌倉殿が行うものではなく、本所や国司が行うものであったから、旧来の関係をこわすことなく広く御家人を組織することが可能となった。さらに追討軍の編成が行われなくなると、京都の皇居警固の大番役を通じて御家人の組織化が図られた。大番役を鎌倉殿が請け負い、催促に従ってその役を勤めるのが御家人であるという関係が形成され、このことを通じて西国の御家人が広く組織されていった。

こうした本宅安堵の御家人の多くは、国を単位として組織されたので「国御家人」と称され、各国に置かれた守護が鎌倉殿の命を受けて大番役を催促し、また大番役を勤めるものの名簿が幕府に提出されて御家人の登録がなされたのである。

この結果、御家人には、鎌倉殿に直接に所領の安堵を受ける御家人と、本宅の安堵を受ける国御家人の別があったが、ともに幕府の御家人身分として同列に扱われ、幕府の体制を支える役割を担わされた。前者の御家人の多くは東国に基盤をおき、地頭などの所領を給与されて手厚く保護され、緊急の場合には鎌倉に駆け付けて奉公する義務を負っていた。後者の御家人は奉公の義務は小さかったものの、国司や本所の支配下にあったので、やがて没落するものも多かった。

所領を安堵・給与された御家人は、在国して奉公することを基本とし、幕府御所の諸役を勤めるため、鎌倉に宿所を構えるか、宿所をあたえられ、寝殿の西にある侍（侍所）に詰めた。侍には頼朝が出座し、主従関係の確認がなされた。文治二年（一一八六）十二月一日に下総から参上した千葉常胤はここで頼朝に盃酒を献上しており、文治四年（一一八八）三月二十一日には梶原景時が「御所において経営す。

頗る美を尽す」とあるような、御家人中心の宴も開かれ、「二品、侍の上に出御、諸人群集（中略）御酒宴、歌舞に及ぶ」と、頼朝もその場に臨んでいる（『吾妻鏡』）。

このように侍は、鎌倉殿と御家人との交流の場であったから、元暦元年（一一八四）六月十六日の次のような事件も起きた。「武衛西の侍に出で給ふ。忠頼召しに依りて参入し、対座に候ず。宿老御家人数輩列座す」と、頼朝が侍に出て甲斐源氏の一条忠頼を招いて宴を開いたが、その席上で、忠頼は謀反の疑いで誅されたのである。

寝殿と主従関係

御所の侍は御家人たちによる雑談の場であり、彼らが傍輩として横の繋がりを意識するところでもあった。建久二年（一一九一）八月に新装なった御所で大庭景能が盃酒を頼朝に献上した後、保元の合戦での鎮西八郎為朝との勝負の古事を語ったのが、この侍である。建久三年（一一九二）十一月二十五日には弁論が下手だったために御前対決に敗れた勇士の熊谷直実が、この侍で髻を切って出家している。

正治元年（一一九九）十月二十五日、結城朝光は夢の告げがあったとして、頼朝のために一人一万遍の阿弥陀仏の名号を唱えることを侍の場で傍輩に勧め、その際に朝光が「忠臣は二君につかへず」と語ったことをとらえて、梶原景時が将軍に讒訴したことから、やがて景時追放事件へと発展している（『吾妻鏡』）。

このように侍は御家人の連帯の場となっており、その彼らの軍事的な結束こそが富士川の合戦以降の勝利をもたらしたのである。合戦の直後に上洛を急ぐ頼朝を東国に引き止めたのは千葉常胤・三浦義澄・上総広常などの宿老であり、常陸の佐竹攻めでも千葉・三浦・上総・土肥実平などの宿老が群議を凝らして段取りを定めている。また文治五年（一一八九）に頼朝が奥州に攻め入るのを躊躇した時、「軍中、将軍の令を聞き、天子の詔を聞かず」と進軍を主張したのも宿老の大庭景能であった。合戦と侍の場を通じて御家人は横の結びつきを強めてゆき、さらに幕府の儀式の場において連帯と秩序を育んでいったのである。

鎌倉幕府は一面では頼朝によって興された武士の家、つまり武家であったが、他面では、武士団の家の集合体からなっていた。その点から見れば、頼朝は南関東の有力な武士団に推戴されていたに過ぎないという見方もできる。実朝が暗殺された時、「宿老の御家人」の連署の奏状を帯び、後継将軍の東下を願う使者が京都に向かい、承久の乱が起きた時には、その出兵が東国の一五ヵ国の家々の長に命じられたが（『吾妻鏡』）、これらの事実はこの点をよく物語っていよう。

御所のなかでもう一つ重要な主従関係を明示する空間に寝殿とその南面がある。正月の重要な儀式の椀飯は頼朝が寝殿の南面に出御し、御家人が南庭に列座して行われた。幕府の椀飯は治承四年（一一八〇）十二月二十日に新造なった御所で三浦義澄が献上したことに始まるが、もともとは広く東国の社会での主従関係の認知の儀礼として行われていたのである。翌年正月一日に千葉常胤が献上してからは正月の儀式として定着し、建久二年（一一九一）からは正月の三日間にわたって行われるようになった。主従関係の確認の儀式として、有力御家人が剣や弓矢、行騰、砂金、鷲の羽などを献上した。

また文治四年（一一八八）七月十日に頼朝の子頼家の甲始の儀式が行われたが、そこでは南面に頼朝・頼家が出御し、続いて西の侍で盃酌の儀がなされている。建久元年（一一九〇）十月の頼朝の上洛に際しては、南庭に主要な御家人が列座して進発している。南庭では小笠懸や駒御覧なども行われ、さらに御家人が将軍に直訴を試みる場ともなっていた。建久二年（一一九一）十一月に駿河守広綱の子の童が庭から直訴を行っており、実朝将軍の時には和田義盛が一族九八人を率いて南庭に列座し、一族の和田胤長の赦免を願い出ている。この時、訴えの認められなかった義盛は主従の縁を切って挙兵したのである（和田合戦）。

鎌倉殿の地位は決して安泰ではなかったから、その周辺を近臣によって固める必要があった。養和元年（一一八一）四月七日に頼朝は御家人の中から武芸に秀で、心に隔てのない武士を選んで寝所の警固を命じたが、それは「江間四郎」こと北条義時以下、下河辺行平・結城朝光らの一一人で、その筆頭の義時は「家の子専一の者」と称されていたという。彼らは「家の子」として頼朝の親衛軍の役割を担っていたのである。

義時は、流人時代の頼朝が伊東から追われて北条館に逃れてきた時、小御所に頼朝を受け入れており、その時からの関係であり、行平は、頼朝の弓の師となり、後に一門に準ずる資格があたえられている。さらに朝光は頼朝から名の一字をあたえられ、その死後には「忠臣は二君につかへず」と語って問題となり、「梶原源太景季」は父が平姓なのに「源太」と称しているのは、源頼朝の猶子となっていたことによろう。

こうした寝所番のほかに梶原景時や工藤祐経など文筆や芸能に達者な者も、近習として頼朝の側近集団を構成していた。その近習と鎌倉殿の交流の場が寝殿の北面であって、実朝の時代にはここに御家人が番を組んで奉仕するなど、芸能や学問の交流の場とされた。

東国支配の安定

文治二年（一一八六）体制の定着とともに、頼朝は幕府の固有の基盤である東国の経営に重点を置くことになる。義経が奥州に逃れたという情報が入り、奥州の問題に対処する必要が生まれ、そのためにも東国の支配を安定させる必要があったからである。

頼朝が上洛できなかったのは奥州の藤原氏の存在が大きかったが、その藤原氏に対して頼朝が優越できたのは、朝廷からあたえられた幕府の東国支配権による。文治二年（一一八六）に頼朝は、秀衡が朝廷に貢納する馬や金については頼朝が仲介して送るので、まず鎌倉に送るように秀衡に伝えているが、その書状には「御館は奥六郡の主なり。予は東海道の惣官なり」と記されていたという（『吾妻鏡』）。秀衡の知行する奥六郡は、東国の支配権を有する東海道の惣官頼朝の管轄下にあることを示したのである。そしてこれに沿って、十月に陸奥から貢金四五〇両が幕府に届くと、幕府の政所の二階堂行政が鎌倉からの貢馬とその貢金とを朝廷に送り届けている。

文治三年（一一八七）二月になると、吉野周辺に潜伏していた義経が伊勢・美濃を経て奥州に逃れたという情報が流れ、頼朝は神経をとがらせるところとなった。三月に常陸の有力御家人の佐竹蔵人を駿河に流したのは、奥州の勢力と結ぶのを警戒してのものであったろう。閑院の内裏の造営や京都の群盗の追捕のため使者を派遣するなど、朝廷への気遣いを示しつつも、東国経営のために力を入れた。その一例が八月に石清水八幡に倣って鶴岡八幡宮で放生会を開始したことである。

これに先立つ八月一日に「関東荘園」と「鎌倉中」に放生を命じ、翌年六月には、彼岸会や放生会での殺生禁断を東国一帯に命じ、さらに全国にも宣旨が出されるようにと朝廷に申請している。鶴岡八幡の祭礼を東国の祭礼として位置づけたもので、後三条・白河天皇が殺生禁断令を発して王権を強化していったことが思いおこされる。殺生禁断は王権と不可分な関係にあり、そこからも鎌倉の王権としての性格が読み取れる。

さらにこの放生会では流鏑馬が行われ、翌年には舞楽と流鏑馬、建久元年（一一九〇）には箱根権現の童による舞楽、馬長、流鏑馬など、しだいに神事が整備されていったが、文治四年（一一八八）二月二十八日には臨時祭も初めて行われ、流鏑馬や馬長も催されたが、それには「遠近の御家人」が群参したという。

石清水八幡宮の放生会では流鏑馬は行われていないが、白河上皇の時代から鳥羽の城南寺で行われており、他方で諸国の一宮でも国内の武士の奉仕で行われていたので、それらを踏まえて神事に取り入れ、東国の御家人を鶴岡八幡に奉仕させることで、鶴岡八幡を東国御家人の精神的な紐帯として位置づけようとしたのである。

なお文治四年（一一八八）三月六日に頼朝の側近の梶原景時が鶴岡八幡において、「関東御定運」を祈って大般若経の書写・供養を企画しているが、これは御家人の側から鶴岡八幡への信仰を盛り上げようとしてのことであったろう。十五日に行われたその法会には頼朝も結縁し、行列を整えて出席しており、童による舞楽も行われた。

幕府の行政命令は政所と問注所を通じて東国の各国に通達された。文治三年（一一八七）八月の放生会に際して殺生禁断を「関東荘園」「鎌倉中」に命じたのは政所の二階堂行政と藤原俊兼であり、文治四年（一一八八）三月二十六日に諸国に四天王像を造るように命じた宣旨が到着した際、東国諸国に伝えたのは問注所の三善康信である。政所と問注所とは交替で、ないしは内容や地域区分によって幕府からの命令を東国諸国に伝える体制が整えられていたことがわかる（五味文彦・二〇〇〇b）。

また諸国に置かれた守護は、その国内の検断と称される警察権を握っていた。下野の小山氏、相模の三浦氏、下総の千葉氏などが守護に任じられたのは、幕府の成立以前から国衙の検断機構に関わっていたことによる。守護は国内行政よりも、国内の御家人を引率して皇居の大番役を勤めさせるなどの軍事・検断の上で重要な役割をもたされていた。

幕府は文治五年（一一八九）二月三十日になって、安房・上総・下総の房総半島の三ヵ国の荒野の開発を地頭に命じているが、このように東国では地頭を中心にして開発が進められており、その開発地の年貢は地頭の得分として長く認められる慣習が形成された（永原慶二・一九七三）。勧進の力によって民庶が中心になって荘園や公領の再興が進められた西国とは大きな違いがあった。

奥州合戦

幕府の東国支配の体制が固まるなかで、現実的な課題となってきたのが奥州問題である。文治三年（一一八七）十月二十九日に義経を匿ってきた藤原秀衡が亡くなり、その跡を泰衡が継承したが、その際、秀衡は義経を主君と仰いで仕えるように遺言したという。ここに藤原氏に内紛の火種が生じたことから、義経・泰衡を滅ぼす絶好の機会と見た頼朝は、朝廷に義経追討の宣旨を要求した。ただ頼朝は鶴岡八幡に亡母のために塔を建てることを企画しているので、翌四年の間は追討使にはならないと通告したともいう。それもあって泰衡に義経追討を命じる宣旨は出されたが、泰衡が実行に移すはずもなかった。

そうこうして文治五年（一一八九）になると、頼朝は泰衡に義経追捕の実行を強く迫り、また泰衡の追討を朝廷に申請したので、泰衡は文治五年閏四月に義経を衣河館に襲って殺害した。これを見て、すぐに頼朝は泰衡追討に向けて全国に軍事動員を行うとともに朝廷に泰衡追討を要請した。薩摩の島津荘の荘官まで動員するという、まさに全国的な軍事動員を行ったことからしても、奥州合戦に向けた幕府の決意のほどがよく知られよう（川合康・一九九九）。

これに応じて、北条時政は六月六日に「奥州征伐」を祈って伊豆の北条に願成就院を建立し供養を行なっている。ところが朝廷は伊勢神宮の上棟や東大寺の造営が重なっていることを理由に追討の宣旨を出さなかった。

続々と集まって士気のあがる軍勢を見て、頼朝はついに追討の宣旨なくして出陣することを決意し、頼朝の大手軍のほか東海道軍・北陸道軍の三手から攻め入ることとした。こうして七月十九日に大手軍が出発し、八月九日に最初の奥州軍の防衛ラインである陸奥国伊達郡の阿津賀志山を突破すると、八月十四日には次の防衛ラインの玉造郡の多加波々城を攻略、二十二日に平泉に到着したが、その時には泰衡はすでに館を後にしており、やがて肥内郡の贄柵において、九月二日、郎等の河田次郎の手にかかって殺害された。

こうした合戦の記録を九月八日に作成して京に報告のために使者を派遣したところ、その翌日に七月十九日付の追討の宣旨が届いたのである。奥州合戦は東国の王権の覇者を賭けた争いであり、ここに名実ともに頼朝は東国の王となった。宣旨なくして追討を実施したことは東国における幕府の正統性を広く認めさせることになり、この戦いに向けて九州にまで軍事動員できたことは、全国的な軍事権の掌握の事実を明らかにしたことになる。

これまでほとんど手の出せなかった陸奥・出羽二ヵ国を獲得したわけであるから経済的な成果も大きく、翌年に閑院の造営が終わったことをもって知行国を四ヵ国返上している。御家人には平泉の蔵にあった藤原氏の財宝を分けあたえ、地頭職を恩賞として分与したので、以後、陸奥・出羽両国は鎌倉政権の植民地のような形をとって展開することになった。

その戦後処理が終わろうという九月十七日に、平泉の中尊寺・毛越寺の僧が安堵を願って、奥州の平泉の様子を報告したが、それによれば、平泉の文化は京の文化を直輸入したようなものであり、頼朝が築いてきた鎌倉の文化水準よりもはるかに高いものであった。頼朝がなぜ藤原氏を恐れていたのかがよくわかる。

3　建久の朝幕関係

頼朝の上洛

奥州合戦に勝利し、その後に起きた泰衡の郎従の大河兼任の反乱を鎮圧した頼朝は、念願の上洛を果たすことになった。建久元年（一一九〇）九月十五日に上洛のための奉行人を定め、十月三日に鎌倉を立つと、各地で多くの逸話を残しながら、後白河法皇とその女房丹後局への馬や金、桑糸、紺絹など大量の贈り物を持参して十一月七日に入京している。

頼朝は平頼盛の居所であった六波羅に建てられた邸宅に入ると、九日に法皇と面会し、「理世の沙汰」について語り合い、勲功賞として大納言に任じられた。これは辞退したものの、推して任じられ、さらに二十四日には右近衛大将にも任じられたのだが、十二月一日にその拝賀を行うや、すぐに辞退し十四日に鎌倉に帰っている。

この約一ヵ月間の滞在の間に、それまでの体制の確認や、その後の幕府と朝廷の関係についても一定の了解に達したことであろう。頼朝の狙いは戦時を理由にして獲得してきた多くの権限を平時において確保することにあった。官職を辞退したのは、頼朝の権限が官職に伴うものではないことを認めさせるためであろう。

上洛した時には東国を代表した頼朝も、帰国した時には朝廷の権威を翳して東国に臨んだ。まず建久二年（一一九一）正月に前右大将家政所を開設するなど、幕府機構を整備した。改めて政所の別当に大江広元、政所令に二階堂行政を任じ、さらに問注所執事に三善康信、侍所の別当に和田義盛、所司に梶原景時を任じた。頼朝への訴訟を取り次ぎ、頼朝の命令を執行する公事奉行人には、藤原親能・俊兼、三善康清・宣衡、平盛時、中原仲業、清原実俊らを任じたが、いずれも朝廷で官途を得た、文筆に秀でた文士であり、とくに実俊の場合は奥州の藤原氏に仕えていてその才が認められたものである。

他方で、御家人は、これまで頼朝の花押が据えられた御判の下文で恩賞をあたえられ、地頭に補任されてきたが、それを政所の下文で行うこととされ、順次、切替えられていった。この処置については頼朝との強い絆を大事にする宿老を中心に強い不満が示され、一時的に御判の下文と政所の下文の二つを出す措置が取られたが、次第に政所下文で安堵・恩賞を行うように定着してゆく。また三月に朝廷が新制を出して、頼朝に海陸賊・盗賊・放火などの追捕を命じると、これらの権限を地頭の検断権として定着させていった。

そうした時に朝幕関係を試す事件が起きた。四月に近江の佐々木定重が日吉社の宮仕らを刃傷したことから、その父定綱が近江に下ったため、延暦寺が定綱父子の罪科を訴えてきたのである。朝廷が延暦寺の大衆の強訴におされ、遠流の罪に処することを決定したため、頼朝は窮地においこまれ、やむなく「家業を継ぎ、朝家を守る」ことを強調した上でそれを追認している。幕府が近江の守護を保護することができないという問題点を露呈させた事件であるが、これを機に朝廷と幕府とは、それぞれに自立しつつも相互に提携する関係として定まり、文治二年体制は建久二年体制として再編をみる。

そこで頼朝は幕府の体制をさらに整えるべく、広く西国の武士のなかで御家人になることを希望する者を募り、その名簿を守護らに提出させるとともに、彼らに皇居の大番役を勤めさせることとした。こうして守護の職権も「右大将家の例」として謀叛・殺害人の追捕と大番催促の三ヵ条が定着することになった。

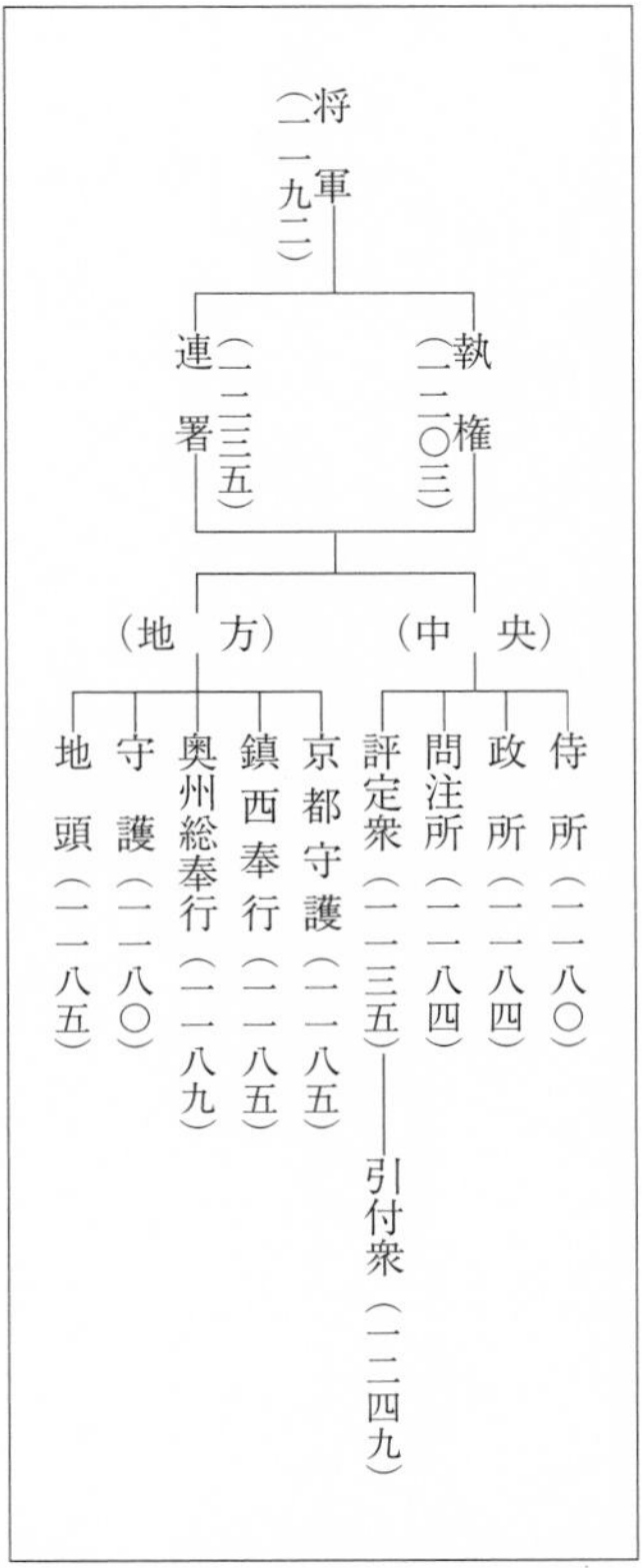

図Ⅰ-1　鎌倉幕府初期の組織
（数字は設置年次）

なお九州の諸国では一国の田地の所在と面積、その領主の名を記した大田文の作成が広く行われ、荘園・公領の再分配や新地頭の補任がなされている（石井進・一九七〇）。九州は平氏追討の後に鎮西奉行などを置いて統治に努めてきたが、この段階で支配体制も固まったことになる。

兼実と頼朝

九条兼実は、上洛した頼朝と会談をもった際、今は後白河法皇が健在なので政治を法皇に任せてあるが、その死後は政治を天皇に返して、共に長生きをし、よろず政治を正しくすべきである、と頼朝に語ったという（『玉葉』）。

兼実はその頼朝が上洛する頃から新制の制定に意欲を燃やし、頼朝との約諾をえたことで、翌年に二度に分けて法令を出している。これが建久二年（一一九一）の新制であるが、そのうちの三月二十二日令は、保元以降の新立荘園の整理を始めとする一七ヵ条からなる。私領を神人や悪僧、武勇の輩などに寄せて特権を保持・獲得する寄沙汰の行為を禁じたもので、国司に対しては一宮や国分寺の修造に勤め、国内の神人や悪僧の乱暴を排除するように求めるなど、保元の新制に沿って定めた条々のほか、国司が国務をきちんと行うことを求め、また頼朝や国司に「海陸盗賊放火」の輩を追捕するように命じている。

続く三月二十八日令は朝廷の官衙や京都を対象にした三六ヵ条からなる法令で、神社・寺院の神事や仏事の励行のほか、朝廷の諸官衙の勤務の励行などを求めるなど、服務規律にかかわるものが多く、さらに京中の整備や風俗の統制についても定めている。

この二つの新制は朝廷のその後の政治的な方向を決定づけることになった。二つ目の新制が出された三月二十八日には、頼朝の妹婿で京都守護の役にある一条能保が中納言に任じられ、四月一日には検非違使別当になっている。同日には幕府の重臣である大江広元が検非違使と明法博士に任じられ、また能保の娘と兼実の子良経の婚姻が六月には整うなど、兼実は頼朝の後援を頼んで改革に臨んだのである。

その年の年末から後白河の病気が悪化し、一旦は回復したかに見えたものの、翌建久三年（一一九二）三月十三日にはついに不帰の人となり、それとともに『愚管抄』が「殿下、鎌倉ノ将軍仰セ合ツツ、世ノ御政ハアリケリ」と指摘したような、兼実・頼朝の連携による政治が実現し、すぐに頼朝は征夷大将軍に任じられた。

この官職に任じられたことの意味については種々の意見が出されてきた。幕府の武家としての地位と東国の王権とを象徴するものと見て、以後、幕府の首長がこの地位につくことを目指していることから、幕府はここに名実ともに成立したという見方が出される一方で、これは奥州合戦に際してこそ必要であって、この時点ではもう必要のないものであり、この二年後に頼朝が辞退したことからも知られるように、名目的に過ぎないという見方も出されている。

確かに征夷大将軍という官職に頼朝が執心していたわけではないが、頼朝はいざ知らず、その後の武家政権にとってはその長を象徴するものとなっていたことも疑いない。

さて兼実は頼朝の後援を期待しつつ、朝廷の公事や行事の再興に意を注いだ。『古今著聞集』に、「建久の頃」に兼実が「公事どもをおこし行はれけるに」と始まる説話があるように、後世にその公事再興のことが言い伝えられるほどのものであった。京では市の興行がなされ、また六角町などの魚鳥を扱う供御人が立てられるなど、京の経済活動が盛んになった。さらに建久四年（一一九三）には伊勢神宮の雑務を評定する体制が整えられ（『百練抄』）東寺や興福寺・東大寺の修造・造営も果たされ、その後の鎌倉時代の朝廷の体制はここに整えられた。

表Ⅰ-2は、兼実との関わりのなかで著されたと見られる当時の書物をまとめたもので、ここからは兼実の文化への影響の大きさがよくうかがえよう。当時の文化の様子を物語る書物に『真俗交談記』がある。建久二年（一一九一）九月十日に集まった僧俗の談話を記したものといい、俗人では兼実と関係の深い藤原親経・資実・菅原為長らの名が見える。官位などに疑問があるので、当時のものとはいえそうにないが、建久の時のものと記されているところに、この時代の性格がよく示されていよう。

表Ⅰ-2　九条兼実周辺の人物の著作

著　者	関係	著　　作
藤原良経	子	除目大成抄・詩十体
藤原親経	近臣	綸旨抄の原型・春秋暦
藤原定能	近臣	羽林要抄・四節八座抄
藤原長兼	近臣	六代勝事記・続古事談
源　顕兼	近臣	古事談
藤原定家	近臣	朝儀諸次第
中原師尚	家司	年中行事秘抄
中原明基	家司	法曹至要抄・裁判至要抄
慈　円	弟	愚管抄
法　然	戒師	選択本願念仏集
貞　慶		春日験記

だが、兼実の政治は必ずしも安泰とはいえなかった。後白河の遺志を継ぐ存在として大きな権威を握っていた丹後局や、村上源氏の通親を始めとする後白河の側近勢力があり、兼実は彼らの存在を常に気にかけてゆかなければならなかった。彼らは後鳥羽天皇によりながら反兼実勢力を築くようになっていたのである。

曾我事件と頼朝の後継者

建久二年（一一九一）三月四日、鎌倉の小町大路から出火した火事は、北条義時らの御家人の邸宅を焼いたばかりか鶴岡八幡へと燃え移り、さらには幕府の御所までも焼き尽くした。これを契機に幕府御所の造営、鶴岡八幡の新たな勧請、鎌倉の都市改造などが行われてゆき、さらに御所の東北には奥州合戦で亡くなった人々の鎮魂のために永福寺が建立され、鎌倉は東国の首都として整備されていった。

その翌年八月九日、頼朝が征夷大将軍になった直後に「名越御館」で政子は実朝を産み、この誕生には多くの祝福が寄せられた。十二月五日に頼朝は武蔵守大内義信以下の有力御家人を集めると、源実朝を抱いて出御し、彼らに実朝の将来の守護を頼んでいる。

永福寺の造営が急ピッチで進み、その供養の行われた十一月には、実朝の五十日・百日の儀式が行われているが、その経営のすべては時政が行なっている。実朝の乳母にも時政の娘の阿波局が選ばれるなど、実朝は北条氏の厚い保護のもとに成長していった。

その翌年、頼朝は武蔵の入間野、下野の那須野、信濃の三原野の狩倉に赴いて巻狩を行い、五月には駿河の富士野で巻狩を行なって楽しんだ。狩猟は王権を象徴するものであり、頼朝は平和なひとときを王者として楽しんだことであろう。しかしそこに起きたのが曾我兄弟の敵討ち事件である。

この狩には頼家を家督となし、自分の後継者であることを御家人に認知させる意図がこめられていたらしい（石井進・一九七四）。五月十五日に藍沢で狩が行われ、翌日に頼家が富士野の狩場で初めて鹿を射ると、頼朝はすぐにその日の狩を止めて山神矢口祭りを行なって祝うとともに、鎌倉にいる政子に報告している。事件はその五月二十八日に起きた。

曾我兄弟は父の敵の工藤祐経のいる仮屋に突入すると、首尾よく父の敵を討ったが、それで事は終わらず、祐経を討った後も多くの御家人を殺傷し、五郎は頼朝の御前にまで赴いて捕まっている。事件はさらに続く。直後の六月三日に、常陸の「久慈の輩」が狩の場から逐電したという理由で所領を奪われ、五日には敵討ちの情報を聞いた常陸の八田知家と多気義幹との間で争いが生じて、義幹の所領が没収されている。八月二日には、源範頼が謀反を意図していない旨の起請文を提出したのであるが、十七日に伊豆に押し込められ、そして八月二十日に曾我兄弟の弟の原小二郎が範頼の縁座で誅されたのであった（『吾妻鏡』）。

これら一連の事件は頼朝の後継者をめぐる問題から生じたものであろう。幕府を形成し、その首長となった頼朝の後継者にはいかなる人物がなるべきか。先例はなかった。そこで頼朝の帯びた複雑な性格に応じて選択肢は分かれた。先ず源氏の武士の長者ということからは、源氏の一門の中から選ばれる可能性があって、源範頼・安田義定などがその候補となる。次に武家の嫡流への継承ということでは頼朝の嫡子頼家が考えられ、さらに実朝も考えられよう。

そうしたなかで曾我事件は起きたのだが、事件の中心にいたのは、実朝を擁していた北条時政と見るべきであろう。十二月十三日には常陸の下妻弘幹が時政に宿意を抱いていたとして梟首されており、曾我兄弟の十郎祐成は幕府に仕えることなく常に時政に参っていて、弟五郎は時政の前で元服を遂げ「曾我五郎時致」と号している。そして狩の場となった富士郡は時政の所領であった。

しかし時政のシナリオがどのようなものだったかは明らかでない。ただ頼家は、武蔵に勢力を持つ比企氏をバックにしていたから頼朝の後継者には好ましく思わなかったろう。頼家の着甲始めは、乳母夫の大内義信と乳母兄の比企能員が沙汰しており、頼家の妻も比企氏から迎えられていた。真相は不明なままに、曾我兄弟の御霊を鎮める物語として、やがて『曾我物語』が流布するが、その頃には北条氏が幕府の実権を握っていた。

大仏殿供養と後鳥羽の登場

建久六年（一一九五）二月の頼朝二度目の上洛は、東大寺の大仏殿の供養の儀式に臨席するのが名目であって、この時に妻政子や娘の大姫・嫡子頼家を帯同したのは、後継者問題があったからである。二月十四日に上洛の途につき、二〇日間ほどかけて三月四日に六波羅亭に到着している。

十日は供養の予行演習の習礼の日にあたり、後鳥羽天皇が東大寺に、頼朝も石清水八幡から東南院に到着した。その先陣として畠山重忠・和田義盛の引率した随兵には、保元の合戦に従った大庭景義がとくに望んで、合戦のときの装束で従っており、幕府の御家人にとっても、前代未聞の晴の儀式であった。翌日、頼朝は馬一〇〇〇疋・米一〇〇〇〇石・黄金一〇〇〇両・上絹一〇〇〇疋を東大寺に寄進している。三月十二日の当日は雨に祟られ、さらに大風も吹くという悪コンディションのなかでの儀式となったが、そこでもっとも目を引いたのが関東の武士の行動である。『愚管抄』はこうのべている。

武士等ウチマキテアリケル、大雨ニテアリケルニ、武士等ワレハ雨ニヌルルトダニ思ハヌケシキニテ、ヒシト居カタマリタリケルコソ、中々物ミシラレン人ノタメニハヲドロカシキ程ノ事ナリケレ。

大雨で濡れてもいっこうに構わず、驚かずに警固を行う武士の姿は、見る人々を驚かせた。供養が終わると、頼朝は四月十七日に丹後局を六波羅に迎え、政子と大姫とをあわせている。大姫の入内を考えてのものらしい。その交渉はすでに建久二年（一一九一）頃から始まっており、頼朝は丹後局と頻繁に連絡をとっていた。砂金三〇〇両・白綾三〇反という贈り物の数々や、兼実により停廃された丹後局の娘宣陽門院の所領の復活は、丹後局の歓心を買おうとしたものである。

大姫の入内は、頼朝が天皇の外戚になるというよりも、天皇と娘の間に生まれる皇子を東国に迎えるという構想によると見られる（佐藤進一・一九八三）。幕府の首長は貴種であるという性格を強く意識しての方策であり、その場合、頼家・実朝らは生まれた皇子を補佐する存在として位置づけようとしたのであろう。そうであれば頼家を京に連れていったことが浮いてしまうが、頼朝が担っていた権限を二つに分けた上での後継者として朝廷に認知させるためにも必要だったろう。頼家は六月三日に初めて参内している。

しかしこの試みは多くの問題点を残していた。その一つに、兼実も後鳥羽の中宮に娘をいれていたので、これと競合することになり、兼実との関係が疎遠になってしまったことがあげられる。その中宮から八月に生まれたのが皇女昇子であって、十二月に源通親の養女在子が後鳥羽との間に皇子を儲けたことから、兼実の立場は不安定になった。通親と丹後局は、頼朝に大姫の入内を誘うとともに、他方で後鳥羽を動かして、建久七年（一一九六）には関白兼実を罷免し、中宮を内裏から追った。朝廷での親幕府勢力が失われ、しかも病弱の大姫がやがて亡くなってしまうなど、頼朝の打った手はすべて失敗に終わった。

こうしたなかで源通親を後見にしてその存在を示し始めたのが後鳥羽天皇である。平氏の都落ちによって幼くして天皇になり、後白河の庇護の下、藤原範兼の娘の卿局兼子に育てられ成長してきた後鳥羽は、早くから王の立場に目覚め、祖父の影響を受けて蹴鞠・闘鶏・相撲・競馬など、あらゆる芸能にエネルギーを注いでいた。芸能への執心は武芸にまで及び、『承久記』は「伏物、越内、水練、早態、相撲、笠懸のみならず、朝夕武芸を事とし、昼夜に兵具を整へて、兵乱を巧ましましけり」と記している。それらは見物するだけでなく、自らが行い、楽しむものであった。刀を自ら焼いたり、盗賊の追捕の指揮にあたったりしたことを『古今著聞集』は記している。

院政時代の上皇について見ると、白河上皇は王権を鳥羽殿や法勝寺の塔などのモニュメントで表現し、鳥羽上皇は鳥羽の宝蔵の王のコレクションで表現したが、後鳥羽はそれをパフォーマンスで表現したというべきであろう。猿楽を行い、今様を自ら編集した後白河を凌ぐパフォーマンスの王権としての性格を有しており、その王権はやがて東国の幕府を圧倒するものへと向かった（五味文彦・二〇〇〇a）。

建久三年（一一九二）に後白河が亡くなると、後鳥羽は主要な財産を継承して親政を行い、やがて祖父の例に倣って、頼朝の要請も無視して院政を行うようになるが、それは院政の常のごとく自らの皇統に皇位を継承させる狙いに基づくものであった。兄弟には惟明・守貞親王がおり、鎌倉に幕府政権が成長している状況にあっては、皇位継承を確実なものにしておく必要があったのである。

かくして朝廷対策にことごとく失敗した頼朝は、「今年、必ズシヅカニノボリテ、世ノ事ヲ沙汰セント思ヒタリケリ」という書状を兼実に出し、上洛を期したのであるが、その矢先の正治元年（一一九九）正月十三日、相模川の橋供養の帰路の不慮の落馬事故がもとで亡くなってしまう。

三　承久の乱

1　源氏将軍と政子

頼朝以後

頼朝が亡くなると、源頼家がその跡を継いだ。正治元年（一一九九）二月に京から届いた宣旨には「前征夷将軍源朝臣遺跡を続ぎ、宜しく彼の家人郎従等をして旧の如く諸国守護を奉行すべし」とある。頼朝の跡の継承と諸国の守護とを命じたものであり、朝廷が諸国の守護を幕府の最も重要な機能と見なしていたことが知られる。その幕政を開始する儀式である吉書始には、北条・比企以下の有力な御家人が集まり、作成された文書を頼家が寝殿で見ている。

頼家は跡を継いだ直後から強権を行使し、三月には後藤基清の讃岐の守護職を奪った。基清は京の一条能保に仕えていた在京の御家人であり、同じく能保に仕えていた小野義成・中原政経らも続いて失脚している。これは後鳥羽院政を主導していた源通親との連携によるものであろう。さらに伊勢神宮の所領の六つの地頭職を停止するなど、次々と頼朝の時代の例を改めていった。不安定な後継者の立場から、前代とは違った実力を見せつける必要があったものと見られる。

しかしこれによって有力御家人との間の対立が深まった結果、四月十二日には頼家が諸訴論を直接に裁断することが停止され、北条時政以下の一三人が談合して成敗をなすものと定められ、その他の人々が頼家に訴訟を取り次ぐことを禁じる措置がとられた。この措置は後の執権政治への布石となったものであるが、これを可能としたのは頼朝の「後家」である政子の存在あってのことであろう。

その一三人の内訳は、時政・義時の北条氏、大江広元・三善康信・二階堂行政・足立遠元らの政所・問注所の高級職員、北条氏に近い安達盛長、将軍に近い比企能員・梶原景時、他に三浦義澄・和田義盛・八田知家らの有力な武士と、在京中の京都守護の藤原親能といった構成である。武蔵や相模など南関東の武士と文士からなっており、基本的には頼朝時代の有力者が占めていた。

頼家の親裁権に制限が加わったことから、頼家を支持する勢力が退けられる事件が次々と続いた。正治元年（一一九九）十月二十五日には結城朝光が侍の場で頼朝を追慕する思いを述べたことに端を発し、それを頼家への謀反と見なす将軍派と御家人連合との間の対立が生じ、将軍派の梶原景時に対抗する六六人の武士の一揆が成立したことから、景時は十二月十八日に鎌倉から追われ、翌年の正月二十日に駿河で討たれている。それとともに甲斐源氏の武田有義が景時によって将軍に擁立されようとしたということで追捕を受けている。

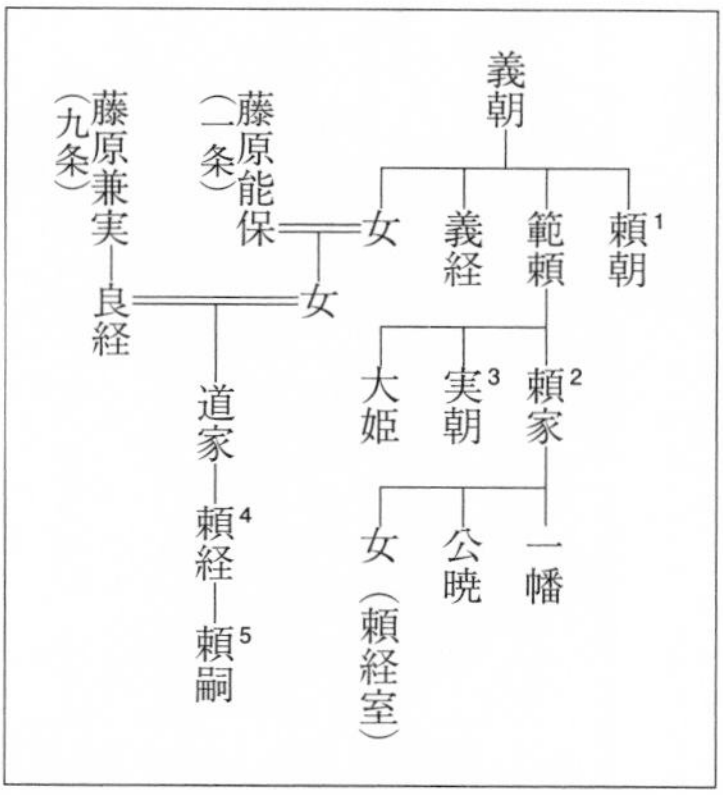

図Ⅰ-2　源氏略系図
（数字は将軍就任の順）

頼家への反発が強まるなかで、頼家は建仁二年（一二〇二）に従三位となり、ついで征夷大将軍となって権威の回復をはかったが、それにもかかわらず弟の実朝の存在が次第に重みを増していった。翌年正月には、鶴岡八幡の巫女に八幡大菩薩から「頼家の子一幡には家督の継承はならない」という託宣があったという。その直後、頼家は叔父の阿野全成を謀反を理由に常陸に流すと、政子のもとにいる全成の妻阿波局の身柄の差し出しを要求している。これに政子は「女性に知らしむべからざること」と拒否するが、阿波局は実朝の乳母であって、ここからは実朝が政子の元で成長していたことがわかる。

こうして実朝を頼家の跡に立てる動きが強まるなか、将軍頼家が重病になって関西の三八国の地頭職を実朝に、関東の二八国の地頭職と惣守護職を頼家の長子である一幡に譲る措置が建仁三年（一二〇三）八月二十七日にとられると、その直後の九月二日に時政は比企氏を攻め滅ぼし、さらに頼家の地位を剝奪して伊豆に流した。

これは幕府の首長の地位が力によって否定されたことを物語るもので、以後の幕府の首長の在り方を規定することになった。その跡を継いだ実朝が殺されたのもまさにその延長上にある。さらにはその後の将軍も殺されはしないまでも、いずれも皆、京に追い返されている。将軍は御家人の連合に擁された王であり、王の存在が連合を崩すと見なされれば、殺されたり、京に追い返されたりすることとなったのである。とはいえ王の否定は家の連合の組織の権威の低下を招くことになるので、新たな王には善政が求められた。

実朝と政所

実朝は建仁三年（一二〇三）九月七日に「関東長者」として将軍に任じられた。頼家が将軍に任じられたのは前年七月のことであり、頼朝の跡を受けて時間がたっていたのと比べれば異例である。しかも九月七日といえば頼家が政子に出家させられたその日であり、すでに京の朝廷には将軍の交替が告げられていたことになる。

しかしそれはともあれ、ここに関東の長者と征夷大将軍の地位は一体化することになり、新たな体制へと門出した。十月九日の政所始は北条時政・大江広元の別当が出席して行われ、実朝は幼稚のため「簾中」でこれを見たが、その「次第の故実」は「執権」が授けたと『吾妻鏡』には見える。このことをもって時政は幕府の執権になったと見做されてきたが、時政を執権と記したものではなく、広元をさしていた可能性もあり、ましてこの記事をもって執権政治の成立と考えるのは問題があろう。

将軍を退けての新将軍であれば、御家人からの協力を求める必要があった。使者を京都に送って、京畿の御家人に対し、将軍に忠節を励み、二心を持たないように触れ、それを誓う起請文を取り寄せるとともに、武蔵の武士にも時政に二心を抱かぬように触れている。ここで特に武蔵の武士の動向が問題になっているのは、幕府が北条と三浦という二大武士団を実質的な基盤として生まれていて、その最も脅威となるのが武蔵武士団の勢力だったからである。武蔵は関東知行国として幕府の直轄下におかれ、国内の田地の検注も行なわれていたが、大田文の作成にまではなかなかいたらなかった。この後の承久の乱では幕府軍が武蔵の武士の到着を待って京に進軍している。

また「代始」と称し、関東の知行国の公領と相模・伊豆の荘園・公領の百姓の年貢を減ずる措置をとり、さらに訴訟の裁断後にはその裁許の下知を三日以内に行なうことと定めるなど、代始の善政も実施していった。この時の「代始」の善政が、やがて代始とともに徳政を要求する運動を引き起こすことになってゆく。

　実朝の登場とともに、武断政治から文治政治へと転換がはかられ、元久元年（一二〇四）正月には将軍の読書始が行われ、三月には『天台止観』の談義が幕府で行われ、七月には直接に将軍が政道を聴断するなど、積極的な姿勢が打ち出された。しかし四月に伊勢国で平氏の反乱がおきているなど、一旦、動揺した将軍の権威を回復させるのは容易ではなかった。

　次々と御家人の陰謀や謀反が噂され、実朝の政治が問われる事件が起きた。翌年に武蔵の畠山重忠が滅亡したのは北条時政の画策によるものであるが、その時政も後妻の牧の方の娘婿平賀朝雅を将軍につけようとしたとして伊豆に引退させられてしまう。

　こうして時政の子の義時が元久二年（一二〇五）閏七月に「執権の事」を命じられ、姉の政子とともに実朝を擁して幕府の実権を握るところとなる。その直後に下野の宇都宮頼綱の謀反が噂されたが、頼綱が出家したことで事件は収拾され、ようやくに動揺は収まっていった。

　承元三年（一二〇九）に源実朝は従三位になって公卿に列すると、将軍家政所を開設して政所を整備し、この政所を中心にして幕府の訴訟制度や政治制度を充実させていった。実朝が手本としたのは京の後鳥羽上皇である。実朝の名は後鳥羽の命名によっており、御台所には足利義兼の娘と決まっていたのを嫌い、京都から坊門信清の娘を迎えている。上皇の寵愛する西御方の姉妹であった。

　これとともに実朝の周辺には京の文化が一気に流入してきた。また実朝の読書始に際して侍読となったのは後鳥羽の近習の源仲章である。和歌を詠み始めた実朝は、藤原定家の弟子となった内藤朝親を通じて『新古今和歌集』を入手し、定家から和歌の指導を受けるようになり、実朝の詠んだ和歌の添削が、定家の和歌の口伝とともに鎌倉に届いている。後鳥羽の芸能好みを反映して、承元元年（一二〇七）三月には闘鶏の会が御所の北壺で行われ、さらに蹴鞠を好み、建暦二年（一二一二）三月からは毎月上中下旬の三回、旬の鞠会を開いている。建保元年（一二一三）には「芸能の輩」に「和漢の古事」を語らせる学問所番が置かれている。

御所を中心とした鎌倉とその周辺の文化空間も整えられていった。鶴岡八幡、勝長寿院、永福寺、阿弥陀堂、薬師堂、法華堂などの寺社の奉行が定められ、年初に鶴岡に参り、年末に勝長寿院・永福寺に参詣するのが恒例となった。御所の中に持仏堂が設けられ、本尊の文殊菩薩が安置され、聖徳太子の御影も掲げられて供養の行われるのが常となった。後鳥羽の熊野詣にならって箱根伊豆権現に参詣する二所詣が行われ、さらに熊野にも御家人を代参として派遣している。

こうした雰囲気において実朝の秀歌が詠まれた。たとえば次の和歌は「建暦元年七月、洪水漫天土民愁歎きせむ事を思ひて一人奉レ向二本尊一聊致レ念云」という詞書が見えるものである。

時によりすぐれば民のなげきなり八大龍王雨やめたまへ

『吾妻鏡』を見ると、建暦元年（一二一一）七月に洪水のあった記事はないが、六月から『貞観政要』を読んで統治者のあるべき道を学んでいるので、そのことがこの歌を詠ませたのであろう。本尊とあるのは持仏堂の本尊の慈悲を庶民にもたらす文殊菩薩である。

和田合戦

政子と義時に実権を握られ、しかも京都の強い影響下にあった実朝の政治には関東の御家人から反発が生まれた。特に建保元年（一二一三）二月の安念法師の謀反事件に端を発し、五月に起きた和田合戦では、侍所の別当という御家人を代表する立場の和田義盛が兵を挙げ、これに対して執権の北条義時が実朝を表に立てて戦っただけに、その後遺症は大きかった。義盛は幕府の南庭に一族を連れて一門の胤長の赦免を将軍に直訴したが、受入れられずして兵を挙げたという。

義盛左衛門ト云三浦ノ長者、（中略）義時ガ家ニ押寄テケレバ、実朝一所ニテ有ケレバ、実朝面ニフタガリテタタカハセケレバ、当時アル程ノ武士ハミナ義時ガ方ニテ、二日戦ヒテ義盛ガ頸トリテケリ。

慈円の『愚管抄』はこのように実朝を正面に立てて勝利した北条氏の動きを記しているが、慈円が幕府の動きに詳しいのは弟子の忠快が実朝に仕えていたからであり、忠快は合戦の前日に義盛の謀反の噂から実朝の命令で御所で不動法を修していた。

この合戦で和田・横山・山内・土屋といった相模と武蔵の有力武士が没落し、比企の乱に始まる一連の幕府の内紛が終結したことになる。実朝を正面に立てて勝利した北条氏が幕府の実権を完全に握ったのである。義時は御家人を指揮し、鎌倉の検断を行なっていた侍所をも握り、恩賞として鎌倉に近接する山内荘を獲得したが、この地には義時に始まる得宗家の別荘が置かれ、やがて政治の中心的な場となってゆく。

和田合戦は終わったが、その結果、実朝への不満はさらに積もった。「歌鞠の両芸」ばかりに勤しむかに見える実朝について、下野の御家人長沼宗政が批判して、「当代は歌鞠をもって業となす。武芸廃るるに似たり」と語った言葉はその点をよく物語っている（『吾妻鏡』）。後鳥羽との結びつきを重視する実朝の姿、また北条氏とともにある実朝に疑念を表明する御家人が相次いだ。

こうして京の勢力と関東の勢力との板挟みにあい、実朝は精神的にまいってしまったのであろう。怪異や幻聴に悩まされ、酒に溺れることもあった。その実朝を慰めたのが栄西である。栄西は建保元年（一二一三）十二月に、亡くなった和田義盛の魂を慰める仏事を実朝のために寿福寺で行い、翌年二月四日には酒の二日酔いで気分のすぐれぬ実朝に中国伝来の良薬を勧め、その効能を記した書『喫茶養生記』を進呈している。実朝の栄西への信頼は厚く、六月には諸国の炎旱について祈禱を栄西に依頼し、七月には大倉大慈寺が実朝の御願で建てられると、その供養の導師となしている。

栄西に次いで実朝の前に現れたのが宋人の陳和卿である。建保四年（一二一六）六月に鎌倉にやってきた和卿は、実朝に会うや否や、三回拝して「貴客は昔宋朝の医王山の長老たり。時に吾、その門弟に列す」と述べたという（『吾妻鏡』）。実朝はかってその夢を自分も見たことがあったことから、その一致に驚き、やがて医王山に渡る決心をした。そのための唐船が建造されたものの、船は由比の浦に浮かばず朽ち果てた。

やがて立ち直った実朝は、建保四年（一二一六）に政所の職員を大幅に増員したが、その政所別当の筆頭には大江広元がおり、次に源仲章・北条義時らが並んでいる。仲章は侍読から別当になった人物で、建保六年（一二一八）には朝廷の昇殿を許され「希代の朝恩」を得ている。さらに源頼茂・大内惟信などの京都で活動し、後鳥羽にも仕えていた源氏一門が名を連ねており、大江広元の子親広や義時の弟時房、京下りの官人中原師俊と続いて、最後が政所執事の二階堂行光という構成である。

明らかに政治空間も京風の要素が濃くなっているが、そうしたなかで大きな問題となったのが実朝の後継者である。実朝に子が生まれないことを知った政子は、上洛して院の女房である卿二位藤原兼子と会談して、西御方の生んだ後鳥羽の皇子の頼仁親王を後継者とする約束を交わした。皇子の下向ともなれば朝廷の権力は二分される可能性はあったのだが、上皇がこれを認めたのは、実朝を受け皿にして皇子を将軍とすれば、上皇の意のままに幕府はなるであろうことが見込まれたからである。

女人入眼

『愚管抄』は、この交渉にあたった卿二位兼子と尼二位政子の二人について、日本の政治は女性の助けによって完成するものであるという主張から「女人入眼」と称しているが、事実、北条政子は頼朝の死後には頼朝の住んでいた大御所を継承し、鎌倉殿の後家の立場から、将軍をもしのぐ実権を有していた。

正治二年（一二〇〇）正月十三日に頼朝を弔う墓堂の法華堂で頼朝の一周忌の仏事が行われ、これには諸大名が群参して、栄西が供養の導師を勤め、政子は自分の髪で縫った、大日如来の象徴である「阿」字の一鋪を供えている。供養の中心に政子がいたことがわかる。同時に駿河・伊豆・相模・武蔵の国中の寺院で追善の法会が行われ、東国一五ヵ国でも堂舎の修善が行われた。さらに閏二月には政子は寿福寺の建立を企て、栄西に寺院の敷地として亀谷の地を寄付している。

このように幕府の仏事の中心には常に政子があっただけでなく、比企の乱に始まり、畠山の乱・宇都宮事件などの幕府の度重なる内紛でも政子は収拾役を担っており、源氏一門の処遇についても心をくだいていた。頼家の遺児の公暁を実朝の猶子にした後、三井寺に入れ、さらに鶴岡別当に据えたのも政子であった。

幕府の要所要所も政子の息のかかった人物で占めていた。政所別当の大江広元や、義時とその弟時房、さらに政所執事の二階堂行光らはいずれも政子を強力に支えていた。義時は政子がとくに目をかけてきた、頼朝の「家の子」の筆頭であり、時房と行光の二人は常に政子の側近として行動していた。

こうして幕府の実権は政子と義時とが握り、その後見によって実朝の諸政策は進められてきたのであるが、その中で事件は勃発した。承久元年（一二一九）正月、実朝が右大臣の拝賀のために鶴岡八幡宮に参詣した時、頼家の遺児で甥の公暁の手によって側近の源仲章とともに殺されてしまったのである。

その真相は不明であるが、背後に北条義時の存在を想定したり、三浦氏が公暁の乳父であったことから三浦氏を黒幕と想定する説も出されたりしているが、単純に公暁の宿意によるというのが、案外の事実かもしれない。公暁が実朝に「一ノ刀」を下した時、「親ノ敵ハカクウツゾ」と叫んだのを公卿たちが鮮やかに聞いた、と『愚管抄』は伝えている。

この将軍暗殺の事実は大きな衝撃を与えた。鎌倉に拝賀のために招かれてやって来て事件を目撃した貴族たちは呆然として帰京しており、京の風土との違いを思い知らされたに違いない。その結果、『愚管抄』が記すように、「サテ鎌倉ハ将軍ガアトヲバ、母堂ノ二位尼総領シテ、猶セウト義時右京権大夫サタシテアルベシト議定シタルヨシキコヘケリ」と、幕府の実権は完全に頼朝の後家政子とその弟義時のものとなって、幕府は政子の家である「禅定二位家」と称された。

すぐに幕府は後継の将軍を京都に求めたが、それには「宿老御家人」の連署からなる奏状が添えられていた。幕府が武士団の家の集合体であることの側面がはっきり見えてきており、政子はその中核に位置していたわけである。奏状は政子の側近で政所執事の二階堂行光が京に持参して皇子の下向を要請したのだが、政情の変化によって後鳥羽はこれを拒否したうえ、逆に二つの荘園の地頭職の停廃を求めてきた。そのため義時が派遣されて交渉に入るが、これも成功せず、摂関家から後継者として九条道家の子三寅（頼経）を迎えることとなる。

ここに将軍を京の貴種から迎える路線が敷かれ、将軍は名目だけのものとなる端緒が開かれた。そして承久元年（一二一九）七月十九日に幼い頼経が鎌倉に下ってきてその政所始が行われたが、「若君幼稚の間、二品の禅尼、理非を簾中に聴断すべし」とあるように、政子が理非決断の権限を行使することとされた。恩賞の授与や裁判の結果を示す下知状は、北条義時が仰せを奉じて出されたが、その仰せとは政子のそれであり、将軍親裁の体制はまだ続いていた。政子は「尼将軍」に他ならなかった。

2　後鳥羽院政

新古今の時代

九条兼実に代わって後鳥羽天皇を補佐した源通親は、後鳥羽の乳父の立場にあり、兼実との入内争いに勝利すると、建久九年（一一九八）正月には後鳥羽の譲位をはかり、土御門天皇を立てて外戚の地位を獲得し、さらに後鳥羽院政の開始にあたっては執事別当となって政治の実権を握った。

ついで正治元年（一一九九）六月には内大臣に任じられ、人事に実権を振るって勢力を築いたが、同時に九条良経も左大臣となるなど九条家が復活を果たしたので、それとともにしだいに後鳥羽の意思が政治の表面に出てくるようになった。

翌年になると、後鳥羽は文化と芸能に意を注ぐようになった。とりわけ力を注いだのが和歌の興隆であり、六条・御子左の二つの和歌の流れに属する歌人たちに百首歌を提出するように命じた。この時に御子左の流れにある定家を選ぶことを通親や六条家が反対したことで、定家は一旦は選に漏れかかったが、父俊成の訴えで選ばれるにいたったという。

この百首歌で面目を施した定家は、続いて後鳥羽が勅撰集の撰集を企画し、建仁元年（一二〇一）七月二十七日に和歌所を置くと、その寄人に選ばれ、さらには『新古今和歌集』の撰進が藤原有家・源通具・藤原家隆・飛鳥井雅経・寂蓮らとともに命じられた。後鳥羽も交えた撰集作業が幾度となく行われた末、元久二年（一二〇五）三月に歌集は奏覧されたが、この「新古今」という命名に後鳥羽の理想がうかがえる。

天皇自身が和歌に励んだのは、堀河・崇徳両天皇の例があるが、勅撰集の編集では両天皇を遡って遥か以前の『古今和歌集』を強く意識しており、「延喜・天暦の治」と称される、理想とされた天皇の治世を模範として、和歌の興隆を試みることを表明したのである。

『新古今和歌集』の仮名の序には、和歌は「世を治め民を和らぐる道とせり」と記され、真名の序にも「誠に是れ理世撫民の鴻徽」とあって、和歌は天皇による人民統治の手段であることが述べられている。また「みづからさだめ、てづからみがける」と後鳥羽自身も撰集にあたると表明しているが、これは後白河が自らの手で編んだ今様集『梁塵秘抄』に見られる行動を継承したもので、その執念は承久の乱で隠岐に流された後も選び直しを行なっていたことからもわかる（『隠岐本新古今和歌集』）。

こうした後鳥羽の意気込みに主導され、「新古今時代」とも称されるべき和歌の黄金時代が生まれた。さらにこの歌集は鎌倉にもたらされ、実朝に大きな影響をあたえた。それは王朝文化の文化的優越性の主張であるとともに、王朝文化への統合の働きかけでもあったろう。

また、こうした後鳥羽の下に多くの歌人や芸能者が登用され、その芸能を深めていったことも忘れてはならない。定家は、「正治・建仁に及んで、天満天神の冥助を蒙り、聖主聖朝の勅愛に応じて、僅かに家の跡を継ぐ」と、和歌の家の継承がなされた喜びを、その日記『明月記』に記している。鎌倉で頼朝に仕えていた飛鳥井雅経は京に召されて、蹴鞠を上皇に指南する傍ら、和歌にも秀でていたことから『新古今和歌集』の撰者の一人となっている。弓の芸とともに和歌でも認められたのが源具親で、鴨長明は管絃とともに和歌の才を認められた。

後鳥羽の文化統合

この時期の後鳥羽は政治には無関心であった。建仁三年（一二〇三）正月の除目は通親の影響は脱したものの、代わりに上皇を育ててきた卿局が左右するようになったと言われている（『明月記』）。卿局は上皇の近臣の藤原宗頼の妻となって、上皇に夫妻して影響をあたえ、さらに宗頼が亡くなると、太政大臣の藤原頼実を夫として後鳥羽の後見とするなど（『愚管抄』）、大きな権勢を振るって二位に叙され「卿二位」と称された。

上皇の専らの関心は文化に向けられており、元久二年（一二〇五）に『新古今和歌集』の竟宴を行ない、さらに漢詩と和歌とを合わせる「詩歌合」が兼実の子良経により企画されているのを聞き付けると、院の御所で行うように命じている。この『元久詩歌合』の漢詩の作者には、良経のほかに藤原資実・長兼などの儒卿、菅原為長や藤原宗業らの儒者が名を連ねているが、為長は前年十二月に昇殿を許されて「御侍読」となり、「文道面目」と称されていた（『明月記』）。和歌では、藤原家隆が従四位上に叙せられた上に、建永元年（一二〇六）正月の除目では自身が望まないのに宮内卿に任じられて家隆を驚かせた話が『源家長日記』に記されている。

承元元年（一二〇七）の後半頃から、上皇の関心は和歌から詩・蹴鞠・今様へと移ったものと見え、その年の十二月二十九日には「仙洞偏詩御沙汰」、翌年二月五日にも「近日毎日郢曲御遊有り」と『明月記』に記されている。四月十三日には「院御鞠勝負」が行われたが、その様子は絵巻に作成され（『承元御鞠記』）、鎌倉にも報告されている。この時に上皇は飛鳥井雅経や難波宗長などから「蹴鞠の長者」の称号をあたえられたという。しかし和歌への意欲を上皇が全くなくしたわけではなく、『新古今和歌集』の歌の切継ぎは承元四年まで行われている。

こうした文化と芸能の空間として整備されたのが、水無瀬や鳥羽の離宮、京都の神泉苑であり、さらに二条殿御所を始めとする院御所の厩や小御所であった。定家はそうした離宮の遊宴に祗候する一方で、厩御所への祗候を望み、建仁三年（一二〇三）九月にそれが認められると、さらに小御所に番を組んで奉仕することも望んだ結果、建永元年（一二〇六）に認められている。

この時期の文化的統合を最もよく示しているのが、承元元年（一二〇七）に造営された御願寺の最勝四天王院である。後鳥羽は和歌の名所の選定を始めとして、その絵画と和歌とを最勝四天王院の障子に描き記すことの奉行を定家に命じており、和歌の名所は遠くは陸奥国の「幽玄」の地にまで及んでいた。

その絵を描かせたのは、後鳥羽が全国の文化的統合を図ろうとする意図に発するもので、こうした統合の動きに沿って、様々な領域で芸能が整えられ、それが家として後世に伝えられる体制が整えられていった。

儒者では、菅原為長が政子の委嘱で『貞観政要』の仮名文を著し、さらに『文鳳抄』や『管蠡抄』を著してその後の菅原家の基礎を築いたが、藤原南家の藤原孝範は順徳天皇に捧げたとされる『明文抄』『秀句抄』『柱史抄』の三部作を著しており、その孝範に教えを受けて鎌倉に下っていた源光行は、『蒙求和歌』や『百詠和歌』を著し上皇にも仕えた。定家の和歌の書『近代秀歌』、飛鳥井雅経の蹴鞠の書『蹴鞠略記』なども次々に著され、それぞれに芸能の家を主張するものとなっている。

鎌倉末期に成った『元亨釈書』は、音の芸能の歴史を記しているが、唱導は、「治承・養和之間」に澄憲法印が「家学」として確立させ、それが子の聖覚・隆承に「家業」として伝えられてきたと語っており、念仏は「元暦・文治之間」に源空法師（法然）が「専念之宗」を立てて以来広まったと指摘している。また法華経などの読経の芸能の広まりとともに、読経衆が御所に編成されるようになっていた。

政治的統合へ

王権への統合をまず文化の上で示した後鳥羽は、やがて政治の面での統合に向かっていった。その切っ掛けとなったのが彗星の出現である。『愚管抄』は、「承元四年九月卅日、ハハキ星トテ、久シク絶タル、天変ノ中ニ第一ノ変ト思ヒタル彗星イデテ、夜ヲ重ネテ久ク消エザリケリ。ヨノ人イカナル事カトヲソレタリケリ」と、彗星の出現で人々が騒ぎだし、上皇が祈りを所々に行わせるなどしたが、承元四年（一二一〇）十一月に再び出現したことから、ついに譲位を断行したという。

彗星が出ると、代を替えて徳政を行うことによって天変を鎮めようとする、古代以来の徳政の思想に基づくものであるが、同時に、院政のこれまでの在り方に沿って、寵愛する修明門院との間に儲けた皇子に皇位を継承させることをも意図していた。こうして土御門天皇を退位させ、順徳天皇を即位させると、代替わりの新制として建暦二年（一二一二）三月に新制を出している。

これは建久の新制のような大掛かりなものではなく、二一ヵ条に過ぎず、しかも後鳥羽の院政の方針を示すようなものではなく、公家である天皇の政治の在り方に関わるものであった。神社や寺院の神事・仏事や修造を行うことや、風俗の美麗・贅沢などの過差を禁じるとともに、伊勢神宮以下の神社が訴える時には、正式のルートである、官に付け、官から蔵人を通じて奏聞するように命じたことは、その点をよく物語っている。当時、南都北嶺の大衆の強訴が大きな問題になっていたのに、それに何も触れていないのは、これを裁断するのが院だったからであろう。

つまり新制は天皇の領域における政治を規制したものであって、順徳天皇がやがて『禁秘抄』を著して天皇のとるべき行動を記したのは、このことと関連があろう。同時に貴族の家の内部の服飾などを規制した「けちうのしんせい」（家中の新制）が出されているのも、同様な動きであって、家の内部にまで規制を図ろうとする院政の動きをよく物語っている。朝廷の規律のみならず、貴族の家の内部にまで政治的・文化的な統制を加えようという意思のあらわれである（五味文彦・二〇〇〇c）。

それとともに後鳥羽は公事や行事の執行を厳しく行う姿勢を打ち出している。仏教の竪義や論義にならって、建暦元年（一二一一）七月一日には公事の竪義を行う企画を立て、二十日から二十四日までの五日間にわたって竪義を行い、九月二十四日には大嘗会の論義も行われている。その後鳥羽の公事の勉学の成果が、二八五ヵ条からなる『世俗浅深秘抄』であった。

後鳥羽の公事への強い関心とともに、様々な領域で秀でた人々を政治的に引き上げていった。埋もれていた人々を引き上げるのも徳政の一つである。承元四年（一二一〇）には参議に藤原頼平を任じたほか、藤原信雅以下一二人を三位に叙しており、定家が三位になった建暦元年（一二一一）には藤原顕俊・三条公氏が参議になったほか、西園寺実氏以下九人が三位の公卿になっている。これによって建久年間（一一九一—九九）には非参議の三位の公卿は一五人ほどであったものが、承元二年（一二〇八）にはその倍に達し、さらに建暦元年には四〇人以上にも達している。九条兼実が公卿の人数を制限していたのとは大きな違いである。

なかでも承元四年（一二一〇）に三位に叙せられた菅原在高は、大学頭在茂の子であって公卿に任じられる身分ではなかったが、文章博士を経て公卿に取り立てられている。同じく定家に遅れて十二月二日に三位となった菅原為長も、大学頭長守の子で身分は低いのに公卿となっており、建保元年（一二一三）七月には上皇の御前で『貞観政要』を毎日午の時に読んでいる。またその前年正月に慈円を再び天台座主に任じたが、これは山門の興行の意図にともなうものであったといわれ、春には「当世の才卿」を召して、「理乱安危の基」を問うている（『明月記』）。

このように後鳥羽を中心にして様々な領域において王権への統合がはかられたが、これはそれまでの緩やかな統合という「権門体制」への挑戦の意味合いもあった。権門の内部にまで立ち入って王権への統合を迫ったのである。後鳥羽は、これまでの天皇が管絃では笛を吹いていたのを琵琶に代え、順徳にも琵琶を弾かせるようになったが、それも関係があろう。琵琶の玄上は代々の天皇に伝わる宝物であり、それを手のうちに入れたかったに違いない。

統合の行方

後鳥羽の政治的な権勢の増大の矛先は鎌倉幕府にも向けられた。実朝を建保元年（一二一三）二月に閑院内裏の造営の賞として正二位に叙した後、建保四年六月には権中納言、建保六年正月には権大納言、同三月には左大将、同十月には内大臣と急速に昇進させ、十二月には右大臣に任じている。

こうした昇進の背景には、源実朝の後継者として上皇の皇子を関東に下す約束がなっていたことがあり、皇子を関東に下し、実朝を後見として幕府を従えようと考えていたものと見られるが、しかしこれが逆に幕府内部に危惧感を植え付けた。

他方、関東への介入とともに朝廷の武力も整えていったが、その際、上皇は京都の守護にあたる御家人に目をつけた。建仁三年（一二〇三）十月には京都守護として派遣されてきた武蔵守平賀朝雅を重用し、笠懸の師匠とするとともに右衛門佐に任じている。朝雅は幕府から西国に所領のある武士を伴党として在京するように命じられてきたのだが、これを利用して、近臣としたのであろう。

その朝雅が元久二年（一二〇五）閏七月に時政の失脚とともに討たれると、朝雅の兄弟の大内惟義を重用し、建永年間（一二〇六―〇七）には西面の武士を新たに置いて上皇の武力を強化していった。惟義には宮城の警護のみならず、畿内近国の広い地域の支配権をあたえたことから、惟義は畿内近国の七ヵ国の守護となって活動したばかりか、上皇の命令で広範な活動を繰り広げていった。上皇は惟義を通じて、畿内近国を掌握しようとしていたものといえよう。かつて平宗盛や源義経が握っていた畿内近国の支配権に近い性格のものであった（上杉和彦・一九九六）。

こうして後鳥羽による朝廷の武力の整備は、幕府の出先機関である京都守護や在京御家人、西国の各国守護をも直接に掌握するところへと進んでいったが、さらに注目されるのは、上皇が、天皇家の所領のうち後白河上皇から継承した長講堂領などの多くの所領のほかに、鳥羽上皇から八条院に伝領されてきた所領が娘の春華門院に継承されたことから、八条院領も管轄するようになったことである。これにより主要な天皇家領のほとんどを管轄下におき、さらに全国の知行国をも掌握していたから、これらを近臣に配分して奉仕させるなど、経済的な基盤も充実をみた。

しかし後鳥羽の動きには危ういものがあった。実際の政治は、その後見である卿二位と太政大臣藤原頼実の夫妻に相談して決めており、有能な公卿の意見は退けられる傾向にあった。実朝の後継者についても、政子と卿二位との会談で決められたのである。三位の公卿の数は増えたものの、上皇から離れてゆく人々は多かった。

たとえば建暦の頃に『古事談』を著した源顕兼は、村上源氏の顕房の流れを引く貴族であったが、上皇に重用されず、父宗雅の後を受けて承元二年（一二〇八）正月に三位になったものの、同年十二月に父から譲られた刑部卿を辞し、そのまま建暦元年（一二一一）三月に出家するまで散三位として過ごしている。『古事談』が、王権に関わる話を多く載せながら、その多くが王権に秩序化されない人々の話となっているのは、そうした顕兼の立場をよく反映している。

建暦元年（一二一一）には日野資実と藤原長兼の二人の儒卿が中納言を辞退し、さらに長兼は建保二年（一二一四）に出家しているが、その長兼の著したと見られるのが『続古事談』である。これは王権のあるべき姿を求めて中国の説話をも探っているが、そこでは強力な院政を行なった上皇を評価しておらず、善政を行なった後三条天皇や白河院政下で善政を試みた堀河天皇らを高く評価している。長兼は後鳥羽の近臣に位を越されて出家し、さらに弁として朝廷に奉仕していた嫡男の長資が亡くなるという喪失感や、後鳥羽の行動に危うさを覚えて『続古事談』をまとめたと考えられるが、それの著されたのは承久元年（一二一九）のことであった。

3　承久の乱

乱の経緯

政治的にも、経済的にも、朝廷の後鳥羽上皇の実力が高まるなかで起きたのが承久元年（一二一九）の実朝の暗殺である。実朝が側近の源仲章とともに殺害されたことで、幕府を政治的に従属させるための媒介者が失われ、幕府との協調路線は一瞬にして損なわれた。幕府から皇子の下向を要請された上皇が、これをすぐに拒否したのは当然のことであろう。実朝のいない幕府に皇子を下すことは皇統の分裂を招くことになり、政治的統合の課題に反するものだったからである。

かくして後鳥羽は鎌倉幕府の混乱を横目で見ながら、挙兵の機会をうかがうことになった。その挙兵の動きを察知した慈円は、『愚管抄』を著して日本の歴史を回顧しながら、朝廷と幕府がともにある現在の在り方こそが「道理」に基づくものであると指摘し、暗に後鳥羽の動きを諫めたものの、いかんともしがたかった。

承久二年（一二二〇）に焼失した宮城の造営を行うなかで、後鳥羽は挙兵の態度を固めたのであろう。彗星の出現を理由に翌年四月に順徳天皇を退位させ、新帝（仲恭天皇）を立て、五月十五日に院中に官軍を集めた。これに応じなかった京都守護の伊賀光季を討ち、さらに親幕府勢力の西園寺公経・実氏父子を尊長法印に命じて弓場殿に押し込め、こうして北条義時以下の追討宣旨を発した。承久三年（一二二一）五月十五日のことである（『鎌倉遺文』二七四六号）。

後鳥羽は建保年間（一二一三―一九）以来、急速に自らの下に権力を集中させており、その権力の発動により朝廷の権威を重んじる武士たちは必ずや幕府に背くものと信じていたらしい。主な軍事力は、院の北面・西面の武士である能登守藤原秀康・山田重忠・仁科盛朝など、京都守護の源（大江）親広や在京御家人の大内惟信・三浦胤義、西国守護の佐々木広綱などであり、さらに西国の有力御家人や、尊長や長厳などの近習の僧もいた。そこには幕府に連なる勢力が多く含まれていたから、追討の宣旨によって幕府は内部分裂を起こし、北条氏は孤立するかに思われた。

しかしそれは甘い観測だった。追討の宣旨の東国分が鎌倉に到着すると、義時の館に集まった有力者を前にして、政子は次のように語ったという。

皆、心を一にしてうけたまわるべし。これ最期の詞なり。故右大将軍、朝敵を征伐し関東を草創してよりこのかた、官位といい、俸禄といい、その恩は既に山岳より高く、溟渤より深し。報謝の志、浅く有らんか。しかるに今、逆臣の讒により、非義の綸旨を下さる。名を惜しむの族、早く秀康・胤義らを討ち取り、三代将軍の遺跡を全うすべし。但し院中に参らんと欲せば、ただ今申し切るべし。

頼朝以来の恩顧を強調し、追討の宣旨は逆臣の讒言により下されたものであるとして、そのどちらを取るかと迫り、これによって京方との戦端を開くことに決した。しかし軍勢を上洛させるか、はたまた軍勢がやって来るのを待つべきかで意見は分かれた。その二つの意見が報告されると、政子はためらうことなく、上洛しなければ官軍を破るのは困難であると示し、ここに幕府は政子を正面に立てて、東国一五ヵ国の御家人に動員をかけ、京方の勢力が下ってくるのを待たずに京へと攻め上ったのである。

東海道からは北条泰時・時房を大将軍にして一〇万余騎の大軍が、さらに東山道からは武田信光・小笠原長清以下の五万余騎が、北陸道からは北条朝時以下四万余騎が上ったが、東海道軍が墨俣の京方の防衛ラインを突破すると、ほとんど抵抗もないままに六月十四日には宇治川を渡って、十五日に京方を全面降伏させている。

建保年間に後鳥羽の近臣としてその武力を支えていた大内惟義はこの世になく、全体を統率する武士がいなかったことも大きかったが、実はこの乱には貴族の多くが参加しておらず、また南都北嶺の大衆の勢力も参加を見送った。加わったのは院の近臣と幕府の勢力につながる人々だけとあれば、何よりも最大の敗因は甘い見通しというべきであろう。追討の宣旨が出されて僅か一ヵ月のことである。

ここに後鳥羽は武力を放棄する院宣を発して、六月二十四日には幕府の申請により、合戦の議定を行なった公卿以下が関東に下され、その途中で次々に殺害されていった。後鳥羽上皇は七月八日に鳥羽殿で出家し、十三日に隠岐に配流されている。

乱後の朝廷

幕府の進駐軍の大将軍であった北条泰時と時房の二人は、京都の六波羅に入って戦後の処理にあたった。この六波羅探題は義時の指示に基づいて、乱直前に即位した仲恭天皇を廃し、後鳥羽の兄の守貞親王を後高倉上皇になしてその子の後堀河を天皇に据え、さらに後鳥羽・土御門・順徳の三上皇を配流に処した。以後、六波羅探題は西国の経営と京都の守護、朝廷の監視を主な任務とするようになる。

乱前の京都守護と異なるのは、幕府の指示に基づいて動くこと、北条一門が任じられたことの二つである。北方・南方の二人制で、自立した動きは厳しく制限されており、朝廷はこれを「武家」と称し、それまで「武家」や「関東」と称されていた幕府は「関東」とのみ称されるようになった。

こうして朝廷の「権門体制」の形は維持されたが、その自律性は著しく奪われ、幕府をも覆う体制ではなくなっていた。天皇を経ずして「治天の君」となった後高倉は、乱前に『往生伝』を慶政上人に貸与し、慶政に発心の説話集『閑居友』の編集を勧めるなど、遁世の意思が堅く、院政を行なうように求められた時にも辞退したが、妃の北白河院の強い勧めで上皇になったといわれ、そうした経緯からしても、強力なリーダーシップを発揮することはなかった。

敗戦はまた王朝文化に大きな影響を与えていた。統合から一転して自己反省へと進んだ。藤原長兼は『六代勝事記』を著したが、そこでは保元以来の歴史を探りながら、乱を招いた後鳥羽の行動を厳しく批判するとともに、朝廷のあるべき姿を模索している。軍記物の『平家物語』が著されたのも乱後のことである。『徒然草』が「慈鎮和尚、一芸ある者をば、下部までも召し置きて、不便にせさせ給ひければ、この信濃入道を扶持し給ひけり」と指摘するように、『平家物語』は慈円に扶持された信濃前司行長が著した作品で、合戦については東国の武士から話を聞き、それを琵琶法師に語らせたという。

そこでは治承・寿永の内乱が起きたのが、保元以来の死者の怨霊のなせるわざとしており、平氏の御霊の鎮魂の物語として著されたのである。慈円が仏法興隆の道場として建てた白河の大懺法院は、保元以来の死者の怨霊の鎮魂を目的の一つとしており、それと深い関わりのあることが知られよう。

しかし乱による朝廷貴族の自信の喪失もあって、政治は停滞し、乱後の社会混乱により盗賊が頻発するなど社会不安が起きていた。嘉禄元年（一二二五）の秋に起きた次の事件はその付近の事情をよく物語っている。

吉祥院の前の河で鮎を取る人がいたので、近辺の神人らが出向いて、神社の境内では殺生禁制であると触れたところ、自分は貴人であると称して聞き入れなかった。さらに制止すると、かえって刃傷に及ぶ有様。やがて調べた結果、その貴人が源大納言定通卿とわかったので、改めて事情を尋ねると、逆に、このように訴えられるのは本意でない、とつっぱねられ、さらに以前に武士がそこで漁をしたのを咎めなかったのに、どうして自分を咎めるのか、その謂れはない、とも答えた。揚げ句の果てには、「武士の威を恐れて私を軽んじたものであろう。ならば我も又武士である。早くその場に行って、神人らを悉く斬首して見せようか」と嘯いたという。

大納言にまで昇った貴族に「我は武士なり」と言わしめたのが承久の乱であり、それは武力を目の前にして圧倒された朝廷と貴族の無力さを自覚した姿であった（本郷和人・一九九五）。しかしそうしたなかにあって、幕府と関係の深かった藤原公経は、北山に豪壮な別荘西園寺を建てて権威を振るい、また幕府に子の頼経を送っていた九条道家も、しだいに朝廷の実権を握り始めていた。道家は兼実の孫で、乱前に後鳥羽が挙兵した頃に摂政となっていたこともあって、乱後は一旦退いていたのであるが、関東の権威を背景にしながら、兼実が敷いた摂関家中心の路線の継承を図りつつ、勢力を回復させていたのである。

新たな土地制度

乱後の朝幕関係で大きな課題となったのは、京方の所領が没収され、その跡に地頭として多くの東国の御家人が任命されたことによって、乱の果実を手にした東国の御家人の地頭と、本所・領家との間に紛争が多発したことである。

地頭の得分や権利は、文治の太政官符以来の原則によれば、謀叛人の本司の跡を継承するものであったが、その地頭の得分が著しく少いと東国での慣例を主張する地頭と、先例を主張する本所・領家との間に争いが起こり、本所側から地頭の非法の訴えが続発した。

そこで貞応元年（一二二二）四月に幕府は、新地頭には本地頭や下司の跡を沙汰するように命じ、従来の例を確認するとともに、その得分が著しく少ない地には、幕府が派遣した使者の注進に沿って改めて得分を計らうこととした。そしてその得分について一律に定めたのが貞応二年（一二二三）六月の宣旨である。

地頭の得分は一〇町別に免田が一町、反別に加徴が五升という率法（新補率法）を定め、これに基づいて幕府は七月六日に法令をだして、没収された本司の跡のうち、得分が尋常の地の場合には旧来通りであるが、得分が少ない土地では新補率法を適用するものとした。地頭の新補率法が宣旨で示されたのは、官符を修正するには宣旨が必要だったからである。こうして地頭の新補率法が定められたことで、以後の地頭制度は貞応の宣旨が基準となり、地頭は本司の跡を継承するか、あるいは新補率法を選ぶこととされた。

中世の土地制度である荘園公領制は、延久元年（一〇六九）の荘園整理令によって成立し、保元の乱後の保元元年（一一五六）の新制によって確立をみていたが、治承・寿永の内乱後に地頭制度を組み込んだ文治二年（一一八六）の太政官符によって再編され、さらにこの承久の乱後の貞応二年（一二二三）の宣旨により完成したといえよう（五味文彦・一九九二）。その完成された荘園公領制の在り方を図式化したのが図I-3である。

他方で、守護についてもその職務が定まった。乱前の守護は東国の守護のように国衙の検断に関わっていたことからそのまま任じられたり、恩賞としてあたえられたりするものが多く、また西国の守護の場合には院の直接の命令で動くことが多かったのだが、幕府の指示の下で動くこととされ、職務としての側面が強調されるようになった。

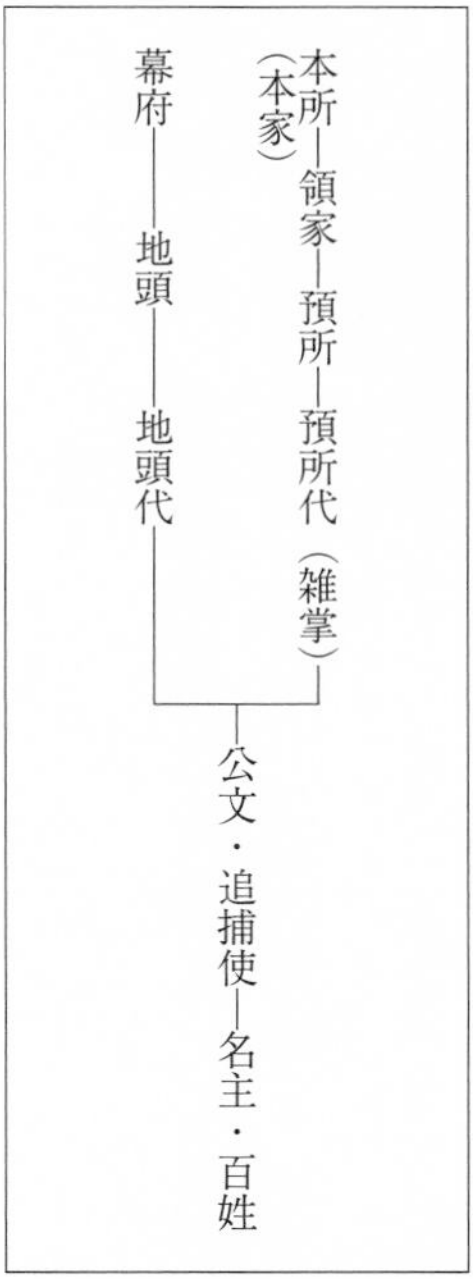

図I-3　土地支配の仕組み

守護の権限も頼朝の時に定められたのは大番役の催促と、謀叛・殺害人の追捕の三ヵ条であるが、それでは乱後の治安がおさまらないことから、貞永元年（一二三二）に定められた貞永式目の第三条では、守護人の職務として三ヵ条のほかに、さらに夜討ち・強盗・山海賊の追捕なども加えている。これらは地頭にあたえられていた職権であったが、守護にもあたえることで全国の治安維持に責任を負う体制を整えたのである。ここに守護の職務と、幕府・六波羅・西国守護の命令系統が明確に定まり、守護制度も地頭制度と並んで確立をみたことになる。

泰時と政子

乱を乗り切り、幕府の地方支配の体制は整えられていったが、元仁元年（一二二四）六月に義時が急死したことで、幕府中央の体制に再び動揺が生じた。

時政の跡は政子の支援で義時が家督を継承していたものの、その義時の跡が明確に定まっていなかった。嫡子の北条泰時は六波羅探題として京にあり、他に継承権を有する人物としては鎌倉の名越にあって勢力を有する次子の朝時、義時の後室の伊賀氏との間に生まれた政村がいて、政村は政所執事の伊賀光宗や有力御家人の三浦義村らが後援していた。義時は後室伊賀氏によって毒殺されたという噂も流れ、将軍の後継者として迎えられた頼経の立場も不動のものではなく、動揺が走ったのである。

ここでまたも素早い動きをとったのが政子である。すぐに京から泰時を呼び寄せた。六月二十六日に泰時が鎌倉に到着し、その翌日に関実忠・尾藤景綱両家人が厳しく警固している、鶴岡八幡の前にある小町の邸宅に入るのを見て、次の日には、「軍営の御後見」として時房とともに、「武家の事」を行なうように命じた。しかしそれで政情が治まらないと見た政子は、七月十七日に三浦義村の邸宅に出向いて、「関東の棟梁」は泰時の他にはいないことを説得し、後継者になることを了承させ、閏七月一日に政子・義村は泰時亭に有力御家人を集め、泰時を後継者とすることで意思を統一させている。

こうしてその二日後に政子の御前で「世上の沙汰」がなされたが、そこでは伊賀光宗が、鎌倉に下っていた参議の一条実雅を将軍にしようと策謀していたとしている。やがて二十三日に実雅を京都に帰し、二十九日に光宗の政所執事の職を剝奪して、その所領を没収し、さらに八月に義時の後室伊賀氏を伊豆に退けた。

政子をバックに執権となった泰時がまず行なったのは、義時から継承した家を整えることである。父の遺産の配分を政子から命じられた泰時は、分割相続に基づいて兄弟にも均等にあたえ、自身は多くを取らなかったという美談が『吾妻鏡』に載っている。執権になったからには、所領は多く望まないという理由であったというが、そのことから泰時は家の体制を固めることに向かった。閏七月二十九日に後見に尾藤景綱を任じるが、時政・義時の二代には家令は置かれておらず、この時に初めて置かれたものという。さらに八月二十八日には尾藤景綱・平盛綱の奉行によって泰時の家の家務の条々、つまり家の規則も定められている。

ここに幕府の執権の家の基礎が固まり、執権の家はこの後、泰時の流れに伝えられ、義時の号をとって「得宗」家と称されるようになった。得宗亭は幕府の御所と並ぶ重要な位置を、幕政上占めるようになってゆくが、嘉禎二年（一二三六）十二月に得宗亭が新たに造られた時には、得宗の家人である御内人の宅が各門の脇に建てられている。南門の東脇は尾藤太郎、西脇は平盛綱と大田次郎、南の角は諏訪盛重、北の土門の東脇は万年右馬允、同じく西脇は安東左衛門尉と南条左衛門尉という構成であったという。

こうして幕府では承久の乱とその後の混乱を経て、新たな体制が泰時を中心に模索されていったが、朝廷でも九条道家が朝廷の政治の立て直しを図っていた。

安貞二年（一二二八）十二月に関白となった道家は、娘を後堀河天皇にいれて外戚になると、新たな訴訟の興行を目指した。記録所を置いて訴訟を審議し、幕府の評定制にならって評定を開催することとしたが、その評定の主催者は院ではなく摂関であり、その下に有能な廷臣を評定衆として選んで審議を行った。頼朝が奏請してなった議奏公卿制が思い起こされよう。

四　執権政治と家

1　執権政治の展開

執権政治の成立

北条氏の一門支配の体制を固めた泰時は、新たな体制の構築を目指していた。それは京都の六波羅に進駐して朝廷の政治を間近に見てきた経験に根差したものであり、とくに法による支配の導入であった。執権になった泰時が元仁元年（一二二四）十二月に「政道興行の志」を抱いて、「明法道の目安」を毎日見るようになったと『吾妻鏡』にあるのは、それに向けての努力を物語るものであろう。

その体制は、同時に摂関家から将軍後継者を迎えた、新たな段階にふさわしいものであらねばならなかった。そして幕府を支えてきた大江広元が翌年の嘉禄元年（一二二五）六月に亡くなり、さらに七月十二日には政子も亡くなった時点で、泰時が打ち出した方向は有力御家人による合議政治である。幕府を形成し、育んできた有力御家人を政治機構の中心に据える体制の構築であって、そこでは将軍の権力をできるだけ排除する必要があった。

政子に握られていた将軍の親裁権が頼経に継承される以前に事は運ばれ、九月三日に泰時は三浦義村と二階堂行村を招いて密談を交わしていて、そこで策は練られたのであろう。その一月後の十月三日に御所の移転について「群儀」が行われ、御所を若宮大路近くの宇都宮辻子の地に移転することと定めている。御所の移転を奉行したのは二階堂行西（行村）であって、行西は行光の子で、和田合戦では合戦奉行を勤め、実朝の死とともに出家していた文士である。

十二月二十日に頼経が新御所に移ると、その翌日、新御所に執権の泰時・時房と評定衆が集まり「評議始」が行われた。それは執権が中心になり、有力御家人から選ばれた評定衆の合議によって政治を運営する体制（執権体制）の成立を意味していた。執権は一人でなく、北条氏の一門から連署の執権が選ばれて補佐するものとされ、またその場からは将軍が排除されていた。

最初の評定では、御所の東西の侍の箇衆のことが審議された。御家人が東の小侍にのみ詰めていたこれまでの状態を改め、西の侍を充実させることとし、遠江以東の一五ヵ国の東国の御家人が番を組んで門々の警護を行うことになった。京都の皇居大番に倣った鎌倉大番の成立である。

そして二十九日には遅れていた頼経の元服が行われ、翌年嘉禄二年（一二二六）正月に将軍宣下を要請する使者が京都に派遣されて、将軍に任じられた。ここに実権を評定に奪われた将軍が誕生したのであり、頼朝に始まる将軍親裁体制は、源氏将軍、尼将軍の親裁の段階を経て、執権政治へと展開することになる。

新御所での評定所の様子は、嘉禄二年（一二二六）十月九日の評定の経過がよく物語っている。この日は訴訟に関する評定があり、成り行きを心配した訴訟人が、評定所の背後を徘徊し内容を窺っていたところ、敵方の人物が評定所の中にいるのを見つけた。そこで堪らずに口を出したために散々の口論となり、以後、訴訟人が評定所の近くに参るのを禁じられる措置がとられた。その実行を命じられたのは尾藤景綱・平盛綱・南条七郎・安東左衛門尉らのいずれも執権泰時の御内人であり、評定は執権により取り仕切られていたのである。

寛喜三年（一二三一）十月二十七日、評定所に執権・連署が参り、評定衆が出仕して、法華堂の火災についての評定が行われ、その結果は事書に記され、執権が将軍の御前に持参して御覧に入れて施行された。評定所に将軍の座はなかったのである。御所に代えて執権亭で評定が行われることも多かった。仁治元年（一二四〇）六月十一日は泰時亭、十月十三日は御所、十一月二十九日は泰時亭、十二月十六日は御所、と所を変えて行われている。御所の中でも西廊や小侍所・厩侍などで行われたことがあるが、それは将軍が御簾の中で聞くことが求められたり、侍が御前に出たりする場合に限られていた。

評定衆と評定所

評定衆のメンバーは『関東評定衆伝』に記されているが、その記事も嘉禄元年（一二二五）から始まっており、この時期が画期であったことがよくわかる。それによれば、執権の二人のほか、体制の成立に先立って泰時が密談をこらしていた二階堂行村、問注所執事の三善（町野）康俊、政所執事の二階堂行盛、さらに康俊の弟の太田康連、その一族の矢野倫重、助教の中原師員などの文士が並ぶ。有力御家人は三浦義村・中条家長・後藤基綱の三人のみで、残る佐藤業時・斎藤長定（浄円）の二人は泰時に登用された、法に明るい人物である。

当初、有力御家人にとって評定衆となることが、栄誉とは強く意識されてはいなかったらしい。『関東評定衆伝』の記事も嘉禄元年（一二二五）以後、寛喜三年（一二三一）までは未詳として欠いているほどである。しかし評定の機能の重要性が高まるとともに評定衆になることを強く望むようになった。嘉禎元年（一二三五）五月に評定衆に選ばれた結城朝光は閏六月になって、自分は是非を弁えないので辞退すると述べたが、泰時にどうして引き受けたのかを問われると、子孫にこの栄誉を残すためであると語ったという。北条一門の名越朝時も翌年に選ばれて初参の後に辞退している。

このようにして泰時の時代に定まった評定衆の家は、その後の幕府を運営する家として定着することになってゆく。頼朝の時代に幕府の形成に参画し、侍に詰めた御家人の家を第一期の家とすれば、頼家の親裁権を制限すべく政子によって一三人の御家人が選ばれた家が第二期の家であり、ここに第三期の家が形成されたことになる。

評定所がクローズアップされてきたことで、幕府関係の逸話も、それまでの侍や寝殿から評定へと場が変化していった。寛喜三年（一二三一）九月二十七日、名越の朝時亭に敵が打ち入ったとの噂を耳にした泰時は、評定の座を飛び出すや、助勢に駆けつけた。帰ってきた泰時に向かって、御内人の平盛綱が、その行為は「重職」を帯びる身のするものではない、とその軽挙と諫めると、泰時は、眼前で兄弟が殺害されようという時、それを見過ごすのは人の謗りを招くばかりである、と答えたことで、この二人の問答は多くの関心をよんだという。

天福元年（一二三三）十一月十日には泰時は、前日から評定所に詰めて多くの訴訟の処理にあたっていた矢野倫重・太田康連・佐藤業時を招いてその勤務ぶりを賞めている。仁治二年（一二四一）十一月二十七日には、評定の次いでに、幕府の射手の似絵のことを京都から求められたとして審議している。こうした逸話を記すのは『吾妻鏡』だけではない。

『沙石集』の説話を見ても、この時期のエピソードとして載るのはいずれも泰時と評定をめぐる人々のことである。巻三には、下総国の御家人が領家の代官と争って、領家の言い分を率直に認め、泰時に向かい「アラ負ケヤ」といったので、「席ノ人々、一同ニ、ハ、ト咲ヒケル」と始まる話が見える。鎮西の地頭の嫡子が親に孝を尽くしたのに所領を全く譲られず、次男にすべて譲られたことから鎌倉に訴え、泰時のもとで対決があって、明法家の勘状が出され、敗訴となった。これを不憫に思った泰時が召し抱えたという。この話は家の論理の優越と御内人がいかに形成されたのかをよく物語っている。

貞永式目の制定

数年にわたる評定会議の実績の上にたって、貞永元年（一二三二）に制定されたのが御成敗式目（貞永式目）五一ヵ条であり、将軍頼朝以来の法と慣例を集大成し、幕府の裁判制度の指針として制定された。制定にあたり、執権以下の評定衆一三人は理非の裁断には公平にあたることを神に誓う起請文を提出している。

最初の二条では、朝廷の新制と同じく神社・寺塔の修理や神事・仏事の保護を謳い、東国の王権としての側面を強調し、次の第三―五条では、諸国の守護・地頭の職権について触れ、第六条では幕府が御家人の所領についての態度を示すなど、整然とした法の体系が示され、泰時が公家法を学んだ成果がよくうかがえる。

ただ後半になると、やや法の順序が乱れており、幾つかの問題をあげてそれに対する評議の結果を記したと見られるような箇条が多い。例えば、第四九条の「両方の証文、理非顕然の時、対決を遂げんと擬する事」と題する法は、理非が明らかな場合には、「対決を遂げずと雖も、直に成敗有るべき歟」と、婉曲な表現をとっており、おそらくは泰時が法の枠組みを作った上で、それに沿って評定で審議して制定に至ったのであろう。

泰時は京都にいる六波羅探題の北条重時に送った書状のなかで、次のように制定の趣旨を述べている。「ただ道理のおすところを記され候者也」と、道理に基づいて定めたこと、また「かやうに兼日に定め候はずして、或はことの理非をつぎにして其人つよきよはきにより、或は、御裁許ふりたる事をわすらかしておこしたて候。かくのごとく候ゆへ」と、明確に定めておくことで、事の理非でなく、人の強弱により裁許の差別がなされたり、裁許が出たことを忘れて訴訟を起こしたりすることをなくすこと、さらに「かねて御成敗の体を定めて、人の高下を論ぜず、偏頗なく裁定せられ候はんために、子細記録しをかれ候者也」と、このように成敗のあり方を示して公平な裁判が行われるであろうことなどを語っている。

興味深いのは、仮名しか知らないような御家人が不利益にならないように定めたとしつつ、その効力が及ぶのは武家に限られることについて、「この式目は只かなをしれる物の世間におほく候ごとく、あまねく人に心えやすからせんために、武家の人への計らひのためにばかりに候。これによりて京都の御沙汰、律令のおきて聊も改まるべきにあらず候」と述べている点である。御家人の保護を謳ってはいても、その内容は御家人に対し法の遵守を求めたものである。

また公家法とは違った性格のものであることを強調しているが、武家だけに限定されない一般原則のような規定があり、律令の法意とは違った規定も載せている。そこからは幕府の自信がうかがえ、やがて幕府の影響力が広く及ぶとともに、この法は公家法の世界にまで浸透していった。特に地頭と領家の紛争が幕府の裁判所で裁かれたから、領家側も式目を手に入れて知って置かねばならなかったので、泰時の指摘とは異なり、「京都の御沙汰」にも大きな影響をあたえていったのである。

なお幕府は原則として地頭領の内部にも関与しないとしたが、この法に基づいて地頭も領内に向けて法を制定する動きが生まれた。大友氏や宇都宮氏・宗像氏などは式目の方針に沿いながら領主法を制定している。さらに地頭代に宛てて、法の遵守を求める幕府法も出されていった。幕府は御家人の連合政権の形態をとりつつも、その御家人の第一人者である北条氏が政権を主導しながら、法の支配を浸透させていった。

貞永式目の制定については、折しも寛喜の大飢饉がおきていて、強く徳政が求められていたことから、それに対応して定められた側面も忘れてはならない。「百姓逃散の時、逃毀ちと称して、損亡せしむる事」（第四二条）を禁じた撫民の法が定められているのがその一例である。朝廷では前年に寛喜の新制を定めており、それに対応して本法が出された点も法の広まりに大きくかかわっていた。以後、この貞永式目が基準とされ、その後に出された幕府の法令は「追加」として扱われるようになった。

鎌倉の整備

泰時は大倉から若宮大路の側に幕府を移した際、京から宅地の尺度の制度を導入するなど、鎌倉の都市整備にも尽力している。鶴岡八幡の前を通って東京湾の良港、六浦につながる六浦道を整備して朝比奈の切通に新路を設けたり、鶴岡八幡の西から山内荘を経て武蔵につながる道を整備し、小袋坂（巨福呂坂）の切通を開いたりしている。

南には海の道につながる重要な湊があり、『海道記』は、その由比浜の風景について「数百艘の船ども、縄をくさりて大津の浦に似たり」と記しているが、近くの和賀江に勧進聖人の往阿弥陀仏が商船の着岸のために突堤を築いた時には、泰時は多大な援助をしている。

交通の整備とともに、都市の行政制度として保を導入して、都市法も定めた。保は京都の左京（洛中）の横大路と横大路の間を管轄単位とする行政制度であるが、これを鎌倉に導入したのである。鎌倉の保の制度は嘉禎元年（一二三五）の制定と推定されている追加法にはすでに見え、それには僧徒が裹頭で鎌倉中を横行することを「保々の奉行人」に命じ停止させている。

保奉行人には検非違使を経験した法に明るい人物を選び、大倉・亀谷・甘縄・大町・小町・由比など六つか七つほどの保を設定し、当該地域の行政や検断を担当させた。寛元三年（一二四五）には、鎌倉の屋地を管轄する地奉行の後藤基綱に命じて、道路の管理や町屋のあり方などを、保々の奉行人に触れるよう指示している（『吾妻鏡』）。このように鎌倉を幾つかの保に分かちてそれぞれに奉行人を置いて警察・行政を担当させ、また都市法を定めたのである。

こうした鎌倉の都市の整備は住民の活動が盛んになったことを物語るもので、その活動の様子は先の寛元三年の法令がよく物語っている。「道を作らざるの事」、「宅檐を路に差し出すの事」、「町屋を作り、漸々路を狭むるの事」、「小家を溝上に造り懸くるの事」、「夜行せざるの事」の五ヵ条について禁制を定めていて、そのうちの第一条の「道を作らざるの事」の道を作るとは、道路の清掃などの整備を意味するもので、第二から四条にかけては、庶民の家が道路に進出することを禁じたものである。

また幕府は、建長三年（一二五一）に鎌倉中の町屋について、大町・小町・米町・亀谷辻・和賀江・大倉辻・気和飛坂山上など七ヵ所に町屋を限定し、これ以外の地に小町屋や売買の施設を設けることを禁じている。商業活動が広く鎌倉を場として繰り広げられていったことがわかる。

こうした庶民や商人を対象に広く信仰を勧めたのが浄土宗の念仏者であった。浄土宗の信仰は京都でおきた嘉禄の法難（嘉禄三年（一二二七））を経て、しだいに広がりをみせ、貴族の家でも念仏が盛んにおこなわれ、法事讃や六時礼讃などの念仏の法事・芸能も広まっていたが、それは鎌倉にも急速に入ってきた。嘉禎元年（一二三五）の追加法で、濫行をなす念仏者の家の破却を「保々の奉行人」に命じ、彼らを鎌倉中から追放するように指令したのは、そのことをよく物語っている。

念仏聖の浄光が東国への勧進を行い、暦仁元年（一二三八）に鎌倉の西の深沢に大仏の造営を始めたのもその点を物語っていて、大仏殿は仁治二年（一二四一）三月に上棟され、寛元元年（一二四三）六月に供養が行なわれている。当初は木造であったが、建長四年（一二五二）には金銅の大仏が鋳造されている。

こうして東国の王権の所在地、首都として鎌倉は整備されていったのであるが、それとともに京の王権と同じく護持僧や陰陽師らが将軍の周辺にあって護持にあたるようになったことも見逃せない。

2　説話の時代

六波羅探題と京都

幕府の執権体制が固まるなかで、京に置かれた六波羅探題も裁判を行うようになったが、その裁許状である六波羅下知状の結びの文言は、関東下知状の「仰に依て下知件のごとし」というような、鎌倉殿の仰に基づくという表現がなく、その裁許に不服な者は関東に提訴することができた。また和与という争いの和解に至る場合には、幕府の執権・連署が署判を加えた下知状で認められる必要があった。すなわち六波羅探題は確定判決権を有しておらず、幕府からの独立を阻止されていたのである。

その武力を構成していたのは探題に直属する家人と「在京人」と称される西国の有力御家人、及び大番役を勤める御家人などであったが、乱後の京都では群盗の横行に悩まされており、それの禁圧のために篝屋が設けられると、六波羅の指揮下にあった在京人が篝屋守護人としてその警固にあたるようになった。暦仁元年（一二三八）に将軍藤原頼経が上洛して検非違使別当になった時のことである。

頼経の上洛は、その少し前に起きた興福寺と石清水八幡の紛争の収拾をみてなされたのであるが、頼朝の最初の上洛に匹敵する重要な意味を有しており、京都に篝屋守護人を配置したほか、これを契機に幕府は諸国の守護権を背景に朝廷の支配権の内部にさらに深く入ってゆくことになった。

延応元年（一二三九）四月十三日には、四一半という博打の徒党の処置について、京中では検非違使の別当の下で「保官人」がその家を破却するようにと六波羅に指令している。京の保は、保元の新制が「保検非違使」（保官人）による寄宿人の調査を命じたのを画期に、行政・裁判の制度として定着するようになっていた。その保検非違使と並んで、寺社権門には寄検非違使が検非違使庁との窓口として置かれ、京都の内部に土地を所有する寺社権門の訴訟・行政に関与するようになっていた。六波羅探題はそれを補完して、追捕や群盗の警固を担当した。

鎌倉中と同様に、こうした行政や裁判の整備は、住人の盛んな活動に基づくもので、四条・七条大路などと町小路・室町小路が交差する辻々に立ち並ぶ町屋の人々の動きが目立つようになっていた。寛喜三年（一二三一）正月十五日に四条大路と町小路が交差する四条町に出火した火事は、北は六角町まで、南は西洞院室町まで延焼し、そこにあった「商賈の輩」の家をことごとく焼いたという。

文暦元年（一二三四）八月三日の大火では、東西が烏丸小路から油小路まで、南北が八条坊門小路から七条坊門小路まで地を払って焼けたが、そこには土倉が数知れずあり、商売屋は充満し、「海内の財貨、ただその所にあり」という盛況を示していたという。しかもすぐに翌日には造作が始まり、大路を隔てて幕が引かれ飯酒や肴が運び込まれるなど、その復興も早かった（『明月記』）。

このような住人の経済活動に注目した朝廷の官衙は、京を交易の場とする人々を組織して「上分」と称する課役を上納させるようになった。仁治元年（一二四〇）、造酒司は諸国からの納物が入ってこないので、京中の酒屋から上分を徴収することを認めて欲しい、と朝廷に訴え、その際に、諸官衙が京で商いをする人々から上分をとっている例をあげており、内蔵寮の内膳司は市辺で魚鳥の売買する人から上分を取り、左右の京職は保の人々から藍染や人夫を召しているという（『平戸記』）。この時の造酒司の訴えは認められなかったようだが、京を活動の場とする人々を供御人として組織し、その経済活動を保護するとともに、課役を徴集する体制もほぼこの時期には確立していたといえよう。

こうした富裕な人々である「有徳人」によって華美に行われたのが、祇園祭や稲荷祭など京の祭礼であった。祇園祭は三条・四条の町人の費用によって担われ、稲荷祭も六条以南の町人によって担われていた。寛喜三年（一二三一）の新制は、そうした祭礼を洛中の富裕な人々が華美にしていると指摘、禁じているが、それはこの年が養和の飢饉を上回る大飢饉に見舞われていたことに基づくものであった。

『明月記』と説話

その寛喜の飢饉は寛喜二年（一二三〇）六月の頃から始まった。七月の霜、八月の暴風雨に続いて、やがて諸国から損亡の情報が入り始め、京の頼みの食料倉である北陸道がまず壊滅し、頼みの綱の鎮西からも「滅亡」の知らせが入った。飢饉とともに疫病も流行し、餓死者は京に溢れ、諸国の荘園の人口は激減したといわれる。

歌人の藤原定家の日記『明月記』は、そうした当時の社会の世相を細かに記している。飢饉の始まりとともに、家の北庭の前栽を掘り捨てて麦を植えるなどの自衛措置をとっていたのだが、翌年七月一日には、死骸が道に満ち、東北院の境内にはその数を知らずという有様であり、七月三日には死骸の死臭が家の中にまで入ってくるようになり、死人を抱いて通る人が数えられないほどだ、と記している。こうした飢饉にあって、徳政が求められたことから、寛喜の新制が朝廷によって出され、また幕府によって貞永式目が出されたのである。

この時期の定家は摂関家の九条道家の側近として活動していたことから、様々な情報が集まっていた。時には極秘情報も飛び込んできた。その一つに定家のかかりつけの医師の心寂房がもたらしたものがある。心寂房は六波羅に出入りしていて、定家に伝わってきたのであるが、特に興味深いのが安貞元年（一二二七）六月に承久の乱の張本であった尊長が捕まった事件の一部始終であり、この事件は心寂房が六波羅の武士で追捕に関わった菅周則に聞いたものという。

尊長は年来熊野にあって、京や鎮西を回っていたが、この三年ほどは在京し、和田合戦で滅んだ和田氏一族の茂盛の子の兵衛入道や山門の伯耆房らと交わっていた。そこに兵衛入道に二心が生じ、北条泰時に使者を派遣して密告したため、尊長が捕まり、六波羅に連行された。探題らがその場に居並ぶのを見た尊長は、「ただ早、頸をきれ。若し然らざれば、また義時が妻が義時にくれけむ薬、われに是食わせて早殺せ」と叫んだ。北条義時の妻が義時毒殺に使った薬を盛れ、と叫んだのであるから、「衆中頗るこの詞に驚く」とあるように、聞く者は皆驚愕したという。

定家が日記に記したのはこうした極秘情報だけではなかった。巷の噂も丹念に記している。天福元年（一二三三）八月二日には、奈良で猫胯という獣が出没し、一夜に七、八人もの人を食い殺したこと、またその獣を打ち殺したところ、目は猫のようで、体は犬のように長い、ということも記しているが、この猫胯こそ、後に兼好法師が『徒然草』に記したところの、連歌師をおびえさせた猫胯に他ならない。

『徒然草』といえば、鬼になった女が伊勢から上洛したという話が見えるが、『明月記』には、伊勢から上って来た法師が天狗に誑かされて法成寺や法勝寺などを引っ張り回された末、清水寺の鐘楼に縛られていたのを、参詣人に助けられた、という話が見える。

風俗史の面で興味深いのは、寛喜二年（一二三〇）七月十四日に盂蘭盆会の魂祭の習俗を伝える記事である。近年になって民家ではこの日の夜に長い竿を立て、その矛先に張紙で張った灯楼のような物を付けて灯をかざすことが広く行われるようになり、年をおうごとにその数が多くなっている、と記している。民間の盆行事の始まりがうかがえる。

雑談の場

定家には心寂房の他、仁和寺の覚寛法印、比叡山の静俊注記など多くの情報提供者がおり、彼らとの交流の場の一つに連歌の場があった。定家は嘉禄二年（一二二六）の頃から連歌に興じるようになり、やがて連歌会を毎月開いたが、定家の子為家のほか、歌人の藤原知家・家長・信実、橘長政、日吉社禰宜の祝部成茂、住吉社神主の津守経国らがそのメンバーであった。

その一人の信実が著した説話集の『今物語』には、「ある所にて、この世の連歌の上手と聞こゆる人々、寄り合ひて連歌しけるに」と始まる話が見える。信実らが連歌に興じていると、家の門の下にいた「あやしげな」法師が見事に連歌を付けた。このことを「京極中納言」（定家）に話したところ、定家が当世ではこれほどの句を付ける人はいない、と語ったという。『今物語』には連歌会のメンバーの能登前司橘長政の話や住吉社の神主の津守経国の話も見えている。

『今物語』は延応元年（一二三九）の頃に成立しているが、連歌会のような場で提供された話を集めてなったものといえよう。定家が説話のような話を『明月記』に記したのに対し、信実はそれを説話集に編んだわけである。『今物語』にやや遅れて成った説話集に『古今著聞集』があるが、これもこの時代に起きた興味深い話を「興言利口」として集めている。この説話集はもともとは詩歌・管絃など、朝廷の香り高い文化に関わる話を集めるのが目的であって、著者の橘成季が所々を訪ね回っているうちに、いつしか今の時代に流布する「興言利口」をも集めることになってしまったという。

その説話の内容から、成季が説話を集めた場を探ってゆくと、和歌については定家とともに並び称された藤原家隆とその子の隆祐、管絃については藤原孝道とその子の孝行関係の話が多く収録され、それらの話には成季自身も登場している。和歌を家隆に学び、その話を家隆周辺から、管絃を孝道から学び、その話を孝道周辺から入手した結果と考えられるが、さらに公経や実氏らの西園寺家に関わる話や橘氏一門の話も多くあるので、成季の仕えていた西園寺家や同族の橘氏一門からも多くの話を入手したことがわかる。

各所に雑談の場が生まれ、そこで語られた話が説話集に収録されていったのであろう。同じ説話集でも、この時期になったと見られる『宇治拾遺物語』の場合、同時代の話をほとんど載せていないが、そこに載る説話は、雑談の場で鍛えられ、洗練されたものとなっている。

したがってこの時代は説話の時代ともいえようが、さらに説話を含めた語りの芸能も広がっていた。琵琶法師の語りの芸能は『平家物語』の成立とともに各地に広まってゆき、盲目の御前が鼓を打ちながら語る『曾我物語』もこの頃に生まれている。『徒然草』は、『平家物語』の成立とともに、念仏の六時礼讃の歴史について語っていて、それは法然の弟子の安楽が作って、そののち太秦の善観房が節博士を定めて声明にしたという。このような念仏や読経の芸能が定着したのもこの頃のことである。

列島の社会の広がり

都市の領域は洛中や鎌倉中など「中」と称されたが、地方の諸国にも「奈良中」や「府中」などと「中」と称される都市が形成された。奈良中は南都焼き討ちの後、興福寺・東大寺を中心に興福寺七郷・東大寺七郷などが成立して発展をみており、府中については、豊後の府中の例がよく知られる。

豊後の府中を支配する守護の大友氏は、仁治三年（一二四二）正月十五日に「新御成敗状」という幕府法に依拠した法令を出しているが、そこでは「府中の地」を賜った輩が役を怠ったならば、その屋地を召すものと規定し、「府の住人」が「道祖神社」を「府中」に立て置くことを禁じている。さらに「町の押買の事」、「府中での笠指しの事」、「大路の事」、「保々産屋の事」、「府中の墓所の事」など、詳細な規定が並ぶ。

豊後の府中でも保が行政単位とされ、さらに住人の風俗統制や生活統制が行われていたことがわかるが、この法は豊後府中に限られるものではなく、広く諸国の府中でも定められたのであろう。府中とは、もともとは古代の国府の所在地であって、摂関時代から院政時代にかけての時期は国府がしばしば移動を繰り返していたこともあって都市を形成するに至らなかったが、この鎌倉時代にはほぼ定着し、ついにこのように府中という都市領域を生むようになったのである。この他にも断片的な史料から知られるものでも、安芸府中・尾張府中・上野府中・播磨府中・丹波府中・長門府中・武蔵府中などが見える。

鎌倉・京・奈良の都市領域と行政単位が確立した段階において、諸国でも「府中」と称される都市領域が成立し、独自の都市法を定め、統制を行うようになっていたのであり、その法に違反した場合には屋地が没収されたり、府中を追放されたりすることもあった。

列島の外に目をやると、『明月記』嘉禄二年（一二二六）五月十六日条は、京で宋から渡来してきた鳥のペットブームが起きていることを伝えている。昨年・今年と宋朝の鳥獣が京に充満しているが、これは唐船の往来で人々が輸入したもので、富豪の貴族が競って養っている、と記している。これに応じてか、『吾妻鏡』同年十月十八日条は、六波羅探題の、泰時の子時氏が唐鳥を幕府に献上したと記している。

また定家は、嘉禄二年十月十七日に対馬と高麗との間で合戦が起こったという報に接し、「我が朝の渡唐の船、西に向かふの時、必らず彼の国に到着す。帰朝の時、多く風に随がひ高麗に寄るは流例なり。彼の国已に怨敵とならば、宋朝の往反たやすかるべからず」と記しており、この合戦によって中国との唐船の往来が途絶することに危惧している。

この時期には書物が大いに求められていた。『太平御覧』の場合、治承三年（一一七九）に本朝に初めて渡ってきて平清盛により高倉天皇に献上された後（『山槐記』）、次々に宋人によってもたらされ、文応元年（一二六〇）頃には数十本に及んでいたという（『妙槐記』）。兼好は「唐土舟の、たやすからぬ道に、無用の物どものみ取り積みて、所狭く渡しもて来る、いと愚かなり」と唐物珍重を厳しく批判したが、その批判した唐物の流入はこの時代から急速に始まっていたのである。その流入を進めた一人に西園寺公経がいた。仁治三年（一二四二）に公経の貿易船が、宋の皇帝に檜材の家を贈った礼として一〇万貫の銭を受け取り、戻ってきている。列島が東アジア世界の影響を直接に受ける時代はもう目前に迫っていた。

そうでなくとも多くの僧が次々と大陸に渡り、宋の仏教文化をもち帰っていた。早くは栄西であるが、慶政や栄朝、道元、俊芿など禅宗や律宗の僧がもたらした大陸文化は大きく列島の社会を揺り動かすようになってゆく。

3　執権政治の転回

乱後の朝幕関係

九条道家は天福元年（一二三三）に後堀河天皇を退位させ、外孫にあたる四条天皇を位につけると、さらに代替りの徳政に基づいて強力な政策を打ち出していった。有能な廷臣を顧問の輩として改めて組織し、また『新勅撰和歌集』の撰集を藤原定家に命じるなど、道家の政治は軌道に乗っていった。

それを可能としたのが将軍の父という立場であり、幕府と朝廷の交渉もほとんど道家が管轄していた。朝廷と幕府との間の交渉は、乱前には両者に縁が深い貴族の西園寺公経が当たっていたが、道家はこの公経と姻戚関係を結び、朝幕交渉の重要な事項を掌握していたのである。

暦仁元年（一二三八）の将軍頼経の上洛は、その道家の絶頂の時期であった。とはいえその政治は必ずしも安定したものではなかった。配流された三上皇の帰京運動が繰り返し起きており、幕府の意向も常に顧慮せざるをえない状況が続いていたし、さらに群盗や悪党・海賊の蜂起が起きるなど、社会は混乱していた。治承・寿永の乱後のような復興が漲る生気は失われていた。

それでも幕府と朝廷が相呼応して政治が行われ、政治の安定化が進んでいたその矢先、仁治二年（一二四二）正月に幼い四条天皇が亡くなる突発事件が起きた。道家は順徳の皇子を擁立しようと動いたが、幕府はその意向を無視し、土御門天皇の皇子の後嵯峨天皇を即位させた。おそらく将軍の父である道家の権勢の高まりを警戒したためであろう。

幕府でもまた泰時の後継者の問題が生じていた。六波羅探題だった嫡子の時氏が早く亡くなり、他方で、将軍の頼経が成長して、次第に将軍派の勢力が幕府内で増していたからである。実権を大幅に失ったとはいえ、御家人は将軍との間に主従関係を有し、御恩は将軍から拝領していたのであるから、御家人が人格的に尽くすべきは将軍だった。執権政治はその御家人制の枠組みに基づくもので、頼朝の時代に形成された御家人制は幕府の根幹をなすものとして定着していた。

同年六月に執権の泰時が亡くなると、その跡を孫の経時が継いだが、それとともに大きな変化が見られた。将軍家の政所下文はこれまでは執権と連署が署判を加えるだけのものであったのが、この時期から多くの別当が署判を加える形式へと変わり、実朝晩年の時期と同じような下文が登場してきた。これは将軍派の御家人の台頭を意味していた。

こうした情勢において、若い北条経時は訴訟・裁判の振興を謳って、執権に直訴する途を開いて庭中の制度を設けるなど、執権中心の体制の方向を目指した。一方、将軍頼経は身の危険を感じたのであろうか、それとも後継者を考えてのことであろうか、寛元二年（一二四四）四月に子の頼嗣に将軍職を譲った。そのいずれであっても、これは将軍派と執権派との対立が次第に抜き差しならぬものとなっていったことを物語っている。そこに経時が重病となり、出家することになったから、これを機に事件は起きた。

宮騒動と宝治合戦

経時が出家した寛元四年（一二四六）三月、経時亭で「深秘の御沙汰」があり、執権は弟の北条時頼に譲られることになった。この時から『吾妻鏡』の記事には、執権亭での「深秘の御沙汰」の存在をしばしば載せている。

五月になると、鎌倉中は物騒な雰囲気に包まれていた、身の危険を覚えた前将軍藤原頼経は、近習の藤原定員を使者として時頼亭に派遣し、釈明を試みたものの、「殿中に入るべからず」との指示が出され、定員は退出の止むなきに至っている。それとともに謀反を噂されていた北条（名越）光時も将軍の「御所中」から退出させられた。

さらに五月二十六日になると、時頼亭で北条一門の北条政村・金沢実時、外戚の安達義景らが集まって内々の会合があり、それから日ならずして六月七日に、将軍派と目されていた後藤基綱・藤原為佐・町野康持らが評定衆から除かれ、康持は問注所執事の任を解かれた。十日に再び時頼亭で「深秘の沙汰」があり、それには五月のメンバーのほかに有力御家人の三浦泰村が加えられて「寄合」がもたれ、諏訪・尾藤などの時頼の御内人も参候した。この寄合の結果、名越光時や千葉秀胤などの有力な評定衆は鎌倉を追われ、次いで前将軍頼経は京に送り返されることとなった（宮騒動）。

こうして宮騒動で前将軍を退けた時頼は、十一月に使者を京に派遣し、前将軍の父道家の関東申次の更迭を伝え、徳政を興行することなどを求めた。かつて頼朝が後白河院政の改革を求めて廟堂の刷新を奏聞したことを前例とする措置であり、これを受けて朝廷は改革を進めてゆくことになったが、さらに鎌倉では翌宝治元年（一二四七）になると、安達氏が策動して、一旦は寄合のメンバーに引き入れた三浦泰村を除くことになった。

両者の衝突の噂から、近国の御家人が時頼亭に次々と駆けつけるなか、六月三日に時頼のために三井寺の僧隆弁が「殿中」で祈禱を行うと、四日には三浦一族も集結して、ついに安達氏が甘縄の館から軍勢を繰り出したので、これに応じて三浦方もやむなく応戦した。三浦泰村の弟の光村は鎌倉の東の永福寺に立て籠って決戦を果たそうとしたが、泰村は光村を呼んで頼朝の墓所の法華堂に籠ると、頼朝の御影の前で往時のことどもを皆が語り、念仏の徒の毛利西阿が法事讃の行法をするなか、総勢五〇〇余人が自尽した（宝治合戦）。

二十二日にこの合戦で亡くなった人物の名が寄合の座で報告され、さらに二十六日にも寄合が開かれ、今後の朝廷のことについて審議があって、その翌日に評定が開かれている。頼朝挙兵時の強力な武士団の一つは、鎌倉を先祖の由緒の地として頼朝とともに鎌倉に入ってきた北条氏、もう一つは鎌倉に勢力を築いていて頼朝を鎌倉に迎えた三浦氏であったが、その一方の雄が滅び去ったのである。

このように宮騒動と宝治合戦を経るなかで、幕府には評定と寄合という二つの審議の場が設けられ、幕府の実質の審議の場は評定から寄合へと移ってゆき、寄合で大枠が決まった後に評定が開かれた。評定は執権が主導し、有力御家人から選ばれた評定衆がメンバーであったが、寄合は北条氏の家督である得宗が主催し、得宗の外戚や、得宗に近い北条一門、奉行人、御内人から選ばれた数人で構成された。

とはいえ評定も行政・訴訟の重要な機関であって、建長元年（一二四九）十二月には、御家人訴訟を中心に扱う機関として評定の下に引付が置かれ、北条政村・朝直・資時の北条一門が引付頭に任じられ、二階堂行方らの文士が引付衆にあてられた。これは弱小御家人を救済する意味をもつ徳政の一環であって、やがてこの引付は幕府の所領関係の訴訟である所務沙汰を扱う機関として成長し、幕府の行政・裁判機構を支える奉行人の結集の場となってゆく。その奉行人は、三方または六方の引付に属し、評定衆から選ばれた引付頭人の訴訟指揮に従った。ここに評定衆・引付衆・奉行人という官僚システムが整備されていった。

さらに体制の総仕上げとなったのが、朝廷から後嵯峨の皇子である宗尊将軍を迎えたことである。建長三年（一二五一）五月に時頼に嫡子の時宗が生まれた後、足利泰氏が自由出家し、また了行法師の謀反の企てが発覚するなど、鎌倉が不穏な空気に包まれるなか、翌年二月十二日に「関東安全」の祈りが時頼亭でおこなわれ、その直後の二十日に皇子の下向を要請する使者を京都に派遣するとともに、頼経の子の将軍頼嗣を京に送り返している。

後鳥羽の最も恐れていた皇統の分裂の可能性がここに生じ、鎌倉の王権も新たな段階を迎えることになった。いざとなれば幕府は京の王権を停廃して、鎌倉の王権をのみ擁立することも可能となったのである。しかし結果はその通りには進まず、京の王権との分立の方向へと進んでゆく。

後嵯峨の院政体制

幕府の執権体制が大きく転回してゆくなか、その幕府の要請によって朝廷では、摂関主導の運営体制を改めて、院政の下に評定衆を設け、評定衆を中心にした政治の運営を行うようになった。

評定衆は幕府の意向を受けて選ばれた。幕府との連絡役の関東申次である太政大臣西園寺実氏や、前内大臣で後嵯峨の後見だった土御門定通、内大臣の徳大寺実基などの上流の廷臣のほか、中納言吉田為経、参議葉室定嗣などの中流の有能な廷臣とを組み合わせ、院と評定衆との間を結ぶ伝奏には、日野・平・勧修寺の流れに属する能吏が任じられた。評定の諮問機関として記録所や文殿も整備され、ここに院政は制度的に完成をみたことになる。

これ以前、白河・鳥羽により始められた院政体制は、保元の乱後になって「権門体制」という、武家を包含した緩やかな統合の体制へと転換したが、その「権門体制」も承久の乱後には幕府の監視・守護下に置かれた形のものへと変化した。そしてこの後嵯峨の院政体制において、治天の君である院を頂点にして、伝統的な支配権に依拠しながら、西国という限定された領域における統治権を行使する体制が成立をみた。朝廷の「権門体制」をよく示しているのは新制の検断条項であり、それは武家に諸国の追捕や検断を託すものであった。しかし寛喜の新制以後になると、新制の条項は朝廷の限られた領域での規定のみとなって、後嵯峨院政とともに「権門体制」は崩壊したと指摘できよう。

それとともに後鳥羽院の王権の下で整えられていた家が、この時期になると制度として確立していった。たとえば藤原定家による御子左の和歌の家は子の為家に継承され、和歌界の頂点を極めるようになり、やがてその家の分流として鎌倉後期には二条・京極・冷泉の三つの家が成立してくる。唱導の家では、安居院の流れが確立するとともに、三井寺の定円の家も並び立つようになった。さらに摂関家でも九条家に代わって近衛家が巻き返して、五摂家の分立へと進むなど、この時期に定まった家職と家格はその後に継承されていったのである。

この後嵯峨の時代を特筆しているのが『五代帝王物語』である。この歴史書は「承久兵乱の後、世も漸謐りて、後堀河院（御母北白河院）位に即せ給」と書き始め、亀山天皇の時代までの五代の天皇の時代の歴史を描いているが、その実は後嵯峨の物語であった。というのも記事は、後嵯峨について、即位に至る事情に始まり、その死をもって終えているばかりか、後嵯峨の時代を高く評価しているからである。後嵯峨が浄金剛寺を建てて、道観上人を長老に据え「浄土宗を興行」したこと、春秋の二季に止観の談義を行い、経海僧正を師範にして「止観玄文」の稽古に励んだこと、さらに閑院殿・亀山殿・五条殿などの御所の造営や熊野や高野山・天王寺への御幸のことなどを詳述している。

『徒然草』を見ても、この時代を高く評価しており、評定衆の一人である徳大寺実基の識見に関わる話などを載せている。後嵯峨や亀山が儒学に熱心であったことは、『経長卿記』『勘仲記』などの貴族の日記や、徳大寺実基が徳政の意見を求められて提出した奏状などからもよく知られ、後嵯峨を中心として政道の興行が図られたことがわかる。

家の分立と継承

後嵯峨院政の時代の建長年間（一二四九—五六）には、『十訓抄』『古今著聞集』という、二つの整った説話集が著されているが、これは乱後の社会の混乱から脱して新たな時代の到来を物語るものといえよう。

『古今著聞集』は建長六年（一二五四）に橘成季によって編まれ、「神祇」から「魚虫禽獣」までの三〇部にわたって説話が分類され、年代順に配列された、体系的で整った説話集である。序に「宇県亜相巧語の遺類、江家都督清談の余波」とあって、『宇治大納言物語』や『江談抄』に倣ったというが、実は最も意識していたのはその二年前に成立した『十訓抄』であった。というのも『十訓抄』は仮名の序によれば、「建長四年の冬、神無月のなかばのころ」になったとあるが、『古今著聞集』は、真名の序において「建長六年応鐘中旬」になったと記しており、きっかり二年後の同じ十月中旬になっている。さらに『十訓抄』が仮名の序であるのに対して、真名の序を置くなど、成季が『十訓抄』を強く意識していたことは疑いない。

『十訓抄』は「昔今の物語を種」にした教訓話を一〇巻の編に分類して配列したものであり、整然とした構成という点で共通しており、さらに家の観念が強く見られる点でも共通する。『十訓抄』が、巻一〇の序に「能は必ずあるべきなり。なかにも氏をうけたる者、芸おろかにして、氏をつがぬたぐひあり。道にあらざるたぐひ、能によりて、道にいたる徳もあれば、氏をつがむがため、道にいたらむがために、かれもこれも、ともにはげむべし」と、氏の家を継ぐことの重要性を強調しているのに対し、『古今著聞集』も、序で「余、芳橘の種胤をうけ」と記し、跋文でも、子孫に他見を許さぬことを定め、もし背いたならば氏の明神が罰を加えることを記すなど、自らの橘氏の流れを強調している。『古今著聞集』が『十訓抄』を意識していたのは、そこに家の観念が強く意識されていたからに他ならない。

成季の橘の家は和歌や管絃などを継承する家であったが、『十訓抄』には漢詩に関わる話が多く見えている。その跋文は、自らの境涯を「苔の下に朽ちにければ、わづかに埋もれぬ名ばかりを、しるしとどむるあはれさに」と語り、移りゆく世の中について触れた箇所で、『文選』を引き、「水は返る夕なし、流年の涙」という菅原文時の漢詩を引いている。収録した説話にもその菅原氏のものが最も多く見え、特に巻一〇の九話には、菅原為長の嫡子の長貞の話が、大江匡房が大宰府の安楽寺で曲水の宴を行なった時に序を書いた話に続いて載っている。

その長貞は承久の乱後の嘉禄二年（一二二六）七月十五日に早世したが、この報に接した定家は、「父卿心中悲しみて余ある事か。器量と云い官途と云い、惜しみて惜しむべし」という哀悼の言葉を載せている。『十訓抄』の作者をこの長貞の父為長とみる説があるが、為長は『十訓抄』成立以前に亡くなっているので、この説は成立せず、最も可能性があるのは長貞の子の宗長であろう。為長が『貞観政要』を教え授けた一人に宗長の名が見え、その『貞観政要』は『十訓抄』によく引かれている。父が早世した影響で早くに宗長は出家したことから、『十訓抄』を著し、我が子孫が家を興すことを望んだものと見られる。なお宗長は関東に下って金沢実時に仕え、その「後見」となっていることが、叡尊の『関東往還記』から知られ、関東の推挙により家を興すことを考えたのであろう。

『十訓抄』は、才芸に基づく家業が成立し、それが継承されてゆくなかでの心の持ち方や戒めを説話として提示したもので、そうした家の継承の流れに沿って菅原氏の家業の継承を考え、著わされたのであろう。それに対抗して橘の家に伝わるべき家業のことを考えて著されたのが『古今著聞集』であった。ここからは家の継承にともなう説話の収集という動向がよくうかがえる。

文　献

石井　進『日本中世国家史の研究』岩波書店、一九七〇年。
『中世武士団』（『日本の歴史』一二）小学館、一九七四年。
『鎌倉武士の実像』平凡社、一九八七年。
石母田　正「鎌倉幕府一国地頭職の成立」（石母田正・佐藤進一編『中世の法と国家』所収）東京大学出版会、一九六〇年。

上杉和彦『日本中世法体系成立史論』校倉書房、一九九六年。

川合　康「治承・寿永の内乱と地域社会」(『歴史学研究』七三〇)、一九九九年。

黒田俊雄『日本中世の国家と宗教』岩波書店、一九七五年。

河内祥輔『頼朝の時代』平凡社、一九九〇年。

五味文彦「平氏軍制の諸段階」(『史学雑誌』八八—八)、一九七九年、本書Ⅲ所収。

『院政期社会の研究』山川出版社、一九八四年。

『武士と文士の中世史』東京大学出版会、一九九二年。

『大仏再建』講談社、一九九五年a。

「天皇と軍事制」(『講座・前近代の天皇』四所収)青木書店、一九九五年b。

『明月記の史料学』青史出版、二〇〇〇年a。

『増補吾妻鏡の方法』吉川弘文館、二〇〇〇年b。

「縁に見る朝幕関係」(『明月記研究』五)、二〇〇〇年c。

佐々木文昭「平安・鎌倉初期の記録所について」(『日本歴史』三五一)、一九七七年。

佐藤進一『日本の中世国家』岩波書店、一九八三年。

永原慶二『日本中世社会構造の研究』岩波書店、一九七三年。

本郷和人『中世朝廷訴訟の研究』東京大学出版会、一九九五年。

元木泰雄『平清盛の闘い』角川書店、二〇〇一年。

柳原敏昭「中世前期南九州の港と宋人居留地に関する一試論」(『日本史研究』四四八)、一九九九年。

Ⅱ　鎌倉後期の社会変動

一　モンゴル襲来と交流する世界

武家の王権

鎌倉幕府は宮騒動と宝治合戦を経るなか、寄合という審議の場を設け、政治の実質的審議の場は評定から寄合へと移り、寄合において大枠が定まった後に、評定が開かれるようになった。その評定は執権が主導し有力御家人から選んだ評定衆で構成され、寄合は北条氏の家督である得宗が主催し、得宗の外戚や得宗に近い北条一門、奉行人、御内人から選ばれた数人で構成された。

さらに建長元年（一二四九）十二月に御家人訴訟を中心に扱う機関として引付が評定の下に置かれ、北条政村・朝直・資時の北条一門が引付頭に任じられ、二階堂行方らの御家人が引付衆にあてられた。弱小御家人を救済する意味をもつ徳政の一環であるが、この引付は幕府の所領関係の訴訟（所務沙汰）を扱う機関として成長し、幕府の行政・裁判機構を支える奉行人の結集の場となっていった。

得宗の時頼が次に動いたのが、鶴岡八幡宮の別当隆弁に後継者の生誕を祈らせることである。隆弁は鶴岡八幡の宝前で建長二年の元旦から祈禱を開始し、八月に妊娠したとの夢告があり、翌年二月に境内の三島社で祈ると、十二日の夢に白髪の老翁が五月十五日の酉剋に男子を平産すると告げられ、その通りに出産したという。この時に生まれたのが北条時宗である。

建長三年になって、残る有力御家人である源氏一門の足利泰氏が自由出家をし、了行法師の謀反の企てが発覚するなど、鎌倉が不穏な空気に包まれると、時頼は翌年二月二十日に後嵯峨の皇子の下向を要請する使者を派遣し、将軍頼嗣を京に送り返した。ここにおいて、幕府は鎌倉の王権のみを擁立することが可能になった。それとともに八幡宮を大修理し、夷三郎大明神や大黒天社などの御霊系の社を勧請するなど、新たな信仰を受け入れつつ、得宗中心の政治に向けて動いた。

その大きな柱が禅院の建立であり、同五年十一月に「建長興国禅寺」の供養を行ったが、その趣意は「皇帝万歳、将軍家及重臣千秋、天下太平」を祈り、「三代上将、二位家并御一門」を弔うもので、王の寺として建立されたのである。その建長寺という寺号は年号に因んでおり、幕府はここに武家政権の完成形を示したことになる。鎌倉も首都として本格的に整備されていった。

建長三年（一二五一）に鎌倉中の町屋の場所を七ヵ所に限定し、これ以外の地での小町屋や売買の施設を設けることを禁じ、建長五年には新制を定め、関東御家人と鎌倉居住の人々の過差（贅沢）を停止することを命じている。朝廷の新制に倣ったこの武家新制は、武家の王の名の下で出されている。弘長元年（一二六一）にはそれらの鎌倉の都市法の集大成ともいうべき弘長の新制が出され、鎌倉の行政区である保の奉行人を通じて各種法令の執行を命じている。

その体制の完成を見届けた時頼は、若くして出家して一門の長時に執権職を譲り、幼い時宗を家督に立てた。ここにおいてもはや幕府の実権は執権ではなく、北条氏の家督である得宗に帰し、その権力の基盤は得宗亭で行われる側近との会議（寄合）となっていた。寄合は評定の前に重要事項を審議し、その結果が評定に上程され、そこで認められた内容が得宗に伝えられ、さらに将軍の名で各所に命令として伝えられた。

評定が幕府の公式の会議として整備されるなか、寄合という内々の会議が生まれてゆく運営のあり方は現代につながるものがあるが、寄合自体も公式の制度となってゆき、北条氏一門では、引付↓評定↓寄合の出世コースが生まれた。

モンゴルの国書到来

文永三年（一二六六）六月二十日、北条時頼の後継者となった得宗の時宗亭での「深秘御沙汰」（寄合）において、左京大夫北条政村、越後守金沢実時、秋田城介安達泰盛らが談合し、七月二十日、宗尊親王を京へと追い帰した。将軍の成長にともなって京に追放し、得宗中心の体制を築いた。以仁王の令旨の到来に始まる鎌倉幕府の歴史を記してきた『吾妻鏡』は、この将軍上洛記事をもって終える。

まことに象徴的な終わり方だが、その二年後の文永五年（一二六八）、日本列島にモンゴルの国書が到来した。一二世紀後半、大陸のモンゴル高原の遊牧民族モンゴル族が興起し、チンギス・ハンが部族の統一を一二〇六年に達成すると、その侵攻は西はヨーロッパにまで及び、東では一二三四年に女真族の金を滅ぼすに至ったが、直接に日本に通交を求めてくるまでには多くの時間を要した。南宋や高麗の抵抗などがあってのことだが、高麗を一二六〇年に服属させ、即位したクビライが日本に国書を送ってきたのである。

それ以前から大陸文化の影響は日本列島に直接に及んできていた。北宋の太宗の命で編まれた『太平御覧』は、平清盛が一二世紀末に初めて入手して高倉天皇に献上したが、その後、次々に輸入され、一三世紀半ばを過ぎた頃には数十部に及んでいたという（『妙槐記』）。

唐物が大量に流入したことから鎌倉では物価の上昇が著しくなり、幕府は物価安定をはかり、唐船の制限を行ったものの唐物流入は止まなかった。日本商人は銭を特に求めていて、幕府はその流通を容認したばかりか、御家人役を銭で賦課、年貢を銭で納めることを認めた。

承久の乱後、新補地頭が西国の各地に置かれ、鎌倉の御所を警護する番役も整備されたこともあって、地頭御家人の列島往来は頻繁となり、京都や奈良などの本所・領家の荘園領主は荘園の年貢とともに、商工業の生産や販売にも目を向けるようになり、日本列島に新たな流通の波が広がった。湊が各地に生まれ、湊と湊を結ぶ交通路が成立し、陸路にも多くの旅人を運ぶ宿が形成されるなど列島の交通が盛んになっていた。

禅僧も大陸から渡ってきた。九条道家は嘉禎二年（一二三六）に東大寺と興福寺の二寺を凌ぐ寺院を構想し、各一字ずつとって東福寺と号する寺を京の東南に造営するにあたり、中国の径山で無準師範に学んで帰朝した円爾を開山にあて、東福寺は建長七年（一二五五）に完成する。これを越える伽藍の造営を目論んだのが北条時頼であって、建長寺の伽藍を径山に模して整え、宋からきた蘭渓道隆を招いて開山となした。

大陸から逃れてきた禅僧たちにはモンゴルへの敵愾心が強く、その影響もあって北条時宗はモンゴル襲来に強硬に対応した。最初の使者は引き返したが、文永五年にクビライの厳命を受けた高麗の潘阜が国書を大宰府にもたらした。幕府は往来を認めても国交を結ぶ意図や、正式の通商への関心はなく、国書を朝廷に送ってその対処を迫るのみであった。

公家の家職と家の分立

幕府の求めに応じて始まった後嵯峨院政は、評定制を導入して政治体制を整え、皇子を鎌倉に送って将軍となすなど幕府との協調路線をとっていたが、多くの問題をかかえていた。正元元年（一二五九）に上皇は病弱の後深草天皇に代えて亀山天皇を立てたが、その翌年、「年始凶事アリ　国土災難アリ　京中武士アリ　政ニ僻事アリ」と始まる落書（『正元二年院落書』）が院御所に置かれ、この落書が院政の問題点を批判している。

このうち「年始凶事アリ」とは、三井寺が戒壇設立の勅許を求めたことによる、延暦寺と三井寺の争いによる山門騒動で、「国土災難アリ」とは、正嘉元年（一二五七）の飢饉、「京中武士アリ」とは、山門騒動や将軍上洛の動きにともない、武士が洛中に充満したことをさす。以下、「政ニ僻事アリ　朝議偏頗アリ」など院中の不祥事を並べる。

「当世両院アリ」とあるのは、後嵯峨院の意思によって後深草天皇が譲位し、天皇家の分立の事態が生まれたことを意味した。後深草上皇は、文永二年（一二六五）に皇子が生まれると、これへの皇位継承の望みをもち、天皇の楽器である琵琶を習い、秘曲の伝授を受けるなど学芸に力を注いだ。

さらに「摂政二心アリ」とは、近衛兼経の弟鷹司兼平が建長四年（一二五二）に兼経から摂政を譲られたのを契機に、嫡子基忠を摂政にすえて鷹司家を興そうとした動きであって、これは文永五年（一二六八）に成就した。続く「前摂政追従アリ」とは、前摂政の二条良実が外祖父である西園寺公経の支援によって、再び関白となろうとした動きを意味し、狙いどおりに弘長二年（一二六二）に関白となって二条家を興した。その弟一条実経は、父九条道家に愛され、父失脚後、卜部兼文から『日本書紀』を学ぶなど勉学につとめ、文永二年に関白に再任されて一条家を興した。この結果、摂家は近衛・九条・鷹司・一条・二条の五摂家が分立することになった。

「左府官運アリ　右府果報アリ」とは大臣家の動きで、西園寺実氏の子左大臣公相が西園寺実氏の関東申次を代々継承するようになったことと、実氏の弟右大臣実雄が西園寺家と争いつつ洞院家を興したことを指摘したもので、以下、多くの家々での分立した動きを記している。公家の家で家業が形成され、その職能が家職として継承されるなか、家をめぐる分立・対立が起きるようになっていたのである。

幕府と朝廷の動向

即位した亀山天皇は上皇の期待に応え、早くから評定の場に臨席し、政治への関心を深めていった。兄の後深草院は父が弟に愛情を注ぐなか、文永二年（一二六五）に儲けた皇子への皇位継承に望みをつなぐが、親王宣旨が下されないうちに文永四年に亀山天皇に皇子が生まれ、その皇子が翌年に皇太子に立てられた（後宇多天皇）。

後嵯峨院は亀山天皇の子孫に皇統を伝えようと考えていたが、後深草院はあきらめなかった。その点を物語るのが、後鳥羽上皇が琵琶を天皇の楽器として位置づけ王権を象徴する楽器となっていたことから、琵琶を習い秘曲の伝授をこの時期に受けていることである。

モンゴルの国書が到来した文永五年（一二六八）の四月二十三日、後嵯峨院が意見封事の宣旨を出して識者に政治の意見を求めたところ、前右大臣徳大寺実基は、宋の書物を引用し、仏法の衰微や王権の危機意識を強調し、王権の主導性を強く主張した（『徳大寺実基政道奏状』）。その合理的なものの考え方は『徒然草』二〇六、七段に紹介されている。この時期には儒学が大いに学ばれるようになり、王朝の古典文化の学習が盛んになっていた。

提出された多くの意見は後嵯峨・亀山両主が評定の場に臨んで審議されたが（『吉続記』）、幕府が明確な意思を示さなかったために審議は難航し、国書到来への結論は従来通り返書を送らぬこととされ、「異国降伏」の祈禱を寺社に命じるのみであった。それでも文永六年にモンゴルへの返牒を作成し、翌年正月に幕府に送付したが、幕府はモンゴルに送らなかった。

モンゴル帝国の世祖クビライは文永八年に国号を大元と改め、高麗で反乱を起こして抵抗する三別抄の追討を忻都・洪茶丘らに命じ、交渉に進展のない日本には日本国信使趙良弼を派遣した。その趙良弼が渡来した文永八年（一二七一）の九月、幕府は危機に応じた体制の引き締めを図った。九州に所領がある御家人にはモンゴル襲来に備えさせ、国難に逢うと予言した日蓮を佐渡に流し、翌年には六波羅探題の北条時輔、鎌倉の北条氏一門の名越時章を誅殺した（二月騒動）。

こうしたなか後嵯峨院は文永九年（一二七二）正月に死を予期して亀山殿に移り、譲状を認めて後深草上皇・亀山天皇らに所領を配分し二月に亡くなるが、次の政治を担う治天の君については何も記さなかった。指名しても、幕府によって覆されると考えたのであろう。このため嫡系を主張する後深草院と、皇統の継承は今までの流れから明らかであるとする亀山天皇の争いが生じ、二人の母大宮院の裁定によって、後嵯峨院の真意が亀山天皇にあるとされ、亀山天皇の政治が続行した。文永十一年（一二七四）正月に亀山は位を子に譲って後宇多天皇を立て院政を開始した。

幕府は文永九年（一二七二）に九州諸国の御家人に筑前・肥前両国を防衛するよう命じ、翌年に御家人の質地の無償返却を認め、諸国御家人の質券売買地の注進を命じるなど御家人対策に努め、文永十一年二月に日蓮を赦免するなど国内の鎮静化に努めていた。

モンゴルの襲来

クビライが二度にわたり派遣した趙良弼が追い返されると、ついに軍勢を派遣することに決した。文永十一年十月、元・高麗連合軍は朝鮮半島南端の合浦を出て対馬・壱岐を侵攻し、十月二十日に博多湾の鳥飼辺に上陸、一時は大宰府にまで至り、集団戦法と「てつはう」という武器で日本軍を苦しめたが、大宰府を攻め落とすことができないまま、御家人の戦いやモンゴル軍の内部対立もあって七日ほどして退いている。様子見の侵攻だったと考えられる。

この文永の役での武士の奮戦を描いたのが『蒙古襲来絵詞』である。幕府は再来に備え、翌年に九州の御家人に異国警固番役を課したところ、元が杜世忠を派遣して服属を求めてきたので、この使者を鎌倉の入口の龍口で処刑したばかりか、高麗に出兵する計画まで立てた。その十月、幕府の使節が突然に上洛し、後深草上皇の皇子熙仁を皇太子に立て、摂政に鷹司兼平を就任させるよう要請してきた。後深草上皇の「このままでは出家して呪う」という強い意思が幕府を動かしたもので、ここに次の天皇には皇太子熙仁がついて（伏見天皇）、その父後深草上皇が院政を行うことが定まった。

朝廷と幕府との窓口となっていた関東申次の西園寺実兼が、後深草上皇と結んで動いた結果であり、実兼は皇太子熙仁の東宮大夫、摂政には後深草上皇の天皇時の摂政の鷹司兼平がついた。これに亀山院も黙っているはずもなく、こうして天皇家の分立、皇統の分裂という事態が生じることになった。

建治二年（一二七六）、幕府は博多湾への上陸を阻止するための防塁（石築地）を築かせたが、この年に一遍は九州を回り念仏勧進を行っており、『一遍聖絵』にはその様子が描かれている。熊野で信仰の確信を得た一遍が、筑前の武士の館を訪れた場面である。館の門を侍が固め、門の上の櫓には盾や弓矢が備えられ、館の内には厩と馬場があるという、文永の役後の警備の厳しい風景となっている。

クビライは弘安二年（一二七九）に南宋を滅ぼすと、日本を再び攻めることを決意して、翌年に征日本行省を置き、弘安四年（一二八一）に遠征軍を整えた。東路軍と江南軍の二手から攻めることと定め、その東路軍は五月三日に高麗の合浦を出発し、五月下旬に博多湾の志賀島を占領したが、石築地の防御の効果と御家人の奮戦もあって上陸できなかった。

そこに遅れていた江南軍が肥前の鷹島に到着し、両軍が合体して上陸を目指したそこを襲ったのが暴風雨で、これにより、壊滅的な被害を受けてついに退却した。今にその時の残骸が海底にあって、海底考古学により調査がなされている。

このモンゴル襲来は日本列島を一体のものとみなす考えを促した。奇蹟ともいうべき暴風雨は「神風」と見做されて、「神国日本」の意識を強めるなど（『八幡愚童訓』）、その言説は後世に大きな影響を与えることになる。

時宗は蒙古合戦で亡くなった人々の霊を敵味方なく慰めるため、禅宗寺院として鎌倉に円覚寺を弘安五年（一二八二）に建立し、その開山には弘安二年（一二七九）に時宗の招きで来日し建長寺の住持となっていた無学祖元をあてている。

徳政の政策

弘安七年に時宗は三四歳の若さで急死し、子の貞時が跡を継ぐことになるなか、出されたのが「新御式目」という三八ヵ条の法令である。それとともに「弘安の徳政」と称される政策を得宗の外戚である安達泰盛が中心になって推進した。モンゴル襲来に大量の御家人を動員したことから、戦後に恩賞を求めて多くの訴訟が提起されてきており、異国合戦の祈禱を行った寺社からも恩賞が求められており、それらへの対応である。

ここでの徳政は、訴訟を受理して速やかに裁判を行うことに眼目があった。裁判機関である評定・引付を改革し、引付では判決原案を一つのみ作成するように命じ、判決の迅速化をはかった。西国諸国へは使者（「四方発遣人」）を派遣し、守護とともに大犯人や悪党らの取り締まりにあたらせた。合戦の舞台となった鎮西には、三人の使者を派遣して、神領の興行や御家人の名主職安堵を実行させたので、彼らは「徳政の使者」と称された。神々が戦って蒙古を退散させたとして、神職以外の人が知行する神社領を神職に返却させた。

この幕府の弘安の徳政に呼応して、亀山上皇も弘安八年に訴訟に関わる二〇ヵ条の法を定め、翌九年には評定制度の改革を行なった。評定を徳政評定と雑訴評定の二つに分け、一般の政務は徳政評定で、訴訟関係は雑訴評定で審議することとし、訴訟を担当する伝奏・職事・弁官・文殿衆に対しては、身分の尊卑にかかわらず訴訟をすぐに取り次がせ、権勢におもねる行動をとらないよう、賄賂に耽らないように誓わせた。こうして徳政は幕府・朝廷共通の政策として広がった。

そこに起きたのが、弘安八年（一二八五）十一月、時宗の子貞時を補佐する外戚と御内人との対立から、外戚で有力御家人の安達泰盛が滅ぼされた霜月騒動である。泰盛の子宗景が源氏に改姓したことについて、将軍になろうとしたもの、と御内人の内管領平頼綱が貞時に訴えたことから、泰盛とそれに連なる御家人が粛清された。「弘安八年、鎌倉合戦において人々自害す」と多くの御家人が滅ぼされ、鎮西でも泰盛の子盛宗が殺害され、筑前の岩門で合戦が起き、泰盛派の少弐景資が滅ぼされたのである（『鎌倉遺文』）。

先例のない異国との合戦で、恩賞の土地をいかにひねり出すか、久しくなかった実戦で恩賞の認定をどうすべきか難問山積みだったが、霜月騒動にともなって泰盛派の人々の没収所領が蒙古合戦の恩賞に宛てられるという、何とも皮肉な結果となった。

弘安十年（一二八七）、関東の使者が上洛して申し入れがあって、伏見天皇の即位と後深草院政が開始され、正応二年（一二八九）に幕府の奏請によって伏見院の皇子胤仁が皇太子になった。これに満足したのか後深草院は出家を遂げるが、翌年に不満の著しい亀山も出家を遂げたところ、その直後、甲斐源氏の浅原為頼が禁中に乱入し、天皇の殺害をはかって自害する事件が起きた。

その自刃に用いた刀が亀山院側近の三条実盛の秘蔵のものだったことから、嫌疑が亀山院に及んだが、新院は幕府に関係がないことを伝え、一件は有耶無耶のうちに終わるなか、亀山院は次の機会を窺い、新たな動きに向かうことになった。

徳政の新展開と日元貿易

正応二年（一二八九）三月、肥前の神崎荘の地頭職が合戦の恩賞として御家人たちに籤によって配分された。この荘園はかつて平忠盛や藤原信西が知行した天皇家の直轄領であったのだが、その広大な荘園が恩賞の地とされたのである。配分の田は一〇町・五町・三町の三つにランクされ、九州の四〇〇人もの御家人にあたえられた。恩賞地不足に悩む幕府の窮余の一策で、おそらく御家人たちは、その土地からの収入を博多で受け取り、博多の異国警固番役を勤める費用としたことであろう。

徳政の基調に沿って伏見天皇も徳政に力を注いだ。訴訟手続に関する法を定め、大臣以下の公卿を三番に分け、番ごとに記録所の弁や史・外記などを寄人として付け、月六回の評定を行うこととし、記録所庭中という直訴を扱う機関も設けた。その治世への意欲から永仁元年には勅撰集の撰集を二条為世や京極為兼らに命じている。

幕府は、永仁元年（一二九三）に九州に北条兼時らを派遣し、九州統治の強化をはかるなか、鎌倉で死者二万三〇〇〇人に及ぶ大地震がおきるや、貞時が今度は御内人の中心人物である内管領平頼綱や飯沼資宗を討つ平禅門の乱が起きた。御内人の勢力の強大化を警戒したもので、引付を廃止して貞時が直接に訴訟を裁断する執奏の制をしいたので、これにより訴訟が「雲霞の如く」鎌倉にもたらされたが、裁ききれなくなりすぐに元に戻された。

永仁四年（一二九六）に北条一門の金沢実政を鎮西探題に任じ、探題に確定判決権を与えて、多くの訴訟を受理したので、ここに東国は幕府が、西国は六波羅探題が、九州は鎮西探題がそれぞれの地域の裁判や行政を分担して行うものとされ、地域に密着した政治・訴訟制度が整えられた。

翌永仁五年二月に彗星が出現したことから、三月六日に「関東御徳政」（永仁の徳政令）が出された。御家人が土地を売ったり、質に入れたりなどして借金に苦しんでいたことから、土地の取り戻しを「徳政」として命じたものだが、これには御家人のみならず、聞きつけた庶民が土地の取り戻しに動いて列島に広がった。

以後、徳政といえば土地の取り戻しを意味するものとなる。それだけ金融経済が深く日本の社会をとらえていた。なかでも大量の銭が流通した。だが朝廷も幕府も銭貨を造ろうとしなかった。銭が小額貨幣でコストが割にあわなかったからである。日本で流通した銭は一文銭だが、大陸では五文や一〇文銭などが流通していた。元が銭の流通を停止したため大量の銭が入ってきたことも関係している。

元は文永・弘安の役の後も何度か日本への再征を計画したものの、その都度、不調に終わった。一二七六年に泉州・慶元などの港に市舶司を置いて貿易の管理に乗り出し、翌年には金と銅銭の交換を希望する日本の商人に貿易を許可し、その翌年には日本商船の受け入れを命じた。元は閉鎖的な国家ではなく、日本も渡航を禁止しなかった。

大陸との交易は国交こそ結ばれなかったものの、人の往来や物資の流れは前にも増して頻繁になっていた。永仁六年（一二九八）四月、「藤太郎忍恵」の唐船が肥前の五島で難破して、積んでいた物資が運び取られる事件が起きるが、その荷主は「葛西殿」「右馬権頭殿」「大方殿」などの北条氏一門で、積荷は金四八〇両、水銀・銀・剣などの輸出品であった。

韓国の新安沖で発見された沈没船には、「至治三年」の中国年号の木簡、「東福寺」と書かれた荷札、「慶元路」と記された秤、銅銭二八トン、陶磁器二万余点などが積まれていたことから、至治三年（一三二三）に慶元（明州）を出て日本に向かった船とわかった。東福寺の修造に関わり、多くの輸入品が唐物として輸入されてきたことをよく示している。こうした唐物流入の様子を語っているのが『徒然草』一二〇段である。

唐の物は、薬の外は、みななくとも事欠くまじ。書どもは、この国に多く広まりぬれば、書きも写してん。唐土舟の、たやすからぬ道に、無用の物どものみ取り積みて、所狭く渡しもて来る、いと愚かなり。

兼好がこのように唐物珍重を厳しく批判したほどに唐物は流入し大きな影響をあたえていた。

禅僧と律僧

鎌倉で建長寺・円覚寺などが創建されるなか、京都でも亀山上皇が禅宗に帰依し、正応四年（一二九一）に離宮を寺に改め、東福寺の無関普門を開山とし、七堂伽藍を整備し、住持には法流を問わないで器量により選ぶ「十方住持制」を取り入れ、南禅寺とした。

鎌倉の北条貞時は祖父や父同様に禅を学び、よく理解し、多くの禅僧が大陸からやってきた。一山一寧は元朝から派遣され、一時は伊豆の修善寺に幽閉されたが、貞時の信頼を得て、武士への禅宗普及に力を注ぎ、門下からは多くの優秀な禅僧が育った。

幕府は大陸の五山の制度に倣って鎌倉に五山の制を設けて禅宗寺院を手厚く保護したので、大陸に渡る僧も激増した。南浦紹明、桃渓徳悟、直翁智侃、約翁徳倹らの禅僧たちはいずれも建長寺で蘭渓道隆に学んで大陸に渡っている。渡海僧の多くは幼く天台・真言系の寺院に入り、鎌倉の禅院で修行するなか、渡来・渡海僧に接し大陸に渡るようになり、また東福寺や大仏の造営料を名目とした船が大陸と日本とを往来していた。

だが僧のなかには、虎関師錬が『元亨釈書』に「我が国の凡庸な僧が熱に浮かされるごとく元土におしかけており、我が国の恥辱を遺す」と記したような存在も多く、彼らは様々な名目をつけて商船に乗り込んで大陸に渡り、問題を起こすこともあった。そのいっぽう、大陸に渡ったことのない僧が建長寺や円覚寺の住持になるなど、禅宗は大陸とは違った独自の性格を帯びていった。鎌倉の谷奥に建てられた寺院を道場とする叢林の禅が広がり、仮名法語により禅宗を伝える工夫もなされ、禅は武士に着実に根をおろすことになった。

渡来僧たちは宋文化を直接に伝え、その生活文化や学問も大きな影響をあたえた。鎌倉幕府の奉行人の中原政連は延慶元年（一三〇八）に『政連諫草』を提出し、執権を退いた北条貞時が僧侶を招いて供養し、仏の道を尋ねるのが結構なことであるとしつつも、それが一日おきに行われ、美々な膳が設けられ、「薬種を唐様の膳」に加えられるのが日々倍増の勢いでなされていることを諫めたが、この勢いを加速化させたのが大陸貿易の広がりであり、仏典や漢籍も入ってきた。

禅僧とともに幕府の厚い保護を得たのが律僧である。奈良西大寺の叡尊の弟子忍性は、常陸の三村極楽寺を拠点として活動するなか、幕府の要人に働きかけて師の叡尊を鎌倉に迎えるべく奔走し、その結果、北条時頼や北条一門の金沢実時の招請で、叡尊が弘長二年（一二六二）に鎌倉に下ってきた。

幕府は撫民政策を推進するにあたり、戒律再興と民衆救済をはかる律宗の活動を高く評価していて、全国的飢饉が起きていたこともあって、律宗は幕府首脳の帰依を獲得した。北条一門の重時は鎌倉西の邸宅内に設けていた極楽寺を律宗寺院になすと、その開山となった忍性は病院や馬の治療院を極楽寺境内に設け、社会活動や救済活動を進めた。

幕府の保護と帰依を獲得した忍性の生涯の事業を記した『忍性菩薩略行記』は、伽藍の草創が八三ヵ所、堂供養が一五四ヵ所、塔婆建立が二〇基のほか、馬衣を与えた非人が三万三〇〇〇人、殺生を禁じたのが六三ヵ所、浴室や病屋・非人所を建てたのが五ヵ所であったという。その活動は叡尊をして「慈悲に過ぎる」と言わしめたほどである。

金沢実時は母の菩提を弔うために六浦荘の金沢郷に称名寺を設けていたが、文永四年（一二六七）に忍性の推薦で下野薬師寺の審海を開山に招いて律宗の寺となし、本尊として弥勒菩薩像を建治二年（一二七六）に安置した。境内の金沢文庫に幅広い書籍を納め、孫貞顕の時に文庫の管理を称名寺長老の釼阿にゆだねたこともあって、今に伝えられている。嘉元四年（一三〇六）、称名寺の造営費用を得るため元に唐船を派遣し、称名寺の俊如房快誉が唐物を将来している。

金沢文庫は正倉院や鳥羽の勝光明院経蔵、京東山の蓮華王院経蔵の系譜を引いて、武家のコレクションとなった。後世の武家はこの文庫のコレクションを持ち出し新たなコレクションの手がかりとした。下野の足利学校や徳川幕府の文庫の蔵書などにも役立てられた。

二　列島の町の繁栄

一遍の信仰の広がり

禅律僧は鎌倉に迎えられたが、鎌倉入りを拒否されたのが一遍である。弘安五年（一二八二）に鎌倉入りを果たし布教の成否を試めそうとした。

聖、宣はく、鎌倉入りの作法にて化益の有無を定むべし。利益たゆべきならば、是を最後と思ふべき由、時衆に示して、三月一日、小袋坂より入り給ふ、

幕府に直接に信仰を訴えることに目的があった。当日は「今日は太守山内へいで給事あり、この道よりは悪しかるべき」と、北条時宗が別荘を構える山内荘の巨袋坂を通るので、やめるようにという忠告を受けていたが、強行をはかって阻止されてしまう。しかしこれを契機に鎌倉の西の片瀬宿に板屋の舞台をしつらえて踊り念仏を行なうと、多くの人々が集まって成功をおさめ、一遍の活動は新たな発展を迎えることになった。

かたせの浜の地蔵堂に移りゐて日をゝくり給けるに、貴賤あめのごとくに参詣し、道俗雲のごとくに群集す。同道場にて三月の末に紫雲たちて花ふりはじめけり。

片瀬の館の御堂近くの地蔵堂に設けた板屋での踊り念仏の場面である。その絵は多くの人々が群集するなか、一遍と時衆が板屋の上で円をつくって踊り回っている様子を描く。板屋の舞台では時衆が集団をなし、鉦をたたき、板を踏み鳴らしており（『一遍聖絵』）、その音は極めて効果的であったろう。それとともに紫雲が立ち、花が降る奇瑞が起きたといい、以後、板屋の舞台を各地の堂に造って、そこでの踊念仏により信仰を広めていった。

一遍の遊行の旅を描いた『一遍聖絵』には列島の町や村、山や湊の風景が描かれているので、ここからは一遍とともに列島の各地を訪れてみよう。すでに一遍がモンゴル襲来後の九州に赴いたことを見たが、その時に豊後で他阿弥陀仏などの帰依を得ていて、その時衆とともに九州を出て故郷の伊予に渡り、

そこから東の地へと向かった。

備前国の藤井で吉備津宮神主の子息の家を訪ねたところ、たまたま留守中で、妻女に念仏を勧めると、妻女は一遍に帰依し出家を遂げた。そのまま一遍が念仏を近くの備前の福岡市で勧めていると、妻を出家させられたことに怒った亭主が追いかけてきた。

件の法師原、いづくにてもたづねいだして、せめころさむとて出けるが、福岡の市にて聖にたづねあひたてまつりぬ。大太刀わきにはさみて聖のまへにちかづき侍りけるに、

大太刀を腋に挟んで殺そうとしたのだが、一遍から「汝は吉備津の宮の子息か」と問われたその一言に、一瞬にして怒りは消え、害心も失せてしまい、一遍を尊く思う心が湧いて、出家を遂げることになったという。絵はその神主子息との対決と出家の場面を描く。

そのなかで周囲の市の賑わいが描かれている。備前焼の瓶が並び、米や衣類・魚類の販売の風景が展開する。後に近くの福岡宿を通った今川了俊は、紀行文『道ゆきぶり』に「其日はふく岡につきぬ。家ども軒をならべて民のかまどにぎはひつつ、まことに名にしおひたり」と、福岡宿や市の賑わいを記している。

博多と京を結ぶ瀬戸内海の沿岸や山陽道に沿っては湊や宿が繁栄していた。唐物の代表は陶磁器だが、博多や備後の尾道などからは多くの陶磁器が出土している。尾道での発掘調査では陶磁器には中国製の青磁や白磁のほか、備前焼の陶器も出土している。尾道は平清盛によって内陸部に設けられた太田荘の倉敷の津（年貢の積出港）とされた後、高野山に寄進され、発展をみた港湾であって、この時期には瀬戸内海交通と流通の拠点となっていた。

嘉元四年（一三〇六）に尾道「浦の檀那」（有徳人）が浄土寺を律院として再興したが、これの再興にあたった太田荘預所の法眼淵信は、伊予・長門などの荘園の年貢を請負い、高野山からは尾道浦の浄土寺別当職などを与えられた（『浄土寺文書』）。尾道は「船津その便を得るにより民烟富有」と言われたほどに賑わっていた。元応元年（一三一九）に備後守護の長井貞重の代官が数百人を率いて襲い、寺社数ヵ所や民屋一〇〇〇余戸を焼き払い、大船数十艘により仏聖供などを略奪する事件を起こしている（『高野山文書』）。

宿と湊

一遍は福岡の市で弥阿弥陀仏など二八〇人もの出家信者を得ると、山陽道を京に赴き、因幡堂執行から厚遇された後、信濃の善光寺に参りそこから南に下って、伴野の佐久市で別時念仏を行った。『一遍聖絵』の描くこの市の風景は市日ではないために閑散としている。そこに一遍のことを聞きつけた武士から食事が提供され、招かれて館の庭先で始まったのが踊り念仏である。以後、踊り念仏により信仰を広めてゆく、その新たな決意を固めるべく訪れたのが、奥州の江刺にある祖父河野通信の墓であった。

弘安三年（一二八〇）にその祖父の墓に向かうが、道筋の奥大道に沿っても多くの宿があって、その宿跡と考えられるのが栃木県の下古館遺跡である。道を堀が囲繞して区画されるなかに、方形の竪穴建物や井戸が密集していた。同じく福島県郡山市の荒井猫田遺跡でも、南北の道に面して、溝で区画された奥行きが二〇～二五メートル、間口が二〇～四〇メートルの屋地が密集して南北に木戸が設けられ、堀で区画された土地が隣接していた。ともに道をはさんで宿の集落が形成されたもので、この道は鎌倉と奥州を結ぶ奥大道と考えられている。

この奥の大道の地の地頭に対しては幕府から宿直屋を設けて群盗の警固をするよう命じられていた。一遍は祖父の墓参りを終えると、平泉・松島を経てこの奥大道を通り、常陸の府中から「武蔵の石浜」に赴いて滞在していたところ、「時衆四、五人」が病んだので、それを励ます歌を詠んでいるが、この石浜の近くの南西に位置するのが浅草寺である。

その縁起絵巻『武蔵国浅草寺縁起』によれば、浅草寺の創建は推古天皇三十六年に檜熊の浜成・竹成兄弟らが江戸浦で観音像を網にかけて安置したことに始まるという。ただ天慶五年（九四二）に安房守平公雅が祈願して武蔵守に任じられて造営した記事から史料として信頼でき、以後、国司や武家などの権力者の庇護を得て浅草寺は修造されてきたが、鎌倉後期になって正応二年（一二八九）に大輔聖という勧進上人が「無縁の群類」に勧めて再興をはかり、正安二年（一三〇〇）に修造を遂げている。

この時から勧進により浅草寺は造営がなされるようになったことがわかり、その再建を担ったのは石浜の有徳人（富裕な人）であったろう。正和元年（一三一二）には、浅草寺の創建に関わったとされる浜成ら三人の化現である三所権現の神託がおりて、「我、昔海浜に孤漁夫のわざを業として年久し。然共海中に出、万の鱗をたすけ、見聞の随喜をます」と、神と祀り神威を増すように求めたことから、人々はその神託に基づいて神輿を飾っての船遊の祭礼を営んだという。この船遊の祭礼が今に浅草の三社権現の祭礼へと続いているのであり、鎌倉後期から石浜は湊町として成長を遂げ、持続的な町場を形成し、町の有徳人が祭を執り行うようになった。

石浜を出た一遍は武蔵のながさこで鎌倉入りを考えて実行に及んだが、すでに見たように鎌倉入りを阻止され、片瀬での踊り念仏による成功に力を得て、上洛を目指すが、東海道の沿道でも鎌倉初期から宿が発展していた。伊豆の一宮である三島神社は一遍の生まれ故郷である伊予の大三島神社との関係が深く、ここに参詣していて、絵はその神社と門前の三島宿を描いている。

宿と京の有徳人

尾張の甚目寺に来て一遍が七日間の行法を始めたところ、食事が尽きてしまい、時衆たちが憂いたので、「断食によりて法命つくることなし、かならず宿願をはたすべし」と、断食によって命が尽きることはない、と諭した。その夜、近くの萱津宿の「徳人」の夢に甚目寺の毘沙門天が現れ、「大事な客人に供養（食事の提供）をするよう」と告げたので、徳人らは甚目寺に赴き、一遍らに食事を提供したところ、鎮座していた毘沙門天が歩み出したという。

この話からは萱津宿でも有徳人が成長していて、甚目寺がその信仰の対象となっていたことがわかる。『東関紀行』に尾張の萱津宿の市の風景が次のように記されている。

萱津の東、宿の前を過れば、そこらの人集まりて、里もひびくばかりにののしりあへり、けふは市の日になむあたりたるとぞいふなる、往還のたぐひ手ごとにむなしからぬ家づとも、

萱津の市に近隣の人々が集まったその賑わいの様や、買い求めた土産を家に持ち帰る風景が生き生きと描かれているが、それに近接する尾張の円覚寺領富田荘を描く絵図の東北隅に萱津宿が見える。

道に沿って在家や寺があって、集落が形成され、近くを川が流れているが、この川は庄内川で、萱津宿はその西岸に開かれ、市は宿の東の庄内川の河原に立てられたものと考えられる。この萱津宿の有徳

人の存在を記したのが『一遍聖絵』だったわけである。宿が有徳人らによって発展するなか、有徳人の信仰を得た寺院や堂が建てられ、再興されていったことがよくうかがえる。こうして一遍は近江の大津、逢坂、関寺を経て、弘安七年（一二八四）閏四月に上洛を遂げた。

洛中では四条の釈迦堂を手始めに因幡堂や三条悲田院、蓮光院などの京の人々の信仰を集めていた堂を回って、念仏を勧進したが、四条釈迦堂の踊念仏では「貴賤上下群をなして、人はかへり見る事あたはず、車はめぐらすことをえざりき」という盛況であった。絵はその釈迦堂での賑わいを中心に描き、祇園社へ参詣するために賀茂川に掛かる四条橋や、都の治安を守るために辻々に置かれた京極面の篝屋も描いていて、篝屋は六波羅に奉仕する在京人が警固にあたっていた。

因幡堂には土御門入道内大臣が結縁のために訪れ、歌や手紙のやりとりをし、蓮光院の住持からも歌が送られている。鎌倉では武家の保護が得られなかったのだが、京では貴顕・民衆に大いに迎えられたのである。その後、雲居寺や六波羅蜜寺などの東山の寺を巡礼した後、空也上人の遺跡である市屋に道場をつくって滞在することになった。

絵には市屋の道場での踊念仏の風景が描かれ、牛車や桟敷が舞台の周囲を取り巻き見物する貴顕が押し掛けており、まさに演劇興行の様相を呈している。近くの堀川では材木が引き上げられており、その材木が舞台の製作に利用されていたことを示している。

京の賑わい

『一遍聖絵』は京の風景に最も多くの紙幅をさいて描いた。鴨川に始まって堀川で終える趣向となっているのも興味深い。京の祭礼といえば祇園祭があって、これは六月七日に祇園社を出た神輿が鴨川の四条大橋に沿って造られた浮橋を渡って旅所に遷り（神輿迎）、堀川の材木商人の奉仕などがあって、六月十四日の御霊会の日に還御するのが恒例であった。

この時期、新たに祇園祭に鉾衆が現れるようになっていた。『花園天皇日記』元亨三年（一三二三）六月十四日条には、「鉾衆」が御所に群参し乱舞したとあり、翌日も「鉾衆」が参入して乱舞しており、鉾衆が祇園祭の主役として躍り出てきたことがうかがえる。山と鉾からなる祇園祭の原型が生まれたのである。

弘長元年（一二六一）五月に出された新制は「京畿諸社の祭、過差・狼藉を停止すべき事」を規定したものであるが、それによれば「諸社祭供奉人」が綾羅錦繡の装束を着て、金銀珠玉風流を凝らすことを停止していて、とりわけ「道祖神已下の辻祭」などで「白河薬院田の辺の印地」が結党して悪徒の活動をすることを禁じているが、そうした祭りにおける風流と結党の動きとの延長上に、祇園祭における新たな動きが認められるのである。

この動きからも知られるように京の世界は大きく変化しており、特に商工業者の活動が広がっていた。朝廷の官衙である内膳司に組織された魚鳥を交易する人々は、六角町や姉小路町に屋を構え六角町供御人・姉小路供御人と称され、商いをするようになっているなど、蔵人所に編成された商工業者が多かった。京都の大工は修理職や木工寮の課役を勤めていたが、この課役を逃れるために諸寺諸山や権門勢家、武家の権勢を頼るようになって、内裏の修築が進まないことから、永仁四年（一二九六）十一月に修理職は朝廷に訴えて、勤めない大工を洛中から追放するよう求めている。堀川の材木商人や四条の綿商人が祇園社に座として編成されていたように、商工業者は権門と結んで座を形成し、その権益を主張するようになっていた。

金融業者である土倉は一四世紀初頭の京都には数百軒もあったが、その多くは「山門気風の土蔵」といわれ、延暦寺に結びついて特権を有し、院庁支配下の土倉もあった。朝廷は固有の領域である洛中の商工業を保護するとともに、そこに財源を求めるようになっていた。その洛中の商工業の実態を示しているのが八条院町の遺跡である。

鳥羽法皇の皇女で多くの荘園を有していた八条院の御所の周辺には、御倉や院庁が置かれ、八条院に仕える人々の屋敷が多くあった。しかし正治二年（一二〇〇）十二月一日の火事で八条院の御所や「庁ならびに伺候の人々」の家が焼けてしまい（『明月記』）、さらに八条院が亡くなると、この地は急速に寂れてしまったのだが、鎌倉後期になると大きく発展した。

正和二年（一三一三）十二月に八条院領を伝領した後宇多上皇が、この地を東寺に寄進して東寺領八条院町が成立したが、その八条院町の地子注文によれば、かつての御所の東の東洞院面には蓮阿弥・藤三郎など合わせて一二人の住人の屋地が存在し、周辺の地も宅地化されていた。

一九九四年の京都駅ビル改築時の調査により、この地から鎌倉時代の刀装具の鋳型や室町時代の銭の鋳型など鋳造関係の遺構が発掘され、さらに建物の柱穴・井戸・ゴミ捨て場や土師器などが確認され、漆器類二〇〇点が出土している。鎌倉時代から室町時代にかけて製造されたものであった。鎌倉末期には京の南端にも市街地が広がり、町が形成されていたことがわかる。

博多の繁栄

京や鎌倉の賑わいは広く日本列島の町や湊の賑わいとともにあったのだが、対外貿易の拠点である博多の繁栄はことに著しかった。

博多一帯には「張」姓の宋人綱首（船主）たちが数多く住みつき、彼ら綱首は活発な商業活動とともに文化・技術の流入に尽力した。栄西は二度目の入宋から帰国すると、博多津の宋人の張国安が訪ねて来たので杭州の禅師からの伝言をしている。栄西はこの張一族の支援を得て建久六年（一一九五）に博多に本邦初の禅寺聖福寺を建立した。

この寺は「洛陽ノ建仁寺、関東寿福寺、彼創草ノ禅院ノ始」（『沙石集』）と称され、天福元年（一二三三）には入宋前の円爾、寛元四年（一二四六）には蘭渓道隆が滞在している。仁治三年（一二四二）には博多の承天寺が宋商の謝国明の支援により円爾を開山に建てられている。謝国明は中国・臨安府に生まれたが、日本に渡り日中貿易で富を築いた「博多綱首」であった。

こうして聖福寺や承天寺、蘭渓道隆の博多に開いた円覚寺などを核として、博多は本格的に整備されていったが、その事情は発掘からうかがえる。一二世紀後半に溝が開削され、それに直交ならびに平行する道路が一四世紀初頭には造られ街区が形成された。道幅は四・五メートルと狭く、路地があり共同井戸が施設された町屋の性格が認められるという。鎌倉後期には巨大な寺院が存在して宗教都市の一面をも有し、共同の井戸を有する町の共同体的結びつきが生まれたのである。

その都市の境界の役割を果たしたのが息浜に築かれた元寇防塁であって、博多小学校の敷地から見つかった東西に延びる坊塁から北側には町屋や街区が認められず、街区は南側に展開していたのであった。

その博多の町の人々が担った祭礼が櫛田神社の祇園祭であるが、櫛田神社は肥前国神崎荘から勧請されていた。神崎荘の年貢積出の倉敷が櫛田神社のある博多中洲にあったからであろう。

承久の乱前の建保六年（一二一八）に筥崎宮の行遍らが、大山寺寄人で神人の通事、船頭の宋人張光安を殺害したことから、大山寺の本寺延暦寺が朝廷に博多津や筥崎を山門（延暦寺）領にすることを求め、翌承久元年（一二一九）には神崎荘の荘官らが張光安の亡くなった土地（死所）を神崎荘の土地とするように求めている。櫛田神社にはやがて京と同じく祇園の神が勧請され、祭礼が整えられていったが、これが今に続く博多の夏祭りである祇園山笠の原型であり、以後、博多の発展は祇園山笠とともにあった。

博多には唐人の居留地である唐房があったが、九州の各地にも大陸から渡来した唐人の交易の場として唐房が生まれていて、薩摩の持躰松遺跡はその典型である。さらに交易と流通は南西諸島から琉球諸島に及んでいた。琉球では集落間の利害をまとめ、支配的地位に立つ者が台頭するようになり、按司《あじ》やテダ（太陽）と呼ばれた。按司たちは各地との交易を行ってゆき、その結果、浦添、読谷、中城、勝連、佐敷、今帰仁などの良港を有する地域が力をつけていた。

日本海沿岸の湊

博多の発展と軌を一にしているのが山陰の石見益田である。益田川河口部で発掘された沖手遺跡からは一二・一三世紀の集落遺跡が見つかっている。東西および南北に走る溝と、その溝に囲まれた中に無数の柱穴と井戸が分布し、中国製品が多く出土するが、沖手遺跡は一四世紀には衰退する。

それに代わって益田川をはさんで西側の中須東原・西原遺跡からは、一三世紀〜一五世紀にかけての遺構・遺物が発掘されている。大陸産やベトナム産の陶磁器が出土し湊の遺構も認められ、大陸や南アジアとの交易も盛んであったことがわかる。背後の福王寺には鎌倉末期と推定される石造十三重塔や元徳二年（一三三〇）銘の五輪塔が存在している。

益田のみならず日本海に沿っては潟（ラグーン）を利用した湊町が形成されていた。津軽の十三湊はその典型で、湊を支配する安藤氏は、岩木川河口部の潟の砂州に館を築き、周囲に家人の屋敷を置き、短冊形の町並みを形成していたことが発掘によって明らかとなっており、湊跡と考えられる場所からは船を止める乱杭が出土する。

この十三湊の繁栄とともに勢力を広げたのが安藤氏であって、北条義時の代に今の青森県・岩手県北部の得宗領の代官となり、蝦夷地との交易も盛んに行なうようになっていた。十三湊を発した船は日本海を南下し、越後の直江津、越中の放生津、加賀の今湊を経て、越前の三国湊に停泊するが、嘉元四年（一三〇六）、その三国湊に停泊していた「関東御免津軽船二十艘」の一艘が、鮭や小袖を押し取られる事件が起きている（『大乗院文書』）。

さらに正和五年（一三一六）には越中放生津の本阿弥陀仏が越前の坪江郷の住人により「関東御免津軽船二十艘」の「大船」が押し取られたと訴えている。これらの船は幕府から津料（港湾料）免除の特権を認められて日本海を運航し、十三湊で東北地方北部や蝦夷地からの交易品を積み、日本海沿岸の湊町を経て京に物資をもたらしていたのであろう。

一遍は北陸に入らなかったが、他阿弥陀仏が正応二年（一二八九）に一遍死後に解散した時衆を再結成し、翌年から北陸に赴き、正応四年八月には「加賀今湊といふ所にて、小山律師なにがしとかいへる人、僮僕あまた引具して道場へまうでぬ」と今湊の小山律師を「一向専修の行者」となしたという。今湊は加賀国の手取川分流の今湊川の河口にある湊町である。他阿はさらに永仁六年（一二九八）には越中の放生津で南条九郎の帰依を受けている。

三国湊から京に向かった船は越前の敦賀や若狭の小浜に到着してそこで荷物が陸揚げされたが、これら北や西の日本海の湊町を結んでいたのが、若狭湾の浦に根拠地を置く廻船人である。文永九年（一二七二）、多烏浦の大船「徳勝」は、諸国の津・泊・関々を自由に通行できる特権を認められた船旗を鎌倉幕府の得宗から得ている。

志積浦の廻船は、越前の三国湊で足羽神宮寺の勧進聖から関料米六石を課徴されており、矢代浦の廻船も三国湊に出入りしていた。御賀尾浦の船は越前の足羽郡北庄で塩・銭を奪われたこともあった。永仁七年（一二九九）には多烏浦の泉太郎の船が出雲国の「王尾津」と往来していたが、この王尾津とは出雲の美保津のことと見られている。

日本海の東西の海路の結節点である小浜には富裕な借上の「浜の女房」など有徳人が成長しており、小浜は鎌倉時代後期から日本海の流通に積極的に関わってきた北条氏の管轄下に入って、その保護を得て湊町として発展していたのである。

三　職人群像

職人の歌合と芸能

列島の町や湊の活性化の担い手は商工業者や芸能者など「道々のもの」と称された職能の人々である。彼らはすでに摂関期の『新猿楽記』や『二中歴』『今昔物語集』に登場しているが、この時代になるとその存在は広がり、文献や絵画などに多く記され、描かれるようになった。

この作品の一つが職人歌合として編まれた『東北院職人歌合』と『鶴岡八幡宮放生会職人歌合』である。そのうちの『東北院職人歌合』は、「東北院の念仏」に集まった多くの貴賤男女のなか、「道々のもども」が月・恋を題にして一二番の歌合を行い、判者を経師として編まれたという。道々のものとは以下の通りである。

①医師・陰陽師　②仏師・経師　③鍛冶・番匠　④刀磨・鋳物師　⑤巫女・盲目　⑥深草・壁塗　⑦紺掻・筵打　⑧塗師・檜物師　⑨博打・船人　⑩針磨・数珠引　⑪桂女・大原人　⑫商人・海人

一二組二四の職種からなり、建保二年（一二一四）制作とあるが、和歌や連歌の隆盛した後鳥羽上皇の時代に仮託したものであろう。法成寺境内の東北院には多くの人が集まっていたことは、定家の『明月記』が、毎年八月十五日の盂蘭盆会にはこの寺に集まる「雑人」によって相撲がしばしば行われたことを記している。寛喜の大飢饉の際には餓死者がここに集められるなど、鴨川に近く都人が集まる広場であった。

もう一つの『鶴岡八幡宮放生会職人歌合』は、鶴岡八幡宮の放生会を場とした歌合で、同じく月・恋を題にしての一二番で、八幡宮の神主が判者とされている。ここの放生会は幕府が主催して相撲や流鏑馬など武士を中心に芸能奉仕がなされていたのだが、それ以外にも様々な芸能の奉仕のあったことが知られ、その職能の人々をあげておく。

①楽人・舞人　②宿曜師・算道　③持経・念仏者　④遊君・白拍子　⑤絵師・綾織　⑥細工・蒔絵師　⑦畳差・御簾編　⑧鏡磨・筆生　⑨相撲・博労　⑩猿楽・田楽　⑪相人・持者　⑫樵夫・漁父

京も鎌倉でも職人の台頭が著しかったことがわかるが、こうした職人の回向のために仏陀に申し述べる表白文の文例を載せた作品が、永仁五年（一二九七）の良季の『普通唱導集』で、職人を「世間」と「出世間」の二つに分類している。その出世間部の音芸に関わる職人が、持経者・説経師・念仏者・声明師らで、持経者には次の決まり文句が載る。

持経者　伏して惟ふ、伏して惟ふ
一乗八軸　暗夜の読誦滞り無し　慶忠・能顕　曩代の音声趣き有り

法華経の読誦を業とする持経者が暗闇でもよどみなく経をあげることを語り、彼らが慶忠や能顕といった先達の芸を受け継いでいると讃えている。この書は仏事供養の場に迎えられる導師のための実用書で、このように実用の書物が著されているところにも、様々な職能の人々の成長がうかがえる。

持経者の系譜について『元亨釈書』は、摂関時代の道命法師によって整えられ、慶忠、能顕へと伝えられてその流れを継いでいると語っている。さらにこの読経については、弘安七年（一二八四）三月に能誉が著した『読経口伝明鏡集』が詳しく記している。

琵琶法師の語り

琵琶法師の表白文については『普通唱導集』の世間部に次のように載る。

平治・保元・平家の物語　何も皆暗じて滞り無し。
音声・気色・容儀の体骨　共に是れ麗して興有り。

琵琶法師の芸能は早くは『新猿楽記』に見え、一一世紀には生まれていた。院政期の歌人源俊頼の『散木奇歌集』の和歌にも見え、それが大きく成長したのは、この表白文のように『平治物語』『保元物語』『平家物語』などの軍記物語を語ったことによっている。特に「祇園精舎の鐘の声、諸行無常の響あり。沙羅双樹の花の色、盛者必衰の理をあらはす」と始まる『平家物語』が広く人々の心をとらえた。

『徒然草』二二二段は「琵琶法師の物語を聞かんとて琵琶を召したるに」とあって、琵琶法師を召して物語を聞くことが広く行われていたことがわかる。二二六段は琵琶法師が語る『平家物語』誕生秘話を記している。信濃前司行長が遁世して『平家物語』を著すに至った事情を述べた後、それを琵琶法師が語るようになった事情について詳しく語っている。

この行長入道、平家物語を作りて、生仏といひける盲目に教へて語らせけり。さて山門のことをことにゆゆしく書けり。（中略）武士のこと、弓馬の業は、生仏、東国の者にて、武士に問ひ聞きて書かせけり。かの生仏が生れつきの声を今の琵琶法師は学びたるなり。

慈円に扶持された信濃前司行長入道が、盲目の琵琶法師の生仏に語らせたのが『平家物語』であったといい、武士の弓馬の業については、生仏が東国の者であったことから武士に聞いて書き、その生仏が生れつきの声を今の琵琶法師は学んでいると記す。『平家物語』が「弓馬の業」という武芸の表現をどうして獲得したのか、琵琶法師の語る声は何に起因しているのかという疑問への答えをそこに記したのである。

『一遍聖絵』は、信濃の善光寺や片瀬の板屋の舞台の近くで、琵琶法師が小坊主を連れた姿で描くなど、琵琶法師は各地を遍歴していたが、『太平記』は、高師直が病気の時に真一（真都）検校と覚一（覚都）検校の二人の語る「連れ平家」を聞いた話を載せている。

女の職人

女の職人の成長も目覚ましかった。『東北院職人歌合』『鶴岡八幡宮職人歌合』では、巫女・盲目・紺掻・桂女・大原人・遊君・白拍子・綾織などで、四八人のうち八人を占め、このうちの紺掻・綾織は物づくり、桂女・大原人は物売りである。

『普通唱導集』世間部には、女の芸能者として「巫女・鈴巫・口寄巫（中略）遊女・海人・（中略）好色・仲人・白拍子・鼓打」の表白文が載るが、そのうちの白拍子の芸を「初の舞に出タル容儀して目を悦ばせ、徒らに踏むに至って曲を施すに妙にして耳を驚かす」と記して芸を称えている。白拍子の起源を『徒然草』二二五段は次のように語る。

通憲入道、舞の手の中に、興ある手どもを選びて、磯の禅師といひける女に教へて舞はせけり。白き水干に、さう巻をささせ、烏帽子を引き入たりければ、男舞とぞいひける。禅師が娘、静といひける、この芸を継ぎけり。これ、白拍子の根元なり。仏神の本縁を歌ふ。其後、源光行、多くの本を作れり。後鳥羽院の御作もあり。

通憲入道こと藤原信西が、幾つかの舞の手の中から創作して磯禅師に伝えたものが、静に継承されたといい、源光行や後鳥羽院の作もあったという。ここに見える磯禅師の娘静は、源義経と吉野に逃れたところを捕まって鎌倉に下り、「天下の名仁」ということから鶴岡八幡宮の回廊で頼朝夫妻に乞われて舞を披露している（『吾妻鏡』）。

遊女は各地の宿にあって今様を芸としていた。東海道では尾張の萱津、遠江の池田や府中（磐田）、駿河の宇都谷、黄瀬川、相模の大磯宿などの遊女が知られ、その宿の長者である「遊君長者」は、宿を根拠地として貴族や武士に召されていた。『一遍聖絵』の筑前の武士の館には宴に招かれた遊女が描かれている。

熊野比丘尼は熊野を拠点として遍歴しており、叡尊は多くの尼の喜捨を得て清涼寺式釈迦如来像を西大寺に安置している。一遍は時衆を僧衆・尼衆の男女の別なく平等に扱ったので、婦女の別なく街巷に喧騒していると批判され（『野守鏡』）、また僧尼が手摑みで食事を取る不作法で批判され（『天狗草紙』）、そのため尼と僧との間に十二光箱を置いて区別し批判に対応していった。

分割相続により女子分が保障され、夫が亡くなると後家として家を経営したので、女地頭の存在は珍しくはなかった。旅に出る機会も多く、京の近郊の石山寺や長谷寺などの観音霊場を巡礼・参籠する機会は多かった。阿仏尼は冷泉家の和歌の家の継承を求めて鎌倉行きの道すがらの旅日記を『十六夜日記』に記し、後深草院の女房であった二条は、出家後に鎌倉・伊勢・奈良・厳島・坂出など各地に赴いた旅を『問はず語り』に記している。出家した後は奈良の法華寺や京の嵯峨野、高野山の天野に住むことも多かった。

被差別者への視線と救済

男女の差といえば、差別された人々を『一遍聖絵』は所々に描いている。町場や寺の門前などに暮らす差別された人々は、「非人」や「乞食」と称されたが、『一遍聖絵』には摂津の四天王寺の門近くや相模の片瀬浜の近くに小屋掛けして住む存在として描かれている。この時期、身分差別が可視化され、描かれるようになったのである。

嘉元二年（一三〇四）七月に亡くなった後深草院の葬儀において、洛中の非人に布施や温室の施行がなされたが、それらは蓮台野や東悲田院、獄舎、清水坂などで行われ、「大籠」や「散在非人」「散所」などには布施のみが与えられた。文保二年（一三一八）、東寺の寺辺にいる散所法師が東寺辺の掃除のために後宇多法皇から東寺に寄進されたが、以前から行っていた法勝寺の池堀役も勤めるように命じられている。

差別された人々は、前代には癩病（ハンセン病）などの身体に基づく差別が中心であったのであるが、この時代には掃除（キヨメ）や穢多（えた）、つるめそ（犬神人）、放下の禅師など職能に基づく差別が生じていた。

一遍につき従っていた集団には、時衆のほかに飲食の提供を受ける結縁衆や飲食の施行を受ける差別された「徒衆」がおり、一遍が弘安五年（一二八二）に鎌倉入りを果たそうとした時、坂の境界から小舎人に追われる人々は「徒衆」と表現されている。

社会的弱者である非人の救済を積極的に行ったのは、律宗の叡尊や忍性である。叡尊は畿内近国の宿々で非人に戒を授け、忍性は非人救済をより積極的に行った。忍性の活動を記した『忍性菩薩略行記』はその活動を「常施院ヲ建テ病客ヲ扶ケ、悲田院ヲ修シテ乞丐ヲ済フ。行歩ニ堪ヘザル疥癩人、自ラ負テ奈良ノ市ニ送迎ス」と記しており、病院を建てて病人を助け、悲田院を修理して乞食を救い、歩けない疥癩の人を背負って奈良の市に送迎したという。これは文殊菩薩の功徳を非人に及ぼそうという願いによるもので、諸国の非人の救済にあたる活動に先鞭をつけた。

時衆・律宗はともに非人などの救済にあたったが、禅宗系の芸能の職人が放下の禅師である。絵巻『天狗草紙』は「朝露」「蓑虫」「電光」「自然居士」などについて、「放下の禅師と号して、髪を剃らずして烏帽子をき、坐禅の床を忘れて南北の巷にささらすり、工夫の窓をいでて東西の路に狂言す」として描いている。彼らは『徒然草』一一五段の「宿河原」に集まった「ぼろぼろ」と同様な存在であり、その「ぼろぼろ」が宿河原で九品念仏をしていたところ、訪ねてきた同じ「ぼろぼろ」との間での決闘が行われており、その様子を「放逸無慚の有様なれど、死を軽くして、少しもなづまざる方」を、いさぎよく覚えたと兼好は語る。

しかし差別の根は深かった。『徒然草』一五四段は、後醍醐天皇の近臣日野資朝が東寺の門前にいる「肩居」の手足が捻じ曲がっているのを見て、当初は「とりどりに類なき曲者」と愛でて見守っていたのだが、輿が醒めてしまうと、植木の曲がったのも同じようなものだとして捨ててしまったという話を載せている。

働く人の姿を描く

働く職人の姿を詳細に描くのが近江石山寺の縁起絵巻『石山寺縁起』である。この寺で紫式部が『源氏物語』を創作したという話など、摂関期の文化人による石山寺の如意輪観音への信仰に関わる説話を多く載せるなかで、近くの大津や逢坂関周辺の風景を描いているが、そこからは山野河海などで働く人々の生き生きとした姿がうかがえる。

巻一の三段の石山寺建立の場面には、山野を切り開く樵や牛の荷車で土や材木を運ぶ車力、材木を整形する大工などの姿が描かれている。同じような図は『天狗草紙』にも見えており、人々の目が大工の活動に注がれるようになっていた。その『天狗草紙』に載る、堂舎塔廟建立の建築現場では、絵の中に今日の漫画の吹き出しに相当する画中詞が書かれている。

少年A「我こそ先におきたる主よ」

少年B「何とて人の木をば取るぞ」

棟　梁「あれらが逃れて、ものもせぬに、よくよく下知してものせさせたまへ」

少年たちは槍鉋で削った木の切れ端を奪い合って争い、大工の棟梁は仕事をしないで遊ぶ天狗たちを働かせるよう命じている。『春日権現験記絵』巻一の大和の竹林殿の造営の場面はより詳しく、大工たちが礎石を据え、鑿や槍鉋、手斧による作業の風景を描くなか、童が手伝いをしたり、木鼻を持ち帰ったりする場面、食事の残りを得ようとして待ち構える乞食の姿なども描いている。

石山寺の近くは琵琶湖や東海道の往来が盛んで、漁師や交通労働者の姿も自ずと描かれている。東国の武士が拝領した文書を瀬田の唐橋で落としてしまったところ、その文書が宇治川の下流で漁をしていた漁師の獲った魚から出てきたという様子を始めとして、漁師が釣竿・魚を手にして馬を操り道を行く姿、魚を販売する女の姿などもある。逢坂の関を越えて石山寺の参詣に赴く風景のなかには馬借や車力がいる。逢坂の関で通行する人々から関料を徴収する勧進聖の姿もあるが、この関寺の門前の勧進聖や、逢坂を通行する馬や牛を曳く車力などは『一遍聖絵』にも描かれている。

こうした絵巻を描いた絵師も職人であった。『鶴岡八幡宮放生会職人歌合』では、絵師は綾織と番えられており、絵師は同じ職人の姿を絵巻に克明に描いたのである。『北野天神縁起』承久本は、天神（菅原道真）の身体を中心に描いているが、鎌倉後期の正嘉本以後は天神を信仰する人々の説話を載せ、京の西七条の銅細工師の姿などを描いている。

絵師自身も絵巻に登場する。絵師の一家の生活を描く『絵師草紙』は、綸旨で伊予国に所領を与えられたが、そこを知行できないことがわかった絵師自身の窮状を記し、拝領した綸旨や、絵師の母や妻、子どもたちの姿も描いている。本願寺の覚如の伝記絵巻『慕帰絵詞』には、注文主の指示に沿って絵師が法然の伝記を描く様子が描かれている。

絵師と絵巻

絵巻は様々な情報の伝達手段としても用いられ、多く制作された。訴訟制度が整えられ、それに向けて訴訟を有利に運ぼうとする工夫が凝らされるなか、絵巻の制作にもその動きが認められる。絵師の訴えを描いた『絵師草紙』はその典型であるが、『蒙古襲来絵詞』は肥後の御家人竹崎季長がモンゴル襲来時の合戦とその恩賞を求めた訴訟を描いている。さらに歴史を遡って様々な訴訟の在り方を描いたのが『春日権現験記絵』である。

『法然上人絵伝』『親鸞聖人伝絵』のような、成長を遂げた教団の祖師の伝記を描くことで、広く信仰を訴える祖師伝絵巻が制作され、寺社の由緒と発展を記す縁起絵巻も広く制作されるようになったのは、貴族・武士から民衆にいたるまで広く信心を募り、寺社の造営への勧進を促し、その達成を祈念する目的があった。

絵巻の制作にあたって様々な工夫が凝らされた。『一遍聖絵』では各地の名所絵を挿入し、『伊勢新名所絵』は伊勢の名所を描いて朝廷の保護を求め、『春日権現験記絵』は同時代の事件をリアルに描き、『蒙古襲来絵詞』もモンゴル襲来の現実を描いて読者の関心を惹いた。宗教界を覆っている混乱が天狗道に陥ったことによるとして描かれた『天狗草紙』には、先に見たように画中詞が記されている。一遍の踊り念仏の場面では「や、ろはい、ろはい」という掛け声、「念仏の札、こちへもたびさぶらへ」という要求、「あれ見よ、尿乞う者の多さよ」といった非難の詞を描き、身体表現をリアルに描く工夫がなされている。

絵師の成長があったことから絵師の名もしっかりと記されるようになった。『一遍聖絵』には正安元年（一二九九）八月二十三日に聖戒が詞書を、法眼円伊が絵を描き、世尊寺経尹が外題を書いたと記され、『春日権現験記絵』は延慶二年（一三〇九）に絵所預の高階隆兼、『東征伝絵』は「六郎兵衛入道蓮行」が描いたと見える。身分の低い絵師がその存在を主張するようになり、認められるようになったことによる。

鎌倉では禅や律の教えを伝え広めるため肖像画や絵巻が制作されるようになった。禅宗では法の教えが師から弟子へと継承されてゆくのが基本であって、蘭渓道隆らの禅僧の頂相が描かれるようになり、その影響もあって金沢実時や顕時らの似絵も制作された。

職人の作品として今に伝わる絵画には、図師の描いた絵図もある。円覚寺領の尾張富田荘の絵図、九条家領の和泉国日根野荘絵図、大和の西大寺秋篠寺相論絵図のほか、因幡の東郷荘や薩摩日置荘の下地中分絵などが作成され、今に伝わっている。地頭が置かれた荘園公領では、荘園領主（本所）と地頭の争いが頻繁に起きたので、幕府は下地中分という土地を分割して領有することで決着をはかったので、下地中分の絵図が描かれた。

日本列島を描く日本図もこの時期から多く残されている。「行基図」と称される、列島と諸国を曲線で囲み、山城国を起点に諸国への経路を示す図であって、仁和寺蔵の写本は行基が作成した図を嘉元三年（一三〇五）十二月に写したものとあって、行基に仮託されている。この行基図とはやや異なる日本図が金沢文庫に所蔵されている。東半分が失われ西国部分しか残されていないが、鱗のある動物の胴体が列島をとり囲み、その外側に異国が描かれていて、その異国に「高麗ヨリ蒙古国」といった記載があるので、モンゴル襲来以降の時期に作成されたものとわかる。国土への観念が強まり、日本図が様々な形で描かれるようになったのである。

職人の工芸品

武蔵金沢の称名寺境内の結界絵図のように、寺社の境内を描く絵図も描かれるようになった。称名寺の境内は当初は浄土式庭園であったが、元応二年（一三二〇）に貞顕の代に整備されて新たな風景となった。元亨三年（一三二三）の『称名寺境内幷結界図』によれば、浄土庭園に律宗寺院の性格が付加された様子がうかがえる。中央に配置された金堂・三重塔・講堂は寺院としての規範が示され、東側には律院の施設が建ち並び、西側には邸宅と八幡新宮など浄土宗寺院の名残が認められる。

その境内に文永六年（一二六九）の物部国光鋳造の梵鐘が現存するが、鋳物師の手になる梵鐘はこの時期から多く制作された。横浜杉田の東漸寺の物部依光が鋳た永仁六年（一二六九）銘の鐘など物部姓の鋳物師の作品が関東の各地にある。津軽の長勝寺の嘉元四年（一三〇六）の梵鐘は、鎌倉の円覚寺のそれと同じ銘文で、北条貞時の名が見える。

石工の彫った石造品では、秩父産の緑泥石片岩を用いた青石塔婆が武蔵北部中心に多く分布し、なかでも武蔵の慈光寺では参道の途中に高さ一メートル半から二メートルをこえる七基の板碑が林立している。板碑とは死者の供養のために造られた石の卒塔婆であって、他地域でも石材の違いはあるが多く造られた。五輪塔は地・水・火・風・空の五種類の形の石の組み合わせからなる卒塔婆で、称名寺には金沢実時の子顕時・孫貞顕らの墓が東北隅にあり、顕時の墓とされる五輪塔の下からは中国の龍泉窯産の青磁壺が出土している。

西大寺律宗の布教の地には巨大作品が多い。大和の西大寺には正応三年（一二九〇）に亡くなった叡尊供養の五輪塔がある。忍性の関係する五輪塔は多く、忍性が常陸の筑波山の麓に建てた三村山極楽寺の寺跡には三メートルを超える五輪塔がある。箱根の湯坂道に沿っては、永仁三年銘を有する大型五輪塔のほか、永仁四年銘と「大工大和国所生左衛門大夫大蔵安氏」「供養導師良観上人」の銘文がある宝篋印塔があり、良観上人こと忍性が関係する作品とわかる。鎌倉の極楽寺や大和の額安寺の忍性の遺骨を納めた忍性塔は、高さが三メートル半に及ぶ。

そうした石塔などの石工の作品は、『一遍聖絵』にも描かれ、高野山奥院や京の市屋道場、一遍の遺骨を納めた兵庫の真光寺などで描かれている。

四　職能の思潮

職能の由緒

身分が低い職人なくして時代の文化や社会生活がスムースに運ばなくなっていた。『徒然草』一〇一段は、任大臣の儀式を取り仕切る役目の公卿が、宣命を持たずに堂の上に昇ってしまい、困惑していたところ、外記の中原康綱が機転をきかして女房に宣命をもたせて渡したので、事無く済んだという話である。続く一〇二段は、洞院右大臣公賢が追儺という大晦日の内裏での鬼やらいの行事の上卿（担当の公卿）をどう勤めたらよいのか、その作法をある公卿から聞かれたので、「又五郎男を師とするより外の才覚候はじ」と答えたという。この又五郎男とは、年取った警護の役人（衛士）で公事についてよく知っていたのである。

朝廷の公事も身分の低い人物により遂行されていたが、荘園や知行国の経営も身分の低い人々によって支えられていた。弘安七年（一二八四年）に新陽明門院（亀山院の妃）の知行国の国司となった侍の惟宗行清について、「侍が主人の知行する国の国司になることは聞いたことがない」と、ある貴族が憤慨している（『勘仲記』）。幕府でも奉行人提出の『政連諫草』には、料所といって所領を家人に支給せずに富裕の輩に預け銭貨を充て取ることが行われている、と記されており、土地の経営はその道の専門家に任されるようになっていた。

幕府の裁判では地頭や荘園領主との間で争われることが多かったが、その裁判は地頭代や雑掌などの弁護・訴訟の専門家の技術に頼ることが多かった。幕府や六波羅の訴訟制度が整備され、奉行人の職能が専門家されてゆくようになり、裁判手続を解説する『沙汰未練書』が著され、六波羅奉行人の斎藤唯浄（基茂）により『御成敗式目』の注釈書である『御成敗式目唯浄裏書』なども著された。

さらに職人集団にとって由緒が自負の支えとなった。白拍子舞（二二五段）や琵琶法師（二二六段）の話に見えるように、職人たちは職能の来歴を先人の偉大な業績に求め、その源流を神話や伝承にも求めた。『一遍聖絵』は踊念仏について「空也上人或は市屋、或は四条の辻にて始行し給けり」と空也によって始められたと由緒を記し、一遍は京に上った時、その地で踊念仏を行っている。

『古今著聞集』は職人説話を多く載せ、その際に職能の由緒を巻の初めに記している。巻七の術道では「推古天皇十年、百済国より暦本・天文・地理・方術書をたてまつりてよりこのかた」と指摘し、巻一一の蹴鞠では「文武天皇大宝元年に此の興始まりけるとかや」と指摘する。こうした職能の由緒が職人の自負を育てていったのである。

持経者は能読とも称されていたが、その系譜について『元亨釈書』は、摂関時代の道命法師に整えられてそれが世々に伝えられてきたものであって、隆円、隆命、増誉、快実、明実、慶忠、能顕と伝えられ、現今では祐宗と信昌とがその流れを継いでいると語っている。

世阿弥は『風姿花伝』で猿楽能について「申楽延年の事わざその源を尋ぬるに」とその源流に関して「推古天皇の御宇に、聖徳太子、秦河勝に仰せて、かつは天下安全のため、かつは諸人快楽のため、六十六番の遊宴をなして申楽と号せしよりこのかた、代々の人、風月の景を借つてこの遊びの中だちとせり」と記し、聖徳太子が秦河勝に命じて遊宴を行わせた時のことにその根源を求めた。卜部兼文・兼方により『日本書紀』の注釈書である『釈日本紀』がまとめられるなど、改めて『日本書紀』の研究が始まったのも、その動きを後押ししていた。

一遍は各地の霊場霊山を巡礼したので、その訪ねた霊場霊山の縁起が『一遍聖絵』に記されている。京の因幡堂では、因幡の賀留の津で金色の浪から等身の薬師如来の像を取り上げ安置したという縁起であり、尾張の甚目寺では観音を海底から得て安置したとあり、播磨の書写山、伊予の三島社の縁起など、寺社縁起を集成している。巻一一の淡路の二宮社は「縁起伝はらざれば、垂迹の起こり確かならず」と記し、縁起がなかったため社の祝から聞いたという。

巫女の伝承

一遍の行状を絵巻に記した聖戒は、自らを「西方行人」と記しており、一遍もその行人であった。この行人に誘われて人々は旅をしたのであり、『問はず語り』を著した後深草院二条という女房は、尾張の熱田社、鎌倉、奈良、厳島社への旅を行っている。

『一遍聖絵』は実に多くの職人の姿を描く。石清水八幡宮の若宮での巫女、備中の軽部宿での連歌師「花の下教願」、備後一宮の楽人と舞人、安芸厳島社の内侍巫女の舞などの芸能の職人を描いているが、そこには女の職人の姿も見える。巫女・鈴巫・口寄巫の姿は『春日権現験記絵』に多く描かれている。春日社の若宮にあって神と衆生との間を仲介していたのがその巫女であり、屋敷に招かれて病の原因を神の祟りであると告げているのが鈴巫や口寄巫であった。巻一〇の一段には、春日の巫女たちに伝えられてきた林懐僧都の話が載る。

興福寺の別当真喜僧正の弟子林懐は、春日社に参詣し、若宮の経所で維摩会の論義の一節を唱えて神に供えていた。その時に「宮人」(巫女)らが鼓を鳴らし、鈴を振り、念誦を妨げられてしまったので、「神社の習」とはいえ、このように法味を供えるのを妨げるとは何事か、六宗の長官になったならばこのようなことは止めさせる、と林懐は心に誓い、やがて興福寺の別当になった時に鼓を停止した。しかしそのことが第二の御殿の神の怒りに触れ、鼓を復活させたという。

話は摂関時代に林懐が興福寺の別当になった時期で、その少し前に若宮が成立していた。春日社の記録『縁起注進文』によれば、若宮は長保五年(一〇〇三)三月三日に第四御殿に出生したという。この若宮が成立した頃には疫病が広がり各地に御霊会が生まれていた。正暦五年(九九四)に京の北西の郊外「北野船岡山」で御霊会が、長保三年(一〇〇一)五月九日には今宮神社御霊会が始まっている。

疫病や飢饉とともに、それを鎮める新たな神(若宮)が求められ、その神と人とを媒介する存在として巫女が登場し、定着したのである。この話は『雑談集』に、無住が南都を遍歴していた時に中宮寺の信如から聞いたとして載っており、それは信如が春日若宮の参詣の折に聞いた話であったという。『問はず語り』にも、後深草院二条が若宮に詣でた際にこの物語を聞いたという。巫女の起源を語る話として伝えられてきたものとわかる。

網野職人論の検討

職能について早くから注目し、中世の職人論、職能民論を展開したのが網野善彦の一連の論考であって、この時期について、未開から文明への大きな転換期であったという。その論の柱は第一に非農業民論であり、第二に遍歴民論、第三に身分論があって、この三本柱が相互に支え合って組み立てられているところに特徴がある。

第一の非農業民論において、網野が重視したのは、職人の歌合『東北院職人歌合』『鶴岡八幡宮放生会職人歌合』や『職人尽絵』などである。ただ彼らすべてを非農業民とはとても言えそうにない。さほどに分業が進んでいたとは考えられないからである。

といってすべてが遍歴民とも言えない。一一世紀に成った藤原明衡の『新猿楽記』に見える「大名田堵」という農業経営者を職人と同列にあげ、鎌倉幕府の裁判手続きを記した『沙汰未練書』の「名主」を職人として扱うが、彼らは遍歴民とは言い難い。

第二の遍歴民論を展開する上で重視したのが海の民や鋳物師、供御人であるのだが、彼らは遍歴するなか天皇から自由往来の権利を有していたとされる。ただ彼らのなかには定住するタイプもあって、遍歴していても自由往来の権利が与えられていたのは限られた存在である。多くは与えられていなかったと考えられる。供御人が天皇に結びついていたことは明らかであっても、遍歴民一般が天皇との関係を有していたとはいえそうにない。

第三の身分論について。中世の民衆を自由民と不自由民の二つに大分類し、それらのうちの不自由民が下人・所従の隷属身分、自由民が平民身分と職人身分であるとして、平民身分が年貢や公事を納めていたのに対し、職人身分はそれを免除され、課役免除の特権を得ていた、と指摘する。

しかし荘園制に編成されていればそうではあっても、職人が均し並みに課役を免除されていたとは言えず、違った形で課役を勤めていた。『沙汰未練書』には「名主・荘官・下司・公文・田所・惣追捕使以下の職人ら」という記述があり、平民身分と職人身分の境界線はすこぶる曖昧であって、こうした身分設定がそもそも可能なのか明らかでない。

大江匡房の『傀儡子記』は、傀儡子を「一畝の田も耕さず、一枝の桑も採まず」と記し、「土民に非ずして、自ら浪人にひとし」といい、浪人であるならば「課役なきをもて」と、課役がかからなかったという。課役の対象かどうかという点からすれば、身分的には土民と浪人とに分類されるべきであろう。

このように網野職人論が典型的に認められるのは供御人などに限られる。供御人に認められる性格を広く職人論として展開したものであるとも指摘できよう。その職人論には「水田中心史観」からの脱却という強い信念が貫かれ、農業社会と非農業社会の対抗と対立を軸に社会の動きを捉えた姿勢には魅力を感じるが、そこに問題もあったといえよう。

網野職人論のうち、とるべきは職能への視角にある。それを生かすためには、網野が使わなかった『徒然草』などの文学資料を活用し、時代の異なる史料に関しては、その使われた時代に即して分析をすること、史的な展開を踏まえて探ってゆくことが求められる。さらに広く職能という面からするならば、貴族や武士の家職にも注意を払わねばならない。

貴族の家の職能

兼好は和歌を二条家に学んでいたことから、二三〇段には二条為世から五条の内裏に化物が出たという話を聞いて載せている。その学んだ和歌の家は、藤原定家の孫の代に分立し、二条・京極・冷泉の三家が生まれ争うようになっていた。

二条家は嫡流の為世が後宇多天皇に仕えて嘉元元年（一三〇三）に勅撰の『新後撰和歌集』を撰集すると、京極家の為兼は持明院統と結んでこれと対立し、配流にあった末、正和元年（一三一二）に清新な和歌を集めた『玉葉和歌集』を撰集している。もう一つの冷泉家は鎌倉に下って幕府に仕えるようになった。このように貴族の家では、前代に家業が形成され、その職能が家職として継承されるようになっていた。

摂関家では近衛・鷹司・九条・二条・一条の五つの家に分立するようになったのも同様である。このうち二条・一条家は九条道家の子良実と実経を家祖とする家で、一条実経は卜部兼文から『日本書紀』を学んでその家職を整えており、鷹司家は近衛家実の子兼平が建長四年（一二五二）の九条道家の凋落を機に摂政となったことから、文永五年（一二六八）からは嫡子の基忠を摂政に据えるなどして家を興している。

家をめぐる分立・対立が広く起きた背景には家職の継承問題があった。『石山寺縁起』には石山寺に家職の継承のため出産を祈る話が多く見え、『徒然草』には家職に関わる話が多く見え、その一五三段には、和歌の二条家と対立していた京極為兼が配流されてゆくのを見て、儒学の家職を継承する日野家の資朝が「あな羨まし。世にあらむ思ひ出で。かくこそあらまほしけれ」と語ったという話が載る。摂関家の近衛家の「岡本の関白殿」家平は、花盛りの紅梅の枝に鳥を番で付けて献上するよう鷹飼の下野野武勝に命じ（六六段）、大臣大饗の話には家平の子経忠が登場する（一〇二段）。

二三一段に登場する園基氏は、「園の別当入道はさうなき包丁者」という料理を家職としていたことから、その前に鯉が出され、皆が基氏に切って欲しいと見守っているのを察知し、百日の鯉を切らせてほしい、とさりげなく語った。興あることと思った人が、そのことを「北山太政入道」西園寺実兼に語ると、実兼は、はっきりと切らせよ、というべし（勿体をつけるな）、と批判したという。これは実兼が西園寺公経の曾孫で、朝廷に重きをなしていたことからの発言であった。実兼は嘉元二年（一三〇四）に関東申次の任を嫡子の公衡に譲ったが、八三段はその「竹林院の入道左大臣」（公衡）の話で、太政

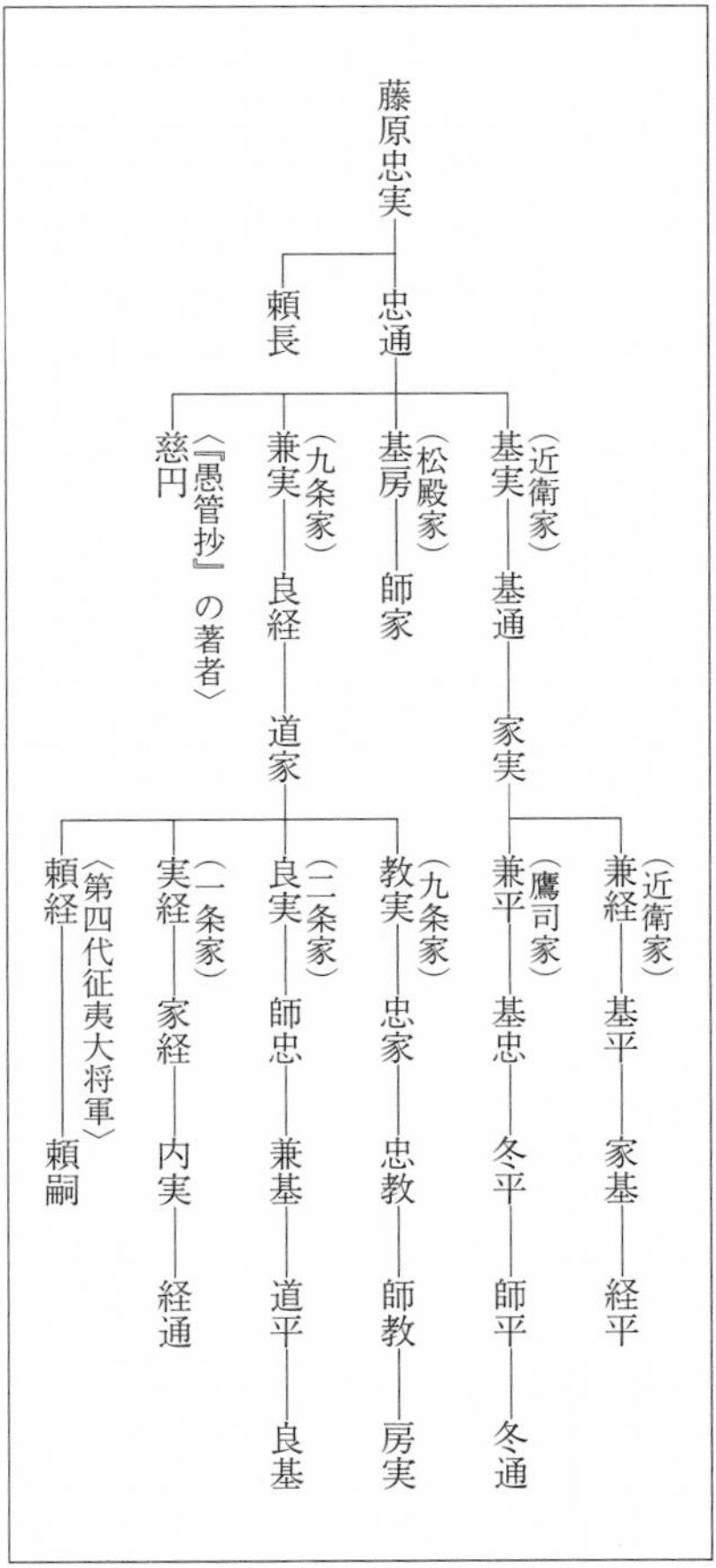

図Ⅱ-1　摂関家系図

大臣となるのに何の支障もなかったが、それは珍らしくもないとして左大臣のまま出家したという。これを聞いた洞院実泰がいたく感動し、太政大臣に昇進する望みをもたなかったという。

兼好は堀河家にも仕え、一〇七段は、「亀山院の御時」に、女の物言いにどう応えるか、と女房達に試されたことがあった際、「堀河の内大臣殿」具守が「岩倉にて聞きて候しやらむ」と無難に応えたとある。具守の堀河家は村上源氏の久我氏の流れにあり、『徒然草』には具守の父基具や弟基俊、孫具親の話も見えるが、そこには検非違使関係の話が多い。

一三六段に登場する「医師篤成、故法皇の御前に候」と始まる医師の和気篤成は、本草学の知識を自慢したが、後宇多法皇の重臣の源有房にその鼻をへし折られてしまう。一六〇段には「門に額を懸くる」ことを「打つ」というのはよろしくないと言葉づかいについて薀蓄を語った世尊寺経尹は、書の家職を継承していた。

天皇の家職

家職の継承を描いた絵巻に『石山寺縁起』がある。本尊である如意輪観音への御産の祈りによって福徳が授けられ、家職が継承された話を多く載せる。巻五の一段は、藤原国能の妻が参籠して祈ったところ、懐妊して子が生まれ、文章博士の家職が継承されるに至ったという話、巻六の三段は九条道家の娘で後堀河天皇の中宮の御産の祈りの話である。

寛喜二年（一二三〇）、道家は中宮が懐妊したことから発願し、「中宮御願成就」「我が一流繁昌」「順次往生」の三ヵ条を石山寺の観音に祈ったところ、翌年に皇子が生まれて位に即き、その後、九条家からは九条・二条・一条の三流の家が繁栄し今に続いているという。

特に注目されるのが続く四段で、山階（洞院）実雄が、娘で亀山院の皇后（京極院）の御産を祈ったところ、皇子が産まれ（後宇多天皇）、その後も娘たちが国母となって、実雄の家が大きく繁栄したという。さらに巻七の三段は、亀山法皇・後宇多院が石山寺に参籠して祈った結果、正安三年に後二条天皇が践祚し、徳治三年（一三〇八）に亀山法皇が近江の大石荘を石山寺に寄進した結果、第二の親王（後醍醐天皇）が皇太子となった。

このように家職の継承が石山寺に祈られたのは、天皇家の職能の継承を祈ってのものであり、先に家職の継承争いが皇統分立の背景にあったことを見てきたが、皇統分立自体が天皇家の職能の継承をめぐって起きていたのである。

関東申次の西園寺実兼は、伏見天皇の即位と後深草院政の実現に尽力したが、伏見の寵臣である京極為兼と対立するや、後二条天皇の即位と後宇多院政へと動き、実現させた。後宇多院は居所を大覚寺としていたのでこの皇統を大覚寺統といい、八条院領を継承した。伏見院は持明院を居所とするようになってこの皇統を持明院統といい、後白河法皇が形成した長講堂領を継承し、両皇統は皇位をめぐって激しく争った。

『石山寺縁起』は大覚寺統の立場に沿って描かれた絵巻であるのに対し、持明院統の立場に基づくのが、比叡山延暦寺の鎮守日吉山王社の霊験を描いた絵巻『日吉山王絵』である。巻一四の一三段は、西園寺実兼の子公衡の娘・広義門院が後伏見院の皇子を出産した次第を語る。公衡が覚守僧都を日吉社に参籠させて祈らせ、皇子が誕生したので正和三年（一三一四）二月に法華経を日吉七社の十禅師社に寄

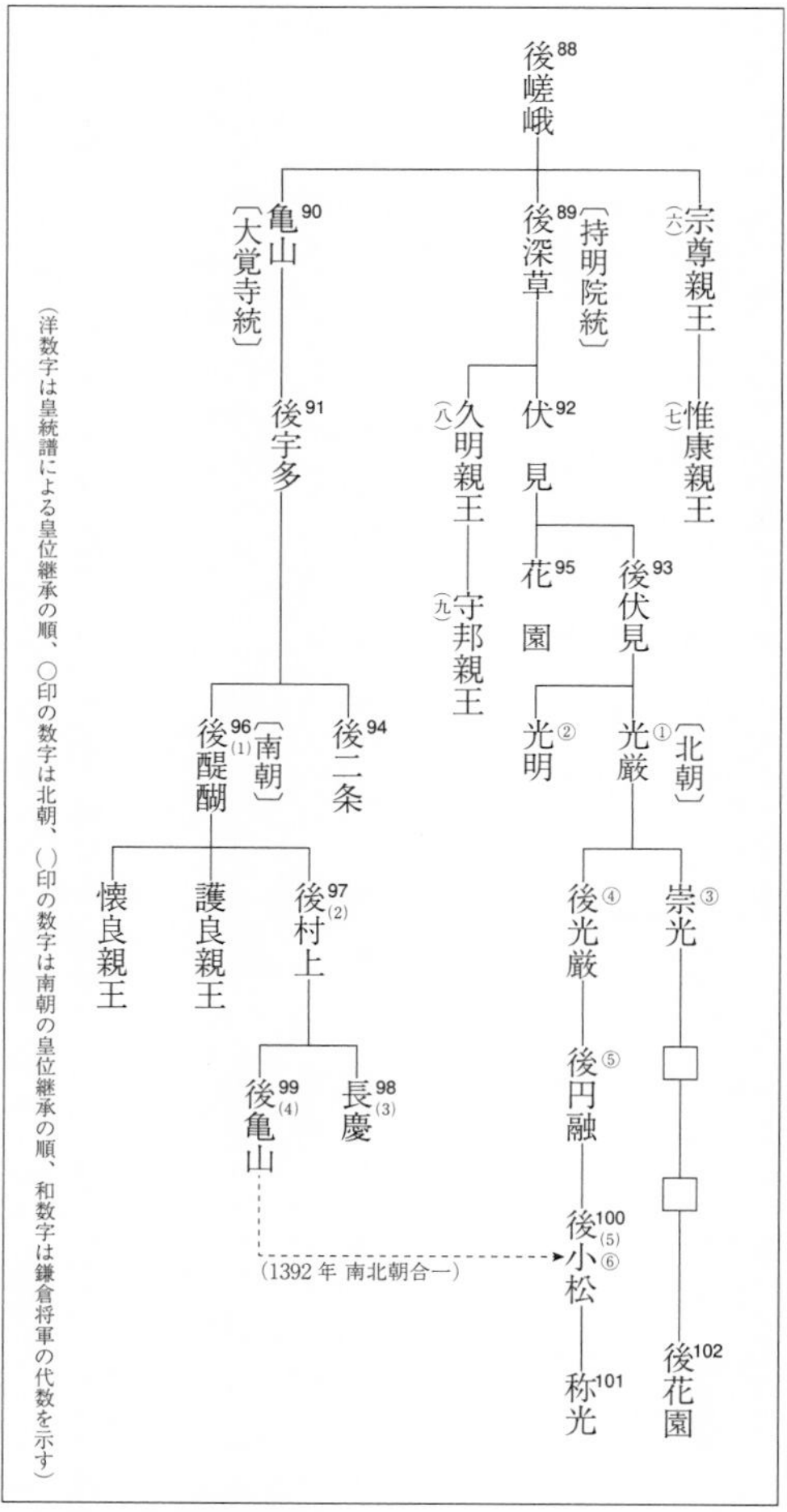

図II-2　皇室略系図

進し、覚守に経を転読・講論させた。絵巻には公衡の寄進状がそのままに載って、皇子誕生が祝われた。「量仁親王、若し天子の位に備へ給はば山王御威光もいちじるしく、我山の繁昌も昔にはぢずこそとぞ、時の人は申ける」とあり、誕生した皇子の皇位継承を祈って絵巻が制作されたのである。

武士の家職

『普通唱導集』は武士を世間部の職人と見ていて、武士には武芸を家職とする意識が生まれていた。

兼好は東国に下り六浦荘の金沢において仕入れた話を『徒然草』に載せている。「鎌倉の海に鰹といふ魚は」とはじまる、鎌倉では鰹という下賤な魚を上流の人も食べていると指摘した一一九段、北条時頼の母松下禅尼の質素な倹約ぶりを語る一八四段などがあり、八〇段には「夷は、弓引くすべ知らず、仏法知たる気色し、連歌し、管絃を嗜みあへり」と語っており、鎌倉で「夷」(武士)が武芸に疎いにもかかわらず連歌や管絃を嗜んでいると批判的に記している。

当時の幕府の中心にあったのが得宗で、北条時宗・貞時・高時の系統に継承されていた。北条氏一門の名越、大仏、金沢などは評定衆や六波羅探題、寄合衆などになって得宗を支える家を形成し、源氏一門の足利・武田・小笠原氏のほか、幕府初期からの三浦・安達・佐々木氏などの有力御家人も家を形成し、政所や問注所、引付などの実務を担う奉行人も二階堂、太田・矢野、摂津などの家を形成していた。『徒然草』はこうした家にも触れている。二一五段は、北条一門の大仏宣時が語る話。得宗の北条時頼に夜中に召され一緒に小さな土器に付着した味噌を肴に酒を飲んだという、往年のつつましい生活の逸話であり、続く二一六段は、時頼が鶴岡八幡宮に赴いた際に足利義氏の屋敷を訪れた時の饗膳の儲けが、一献が打鮑、二献が海老、三献が掻餅という質素なものであって、義氏は時頼の求めに応じ足利の染物を贈ったという。

得宗家の時宗・貞時を外戚として支えた安達泰盛については一八五段が「左右なき馬乗り」と紹介している。泰盛は、馬を厩から引き出された際、馬が敷居をゆらりと越えるのを見て「勇める馬」と他馬に代えさせ、次の馬が敷居に足をあてると、鈍い馬として乗らなかった。兼好は「道を知らざらん人、かばかり恐れなむや」と高く評価している。

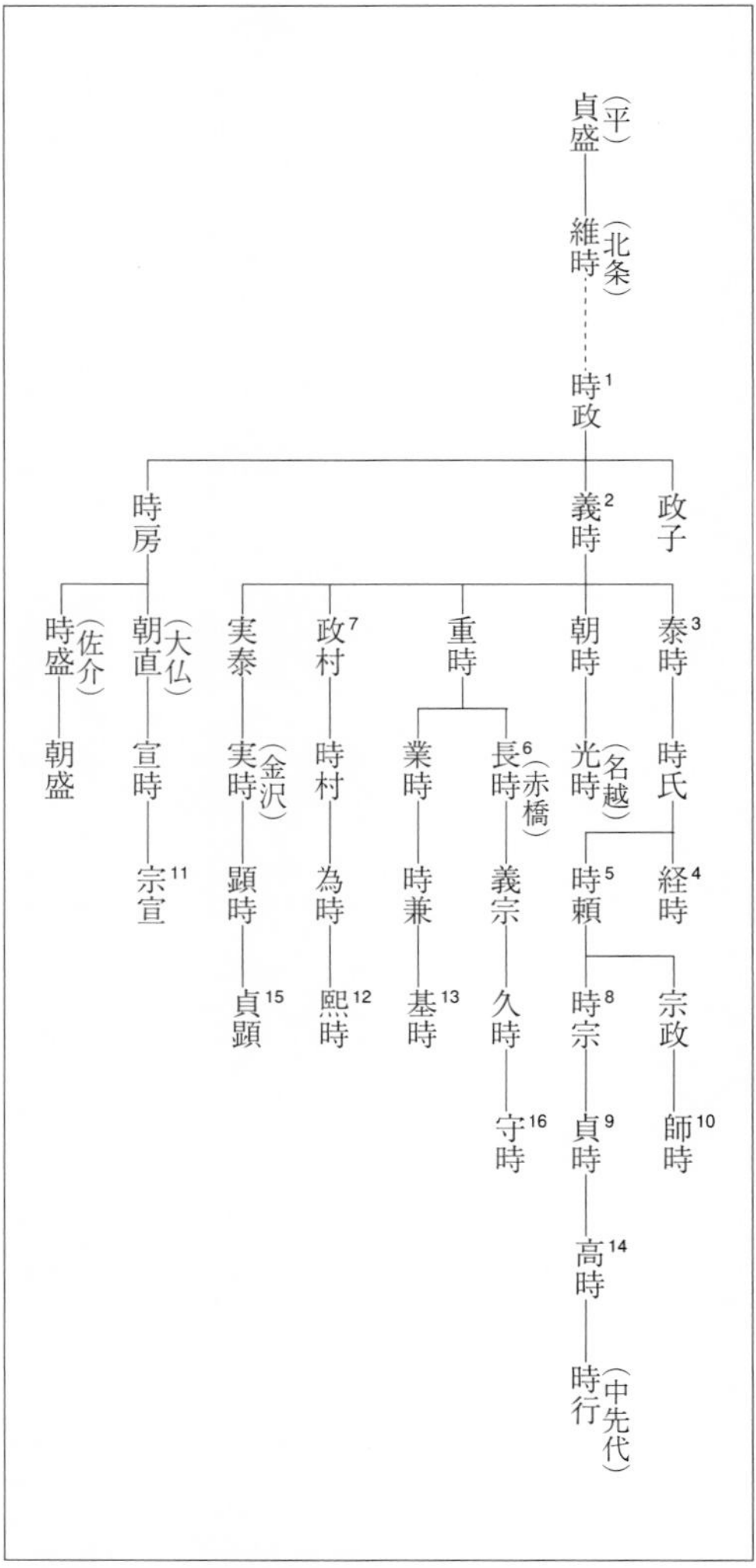

図Ⅱ-3　北条氏系図（数字は執権）

一七七段は、将軍宗尊親王の御所で鞠会があった日、急に雨が降ってきた時に、「佐々木隠岐入道」が鋸で削った木のくずを庭に敷いた用意のよさを語る。これは将軍の鞠衆として見える佐々木壱岐前司泰綱と考えられる。八六段は「吉田と申す馬乗り」が語る乗馬の秘訣を記す。乗る馬をよく見て強い所、弱い所を知り、轡や鞍に危ないところがあればそれに乗るべきではない、と用心が肝要だという。佐々木氏一族の吉田という武士であろう。

幕府の歴史書『吾妻鏡』は幕府を形成した武士の家についてその淵源に触れている。たとえば源頼朝と北条時政二人によって以仁王の令旨が開かれたことから幕府が始まったとして得宗家の権限の根拠や家職の由緒を語っており、そのことから後に元弘三年二月二十一日の護良親王の令旨は、「伊豆国在庁北条遠江前司時政の子孫」である「高時相模入道の一族」が、「武略の芸業を以て」朝威を軽んじているると得宗の家の子孫について記し、その追討を命じることになる。得宗の権力の淵源を伊豆国在庁に求め、その家職を武略の芸業と捉えたのである。

源平の合戦における武士の活躍を描く『平家物語』の読み本が幾つも著されるようになったのも、武士の家職への意識の表れと言える。なかでも下総の千葉氏と関連が深い『源平闘諍録』には、千葉氏の動きが多く語られ、千葉氏の信仰していた妙見信仰が色濃く見える。

武士の惣領と庶子

鎌倉幕府を支える御家人は、所領の分割相続により窮乏が著しいことから、単独相続が行われるようになっていて、庶子や女子には、一生の間は知行していても死後には生家に所領を返す一期分という相続方法が増えていた。

梶原氏の末裔である無住の仏教説話集『沙石集』には、武士の窮乏の様が記されている。巻九の四話には、武蔵の地頭が貧乏で所領を年々売り、子息に譲る所領がないままに死んでしまったその後日談が載る。一門が集まり相談したが、その子に土地を与えることができず、所領を買い取った地頭の館に列参して、屋敷一所を与えて欲しいと訴えた。すると地頭は買い取った文書をすべてその子に与えたばかりか、我が子息にしたいと語り、このことから子息は地頭を親とも主とも頼んでこの世を過ごしたという。ここには窮乏から身を護るために、裕福な武士の家人や従者となって身を過ごす道が語られており、武士の家でも一門の結びつきがあったことがわかる。

巻一〇の四話は、丹後国の小名の武士の話で、亡くなった父の処分状を開くと、男子八人、女子に少ないながら譲与分があった。嫡子はこのように分割しては奉公に支障がでる故、一人を面に立てて家を継がせ、他はそれに養ってもらうようにしよう、と提案、武士としての器量がある五郎に家を継がせ、我は出家したい、と語ってそれが認められたという。

このような事例は稀であって、嫡子と庶子との対立が頻繁に起きていたことから、東国御家人は九州に所領があると、庶子はモンゴル襲来を契機に遷ったり、また六波羅探題に仕えて西国に遷ったりすることが多くなった（西遷御家人）。

相模の土肥氏から出て備後の沼田荘の地頭職を得た小早川氏は、景平の子茂平が沼田本荘を、季平が新荘を知行するようになり、茂平は在京人として六波羅探題に伺候し、沼田本荘の領家の西園寺にも仕え、近くの都宇竹原荘の地頭となっていた。しかしその都宇竹原荘を継いだ政景の所領が、永仁五年（一二九七）に幕府の没収にあう事態が生じるようになり、この頃から嫡子と惣領の争いが繰り広げられることになった。

武蔵の小代に基盤がある小代氏は、重俊の子重泰が宝治合戦で勲功をあげて肥後の野原荘の地頭職を得たことから、蒙古合戦を契機に肥後国に遷るものが出るようになり、その孫の伊重が置文をしたため小代の家の系譜を語っている。武蔵の児玉郡に本拠があって、後三年の合戦に従軍した「児玉有大夫」が先祖であるといい、その後の活躍を縷々記し、我が身には何の誤りがないのに所領を召されている実情を訴えている（『小代文書』）。

この時期から武士の家では置文や系図などが広く作成されるようになった。下野の宇都宮氏が制定した弘安六年（一二八三）の『宇都宮家式条』は七〇ヵ条からなり、訴訟や御家人役の勤めのほか、社務職を有する宇都宮社（二荒社山）に関わる規定も見える。筑前の宗像氏盛が正和二年（一三一三）正月に定めた『宗像氏事書』一三ヵ条は、宗像社領が得宗領とされて年貢の負担が増大したことにともなう経営の不安や、幼い嫡子の行く末を考えて定められたもので、一門の「内談衆」による「衆中一同の儀」に基づく幼主の補佐の規定など危機感を背景に制定されている。

『白河結城氏系図』は小山政光に始まり、子の小山朝政からの小山氏、同宗政からの長沼氏、朝光からの結城氏について記しているが、その端裏書に「永仁二年薗田五郎左衛門入道注進」とあるので、永仁二年（一二九四）には成立していて、その系譜を記して訴えることがあったとわかる。武士も家職に関わる系譜や由緒を探り、所領の経営をいかに行うべきかに腐心しつつ、家職の継承をめぐる惣領と庶子との争いを抱えながら動いていたのである。

五　家職の継承

家職の争いと悪党

大覚寺統・持明院統の二つの皇統は互いに競り合い、党派をつくり大きな潮流を形成していった。貴族たちは両皇統や幕府に働きかけ家職の継承をはかったが、そのなかにあって西園寺実兼は関東申次を家職として関東との繋がりを保ち大きな影響力を有していた。

この実兼との対立から佐渡に流されていた京極為兼が嘉元元年（一三〇三）に召還され、同年にその為兼と歌道家を争っていた二条為世が『新後撰和歌集』を奏覧し、ここに歌の家でも対立が再燃するが、こうした対立は朝廷内部に留まらなかった。

嘉元二年（一三〇四）に関東申次を父実兼から譲られた西園寺公衡は、翌年の年末に後宇多院から勅勘をこうむり伊豆・伊予両国を収公されたが、幕府の口添えにより勅勘をゆるされたので、春日大明神の加護を祈る『春日権現験記絵』の制作に入るのだが、この絵巻には南都興福寺の二つの院家の争いと、それに絡む悪党の動きが描かれている。

興福寺の有力な院家である一乗院と大乗院の門跡のうち、一乗院には摂関家の近衛家から、大乗院には九条家から門主が送り込まれていて、この両門跡の継承をめぐる争いが永仁元年（一二九三）に武力抗争に発展し、これに大和の悪党が関わった。

大和の悪党は早くから蜂起していた。弘安八年（一二八五）にそれを摘発するために無記名で密告させる「落書起請」が実施され、幕府に捕縛された悪党を、異国征伐に動員する計画さえ立てられたこともある。こうした悪党と結んでの両門跡間の闘乱が起きたのである。

永仁三年十一月、後深草法皇の春日社御幸直後の時期を狙い、甲冑を帯びた勇士が春日社に乱入し、衆徒らと戦った後、春日大宮の三・四の御殿から正体を取り出して放光院に安置すると、これに対し惣衆徒が一・二の御殿と若宮の正体を確保し、興福寺の金堂に安置する事件が起きた。

やがて悪党は春日社の神鏡を盗み出すのだが、『春日権現験記絵』はこの事件を詳しく語る。「近比、興福寺の学侶蜂起して大和国の悪党を探り取りて、流罪せらるべき由、訴へ申す事、有りし程に」と始まって、興福寺の学侶と大和国の悪党との対立にともなって、正安三年（一三〇一）十月に悪党が社頭に乱入し、大宮四所と若宮の正体を盗み取り高尾の別所に籠った。そこで衆徒は合戦し、池尻家政を討ち取り神鏡を取り返したという。事件は大乗院が、動員してきた悪党を切り捨てたことへの反発によるものと見られ、家職をめぐる争いが、上は朝廷・幕府から、下は悪党にまで及ぶようになっていた。

同じ頃、高野山でも高野合戦が紀ノ川流域の荘園をめぐって起きた。高野山が幕府に訴えて紀ノ川以南の地を高野山領と認めたことに反発した荒川荘の源為時や名手荘・吉仲荘の在地領主らが抵抗し、「国中悪党の根本」と称されるなかで起きた合戦で、永仁二年（一二九四）に幕府はこれに介入して在京御家人を派遣して族滅している。

山門でも争乱が起きた。東塔北谷の山徒の円恵が諸門跡の門主の不当を朝廷・幕府に訴えて、日吉社に閉籠したのが発端で、天台座主尊教の妙法院門徒の性算がこれに対抗・衝突して、永仁六年九月についに武力対決へと発展し、一夜にして比叡山の伽藍が灰燼し、「山門滅亡」の事態となった。

悪党の広がり

正嘉二年（一二五八）の幕府法令には「国々に悪党蜂起せしめ、夜討・強盗・山賊・海賊を企つるの由、その聞こえあり」とあって、悪党とは夜討や強盗・山賊・海賊を業とする、交通路をまたにかけて活動する武士・職人だったのである。

一遍が鎌倉から上洛した際、「悪党」が尾張・美濃に札を立て、一遍のために人々が食事を提供するのを妨げぬように命じたとあり（『一遍聖絵』）、悪党は交通路を握っていた。『男衾三郎絵巻』に描かれた三河の高志山の山賊は、皇居の大番役を勤めるために上洛途中の吉見次郎を襲って殺害したが、そのいでたちは通常の武士と変わることがない。畿内近国では河川の水系に活動する悪党の活動が盛んで、紀ノ川水系や木津川水系の伊賀の黒田荘や山城の賀茂荘を基盤としていた。

播磨の悪党の動きについては、南北朝期に編まれた『峯相記』が次のように記している。正安・乾元の頃（一三〇〇年頃）から悪党の活動が目に余り、耳に満ち、聞こえるようになった。海賊・山賊・強盗を働き、借金を取り立て、追剝ぎをし、柿色に染めた着物に女用の笠を着けるなど「異類・異形なるありさま」であって、竹の長い槍や撮棒などを武器に持つ風体で一〇人・二〇人の集団をなし城に籠って合戦を行ったため、六波羅探題や守護の取り締まりにもかかわらず、その活動は日に日に倍増したという。

延慶二年（一三〇九）、熊野の悪党の蜂起により関東の使者（東使）が上洛し、一五ヵ国の軍兵を熊野山に派遣するなど、悪党の蜂起が続き、幕府も手を焼いていた。地頭の置かれていない畿内近国の本所一円地の荘園では、荘官と本所との対立が激しくなり、本所は敵対する荘官らを悪党であると幕府に告発して解決を図った。先に見た大和の悪党の中心は大和の平田荘の荘官・住人であり、絵巻に描かれたその風体は全く追捕の武士と変わるところはない。

しかも彼らは荘園や公領に基盤を置いてはいても、その活動は広範囲に及ぶ。各地の荘園や料所の経営を担うかたわら、荘園・公領の枠、国の枠を超えて活動していたので、悪党の蜂起が朝廷・幕府の大きな政治課題として浮上していた。そうしたところから、本所が彼らの狼藉を朝廷に訴えると、朝廷が悪党と名指しし、その狼藉の検断を幕府に命じる綸旨や院宣を出し、この告訴を受理した幕府は二人の使節（両使）を派遣して被告人の召進を命じる「衾御教書」という命令書を出して、召し取りを実行するシステムが生まれた。

だが、遠隔地交易を行って有徳人に成長した武士のなかには、広大な得宗領の経営を担う御内人が多かった。その一人の安東蓮聖は京の五条を拠点とする御内人で、仁和寺の菩提院行遍に多額の金を貸借上を営んでいて、行遍が借金を返済せずに亡くなると、越中国石黒荘の年貢を近江の堅田で差し押さえている。但馬の二方荘や豊後の佐賀関などの遠隔地の交通の要衝をも知行し、摂津の守護代としては多田院の造営に携わり、播磨では福泊の築港に関わるなど、広範な活動を行なっていた。その行動は悪党と活動の範囲や内容も何ら変わることがなく、裏で繋がってもいた。

村の成長

悪党の活動の背景にはその基盤となっていた村の成長があった。和泉の池田荘箕田村では永仁二年（一二九四）に名主百姓が梨子元新池を造成するため、松尾寺の山林の地の借用を申請し、契約状を結んだが、その際に「魚水の思」を成し契約を違えないことを誓っている（『鎌倉遺文』）。

近江の琵琶湖東岸にある奥島荘では、弘長二年（一二六二）十月に「規文」を定め、悪口をなす者があれば荘内を追放し、村の悪口をいえば小屋を焼き払うとして、村人の結束を図った。文永七年（一二七〇）十一月になると、村人が一味同心を誓い、「返り忠」（裏切り）をする者を「在地」から追放すると定めている（『鎌倉遺文』）。

各地では地頭と荘園領主の争いが広がっていた。紀伊国の寂楽寺領阿弖河荘では両者の相論に際して、建治元年（一二七五）十月に阿弖河荘上村の百姓等による申状が作成されている（『高野山文書』）。

　阿テ河ノ上村百姓ラツツシテ言上

　一　ヲンサイモクノコト、アルイワチトウノキヤウシヤウ、アルイワチカフトマウシ、カクノコ

　　トクノ人フヲ、チトウノカタエセメツカワレ候ヘハ、ヲマヒマ候ワス候、

荘園領主に差し出す材木につき、地頭から京上の人夫役などと称して使われるため、人手が足りない上に、残りの人夫を材木の山出しに出したところ、逃亡したとして、その逃亡した跡に麦を蒔け、と言って追い戻された。「をれらが此の麦蒔かぬものならば、妻子どもを追籠め、耳を切り鼻を削ぎ、髪を切りて尼に成して、縄絆を打ちて、苛まんと候」と、お前らが麦を蒔かないならば、妻子を追い籠め、耳を切り、鼻を削ぎ、髪を切って尼になすぞ、などと責められたので、材木の調達はいよいよ遅くなりました、と窮状を記している。

百姓から聞き取りをした荘園領主の代官（雑掌）が記したものと考えられるが、仮名で地頭の行為を訴えているところに、百姓が成長し、村の結びつきを強めていたことがわかる。最後に「百姓所に安堵し難く候」と結んで、身体を落ち着ける場としての「所」を強調しているところには、身体の延長として持続可能な村の形成がうかがえる。

丹波国の大山荘では東寺と地頭の間で下地中分が行われ、一井谷村が東寺の一円支配下に入ったが、その百姓は東寺との間で文保二年（一三一八）に年貢を請け負う百姓請の契約を結んでいる。旱りや風

水の損害に拘わらず、上田では反別七斗五升、中田では反別五斗七升、下田では反別四斗五升の年貢で請け負って東寺に納めることと定め、百姓たちは簡略ながら花押を加えて契約している。明らかに村人の力が向上していた。

琵琶湖北部の小さな湾の奥にある菅浦は、急な山の傾斜面の迫る漁村で、在家田畠は山門支配下にあったが、永仁年間に菅浦の住人は近江の塩津地頭の熊谷氏に対し蔵人所を通じて訴訟を行うなど、村の結びつきを強めてゆき、正安四年（一三〇二）に古老たちが隣接する大浦荘との相論のために、村に金を融資する置文を作成している。

嘉元三年（一三〇五）には村人たちが訴訟費用を捻出するため、比叡山延暦寺の鎮守である日吉神社の十禅師社の運用する上分物を借りたが、その際に渡した証文の写しが今に残っている。有力な村人たちが連署し、必ず返却すること、もし怠ったならば、借りた費用に見合う分を村の物から差し押さえてよいと誓っている。訴訟に備え、このような文書を村で保管する体制を整えていたのである（『菅浦文書』）。さらに蔵人所と内蔵寮御厨子所の間で供御人の管轄問題が起きると、御厨子所供御人となって延暦寺の檀那院を領主に仰ぐようにもなった。

村の結びつきのために、村の寺である阿弥陀寺に、二〇〇巻の大般若経の版経を元亨元年（一三二一）に入手すると、残り四〇〇巻については村人の発願で書写した。大般若経全六〇〇巻は読めば邪を除き、見れば福がもたらされ栄えるといわれ、村でも転読されるようになったのである。

二つの皇統と幕府

徳治三年（一三〇八）、後二条天皇が亡くなって、治世は後宇多院から伏見院に移り、花園天皇が位についたが、その皇太子をめぐって両統が争うなか、後二条の弟尊治親王が皇太子となった。

伏見院は延慶二年（一三一〇）に寺社訴訟の手続に関する法を定め、伊勢神宮の伝奏を置くなど、訴訟制度を整備し、翌延慶三年に中断されていた勅撰和歌集の撰集を改めて命じた。京極為兼と二条為世との間で激烈な論争が交わされ（『延慶両卿訴陳状』）、為兼一人が選ばれて、その翌年に為兼により撰進されたのが『玉葉和歌集』である。二〇巻、二八〇〇首もあって、勅撰集のなかで最も多くの和歌を収録、一遍や聖戒の歌も載せている。

その歌風は「心のままに言葉のにほひゆく」ことを追い求め（『為兼卿和歌抄』）、持明院統・京極派の歌人を優遇したため、『歌苑連署事書』などで批判も受けたが、勢いを得た為兼は宿願と称し、南都に一門を連れて赴き、春日社で蹴鞠を奉納し、法華経の供養を行うなど絶頂を謳歌した。ところが為兼を支えていた西園寺公衡が九月に亡くなり、為兼を嫌っていた実兼が関東申次に復職したことで事態は一変し、十二月に為兼の行為が幕府に意趣あるものと見なされ、六波羅に拘禁されて土佐に流された。さらにその累が伏見院にも及びそうになったので、伏見院は幕府に異図がないことを弁明している。

このように幕府は朝廷の領域に関わっていた。たとえば高野山は寂楽寺領の紀伊の阿弖河荘の知行を強く求め、永仁四年（一二九六）に幕府から次の執奏を獲得している。

高野山金剛峯寺雑掌と寂楽寺雑掌との相論、紀伊国阿弖河庄の事、金剛峯寺、右大将家元暦元年七月二日状を帯び、申す所子細有りと雖も、関東進止の地に非ざるの間、道理に任せて宜しく聖断た

るべきの由、西園寺殿に申し入れしむべきの状、仰せに依り執達件の如し

永仁四年八月廿二日

陸奥守

相模守

越後守殿

丹波守殿

高野山と寂楽寺との紀伊国阿弖河荘に関する争いは、高野山の訴えに十分な理があるとはいえ、幕府が関与する土地ではないので、道理に基づいて聖断が下されるのが望ましい、この旨を関東申次の西園寺殿に申し入れるように、と六波羅探題に指示した関東下知状である。これに基づいて高野山は朝廷に強訴を繰り返し、寂楽寺を管領する三井寺円満院から譲渡する旨を記した避状を得て、嘉元二年（一三〇四）に後宇多上皇院宣によって阿弖河荘の知行を認められている。

正安二年（一三〇〇）に亡くなった村上源氏の堀河為定の遺跡相論では、子の守忠が次の「関東安堵状」を提出して正当性を主張した。

遺跡相伝の事、承り候をはんぬ。恐々謹言

正安三

九月五日

沙弥崇暁　判

差出人の「沙弥崇暁」は正安三年（一三〇一）に出家した得宗の北条貞時で、そこに訴えて家職の継承を認めてもらい、訴訟への勝利を期したのである。

幕府は執権中心の体制から得宗中心の体制へと移り、このように朝廷の内部にも介入もしたが、一貫

した姿勢をとっていたわけではない。

迷走する幕府

得宗の貞時は出家した後も実権を保持して「太守」と称されていた。嘉元元年（一三〇三）に高時が生まれたことから、これへの継承を考えるようになって、嘉元三年に連署の北条時村が討たれる事件が起きると、その首謀者の「内の執権」北条宗方もまた、翌々年に討たれる事件が起きる（嘉元の乱）。

応長元年（一三一一）に貞時が亡くなり、高時が得宗となったが、まだ九歳と幼く北条氏一門が順次執権・連署となって補佐し、正和五年（一三一六）にようやく高時は執権となるが、まだ一四歳であって、明確な方針をもたず幕府の迷走は続いた。

文保元年（一三一七）、花園天皇の在位が一〇年に及んだことから、後宇多院は尊治親王の即位を強く求めたが、幕府が送った使者（「東使」）は譲位を求めずに両皇統でよく話し合うように促した。皇位継承に介入するのを嫌い、両皇統に和談をもちかけたのである（文保の和談）。

しかしこの段階では決まらずに、伏見院が亡くなったことから、その翌年の文保二年（一三一八）に再び東使が上洛し、尊治親王の即位（後醍醐天皇）、後宇多法皇の院政ということで決着をみた。後宇多院の強い希望が通ったのであり、院は寺社の強訴を禁圧し、神事の興行をはかった。

その十二月、幕府は山陽南海道諸国のうち一二ヵ国に東使を派遣して悪党退治を行なった。播磨では悪党の根拠地や城郭二〇余ヵ所を焼き払い、悪党五一人を注進するなど一定の効果をあげたが、幕府は蝦夷地でも蜂起に悩まされていた。陸奥の北端の津軽は、得宗領として安藤氏が代官として支配していたが、元応二年（一三二〇）頃から、その安藤氏の五郎三郎季久と又太郎季長が家督を争って合戦に及ぶようになり、正中二年（一三二五）には蝦夷蜂起の責任を負わされて又太郎の代官職が解かれ、代わりに五郎三郎が補任されたが、抗争は止まなかった。

幕府の動きを詳しく記す『保暦間記』は、得宗高時を「頗る亡気の体にて、将軍家の執権も叶い難かりけり」と称しつつも、北条泰時以来の遺産があって幕府の骨格がしっかりしており、内管領の長崎円喜と舅の安達時顕の二人が後見として補佐していたので、幕府の体制は何とか保っていたという。

幕府は将軍・執権・評定・御家人の公方系列の政務システムと、得宗・寄合・御内人の得宗系列の家システムとの複合からなっており、前者のシステムは奉行人がその土台を支えて何とか保っていたが、次第に後者のシステムに重心が置かれるようになったことから、前者のシステムが機能不全に陥り始めていた。得宗家は本来、執権を家職として形成されてきたのに、得宗が執権となる機会が少なくなり、執権とは別の形で権力が形成されていた。

六　鎌倉幕府の滅亡

後醍醐天皇の治政

後宇多院は元亨元年（一三二一）に政務を後醍醐天皇に譲って元亨四年に亡くなる。跡を託された後醍醐天皇は徳政を期待する声に応じて親政を開始し、意欲的な政治を推進し、翌元亨二年に除目の旧規を復活するなど律令回帰を目指し、これを聞いた花園院は「近代、儒道すでに廃れ来ること久しく、この時に遇ひ中興あるべきか」(『花園天皇日記』)と高く評価している。

翌元亨三年には、身分の低い日野俊基を蔵人に登用するなど積極的な人材登用も図った。天皇は皇太子になった段階から熱心に学問に取り組み、有能な学者を集めて儒教の談義を繰り返していた。こうしたことから花園院は後醍醐が和漢の才を兼ね、父のような年齢でもあるので譲位するのも致し方ない、と諦めていた。「才学人に過ぐ」と称された儒者の日野資朝も、もとは花園院に仕え、紀行親・菅原公時・玄恵僧都らと『論語』の読書会を開いていたが、後醍醐は彼らをも取り込んだ。

『太平記』は、後醍醐天皇の御前での「文談」に招かれた玄恵が『昌黎文集』の講釈を行ったと記しているが、花園院はこの「禁裏の風」を「その意、仏教にわたり、その詞、禅家に似る」と記しつつも、「近日の風体、理学を以て先となし、礼義に拘らざるの間、頗る隠士放遊の風」であることを「近日の弊」であると指摘している。

『徒然草』二三八段には後醍醐天皇がまだ皇太子だった時の話が見える。兼好がその万里小路御所の堀河大納言具親の曹司に参ると、具親から『論語』の一文がどこの引用かを尋ねられたが、わからず困っている、と言われたので、その箇所を指摘したところ、「あな嬉し」と具親は喜んで御前に戻ったという。このような後醍醐天皇の近臣との交わりが『徒然草』に多く書かれているのは、この書が天皇の御前に集う人々を意識して書かれていたからである。

東福寺の虎関師錬は内外の書を読むなか、徳治二年(一三〇七)に来日した一山一寧に会って、日本の高僧の逸事を尋ねられたが、答えられなかったことから、日本仏教史、僧侶の伝記の著述を志すようになり、一五年かけて完成させたのが『元亨釈書』三〇巻であって、元亨三年八月十六日に後醍醐天皇に奉った。この書ができたのは「君の文徳と太平の表れ」であるとして、大蔵経の中に入れてほしいと上表している。

曹洞宗の瑩山紹瑾《けいざんじょうきん》は、永平寺三世の徹通義介に師事し、各地を回った後、加賀大乗寺に移って徹通の遺志を受け継ぎ、道元以来の出家修行に加え、密教的な加持や祈禱・祭礼も取り入れての布教を試みていた。延慶三年（一三一〇）に能登に永光寺、元応三年（一三二一）には総持寺を開いて武士らに禅を広め、後醍醐天皇から「日本曹洞賜紫出世之道場」の綸旨を得て、曹洞宗興隆の基礎を固めた。

このように後醍醐天皇には多くの書が献呈され、希望が寄せられていた。後醍醐天皇の物語として始まる『太平記』はその治政をこう評している。

御即位の間、内には三綱五常の儀を正して、周公・孔子の道に順ひ、外には万機百司の政、怠給はず。延喜・天暦の跡を追はれしかば、四海風を望んで悦び、万民徳に帰して楽しむ。

天皇の政治を讃えた後、「諸道」の興行、禅律の繁盛、顕密儒道の碩才の登用など、広く職人を積極的に活用し、商売の往来や、年貢輸送などの交通の障害になる関を停止し、飢饉に応じて米を施行し、検非違使に命じて二条町に仮屋を建て米を売り米価を安定させ、記録所には自ら出て、訴訟を決断したという。『保暦間記』も「当今は近比の明王にて御座しける程に、御政も目出て、後三条の延久の例に任せて記録所を置て、直に政断を聞食す。賢王の聞へ渡せ給」と記し、天皇の政治を高く評価した。

親政の展開と幕府

後醍醐天皇が目を付けたのは京の都市空間である。京都を対象とする六斎日の殺生禁断について、弘長年間と弘安年間の二つの法令では「洛中」「京中」を対象としていたが、元亨元年（一三二一）の法令では「洛陽・洛外一切停止に従ふべし」と洛中から洛外へと拡大させ、同二年には造酒司による酒屋役を洛中のほかに河東にも賦課している。

元徳二年（一三三〇）には飢饉にともなう米価の暴騰に対し、宣旨升一斗に銭一〇〇文で交易させ、沽酒法を定めて米一石を酒一石となし、二条町の東西に五〇余りの仮屋を立てて商人に米を販売させている。閏六月十五日には「諸関の升米」や「兵庫嶋の目銭」を停止した。関は寺社の造営料などの名目で設置されており、文永年間からは幕府が停止や設置に関わってきたが、天皇は西国で一律に停止を宣言したが、幕府とは何の協議もしなかった。

職人の存在にも目をつけ、天皇に供御を提供する畿内近国の職人を供御人に組織していった。元亨二年には酒麹役を従わない酒麹供御人を追及し、伊勢国の供御人の交名（リスト）を提出させている。こうして多くの訴えが天皇の綸旨を求めて殺到した。

天皇は御家人にも目をつけた。六波羅探題支配下の軍事力は探題指揮下の御内人、京の篝屋を守護する西国の有力御家人（在京人）、そして守護や東国の有力御家人に引率されてきた御家人であったが、後二者は天皇に求心力さえあれば取り込むことが可能であった。というのも御家人の勤めには将軍との主従関係に基づく皇居大番役があり、御家人も天皇を守護する職人の側面を有していたからである。

後醍醐天皇は綸旨万能を主張し、「朕が新儀は後代の規範」という意気込みから、他の権力・権威を否定していった。『太平記』は、「日野中納言資朝、蔵人右少弁俊基、四条中納言隆資、尹大納言師賢、平宰相成輔」らと策を練り、錦織判官代・足助次郎重成や南都北嶺の衆徒に声をかけ倒幕に動いたと記すが、当初からそう動いていたわけではない。

これに対して幕府では正中三年（一三二六）に高時が若く出家したので弟泰家が執権を望んだところ、御内方の長崎円喜がこれを退け金沢貞顕を執権に据えたが、怒った泰家が出家したため、その怒りを恐れた貞顕も評定に出ると出家した。それとともに「関東の侍、老いたるは申すに及ばず、十六七の若者どもまで皆出家す」と、幕閣の多くが出家する事態となった。

執権も得宗も幕政に機能しなくなって、御家人が離反する動きがおきても不思議ではなかった。この時期の諸国の動きを見ておくと、幕府の固有の基盤である東国一五ヵ国では、有力御家人たちが頼朝を迎えて幕府を構築してきただけに、その勢力が広がっていて、北条氏が守護となっていたのは駿河・伊豆・武蔵・上野四ヵ国のみで、北関東では有力御家人の独立性が強かった。

津軽以北の蝦夷地は、安藤氏が得宗の代官となっており、その内部対立の争いが得宗法廷で裁かれた際、内管領の長崎円喜の子高資が双方から賄賂を受け取り、両方に勝訴の判決を言い渡したため争いが紛糾し、これに蝦夷の人々が巻き込まれ、幕府は嘉暦二年（一三二七）に蝦夷追討使として宇都宮・小田氏を派遣したが、多くの死者を出したものの、紛争は容易に収まらなかった。

東国と畿内近国の間の中間地域である北陸や東海地域の御家人は、京都との結びつきが強く、多くが京都に宿所を有していた。北条氏一門が守護となっている国は多いが、その一門は得宗の統制下にあり、守護による荘園公領や御家人への支配力が弱かった。

正中の変

畿内近国は六波羅探題の管轄下にあったが、探題は朝廷との結びつきを警戒されて強力な権限を委ねられておらず、事が起きると、幕府から使者（東使）が派遣され、その指示に従うほかなかった。探題の武力は探題直轄下の被官と、篝屋を守護する在京人で構成されていたが、時に両者の間には対立もあった。

九州では鎮西探題に裁判の確定判決権が与えられ、北条氏が多くの国の守護となっていたが、旧来の御家人の所領が没収されて得宗領となっており、その所領の実際の経営は在地の武士たちが握っていたので、北条氏一門の所領は多くはあってもその支配力は弱かった。

幕府支配のこうした状態をみて後醍醐天皇は動いた。後宇多法皇の遺言により兄後二条の遺児である邦良親王が成人して皇位につくまでの中継ぎとして位置づけられており、いずれは邦良親王、持明院統の量仁親王に皇位を譲ることになっており、皇位を我が皇統に伝えるべく天皇は動いたのである。

『太平記』は、天皇が無礼講と称し「交会遊宴」をなし「東夷」（幕府）を滅ぼすことを企て、「尹大納言師賢、四条中納言隆資、洞院左衛門督実世、蔵人右少弁俊基」のほか、游雅、聖護院庁法眼玄基、足助重成、多治見次郎国長らを集め、俊基が山伏姿で「国の風俗、人の分限」を調査するため各地を歩いたという。『花園天皇日記』正中元年（一三二四）十一月一日条には、日野資朝や俊基らが「無礼講」（破仏講）を開いたとあるが、無礼講そのものの事実は裏付けられる。

『太平記』では、その倒幕の計画が正中元年に密告により漏れてしまった、と詳しく語る。謀叛に与した土岐左近蔵人頼兼が妻に謀叛のことを語ったことから、妻の父で六波羅奉行人である斎藤利行の知るところとなり、六波羅の軍勢により多治見国長と土岐左頼兼が討ち取られ、日野資朝と俊基は関東に下された、という（正中の変）。

その真相は不明な部分が極めて多い。「天皇御謀叛」といわれながら不問に付されてしまい、日野資朝が佐渡に流されるのみで終わったことなどからすると、たまたま起きた陰謀事件の一つであったとみるべきであろう。

それはさておき、急ぎ勅使として万里小路宣房は鎌倉に弁明のために下った。その持参した弁明書には「関東は戎夷なり。天下の管領然るべからず。率土の民は皆皇恩を荷ふ。聖主の謀反と称すべからず」と記されていた。幕府は戎夷であって天下を管領するのはよろしくない、率土の民は皆、皇恩に浴しており、天皇の謀反などと称してはならない、とあったという（『花園天皇日記』）。長崎円喜と安達時顕とに問い詰められた宣房は、臆病の気により板敷に降りてしまったというが、それ以上の追及はなく有耶無耶なうちに事件は終わってしまう。

天皇がこの段階で力を注いでいたのは、幕府との関係が深い西園寺実兼の娘を中宮としていたので、その出産の祈りである。『太平記』は「元亨二年の春比より、中宮懐妊の御祈とて、諸寺諸山の貴僧・高僧に仰せ、様々の大法秘法を行はせらる」と記すが、これは嘉暦元年（正中三年）六月から本格的に始められ、『御産御祈目録』はその三月十一日に着帯の儀があったという。

この後醍醐の働きかけに応じて制作されたのが『石山寺縁起』である。「聖化正中の暦、王道の恢弘」と、正中年間に王道が広まったと始まり、天皇は中宮の出産を石山寺に祈った。しかしその期待も空しく皇子がなかなか生れず、それでも御産の祈りが続いたことから、幕府からは調伏を祈っているかと疑われた。

いっぽう持明院統では元亨元年（一三二一）十月に後伏見院が量仁親王の立坊を祈り、石清水八幡宮に願書を捧げて次の皇位を求めると、その立坊が後二条天皇の皇子邦良親王の死によって嘉暦元年（一三二六）七月二十四日に実現したので、後醍醐天皇は譲位を迫られた。

天皇と寺社・悪党

後醍醐天皇は多くの勢力を引きこんだ。専ら呪術を習い、修験を立てるなどして天皇に接近してきた醍醐寺の文観を護持僧となし、国王の氏寺である法勝寺を再興した恵鎮（円観）を側近となして、倒幕の祈りを行わせた。文観は倒幕を祈念して大和の般若寺に文殊菩薩像を安置している。

元徳二年（一三三〇）に天皇は南都の春日社に行幸したが、春日社を選んだのは春日の神が国家を補佐する神と考えられていたからである。相模の清浄光寺（遊行寺）に後醍醐天皇の肖像画がある。頭上に天照皇大神（伊勢神宮の神）、八幡大菩薩、春日大明神の名が墨書され、身に袈裟をまとい、手に密教の法具を持ち、冠や服を中国の天子に倣って被っている。王法・仏法・神祇で身を飾った王権のあり方がよく示されている。

神祇のうちでもこれら三神を選んだのは、伊勢の神と八幡の神が宗廟の神、春日の神が国家を補佐する神と考えられていたからである。治承四年（一一八〇）に以仁王の乱が起きた時、九条兼実は「我国の安否、只この時に在らんか。伊勢大神宮・正八幡宮・春日大明神、定めて神慮の御計らひ有らんか」（『玉葉』）と記しており、日本国はこの三神に護られていると考えられるようになっていた。

また冠や服を中国の天子に倣って被っているのは、自らの存在を中国の国王に比した現れである。天皇はこの年に渡来僧の明極楚俊に会って対問している。大覚寺統の家職を継承する立場を超える主張が籠められていたのである。

春日行幸に続いて近江の日吉社・延暦寺にも行幸している。元亨三年（一三二三）に皇子を梶井門跡の大塔に入室させていて、その大塔宮尊雲が天台座主となっていた。青蓮院門主の慈道には中宮の御産祈禱を通じ幕府の調伏を行わせていたが、この時の北嶺への行幸の様子を描いた絵巻が『元徳二年三月日吉社幷叡山行幸記』である。

絵巻は日吉行幸について後三条院から順徳院までの一二度の行幸があったと語り、後醍醐天皇の行幸については「今、九十五代の宝暦を迎へて三聖四所の威光を輝かし給ふ事、ただ万国の王化にしたがふのみにあらず、またこれ天下泰平のゆへなりけり」と記し、この行幸が王化と太平の世であることを示すものと謳っている。

続いて比叡山行幸について、山門行幸が桓武天皇に始まるもので、「王城と叡山と、王法と仏法とは鳥の翅のごとくにて、一も欠けてはあるべからず」と記し、王城と山門との一体化を語って、その支えを求めるものとなっている。

天皇は諸寺諸社だけでなく、畿内近国に広がっていた悪党にも深く関わった。『峯相記』は播磨国の悪党の活動が正中・嘉暦の頃（一三二〇年代）から大きく変わったと記している。悪党らは立派な馬に乗り、五〇、一〇〇騎を連ね、弓矢や武器も金銀をちりばめ、鎧腹巻きも照り輝くばかりで各所を動き回るほどに成長していた。だが幕府の悪党取り締まりは無力化しており、御家人たちは悪党の威勢に恐れをなし、幕府の命令を実行しなくなったので、悪党の刈田畠・追捕・討入、奪取によって、荘園はないかのごとくであったという。

天皇が関わった悪党は、近臣・近習の僧が管轄する所領に成長してきた武士たちで、その典型が楠木正成である。正慶元年（一三三二）六月の臨川寺の目録にはこう見える。「故大宰帥親王（世良親王）家御遺跡」の和泉若松荘は、後醍醐天皇の綸旨によって内大臣僧正道祐の領有とされたが、臨川寺の訴えで元に戻されたものの、「悪党楠兵衛尉」が当所を押妨しているという噂から、守護の代官がその跡と称し年貢を収納している、という。新興の武士が「悪党」として追捕の対象となっていて、天皇はそれに目をつけたのである。臨川寺はもと亀山法皇の離宮で、世良親王が譲られ、元徳二年に親王が亡くなったことから北畠親房が禅寺に改めていた。

天皇御謀叛

花園院は政治・社会の危機的情勢に元徳二年（一三三〇）二月に量仁親王に宛てて『誡太子書』を与えた。「今時、未だ大乱に及ばぬといえども、乱れの勢い、萌すことすでに久し」と、危惧感を示し、君主がもし賢くなかったならば、「乱」は数年のうちに起きるであろう、この衰乱の時運にあたっては、君主は賢い学問を学ぶ必要がある。そうでなければ「土崩瓦解」となる、と戒めた。

後醍醐天皇の倒幕計画は近臣の吉田定房が六波羅探題に密告したので、元徳三年（一三三一年）に漏れてしまう。定房は後宇多院に仕えて鎌倉に下り、後醍醐親政を働きかけ実現させた功労者だったのであるが、早くから後醍醐天皇の動きに危ういものを見、再三諫止したものの聞き入れられないので、事態を穏便に済ませようと動いたという。

倒幕計画に驚いた幕府は、五月に東使を派遣して究明し、高時を呪詛したとして天皇近臣の僧円観（恵鎮）・文観・仲円らを捕え、事件の張本人として日野俊基も捕えて鎌倉に送った。幕府は円観を奥州に、文観を硫黄島に、仲円を越後に流したが、仲円は山門の青蓮院門主慈道の側近で、慈道とともに中宮御産の祈りを行った僧である。

八月二十四日、幕府が天皇配流、尊雲死罪に動いたという情報を大塔宮尊雲法親王から伝えられた天皇は、幕府が動くことは明らかになったとして、内裏を密かに脱出した。尊雲は武芸に明け暮れ「未だかかる不思議の門主御坐さず」と称された皇子で、天皇が山門に来ると思い用意をしていた。

だが天皇は南都を選んで東大寺の東南院に入るが、ここでは情勢が打開できないことを悟り、八月二十七日に山城の笠置山に籠った。この地はかつて貞慶が活動した場であり、木津川水系の山城や伊賀の黒田荘の悪党の活動領域にあったので、笠置山衆徒や悪党を頼んでのことである。これに呼応して楠木正成が河内の赤坂城で挙兵し、戦乱の時代に突入したのである（元弘の乱）。

この「天皇御謀叛」の報はすぐに鎌倉や東国の武士に「今月廿三日、京都より早馬参テ候。当今御謀叛の由、その聞え候」と伝わって、幕府は承久の例にならって大軍を派遣することと定め、九月五日に大仏貞直・金沢貞冬ら北条一門と足利高氏らを派遣した。

九月二十日に持明院統の後伏見院の詔によって光厳天皇が践祚、後伏見院の治世となるなか、六波羅の大軍は笠置を攻めたが、その直前に後醍醐天皇は笠置を逃れた。しかし九月二十八日に捕えられ、三種の神器は回収され、身柄が京都に護送された。さらに正成の拠る赤坂城を幕府の大軍が攻め大いに悩まされながらも城を落としたが、正成は逃れた。

翌元弘二年三月七日、後醍醐天皇は後鳥羽院の例に倣って、隠岐配流となり、八日には皇子の尊良親王が土佐配流、尊澄法親王が讃岐配流と定まり、天皇は一条行房・千種忠顕・阿野廉子らの僅かな近臣・女房を供に隠岐に移され、他の近臣も捕縛・処刑された。鎌倉では日野俊基が鎌倉で斬られ、佐渡に流されていた日野資朝も斬られた。こうして事件は落着するかに見えたが、そうはゆかなかった。

戦火の広がり

尊雲が逃れて還俗し、名を護良親王と改めて吉野で挙兵すると、十一月には楠木正成が河内の千早城で挙兵して、翌三年正月に四天王寺の六波羅軍を攻め、さらに播磨の赤松円心が護良親王の令旨を得て播磨の苔縄城で挙兵したのである。

正月に鎌倉からの大軍が京に入って、赤坂城や吉野城を落したが、戦火は広がっていった。二月二十一日の播磨の大山寺の衆徒に宛てた護良親王の令旨にはこうある。

伊豆国在庁北条遠江前司時政の子孫東夷など、承久以来、四海を掌に採り、朝家を蔑如し奉るの処、頃年の間、殊に高時相模入道の一族、ただに武略の芸業を以て朝威を軽んずるのみに非ず、剰え当今皇帝を隠州に左遷し奉り、宸襟を悩ませ、国を乱すの条、下剋上の至り、甚だ奇怪の間、且つは征敗を加へんがため、且つは還幸を成し奉らんがため、西海道十五ヵ国内の群勢を召集めらるる所也。各帝徳に帰し奉らん。早く一門の輩を相催し、軍勢を率い時日を廻らさず、戦場に馳せ参ずべきの由、大塔宮二品親王の令旨によるの状、件の如し。

得宗高時の権力の淵源を伊豆国在庁に求め、その家職を武略の芸業と捉えて、高時が朝家を蔑如し天皇を隠岐島に流した行為を「下剋上」と断じ、西海道一五ヵ国内の軍勢をもって天皇を奪還するよう命じたのである。

この情勢から後醍醐は閏二月に伯耆の名和長年らを頼って隠岐島を脱出すると、伯耆の船上山で挙兵した。それとともに三月に赤松円心が鳥羽から洛中に向かって六波羅勢と戦った。幕府から倒幕勢力を追討するために派遣され、上洛していた名越高家は、山陽道を経て船上山に向かったが、千種忠顕との久我縄手の合戦で討死してしまう。同じく関東からの派遣軍にあった足利高氏（尊氏）は、四月に丹波・山陰を経て隠岐・伯耆に向かうなか、篠村八幡で幕府に反旗を翻し、後醍醐天皇と連絡をとって挙兵に転じ、戦局は大きく動いた。

高氏は「武士の長者」である源義家の子義国の流れを引き、上総介足利義兼が幕府の成立とともに建久五年（一一九四）に鶴岡八幡宮で両界曼荼羅二鋪を供養するなど、源氏の正統の立場を誇ってきていた。宝治合戦後には雌伏を余儀なくされたが、貞氏・高氏の二代は得宗から一字を得、高氏は執権赤橋守時の妹を妻としていたのである。『梅松論』は、この時期の戦乱を足利氏の立場に沿って描くが、それによれば尊氏が北条氏を滅ぼすことを心底に思いを致していたところ、一族の上杉重能や細川和氏を通じ倒幕の綸旨を賜ったという。

四月二十五日、高氏は篠村から「伯耆国より勅命を蒙る所なり。早く一族を相催し参らるべく候」と、倒幕の密書を各地の武士に送って、二十九日に篠村八幡宮に挙兵とその加護を祈る願書を納め、こうして足利・赤松・千種の軍勢が合体し六波羅探題を襲った。

探題勢は大宮大路を防衛ラインに戦ったが、突破されて光厳天皇を奉じて敗走すると、山科の四宮河原では五、六〇〇〇の「野伏」が「楯をつき鏃を支えて」待ち受けていて襲いかかって南方探題の時益が討ち死にし、そこを逃れた北方の仲時も、近江の番場宿に至った時に尾張・美濃・近江の悪党や野伏に襲われここで自刃し、六波羅探題は滅亡した。『近江国番場宿蓮華寺過去帳』には「越後守仲時　二十八歳」以下の四三〇名の自害人の名が記されている。

幕府の滅亡と天下一統

探題滅亡の直後、上野国の新田荘にあった源氏の新田義貞が綸旨を得て挙兵すると、鎌倉から逃れてきた高氏の子義詮と合流、南下して鎌倉を目指した。幕府は鎌倉上道に桜田貞国、下道に金沢貞将を派遣して新田・足利連合軍を襲わせたが、貞将は小山・千葉の軍勢に阻まれ、武蔵の鶴見の辺でも敗れて鎌倉に戻った。

連合軍はみるみるうちに膨れ上がり、武蔵の小手指原、分倍河原の戦いで幕府軍を撃破し、武蔵の関戸に集結した軍を三手にわけ、鎌倉の極楽寺坂、巨袋坂、化粧坂の切通からの突破をめざした。稲村ガ崎の浅瀬を突破した義貞軍は、鎌倉に突入し激戦となるなか、北条高時は鎌倉の東勝寺に籠って五月二十二日に一族・従者とともに自刃して果て、盤石を誇った鎌倉幕府は滅亡した。『梅松論』はその様子を次のように記す。

十八日より廿二日に到るまで、山内の小袋坂・極楽寺の切通以下鎌倉中の口々、合戦の鬨の声・矢叫び・人馬の足音暫しも止む時なし。さしも人の敬ひなつき富貴栄花なりし事、おそらくは上代にも有りがたくみえしかども、楽尽きて悲来る習ひ遁れがたくして、相摸守高時禅門、元弘三年五月廿二日葛西谷において自害しける事、悲しむべくも余りあり。一類も同じく数百人自害するこそあはれなれ。

滅んだのは得宗統率下の北条一門で、その数は「七百余人同時に滅亡す」と記されている。さらに二十五日には鎮西探題も少弐貞経や豊後の大友貞宗、南九州の島津貞久らに攻められ、北条英時が自刃して滅亡するが、この倒幕勢力の中心をなしたのは得宗の北条貞時から一字を得ていた有力御家人であった。

これより前の五月十日、高氏は京に開設していた奉行所で武士の着到を受け付け、各地に殺生禁断の禁制を与えるなど、早くも新たな武家政権に向けて動いており、五月十三日には護良親王が入京して征夷大将軍の令旨と称して活動し始めていた。

そうしたなかを後醍醐天皇が六月五日に楠木正成や名和長年らを従えて東寺に入るが、これにより天下一統がなったと『梅松論』は次のように記している。

正成・長年以下供奉の武士その数しらず。宝祚は二条内裏なり。保元・平治・治承より以来、武家の沙汰として政務をほしいままにせしかども、元弘三年の今は天下一統に成りしこそめづらしけれ。

翌日に二条富小路の内裏に入った後醍醐は、光厳天皇の在位を廃し、正慶の元号を否定、自身の在位と元弘の年号を使用して、鷹司冬教の関白職を解き、倒幕に功のあった高氏を治部卿・鎮守府将軍に、弟の直義を左馬頭に任じた。

こうして新政権では摂政関白が停止され、知行国制を廃して太政官制に基づいた律令体制復活の道を進むことになった。「今の例は昔の新儀なり。朕が新儀は未来の先例たるべし」という意気込みから、親政を積極的に行ったのであり、天皇自ら年中行事書『建武年中行事』を著した。

Ⅲ　鎌倉時代論

一　平氏軍制の諸段階

はじめに

平氏政権の研究は、最近の鎌倉幕府初期の守護地頭研究とも関連して、益々その重要性が認識されつつある。何よりも最初の武家政権であるということが、決定的な要因となっており、また日本が置かれた国際関係、就中、東アジア世界における日本という対外関係史的な把握においても、平氏政権の「開明性」が脚光を浴びつつある。

だがしかし、他の分野に比較して、意外と平氏政権の研究は進んでいない。量的に少ないのみならず、質的にも進んでいないのである(1)。一体、今までの平氏政権の研究で何が明らかにされてきたのであろうか。その大枠は石母田正氏や林屋辰三郎氏によって据えられたもの以上には出ていないのではなかろうか。

「古代末期」の政治過程を具体的に跡づけられた石母田氏は、軍事的実力者の平氏と古代末期の政治的危機から生み出されたデスポットとしての院との対立に焦点をあて、平氏が院を幽閉して、院の近臣を解官し、全国のなかばに及ぶ知行国を独占した治承三年十一月の事件《クーデタ》をもって、平氏政権が生まれたとされた(2)。この治承三年のクーデタ重視の考え方はその後の研究を強く律することになった。すなわち

「院政をはじめ従来の国家機構は、形式的にはなんら否定されていないし、したがってそれに代るべき新しい政治制度や機構はつくりだされていない」[3]と評価されるこのクーデタを重視する考えは後の研究に大きな影響を与え、そこから平氏政権の武家政権としての未熟性が絶えず指摘される所となった。

他方、林屋氏は院政が受領層の政権であるという考えのもとで、平氏政権の物質的基盤は、荘園・知行国・日宋貿易であるとされた[4]。この指摘は平氏の荘園知行の実態、知行国支配の実態の分析として深められてきたが[5]、やがてこれと治承三年のクーデタとが関連づけられて、考えられるようになった。

その結果、現在では次のような三通りの理解がなされるにいたっている。第一は治承三年以前の平氏の荘園や知行国支配を低く評価し、以後のそれを高く評価する理解であり[6]、第二は治承三年以前の支配を前提として、治承三年以後の軍事支配へと平氏の支配は前進したとするような積極的理解である[7]。第三はこれらと逆に治承三年以後の平氏政権も荘園・知行国に依存しており低くしか評価できないとするような理解である[8]。第一、第二が平氏政権に正面からとりくもうとする研究者の評価であり、第三が鎌倉幕府の前提として平氏政権を考える研究者の評価であることは言うまでもあるまい。

この第三の評価は、鎌倉幕府の積極的な支配の局面から、平氏政権にその萌芽がみえるかどうかを探ったもので、本来的に平氏政権の歴史的解明そのものを目指したものではないから、ここではひとまず考慮しないでおこう。問題は第一、第二の評価である。それらに共通している治承三年のクーデタへの高い評価が特に問題となろう。知行国が増加しただけで、知行国支配が質的に変化したとは考えられないクーデタを何故に重視するのか。後白河院政が一時的に停止しただけで、政治的に何らの変更も加えられていないクーデタを何故に重視するのか。クーデタはおそらく平氏政権に何らの質的転換をもたらさなかったであろう。そうした所からして、治承三年のクーデタ重視という研究者に重くのしかかっている重荷をとり除く必要があろう。その上で、平氏政権の歴史的な段階設定を試みる必要があるやにみえる。

石母田氏がクーデタを画期に設定したのは、院と平氏との政治的抗争の分析の結果に基づくのであるが、そうした抗争からでなく、平氏の権力の特質である軍事力＝軍制に目をむけてそこから段階設定を試みなければならないだろう。[9]

従来、平氏の軍制については、平氏一門と家人の間の私的主従制と国衙を通じた兵士役の徴収にみられる国家的軍制の二本柱が指摘されている。[10]しかしそれからひき出される結論は、前者においては狭隘な関係、後者においては古代国家への寄生とそれによる上からの把握ということになる。両者をバラバラに、また結果論からしてみれば確かにこういう結論もでてこよう。だが平氏軍制の特質を抉り出すためには、両者の相互連関にこそ注目すべきであり、またそれぞれの展開面にも注意する必要があろう。そうでないと、結局は鎌倉幕府に倒された未熟な軍事力、軍制という消極的な評価しかでてこないことになる。

1　東国と平氏軍制

(1)

平氏軍制を考察するに当たって、まず検討しなければならないのは、平氏軍制がどの程度全国的性格を有していたかという問題である。伊賀・伊勢両国に基盤を置いて中央政界に進出した平氏が、西国の受領を歴任するかたわら、西国の海賊の追討に当たり、その勢力を西国に扶植していったことは既に明らかにされている⑪。では東国における平氏軍制とその武士団との関わりはどうであろうか。

最近、野口実氏は平氏政権がどのようにして坂東武士団を掌握していたのかを、治承四年の頼朝挙兵時を中心に詳細に分析された⑫。その分析方法は挙兵時に何故平氏についたかを個々の例に即しながら、平氏との関連をたどったもので、平氏と東国武士団の関係にかかる研究の少ないこの分野できわめて貴重である。ただ挙兵の動機は本来的にきわめて多様であって⑬、平氏と東国武士団の関係は氏の分析からは今一つ不明瞭である。そこで東国武士団と京都との関係に視点を置いて作成したのが表(A)である。なおその影響力に鑑みて甲斐国・信濃国もいれて東国武士団とした⑭。

この表からも知られるのは、東国の有力武士団の多くが京都との関係を保ち、また平氏の家人となっていた事実である。確かに東国は平氏の本来的基盤ではなかったが、平氏がこのように東国武士団を組織化していたことは注目せねばならない。頼朝が東国に叛乱軍を糾合した一事をもって、平氏の東国武士団の組織化の遅れを指摘しがちな従来の見解は修正する必要があろう。いや、平氏に対する治承四年の全国的な叛乱そのものが、平氏の軍事力の全国的な浸透をこそ物語っているといえるかもしれない。こうみてくると平氏軍制は西国・東国にわたる全国的性格をもっていたとみてもまずよさそうである。

そこで次に平氏の軍事組織化の方法を具体的に探ってみよう。従来の見解で強調されているのは知行国支配である。ところが東国における平氏知行国はきわめて僅かである。治承三年以前の知行国は常陸・武蔵の二ケ国であり、治承三年以後の上総・伊豆両国を含めても四ケ国にしかのぼらない[15]。東国における広範な平氏による組織化と知行国支配とは直接つながらない。勿論、全く無関係であったと断言するわけではない。常陸・武蔵国であるいは知行国を媒介とした組織化はなされたかもしれない[16]。しかしそれは平氏にのみ独自のものではなく、例えば源頼政と知行国の伊豆国の武士団との関係と同様なものに他ならない。

そもそも知行国は国内の富を知行国主が手に入れるために作り出された収取制度である。国内の武士団にとっては知行国主は富の収奪者に他ならない。「国ニハ目代ニ随ヒ、荘ニハ預所ニ仕テ、公事雑役ニ駆立ラレ、夜モ昼モ安キ事ナシ[17]」というのが実態だったのであり、知行国制そのものは平氏の組織化の推進とはならず、むしろ逆の方向をもたらしたであろう。治承三年に平氏は知行国を増やし、摂関家領の荘園をも管理するようになったが、それと翌年の平氏への叛乱とは決して無関係ではなかった筈である。総じて平氏知行国の多くで叛乱がおきていることは見逃せない事実であり[18]、平氏の有力家人が平氏知行国以外の諸国に多い[19]ことも忘れてはならない。

知行国の意義がかようなものならば、平氏の組織化の方法は何にもとめられようか。表Ⅲ-1-(A)をみるならば、東国武士団が京に上り、内裏大番役を勤め、あるいは然るべき官を与えられている事実が浮かんでくる。平氏の組織化はこうした京と東国とを結びつけるルートと強い関係がある筈だ。平氏軍制の問題であるから、当然平時の軍役たる内裏大番役は重視されねばならないが、[20]ここでは東国武士団の個別事例を手がかりとして追究してみたい。

(2)

表(A)の①武田有義は信義の子である。信義は頼朝の挙兵と相前後して旗挙げをしており、新田義重から清盛への書状には「義朝子領伊豆国、武田太郎領甲斐国[21]」とみえることからも察せられる通り、信義の叛乱は東国一帯に強い衝撃を与えた。京においても同様にうけとめられたことは、頼朝追討宣旨に「甲斐国住人源信義猥成雷同[22]」と頼朝と併記されている点からも知られる。この信義と京とを結びつけていたのが有義である。

『山槐記』の治承四年十二月廿四日条に、「甲斐国逆賊武田妻幷最愛子童頸」が切られ、「武田門前」にさらされたという記事がみえる。これが有義の妻子であることは、翌年の正月八日の『玉葉』の記事に、左兵衛尉源有義の解官のことが載せられていることからわかる。有義は京に屋敷をもち妻子を住まわせ、左兵衛尉の官についていたのである。[23]有義の京における活動をさらに示すのは、『吾妻鏡』の文治四年三月十五日条の記事であろう。その日に鶴ヶ岡八幡宮で大法会が営まれることとなり、頼朝は「路次御剣」の役を有義に命じた所、有義がこれに難渋して逐電してしまったとある。その原因は、有義が先年に京で小松内府重盛に仕えて、「路次御剣」の役にあたったことにあるようである。有義は重

⑬	畠山重能	武蔵	◦治承4年9月,「重能…折節在京」 ◦「属平家在京」, 関東参向を欲するも前内府(宗盛)不免	鏡 治承4. 9.28 〃 文治1. 7. 7
⑭	小山田有重	〃	◦治承4年9月,「重能, 有重折節在京」 ◦「属平家在京」関東参向を欲するも宗盛不免	鏡 治承4. 9.28 〃 文治1. 7. 7
⑮	熊谷直実	〃	◦久下「直光代官」として「京都大番」を勤仕「属新中納言知盛卿, 送多年」	鏡 建久3.11.25
⑯	千葉胤頼	下総	◦「日来, 依番役所在京」治承4年6月, 伊豆に参向 ◦「候京都…仕上西門院, 彼御給叙従五位下」	鏡 治承4. 6.27 〃 文治2. 1. 3
⑰	佐竹隆義	常陸	◦「当時, 従平家在京」	鏡 治承4.10.21
⑱	比企朝宗	武蔵	◦内舎人補任 ◦藤内朝宗, 平家追討に派遣さる	兵 仁安3.12.13 鏡 元暦1. 8. 8
⑲	佐竹義宗	常陸	◦従五位下源義宗 ◦常陸国中郡庄下司濫行につき召喚にあたる「大夫義宗」	兵 仁安4. 1. 6 吉 承安4. 3.14
⑳	諏訪盛澄	信濃	◦「属平家, 多年在京」文治3年「参向関東」	鏡 文治3. 8.15
㉑	足利俊綱	下野	◦「従五位下藤原俊綱」仁安年中に足利庄得替により,「本家小松内府(重盛)」に在京して愁申す「近年令属平家」	鏡 養和1. 9. 7
㉒	印東常義	下総	◦富士川の合戦「印東次郎常義者, 於鮫島被誅」 ◦「印南介常義等適在京なりける」	鏡 治承4.10.20 四部合戦状本(平)巻5
㉓	足利忠綱	下野	◦「加平氏, 渡宇治河, 敗…頼政卿之軍陣」 ◦以仁王の乱「下野国住人足利又太郎忠綱すゝみ出」	鏡 養和1.閏2.23 (平)巻4, 橋合戦

〔出典の鏡は『吾妻鏡』, 玉は『玉葉』, 兵は『兵範記』, 吉は『吉記』, 山は『山槐記』, (平)は『平家物語』のそれぞれ略.〕

表Ⅲ-1-(A)　東国武士団と京都

No.	人名	国名	在京事項	出典
①	武田有義	甲斐	◦「先年時小松内府(重盛)事，已謳歌洛中」 ◦左兵衛尉解官	鏡 文治4. 3.15 玉 治承5. 1.18
②	秋山光朝	〃	◦「秋山太郎者，猶在京」「属知盛卿」 ◦「平家に付，又木曽に付」	鏡 治承4.10.19 〃 文治1. 1. 6
③	加々美長清	〃	◦「属知盛卿，在京都」	鏡 治承4.10.19
④	小山政光	下野	◦「皇居警衛」のため「在京」 ◦「小山田の四郎政光…等適在京なりける」	鏡 養和1.閏2.23 四部合戦状本(平)巻5
⑤	宇都宮朝綱	〃	◦「属平家，在京」関東下向を前内府(宗盛)許さず ◦左衛門権少尉補任	鏡 文治1. 7. 7 玉 治承4. 1.28
⑥	足利義兼	〃	◦後白河院女御(滋子)侍長	兵 仁安2. 1.27
⑦	足利義清	〃	◦以仁王の乱「義清不交戦場」「足利判官代」 ◦寿永2年7月，陸奥新判官義康が子，矢田の判官代義清…上洛	山 治承4. 5.26 (平) 巻8，山門御幸
⑧	新田義重	上野	◦「義重在前右大将宗盛命」て，坂東国々の源家々人追討のため下向 ◦「新田大炊助源義重入道」「自立志」	山 治承4. 9. 7 鏡 治承4. 9.30
⑨	奈越家澄	〃	◦寿永元年「出京，赴坂東」「当時祗候前大将(宗盛)許」	吉 寿永1. 7.28
⑩	三浦義澄	相模	◦「日来，依番役所在京」治承4年6月，伊豆に参向	鏡 治承4. 6.27
⑪	大庭景親	〃	◦治承4年8月，「景親已下…在京之東士」下着 ◦清盛，仲綱息追討のため景親等を東国に派遣	鏡 治承4. 8. 2 玉 治承4. 9.11
⑫	里見義成	上野	◦治承4年12月，京都より鎌倉に参上，「日来…属平家」	鏡 治承4.12.22

盛に仕えていた訳だ。

有義の妻子が殺害されるにいたったのは、こうした平氏とは深い絆をもつ有義の叛乱によるのであろうが、『尊卑分脈』によれば、有義は「中宮侍長」とみえており、その記事が正しいとすれば高倉中宮の侍長だったろうから、一層、平氏とのつながりの深さは指摘できよう[24]。では更に立入ってこの有義と平氏、ことに重盛とを結びつけたものは何か。既にみた如く甲斐国は平氏知行国となったことはない。そこで今度は重盛の側から接近してみよう。

安元二年に施薬院領甲斐国飯野牧の下司政綱の訴えで[25]、年貢負累の件によって牧住人の貞重が京に召喚された。この召喚の役に当たっているのが重盛である。前後の事情からみて重盛と貞重とは直接の関係はない[26]。召喚の役は国司・検非違使あるいは主人・本所が行なうのが、白河・鳥羽院政期には原則であったが[27]、重盛は明らかにそうではない。ならば重盛の立場はどう説明されるべきなのだろうか。

その手懸りは安元二年五月九日の「海賊事可仰右大将之由被仰下」という『玉葉』の記事にある。重盛は当時、海賊追討の任にあったのである。海賊追討と山国の甲斐国とは奇妙な関係と思われようが、この安元二年を十年ほどさかのぼる仁安二年の海賊追討の宣旨をみると納得できる。『兵範記』仁安二年五月十日条には「依院宣、仰海賊追討事」とあって、追討宣旨が載せられている。ところがその宣旨は海賊ばかりではない。「近日東山駅路、緑林之景競起、西海洲渚、白波之声不静」と「緑林」「白波」すなわち山賊・海賊の出没が記され、その後に「宜仰権大納言平卿、令追討東山東海山陽南海道等賊徒」と記されているのである。権大納言平卿重盛は東海・東山・山陽・南海諸道の賊徒追討にあたっていたのであった。重盛が甲斐国の住人の召喚にあたったのは、重盛のもつこうした軍事・警察権と関係

表Ⅲ-1-(B)　平氏と軍事警察権

区分	No.	年 月 日	追討・追捕使	追討・追捕の対象	出　　典
Ⅰ	①	仁安 2. 5. 10	権大納言平卿(重盛)	東山・東海・山陽・南海道等賊徒	兵　仁安 2. 5. 10
	②	安元 2. 5. 9	〔　　右大将(重盛)〕	〔海賊〕	玉　安元 2. 5. 9
Ⅱ	③	治承 3. 7. 25	官軍(追討使は清盛が計遣す)	叡山堂衆	玉　治承 3. 7. 27
	④	治承 4. 9. 5	右少将維盛・忠度・知度	源頼朝及与力輩	玉　治承 4. 9. 11
	⑤	治承 4. 12. 2	〔知盛・資盛・清綱〕	〔東国逆徒〕	玉　治承 4. 12. 2
	⑥	治承 4. 12. 22	〔重衡〕	〔南都悪徒〕	玉　治承 4. 12. 25
Ⅲ	⑦	治承 5. 1. 16	越後国住人平助長	源頼朝・信義	延慶本(平)　巻3本
	⑧	治承 5. 1. 17	鎮守府将軍　藤原秀衡	源頼朝・信義	延慶本(平)　巻3本
	⑨	治承 5. 1. 19	惣官正二位　平　宗盛	五畿内幷伊賀・伊勢・近江・丹波賊徒	玉　治承 5. 1. 19 延慶本(平)　巻3本
	⑩	治承 5. 4. 14	前右大将平宗盛	菊地高直幷同意輩	吉　治承 5. 4. 14
	⑪	養和 1. 10. 13(治承 5)	越前守通盛 但馬守経正	頼朝・信義同意之輩 〔北陸道諸国〕	延慶本(平)　巻3本 玉　養和 1. 10. 13
	⑫	〔4〕 寿永 2. 5. 20	前内大臣宗盛	北陸道逆賊	玉　寿永 2. 4. 25 延慶本(平)　巻3末

追討・追捕使及びその対象欄の〔　〕は推定
出典欄の兵は『兵範記』, 玉は『玉葉』, 吉は『吉記』, (平)は『平家物語』

があったと言えるであろう[2]。また重盛と甲斐源氏の有義との主従関係も、重盛の上述の権限と深くかかわっているのではなかろうか。

(3)

表(A)から内裏大番役で上京する武士団の多いことを既に指摘したが、この大番役とも密接な関係にあるのが、平氏の諸国の軍事警察権である。平氏が大番役にどのように関与していたかはっきりした証拠はないが、鎌倉幕府が御家人に命じて大番役を勤仕したような関係をある程度想定してもよいのではなかろうか。幕府の大番役への関与は諸国の軍事警察権の掌握に基づくものであるから、平氏によるこの諸国の軍事・警察権への関わりが重視されねばならない。そうした権限と東国武士団の平氏家人化、平氏への組織化とは密接な関係をもっていた筈である。そこで平氏と諸国の軍事警察権との関わりに注目してみよう。表Ⅲ-1-(B)はそれらをまとめたものである。この表から平氏軍制を三つの段階に区分したい。第Ⅰ期は安元年間までの時期、第Ⅱ期は治承年間、第Ⅲ期は治承五年以後の時期である。それぞれの時期に軍事編成者は重盛・清盛・宗盛をあてることができる。勿論、軍事編成者にのみ注目して段階区分したわけではない。その区分の具体的意味は追々述べることとして、ここでは仁安二年に重盛に賊徒追討を命じたのが、平氏軍制にとっての画期となったことを指摘しておきたい。

平氏は西国に海賊追討を契機としてその勢力を伸ばしていったが、仁安二年には同じ海賊追討を名目に東国にも勢力を伸ばしていったのである。それはまた平氏が諸国の軍事警察権をも握ることを意味したのであった。そして平氏の東国の武士団の組織化はⅠ期・Ⅱ期にわたって進められた。その平氏軍制の結実が表(A)に示されていると考えられよう。

2　院権力下の平氏軍制

(1)

平氏が全国的な軍事検察権を獲得した最初の年を仁安二年とみたのであるが、この年はどんな年だったのかをみれば、それはまさに平氏にとって画期的な年だった。二月十一日に内大臣清盛は太政大臣に、権中納言重盛は権大納言に、頭弁時忠は参議に任ぜられ、その数日前に従三位頼盛は正三位になっており、四人の平氏の公卿が生まれたのであった。そして宣旨の出された七日後に清盛は太政大臣を辞している。平氏ばかりではない。後白河院にとってもそうである。平治の乱後、対立を続けてきた二条天皇が前々年に退位して没し、前年に憲仁親王（後の高倉）が皇太子となることによって院権力は頂点に達したのであった。かかる段階において出されたのがかの宣旨である。

宣旨の全文を左に示そう。『兵範記』に載せられたこの宣旨は口宣案であり、その後、官符か官宣旨で施行されたのであろう。

仁安二年五月十日　宣旨

如聞、近日東山駅路、緑林之景競起、西海洲渚、白波之声不静、或奪取運漕之租税、或殺害往来之人民、論之朝章、如無皇化、宜仰権大納言平卿、令追討東山東海山陽南海道等賊徒

蔵人頭権右中弁平信範奉

この仁安宣旨で注目すべき第一点は、公卿が追討使に任ぜられている点である。白河・鳥羽院政下での海賊討伐にあたった平忠盛は備前守であり、保延年間に忠盛とともに候補にあがった源為義は検非違使であった。検非違使や受領といった在京武者が追討使として派遣されていたのである(29)。したがって公卿が追討使に任ぜられた点に、単純な海賊追討宣旨とはみなせない理由がある。第二点はこの宣旨が出されるに先立って、海賊の蜂起が顕著となり、そのための議定がなされた形跡は全くなく、また重盛が追討使に任ぜられたからといって出京して追討活動を行なっている形跡もない点である。第三点は同様な宣旨が十年後にも出されている点である。

これらの諸点からみて、仁安宣旨は決して臨時に出されたものではなく、朝廷の賊徒追捕の方針を示し、その責任の所在を明らかにしたものと言えるであろう。それはまさに新制的条項である。既に十世

紀の寛和三年に「追討陸海盗賊事」という新制が、十三ケ条中の一条として出されている。[30] 仁安以後の新制をみても、治承二年に「応慥搦進陸海盗賊放火輩事」[31] が、建久二年には「可令京畿諸国所部官司搦進海陸盗賊幷放火事」が出されている。[32] なかでも建久二年の新制は、仰書では「自今已後慥仰前右近衛大将源朝臣幷京畿諸国所部官司等、令搦進件輩」とあり、仁安宣旨との親近性を示している。建久新制は戦乱の消滅とともに出されたもので、幕府の大番役の整備がこの新制以後行なわれていること等を考えあわせると、建久新制と仁安宣旨の親近性は益々深くなろう。建久新制が頼朝に追捕の責任を命じたように、仁安宣旨は重盛に命じたのである。仁安宣旨は新制的条項であり、諸国の軍事警察権を重盛に付与したのであった。なお同様な新制的条項は単独の法令として当時においても他にも出されている。仁安三年十月五日に京内道路の修固を命じた宣旨が出されているのがその一例である。[33]

こうして院にとっても平氏にとっても画期的な年に諸国の軍事警察権を平氏に付与する法令が出されたのであった。それは平氏がこの宣旨において諸国の軍事・警察上の支配権を認められたことを意味する。仁安宣旨が高く評価されねばならぬ所以である。

(2)

仁安宣旨は重盛に賊徒の追捕を命じているが、この重盛に命じている点こそ、仁安二年を出発点とする平氏軍制の内容をよく物語っている。重盛は清盛の嫡子であり、清盛の代理的存在であることは言うまでもないが、重盛はまた院の近臣だった。永暦元年に院別当として、従四位上に叙せられて以来、[34] 重盛は一貫して院司として院に奉仕していた。清盛とても同じく院別当となり、院近臣として院に奉仕してきたのである。さらに仁安宣旨をみると、それが「院宣」に基づいて出されていることが知られる。[35]平氏軍制は院の支配下に位置づけられて成立したのである。平氏軍制の出発点であるそれは院軍制の到達点だったのである。

都の武者を動員し、検非違使機構を動かし、諸国・京の盗海山賊の蜂起、悪僧・神人の蜂起に対処して軍政を施いた院政の軍事制度の到達点が、この仁安以後の軍制なのである。院は清盛の嫡子で、近臣の重盛を軍制の要にすえることで、平氏軍制を院軍制として組織しつつ国家的軍制上に位置づけたのであった。したがってこの時期の軍事動員に際しての命令者は院である。嘉応元年十二月に尾張国の目代と平野神人との間の争いをきっかけにおきた叡山衆徒の内裏乱入に際して、院は重盛に命じて衆徒の追帰を命じている例[36]などはその典型であろう。清盛は仁安三年に出家し、常時滞在しているのは福原の山荘であって、軍事的決定にはあずかっていない。

こうして院は平氏の軍事力を背景に、衆徒の蜂起にはきわめて強硬な態度をとった。承安三年に南都の衆徒が[37]「発軍兵於満寺、備凶器企参洛」てた時には、南都十五大寺領、諸国末寺荘園の没収という手段をとり、九条兼実に「未曾有事也」「誠非直也事也」と評されている。院はこの決定にあたって、「この条一切不被仰合人」と一人で行なっている。[38]院権力の専制化は極度に進行していた。

この時期の院の専制を物語るものは院の近臣の動向である。その代表的人物が重盛と成親だった。嘉応二年七月の重盛の子資盛と摂政基房との間でおきた有名な〝殿下乗合〟事件は、基房が恥辱に及んだ「舎人居飼等」を重盛に渡して謝罪したことで一まず終わるかとみえたが、[39]重盛の感情はそれではおさまらず、そこで基房は、二日後に「上﨟随身」「前駆七人」を勘当し、また舎人・居飼等を検非違使にわたして結着をつけようとした。[40]しかしその後にも重盛の郎従は、基房の外出をねらって、前駆等を搦めようとしたのだった。[41]この重盛の行動は清盛の嫡男というよりは、院の近臣としての振舞に他ならない。このことは承安四年十二月の除目においてはっきりと知られる。すなわちこの除目で基房は子の隆忠の任少将を望んだところが、重盛の子資盛が少将となったのである。これには基房が腹を立て、審議の途中で早出し、「未曾有事也」と評されている。[42]院近臣の重盛の勢力は摂関家をも凌駕するものであった。翌年の藤原基実の子基通の中将拝賀は、院からはじまり、建春門院・兼実邸・皇嘉門院・八条院を経て右大将重盛邸へとめぐっている。[43]

藤原成親は応保元年に二条天皇方との争いで院の近臣として解官された人物だが、[44]永万二年に左中将に帰り咲くと、同年蔵人頭、翌仁安元年従三位、さらに正三位で公卿となり、[45]仁安二年には権中納言と目ざましい位階昇進をとげている。嘉応元年十二月廿四日には知行国尾張国の目代と平野神人の紛争に基づく叡山大衆の訴えで解官・配流されるが、廿八日には召返、卅日に還任し、翌年正月には検非違使別当に任じられている。その年再び大衆の訴えで解官されるが四月には還任し、以後承安五年に大納言となるまで別当の地位にあり、この間、正二位まで位階の昇進を果たしている。こうした院のお気にいりの成親と重盛とが婚姻関係を結んだのは自然の成行だった。

(3)

他方、清盛は政治には直接タッチしないものの、院に結びつきながらその勢力を着々と伸ばしていった。仁安三年には妻の妹（滋子、建春門院）と院の間の子が皇位につき高倉天皇となり、承安元年には娘の徳子が院の猶子として参内し、翌年には中宮となっている。承安四年には院・建春門院とともに安芸国厳島に参詣している。これが得意の絶頂の時期だった。厳島社は兼実が参詣の記事に続けて、「件社此七八年以来、霊験殊勝、入道相国一家殊以信仰」と記しているように、清盛により平氏の繁栄を願って特に厚い信仰の対象となっていた。[47] 仁安二年には平家納経がなされている。[46]

この厳島社で注目したいのは厳島社領の形成である。仁安元年から承安元年正月まで知行国主であった清盛は、[48] 国主を去る直前に「公家幷建春門院御祈禱料」として壬生荘を厳島社領として成立させたのであった。[49] その立荘を命ずるのが「院庁下文」である点に院との結びつきの強さを感じるが、それとともに厳島社に対して平家が本所の立場にあって、平家の本所領として厳島社領を支配した点も見逃してはならない。[50] 清盛が太政大臣を辞して得た播磨国印南野以下の大功田[51]と同様に、荘園領主としては最高の支配権を得たのであった。[52]

さらに厳島参詣への航路整備を契機とした日宋貿易の展開が注目されよう。嘉応二年九月、院は福原におもむき、宋人と会見している。兼実はこれを「我朝延喜以来、未曾有事也」と評しているが、[53] 清盛が院と提携して、日宋貿易を展開しようとした動きがよくわかる。その後、承安二年九月には宋の使者が来着し、院と清盛に供物を届けてきた。その使者の注文には「賜日本国王物色、送太政大臣物色」と記されていたが、[54] その翌年三月には返牒が出され、答物が院と清盛からそれぞれ送られている。[55] こうして日宋間の通交が正式に再開される所となった。[56] それとともに清盛は輪田泊に新嶋を築造し貿易港を建設した。[57] 承安四年の院・建春門院・清盛の厳島参詣はこの輪田泊から出帆している。前後して、院と平氏の力でもって瀬戸内海沿岸の港湾整備がなされた。仁安三年には後白河院領備後国大田荘の倉敷が尾道に設置され、尾道港が院と清盛の手に入っている。[58]これなどはその一例であろう。

大宰府の外港の今津は法金剛院領怡土荘にあるが、これは院の近臣藤原能盛が知行していた。[59]院から宋への遺物のなかに「砂金百両」があるが、この砂金こそは前年五月に奥州の藤原秀衡を鎮守府将軍に任じた際[60]に秀衡から送られた金の一部であろう。院権力の下に軍制といい、国際関係といい、経済構造といい、日本は明らかに一つの有機的な社会体制をとるにいたったのである。それはかの保元新制の「九洲之地者、一人之有也、王命外何施私威」という院支配権の理念[61]の結実を意味するものだった。

(4)

こうして院権力の下で成長した平氏は、諸国の武士団との間に主従関係をつくりあげ、その勢力は他を圧するにいたった。しかし院権力の下で基盤を共有する他の院近臣は、強い反撥を示すようになった。経済的基盤に注目するならば、平氏知行国の増加がある。平氏知行国は仁安以後の時期でみれば、若狭・越前・能登の北陸道三ケ国の他に一ケ国というのが平氏知行国の数であった。[62]ところが安元元年前後になると上記三ケ国の他に越中・丹後・伯耆・紀伊等の諸国をも知行国に加えて、[63]倍増するのである。知行国のみならず、院領荘園の知行においても平氏の進出は目覚ましいものがあったろう。また政治的分野においても重盛・宗盛・時忠・頼盛・教盛・経盛の六人の公卿を出し、知盛の公卿昇進は目前にあった。[64]平氏以外の院近臣が反平氏の態度をとるようになったのは、当然だろう。しかし院と清盛との関係は、重盛らの平氏の院近臣や建春門院等の人的つながりからして平穏だった。

安元二年七月八日の建春門院の死は、この院と平氏との平和な関係に別れを告げさせた。後白河院の最愛の女御であり、高倉天皇の母である建春門院の死は、当時まだ子供のない高倉天皇を不安定な位置においやったのである。その跡をめぐって反平氏勢力が動き始めた。十月に、法皇の皇子を高倉天皇の猶子にしようとする二つの動きが生まれて政界は俄然あわただしさを増した。そして十二月になると「衆庶無不驚耳目」除目が行なわれる。清盛の「最愛息子、当時無双之権勢、又位階上﨟」の知盛が、「院之近臣」藤原光能に「超越」されてしまったのである。院の反平氏への傾斜は疑うべくもなかった。(65)(66)

院と平氏との決定的な決裂は翌年おきる。三月、院近臣加賀守師高の目代と白山との紛争により、叡山衆徒が京に訴訟に及んだ。四月になると、神輿を射られて院の強硬な態度に接した大衆は、清盛に訴えるとともに院に師高の流罪と神輿を射た武士の処罰を要求した。院は賢所の警固を平経盛に命じたが、請文を進めず「左右在入道之許」と言う経盛の態度のなかに、清盛の消極的姿勢をみたのか、結局は大衆の要求をのむ。しかし、直後におきた京中の火事による大内裏の焼亡をみると、天台座主明雲の解任、所知寺院の没官、配流を決行する。そして重盛・宗盛に西坂本を固めるように命じた。ここで院＝平氏軍制は作動するかにみえたが、重盛・宗盛は清盛の左右に随うと称して命令を遁れている。そのため使は福原に派遣され、清盛の意向を聞くことになった。重盛を軸にした院＝平氏軍制はここに崩壊し、清盛が直接軍制の担い手として登場する事態をむかえたのである。(67)(68)(69)(70)(71)(72)

五月廿七日夜に上洛した清盛は院と会談の末、やむなく「堅東西之坂、可責台山」決定するのだが、六月一日暁に成親・西光以下の院近臣を搦め取って、叡山との対決を回避するとともに院権力を後退させることに成功した。ここに平氏軍制の自立が達成されたのであった。かくて平氏軍制は第二段階に突入する。(73)(74)

3　平氏軍制の自立

(1)

院権力下で成長した平氏軍制は、ついに院権力の枠を突破して自立した。表Ⅲ-1-(C)は治承元年から治承四年にかけての軍事行動を示したものである。それらからうかがえるのは、まず第一に軍事編成の中心にあるのが清盛であるという点である。④の治承三年七月の叡山堂衆追討宣旨は官軍を派遣するとのみ記して、追討使の名を記さず、清盛が追討使を選び派遣するところとなっているのはその点を最もよく示している。[75]②⑦のように清盛が直接大軍を擁して軍事制圧を行なったり、③⑩⑬⑮等のように家人・郎従を派遣している点等にもはっきりその点はうかがえる。そこではもはや院は清盛に軍事動員を要請することはあっても、命令はできなくなっている。②⑦では院が平氏の軍事行動の対象になっているのである。

第二に軍事編成が二本立てになっている点である。⑨の以仁王の乱に際してはまず検非違使が派遣された。この検非違使とは景高と忠綱という平氏の家人であり、本来はその後に追討使が派遣される予定だったが、それにはいたらなかったという。[76]頼朝の叛乱には清盛が私に遣わした大庭景親等が頼朝と戦い、その後に維盛以下が追討使として下っている。筑紫の叛乱でも清盛がまず私に郎従を派遣し、その後に追討使を派遣することになる。⑮の美濃や⑲⑳の大和でも同様な軍事編成がとられている。このよ

表Ⅲ-1-(C)　平家の軍事編成(治承1～治承4)

No.	年 月 日	軍事行動の対象	平家軍の編成	出　典
①	治承1. 5. 28	叡山大衆	(清盛と院との会談の結果)	玉 治承1. 5. 29
②	治承1. 6. 1	藤原師光・成親等院近臣	(清盛の命令)	玉 治承1. 6. 1
③	治承1. 6. 9	加賀守師高	尾張国清盛家人(清盛の命令)	百 治承1. 6. 9
④	治承3. 7. 25	叡山堂衆(追討宣旨)	官軍(追討使は清盛が「計遣」)	玉 治承3. 7. 27
⑤	治承3. 10. 3	堂衆(近江三ケ庄)	官兵，教盛郎従，左馬允清貞	山 治承3. 10. 3
⑥	治承3. 10. 19	延暦寺堂衆	知盛，経盛(追討使)	玉 治承3. 10. 19
⑦	治承3. 11. 14	院・院近臣	清盛，武士数千騎	玉 治承3. 11. 14
⑧	治承4. 5. 21	園城寺衆徒，以仁王	宗盛以下十人大将	玉 治承4. 5. 21
⑨	治承4. 5. 26	源頼政・以仁王・園城寺衆徒	検非違使景高・忠綱(後重衡・維盛)	玉 治承4. 5. 26 山 治承4. 5. 26
⑩	治承4. 8. 2以前	源仲綱息(頼朝)	大庭三郎景親(清盛「私所遣」)	玉 治承4. 9. 11 鏡 治承4. 8. 2
⑪	治承4. 9. 以前	坂東源氏家人	新田義重(宗盛の命令)	山 治承4. 9. 7
⑫	治承4. 9. 5	源頼朝(追討宣旨)	維盛・忠度・知度(追討使) 東海・東山両道武勇者	玉 治承4. 9. 11
⑬	治承4. 9. 19	筑紫叛逆之者(菊地権守)	清盛「私遣追討使」	玉 治承4. 9. 19 〃 治承4. 11. 17
⑭	治承4. 11. 7	源頼朝・信義(追討宣旨)	美濃国勇武者 東海・東山・北陸道(追討使頼盛，教盛，清綱)	吉 治承4. 11. 8 山 治承4. 11. 6
⑮	治承4. 11. 12	美濃源氏	清盛「私郎従派遣」(その後追討使派遣)	玉 治承4. 11. 12
⑯	治承4. 12. 1	近江国逆賊輩	伊賀・伊勢軍兵(伊賀住人平田家継)	玉 治承4. 12. 1 山 〃 百 〃
⑰	治承4. 12. 2	東国逆乱輩(近江・美濃源氏)	知盛・資盛・伊勢守清綱(追討使)	玉 治承4. 12. 2 山 〃 百 〃
⑱	治承4. 12. 9・10	山悪僧・園城寺悪僧	官軍，経雅・清房	玉 治承4. 12. 9 山 治承4. 12. 10
⑲	治承4. 12. 22	南都悪徒	大和・河内等国人(道々の守護，後に官兵派遣)	玉 治承4. 12. 22
⑳	治承4. 12. 25	南都悪徒	重衡(追討使)	玉 治承4. 12. 25 山 治承4. 12. 27

〔出典の玉は『玉葉』，百は『百練抄』，山は『山槐記』，鏡は『吾妻鏡』，吉は『吉記』のそれぞれ略〕

うに平氏家人と追討軍の二本立編成がとられていたが、それらが相互に有機的に連関づけられている点が注目される。平氏家人は清盛の命令で動く恒常的な軍事組織であり、「私」の郎従であるが、それは追討軍と関連づけられて決して私的な軍隊とはなっていない。追討軍の地ならしを行なう、追討軍の前衛軍として位置づけられていたのである。平氏の富士川の合戦での大敗は、この前衛軍としての平氏家人が敗れたこと(77)に一つの原因があったと言えよう。

追討軍は追討使に平氏一門が任命され、この追討使を中心に編成された。頼朝追討の時は「東海・東山両道堪武勇者」が編成されているが(78)、多くの場合はこのように国衙を通じて追討軍に「堪武勇者」が徴発されるのが常だった(79)。

以上からうかがえるように平氏軍制は、院権力の制約から逃れ、自立した国家的軍制として機能するようになったことが知られよう。それは院権力下で育んできた全国的な平氏家人の存在の上に築かれたものである。表(A)の東国武士団の平氏家人はその成果の一部だったのである。そしてこの軍制の出発点は治承元年にあったのであり、治承三年のクーデタにあったのではない。治承三年のクーデタでは石母田氏の指摘されるように国制にはなんらの変化をみていないのである。治承三年のクーデタは平氏軍制の第二段階の大きな事件の一つにすぎないのである。

(2)

治承元年五月末に上洛した清盛は、叡山衆徒との対決を、六月一日の院近臣の追捕で回避したが、その勢に乗って国政に介入し始める。それは例えば年末の除目をみればわかる。「今度除書、一向可為内御沙汰、院不可知食」と院の関与は否定された。また翌年になると新制が出されることになったが、九条兼実の提出した新制の条々案は、清盛のもとに示されて、その多くが発布される所となっている。

　清盛のこのような国政への関与によって、院権力が否定されたかというとそうではない。治承元年の年末の除目でも院は「万事不可有沙汰」と称しながらも、「只自院、被献注文事、可有沙汰」ということで関係は保っているのである。院支配権は著しく後退したが、機能が停止したわけではない。平氏権力と院権力とが並立した状態とでもいうべきであろう。治承二年の後半ともなると高倉中宮の懐妊で、清盛の関心はそちらに移り、院権力はもり返してくる。十一月十二日の安徳出産、十二月十五日の皇太子決定でもって院権力は全開状態となる。しかしそれも長続きはしなかった。治承三年の白河殿管領の摂関家領の没収、重盛の死とそれに続く知行国の没収によって、院と平氏との関係は崩れ、治承三年十一月、清盛は大軍を擁して上京し、院政を停止するとともに、院近臣の解官、知行国没収を断行したのである。

　最初に触れたように、この院政の停止をもって石母田氏は平氏政権の成立を指摘されたのであるが、院政ということであれば、その翌年に高倉院政が開始されているし、後白河院政も高倉院政のあとをうけて翌々年に再開されているのである。治承元年の下半期を平氏政権の樹立とするような考えを、石母田氏は「政権という以上は、多少の持続性を予想しているのであつて、六ヵ月の期間だけで判断することは、少くとも危険だ」として否定されたが、治承三年のクーデタ後の院政の復活はどう理解すればいいのであろうか。

治承三年のクーデタは院権力を全面的に後退させた点で誠に大きな事件ではあったが、それは治承元年から四年までを一つの段階とした、その段階の上での大きな事件にすぎない。この段階における権力状況は、平氏と院権力が相並び、対立・協調をくりかえし、あるいは平氏が院権力を後退させていたものと言えるであろう。

やがて治承四年にいたると、こうした権力状況のもとで同時多発的に叛乱がおき、一気に内乱へと突入するのである。そうしたなかで、平氏は新たな軍制を摸索し、平氏軍制の第三段階をむかえることになる。

(3)

平氏軍制の第二段階における政治・社会状況を知る手懸りは治承二・三年の二度にわたる新制である。保元の新制が保元の乱後の新体制の開始をつげ、建久の新制が源平の内乱後の新体制をつげたのと同様に、治承の新制も治承元年の政変後の新体制をつげたものではないかと考えられるからである。ただ惜しいことに新制の全文が知られていない。わずかに治承二年の新制の一部が残されているだけであるが、幸いなことは新制発布の経緯が『玉葉』の記事から知られる点であろう。

治承二年三月十八日に兼実邸に来た頭権大夫光能は「近日可被下新制、其間事可計奏、保元制符之中、加取捨可言上」という綸旨を伝えた。その後、六月八日に新制条々の案を兼実は光能に渡しているが、それは清盛の許にもたらされている。綸旨によって命令が出され、清盛に新制案が示されている所からみて、この新制が清盛の主導の下で出されていることは間違いない。

保元新制に取捨を加えて新制を発布しようというのが、治承新制の基本方針だった。ところが兼実はこれに反対し、「何必限保元一代哉、若漏彼制之事、縦雖有違反、不可被下法歟、於理不可然、須尋召長保以後代々制符官底及弾正・検非違使等、其外又尋捜当時之乱法等、可有取捨歟」と述べ(85)、長保以後の新制に広く取捨を加えるべきこと、また当時の乱法等を捜すべきことを主張した。この兼実の主張は通り(86)、兼実の提出した十五ケ条のうち十四ケ条は用いられる所となったのである(87)。それ以外の三ケ条も加えられて、閏六月十七日に新制が出された(88)。この十七ケ条のうち十二ケ条は七月十八日に太政官符で山陰道諸国司充てに施行され(89)、我々はその全文を知ることができる。

清盛が保元新制に取捨を加えて新制を発布しようとした意図は何か。保元新制こそは平氏がよって立つ王朝国家の基本理念が宣言されたものであった。保元の乱の城内の合戦の混乱から、大内裏を再建し、新体制を宣言した保元の新制は、治承元年の大内裏の炎上とそれに続く一連の混乱を克服してつくられた新体制の新制に継承されるにふさわしいと考えられたのであろう。しかし摂関政治に憧憬を抱き、現実の国家体制の矛盾をみている兼実にはこの方針を受けいれることはできなかった。そして何度かやりとりのあった結果、関白の後押しによって兼実の意見が通ったのである(90)。したがって治承の新制は新体制の方針と旧体制への復古と当時の社会混乱が載せられるという統一のないものとなってしまった。

そうした新制の条々のなかでまず注目されるのは、諸国の軍事警察権にかかわる「応慥搦進陸海盗賊放火輩事」という箇条であろう。平氏が国家的軍制を掌握したこの時期には、もやはかかる権限の所在を示す必要はなくなった。「宜下知諸国、隣里与力搦進其身」と諸国に命令を下しているのみである。次で「応同搦進諸社神人諸寺悪僧往反国中致濫行事」の箇条が注目される。神人悪僧取締令は荘園整理令とともに保元新制の二本柱だった。治承の新制は後者を継承せずに、前者をうけついだのであるが、その際に強い取締まりの姿勢を打ち出している。すなわち保元の新制は神人については新加神人停止、神人職改補を、悪僧については「遣本寺所司注進」「付本司経奏聞」といったゆるやかな処置を考えていたが[91]、治承の新制では賊徒追捕と同じように「下知諸国、慥令搦進其身」と諸国に追捕を命じているのである。神人悪僧へのこの武断的方針は、神人悪僧の活動に危機感をもったが故であろう。この規定とともに他の箇条では神人悪僧への私領寄進の停止、その高利貸活動を制限するための私出挙の利率の壱倍以下への抑制などを規定し、神人悪僧の活動を封じこめようとした。そしてこの封じこめ政策は一度は成功した。叡山では学生と堂衆との内部対立を招き、一山滅亡といわれる事態がおきているし、興福寺でも前年からの内部対立が激化している[92]。

その一方で諸国に賊徒追捕のみならず神人悪僧追捕という広範な軍事警察権を与えた点は大きな問題を残した。叡山の二度にわたる強訴が尾張国や加賀国の目代と神人悪僧との紛争によるものであったから、これらを在地で処理すべく国司に強い権限を与えたのであろうが、知行国支配[93]に基づく経済的収奪の上に加わるこの軍事警察権による支配は、国内の独立的な武士団との間に強い摩擦をおこすことになる。

(4)

平氏は神人悪僧の活動に強い態度をとったが、そのかたわら当時の社会に渦まいていた経済変動には目をつぶっていた。兼実は新制において十五ケ条の提案をし、そのうちの一ケ条は用いられなかったと先に記したが、この一ケ条とは沽価法に関するものである。その翌年の治承三年七月、その沽価法の制定が問題となり、兼実に答申が命ぜられた際、兼実は「去年被下制符之時、此事存為朝家之要須之由、尤可被下其法之旨、令言上許也」と述べている。(94) では何故、沽価法の制定が問題となり、またそれが平氏によって握りつぶされたのであろうか。「近日万物沽価、殊以違法、非唯市人之背法、殆及州民之訴訟」(95)とあるような物価の騰貴が、沽価法制定の動機であろう。

この物価騰貴の原因は度重なる京都の火事もあるだろうが、根本的には「近代渡唐土之銭、於此朝恣売買」(96)といわれる宋銭の流入にあった。『百練抄』は治承三年六・七月頃の記事にかけて「近日天下上下病悩、号之銭病」と記している。宋銭の流入の影響の深さが知られよう。だが、宋銭流入の契機となった日宋貿易を推進したのは平氏であり、院だった。宋銭を私鋳銭と同じだとして宋銭流入の停止を主張するような兼実の考えはうけいれる筈もなかったのである。

しかし物価騰貴の混乱は治承三年には拍車がかかった。当時、政治の主導権を再び握っていた院は、新制発布に際して沽価法を問題とした。この時、院がどのような新制を出したかは明らかではなく、ただ七条市での取引を監視して、物価の騰貴をおさえようとしたことだけが知られる。(97) それも直後のクーデタによってどうなっただろうか。

こうして京を中心とした経済変動と、治承三年十一月のクーデタによって院や院近臣から奪った大量の知行国における独立的な武士団との軋轢、(98) さらに一旦は内部にむけられていた神人・衆徒のエネルギーが平氏にむけられた時、全国的な内乱がひきおこされたのである。平氏が気がついた時、有機的に結びつけられていた筈の私的主従制と国衙を媒介とする国家的軍制とはズタズタに切り裂かれていたのである。応保二年以来、継続して平氏の知行国となっていた若狭国の有勢在庁以下が頼朝の挙兵後まもなく叛乱をおこしている(99)だけではない。平氏の長年の基盤である九州でも頼朝とほぼ同時に叛乱がおきている(100)。平氏軍制の転換はどうしても必要となっていた。

4　地域的軍事権力の創出

(1)

治承五年正月十九日、宗盛は畿内と丹波・近江・伊賀・伊勢四ケ国の惣官職に補任された(101)。これの意義については既に石母田氏によって、平氏により畿内近国の「一ブロックをなす地域を全体として集中的に掌握するための一つの手段」として設置されたこと、惣官職は「制限された権能の範囲内においては、従来の国制によって制約されない独自の権力を、その管轄下の地方にたいして行使しうる機関」で「実質上は平氏の従来の武力支配を制度化した軍事的政権の意味をもつ」として高く評価された(102)。

この評価は鋭く、平氏政権の方向を明解についたものであるが、他方でその評価は惣官職補任文言と当時の軍事情勢の分析の結果であるため、著しく抽象的である。そして具体的な機構の運営のあり方については「資料が欠けていて不明であるが、それはここではさしあたり問題ではない」として退けられたため、結局は「平氏は上からその政権を改造しなければならなかった」という結論におちついてしまった。惣官職設置の目的に対する高い評価と、その支配の現実への低い評価という、物足りない把握におちいってしまったのである。

そこでここでは石母田氏が放棄された運用関係の史料を発掘し、惣官職の実像を探ってみよう。というのも惣官職設置の意義はもっと強調されねばならないからである。諸国の謀叛に対応して惣官職が設置されて以後、東国の叛乱軍を墨俣でやぶり、その後二年半に及ぶ政権の安泰をかちとり、寿永二年には北陸道に大軍をくり出した平氏の実力はこの惣官職に由来するのではなかろうか。二年半を短命とみるか、長命とみるか意見のわかれる所であるが、惣官職なくしては二年半はもたなかっただろう。

惣官職が設定された諸国をみてまず気がつくのは、それらに伊賀・伊勢・摂津の諸国のように平氏の勢力が始めから強い国が含まれていることである。ついで前年末に叛乱軍の追捕を実施して成果をあげた近江・大和等の国が含まれていることに気づく。この事実は、惣官職が上から便宜的に設定されたものではなく、むしろ設置以前の平氏の軍事力の浸透を前提として設けられたことを意味しよう。その点からみれば、殆ど無風地帯に等しかった丹波国に諸庄園総下司として平盛俊が補任されている点が注目される。(103) 石母田氏はこの丹波国諸庄園総下司のような職が他の八ケ国でも設けられたと推定されたのであるが、(104) 他の諸国と違って平氏勢力の浸透度の弱い丹波国には、惣官職の権限を実現するための特別な所職が必要とされたものとみたい。

石母田氏の所論の力点は総下司職に兵粮米や兵士役徴収の権限を認めようとする点にあるのだが、それは鎌倉幕府の一国地頭職の先駆として考えたが故のものであって、決して総下司職の権限として確認されたものではない。惣官職を惣下司職と比較して、追捕・検断の権限に限定して理解すべきではないだろう。惣官職と惣下司職を一体化させて、地域的軍事権力として理解する途をもっと進めなければならない。そうすれば石母田氏が惣下司職との関連でしか扱えなかった諸史料が生きてくるのである。

(2)

惣官職設置の翌月七日、東国叛乱軍を濃尾国境の墨俣でくいとめるべく宣旨が出され、水手雑船等が点定され、墨俣渡に漕送られることになった。美濃国では同日に官使・検非違使が派遣され渡船が点定されることになったのであるが、(105)伊勢国でも官使が下向し、伊勢神領を始めとする荘園・島・浦・津に課されたのであった。(106)二月廿日には伊勢国の留守所下文が出され宣旨は施行されたが、同日付で次のような祭主告知状(107)が出されている。

船事、官使参向、任　宣旨状、早可令致沙汰給候、恐々謹言

二月廿日　　散位藤盛経

謹上　大宮司殿

ここにみえる「官使参向」の表現は、官使に敬語を使っておらず、官使を受け入れる側のものではなく、官使を派遣する側のものとみなければならないから、「散位藤盛経」は留守所の一員たる在庁ではない。そこで盛経を他に求めれば、宗盛の家人とおぼしき盛経に出合う。(108)散位藤盛経が宗盛の家人ならば、まさに伊勢国での水手雑船の点定が惣官宗盛の手によって強力に実施されたことを示すであろう。神宮領が免除されずに賦課された点をみても、惣官職設置の意義が知られよう。その効あってか、三月の墨俣の川合戦で平家は大勝利を博したのである。

その後、戦局は停滞するが、寿永元、二年と平家は北陸道の義仲に照準をあわせ、大規模な兵士役、

兵粮米の賦課にのりだす。大和国の添上郡では郡内の「相伝住人」藤原通季が兵士役の催促にあたり、[109]山城国では和束杣工に対して近隣の祝薗の住人「野之馬椽」が催促にあたっている。[110]このように在地の武士団が兵士役の徴収にあたっている点こそ平氏の在地武士団の掌握を示すものではなかろうか。[111]藤原通季の場合、兵士役徴収を「国内一同」に宛催されたので、共に催促を加えたのであって、やむを得ない行為だと述べているが、[112]そのかたわら「源大夫判官」を動かして、春日社領の惣追捕使補任を働きかけている。この「源大夫判官」こそ清盛・宗盛に仕えた検非違使の源季貞である。[113]和束杣での兵士の交名注進を興福寺に命じているのもこの季貞である。[114]大和・山城で宗盛の手によって兵士役の賦課が強力に推進されたことはこれにより明らかであろうし、またそれは平氏が在地の武士団を握ることによって可能だったのである。

さて、これをさかのぼる治承五年四月に高野山領紀伊国荒川荘に同国田中荘の佐藤能清等が乱入した事件があった。動員された軍兵は荒川荘の訴えによれば、「大和国ニハ刀帯《(ママ)》先生奉行、和泉国・河内国家人」等の平氏家人であった。[115]大和・和泉・河内といえば惣官職の管轄地域である。この地域の平氏家人が紀伊国の紛争に動員されていることは、まさに平氏によるこの地域の武士団の組織化を端的に物語っている。高野山と能清との争いは、高野山が宗盛に愁訴した結果、既に治承四年には一旦高倉院庁下文で高野山が勝訴しているのである。[116]しかしその半年も経たぬうちに事情はこのように全く変化してしまったのである。百姓の解状では平氏の家人は「頭殿仰」「権亮殿仰」と号しており、宗盛の名をあげていないが、これはかつて援助してくれた宗盛への配慮に他ならない。宗盛と能清の結びつきは東大寺領大和国小東荘を共に知行していたことで明らかであろう。[117]宗盛の都落ちとともに後白河院の院宣でその地の知行は東大寺に復されたのだった。[118]

このように惣官宗盛の下で畿内近国に強力な軍事権力が創出されたのである。こう指摘するならば、果して惣官としての権限に基づいて行なわれたのかどうか疑問ではないかという異論もでてこよう。勿論、惣官の権限によるとはっきり分かる例は一つもないが、惣官職設置を契機としたことは動かない所である。丹波国の諸庄園総下司職に補任された平盛俊は「彼家第一勇士」といわれた存在[119]で、宗盛の家人だったように、惣官を頂点として権力機構が畿内近国にうちたてられたのである。その権力の大きさは、平氏追討後に摂津国では「為平家追討跡、无安堵之輩[120]」といわれている点からも知られよう。

(3)

治承四年の富士川の合戦で敗れ、東国の反乱の権力の実態を知った平氏は急速な対応をせまられた。その答えが畿内近国に地域的な軍事権力を樹立することだった。叡山・園城寺・興福寺の衆徒の追討を行ない[121]、近江・摂津・河内の源氏を討つ[122]などの掃討作戦を実施した平氏は、これらが一段落した治承五年正月に惣官職を置いたのである。

それは院権力の下で成長し、自立した平氏軍制が、旧来の枠からの脱皮を目指したものである。ところで惣官職設置の二日前に越後・出羽両国に勢力を張る城助長に、一日前に陸奥国に勢力を張る藤原秀衡にそれぞれ頼朝追討を命じているが[123]、実はこれらは惣官職設置とは対をなす措置である。城氏や藤原氏は平氏とはほとんど独立した権力の状況を呈していたが、彼等を追討使に任命したことでその地域的軍事権力を認めたことになる。平氏の惣官職設置は、他の諸地域における軍事権力の存在を現実的に認識したことによってなされたのである。城氏や藤原氏は既に前年末に独自の動きを示し、[124] 城氏は甲斐・信濃両国の攻略を申請してきている。[125] 国司でもないこうした権力が平氏にはかつて認められることはなかったのだが、今やこれら軍事権力を国家的に組織し、叛乱権力に対抗しようとしたのである。八月には城助職は越後守に、秀衡は陸奥守に補任されて、[126] 平氏の上述の方向は一層推進された。

平氏が東国の叛乱軍に惨敗して現実的対応に迫られた治承四年の年末にはまた、「法皇可知食天下之政之由、禅門再三被申、初有辞遁之御詞、遂以承諾、又讃岐美濃両国、可為法皇之御分国」[127] と後白河院政の復活が図られたのである。翌年閏二月、清盛は死に際して「愚僧早世之後、万事仰付宗盛了、毎事仰合、可被計行」という奏請を院に行なっている。ところが院からは返事がなく、怒った清盛は「天下事、偏前幕下之最也、不可有異論」と言い放ったと伝えられている。[128]

しかし本格的な院政再開は清盛の跡をついだ宗盛によって実現される。清盛死後の宗盛の院奏は[129]「於今者、万事偏以院宣之趣可存行候」とある。惣官職設置に続くこの院権力の復活は何を意味しているのであろうか。院奏は続けて「西海北陸道等運上物併点定、可宛彼粮米」と申請している。院権力復活の意図は兵粮米の徴収にあったのである。翌日「被下院宣」て兵粮米徴収が決定されるが、[130] その後の兵粮米徴収も院権力を媒介として行なわれた。『吉記』寿永元年三月十七日条には「近日諸国庄々兵粮米重有苛責、可被付使庁之使之由被下院宣、行隆朝臣沙汰也」とあり、平氏も都落ち後の寿永三年二月の宣旨[131]には「治承以降、平氏党類暗称兵粮、掠成院宣、恣宛五畿七道之庄公」とある。兵粮米の円滑な徴収を可能にするためには院権力の復活がどうしても必要だったのだろう。また院権力の復活とともに院庁下文を得て頼朝追討に当たっている[132]点も注目する必要があろう。

こうして平氏は畿内近国に地域的軍制を創出しながら、各地の軍事権力を認め、院権力の復活も認めるという現実的な対応をしながら、反乱権力に対応しようとしたのであった。この体制を未熟なものとして退けるわけにはいかないのは、鎌倉幕府がこの体制をそのまま継承した点からも言えよう。すなわち、寿永三（元暦元）年、平氏・義仲の活動の跡に入った源義経は畿内近国で広範な動きをする。その活動の一つに兵士役の賦課があった。河内国の在地領主には「云開発相伝、云当時沙汰次第、所申尤有其謂、早如元令安堵本宅、可勤仕御家人兵士役之状如件[133]」として兵士役を課するとともに、本宅安堵を行なっている[134]。これが頼朝の二月の院奏[135]の一箇条に基づくことは言うまでもない。それには「畿内近国号源氏兵士携弓箭之輩幷住人等、任義経之下知可引率之由、可被仰下候」とある。

この義経の活動範囲の畿内近国こそ、平氏の惣官職の管轄範囲の畿内近国を継承するものであろう[136]。義経はこの他、寿永三年二月の兵粮米停止の宣旨、武勇輩違濫停止・科断の宣旨[137]の線に従ってこれを畿内近国において実施している[138]。義経の立場は「鎌倉殿御代官[139]」としてのものであり、幕府が平氏の畿内近国惣官職に対応してつくり出したものに他ならないが、このように幕府は平氏の惣官職を上まわる支配組織を畿内近国につくり出したのではない。その後も幕府の基盤は一貫して東国に置かれており、畿内近国に有力な軍事組織をつくりえなかった。その点においても院権力をも含みこんで畿内近国に軍事権力を創出した平氏軍制の意義は強調されねばならない。そしてその影響力が承久の乱まで続くとみるのは過大視であろうか。決してそうではないだろう。

おわりに

平氏軍制の諸段階を考察した結果、仁安二年を画期とした平氏軍制の第一段階は院権力の下で治承元年頃まで続き、院権力の枠を突破して国家的軍制として自立した第二段階は治承四年末まで続き、治承五年以後の第三段階は新たな地域的軍事権力を創出した時期である、という結論を得た。そうした場合、平氏政権というものをどの段階に考えるかが問題となろう。しかし「政権」とは何を指していうのかがその前に問題となろう。ましてどういう質の政権か等という問題がでてくると、もはや私の力の及ばない所にある。そうした問題は今後の課題として、一応、平氏政権を漠然と治承以後の第二段階の平氏権力にみ、鎌倉幕府の権力と似た形での政権を第三段階の平氏権力にみて、責をふさぎたい。

政権とは何か、その質の問題については、理論的にも実証的にももっと周到な用意が必要であろう。例えば、註でしか触れることのできなかった知行国や荘園、あるいは地頭の問題ももっと考究する必要があろう。そうした際に、ここで考察した平氏軍制の三つの段階設定がある程度の手懸りとなるであろう。それが本稿のささやかな目的とする所である。

なお、本稿の概略は一九七八年度史学会大会で、「平氏軍制と東国」という題で報告したことを付け加えておきたい。

註

はじめに

（1）平氏政権の研究史の概略は高田実「平氏政権」（『中世史ハンドブック』研究の現状2）が、研究の現状を二つの潮流に分類して、問題点を鋭くついている。
（2）石母田正『古代末期政治史序説』第三章第四節「平氏政権とその没落」、同補遺「平氏『政権』について」。
（3）石母田前掲書四八六頁。
（4）林屋辰三郎「古代国家の崩壊過程」（『古代国家の解体』）。
（5）有本実「平氏の擡頭と院政」（『日本歴史』三五）、菊池武雄「平氏受領表解説」（平凡社『世界歴史事典』史料篇）、石丸熙「院政期知行国制についての一考察」（『北大文学部紀要』二八）、飯田悠紀子「平氏時代の国衙支配形態をめぐる一考察」（『日本歴史』二六二）、同「知行国主・国司一覧」（『中世史ハンドブック』）等の知行国に関する研究、田中文英「平氏政権の形成過程」（『日本史研究』九五）、同「平氏政権と摂関家領」（『待兼山論叢』二）の荘園に関する研究。
（6）石母田前掲書、石丸前掲論文。
（7）高田実「平氏政権論序説」（『日本史研究』九〇）、田中文英「平氏政権の国衙支配」（『女子大国文』〈大阪女子大〉二六）および前掲論文。
（8）最近では田中稔「院政と治承・寿永の乱」（新版『岩波講座日本歴史4』古代四）が代表的なもの。
（9）この点は高田実前掲論文が特に強調した点である。
（10）高田実「平氏政権論序説」（前掲）はこの点に切り込んだものであるが、軍事力を段階的に把握する試みに欠けていたため、平板な結論におちいってしまった点が惜しまれる。

(11) さしずめ田中稔「院政と治承・寿永の乱」(前掲)参照。
(12) 野口実「『平氏政権』の坂東武士団把握について」(『鎌倉』二八)。
(13) 例えば氏は頼朝と敵対する武士団を「平家方人」として、平氏による武士団把握の成果と考えておられるが、頼朝は叛乱軍であるから、必ずしもこうは要約できないだろう。
(14) 軍記物にのみ見出される武士団は除外している点や、史料の偏在から考えれば、この数値は氷山の一角と言えよう。
(15) 飯田悠紀子「知行国主・国司一覧」(前掲)。
(16) 野口前掲論文は常陸・武蔵両国における知行国支配が軍事支配に有効な役割を果したとされる。しかしこのうち常陸国については知行国主と佐竹氏や大掾氏との関係は明らかではない。武蔵国では知行国主平知盛と武士団の主従関係が指摘されているが、知盛の家人の東国一帯に結構多い(表(A)参照)点を考えると、知行国支配とどの程度関連していたのかは問題となろう。なお知行国でも上総・伊豆両国は叛乱の震源地であった。
(17) 『源平盛衰記』巻十三。伊豆国の知行国主源頼政にこの言葉を語らせているとは何とも皮肉なことではないか。
(18) 東国の伊豆・上総、北陸道諸国、紀伊国等。
(19) 阿波国在庁の桜庭介良遠の兄阿波民部大夫成良(『吾妻鏡』文治元年二月十八日条)は平氏の有力家人の一人だが、阿波国が平氏知行国となったのは治承三年の清盛のクーデタ以後である。土佐国在庁の蓮池権守家綱、因幡国在庁高庭介資経の子長田兵衛尉実経も平氏の家人であるが(『吾妻鏡』文治元年三月廿七日条、同元暦元年三月十日条)、土佐・因幡諸国も平氏知行国ではない。これらはいずれも西国の例である。
(20) この点については拙稿「院支配権の一考察」(『日本史研究』一五八)参照。

(21)『山槐記』治承四年九月七日条。

(22)『玉葉』治承四年九月十一日条。以後の頼朝追討宣旨は一貫して頼朝と信義を並列的に扱っている。表(B)参照。ただ治承五年閏二月十五日に重衡が頼朝追討の院庁下文を帯して東国に下向した（『吾妻鏡』同日条）際のその院庁下文には信義が併記されていない（『延慶本平家物語』巻三本）。そのため信義は頼朝に叛いたという噂が流れ、信義は頼朝に異心なきことを誓っている（『吾妻鏡』治承五年三月七日条）。

(23)有義は正治二年に梶原景時との与同を理由に弟の石和信光によって追われるまで一貫して武田と称しており（『吾妻鏡』正治二年正月廿八日条、なお信光はこれ以後、武田と称す）、武田氏の嫡流と考えられる。『尊卑分脈』の注記には「武田太郎第一男也云々」とも記されている。なお甲斐源氏については彦吉一太「甲斐源氏と治承寿永争乱」（『日本史研究』四三）参照。

(24)富士川の合戦の際に、武田方から平氏に送られてきた消息には「年来雖有見参之志、于今未遂其思」とあったという（『玉葉』治承四年十一月五日条）。上述の所からすれば、信義にとって必ずしも嘘の発言とも言えないであろう。

(25)『玉葉』安元二年十月十一日条。

(26)貞重は下司政綱に預けられていたが、死去してしまう。これについて政綱らが殺害したのだという訴えが院になされている。重盛と貞重との主従関係を前提とすれば、こうした殺害の噂のでるのは難しいのではなかろうか。

(27)国司・検非違使の例、『中右記』永久二年二月廿五日条の「常陸運上物於参河国被盗取事、先日奏聞之処、……仰云、先件嫌疑人可尋進由可仰参河国司、若不進時可遣使庁使」。主人・本所の例、同永久二年五月十六日条の「尊勝寺庄年貢強盗……同類十八人、殿下・左大臣・祭主・熱田明神庄等住人也、仰云、各付本所、可召進、……重時郎等負数多物籠為義許、依訴申院、度度雖召為義、寄事於左右、于今不進」。

(28)この場合、重盛に代表される平氏にその権限をみるべきであろう。承安四年に蓮華王院領常陸国中郡庄下司経高の濫行が訴えられた際、沙汰未断の間、平教盛がその身柄を預かっている（『吉記』承安四年九月十五日条）。この時の常陸国知行国主は高階泰経であって平氏ではない。

2

(29) 拙稿「院支配権の一考察」（前掲）。
(30) 永延二年十一月八日尾張国郡司百姓等解（『平安遺文』三三九号）の条々の訴えの第三十一条に「以去寛和三年三月七日諸国被下給九箇条官符内、三箇条令放知、六箇条不令下知事」とあり、その尾張国司に「放知」された三箇条の一条に「追討陸海盗賊事」がある。これは『政事要略』によってうち三ケ条の全文が知られる寛和三年三月五日太政官符（新制）十三ケ条のなかの一条である。
(31) 治承二年六月十八日太政官符案（壬生家古文書、『平安遺文』三八五二号）。
(32) 建久二年三月廿二日宣旨案（三代制符、『鎌倉遺文』五二二号）。
(33) 『兵範記』同日条。
(34) 『公卿補任』長寛元年平重盛項。
(35) 『兵範記』仁安二年五月十日条には、「今日依院宣、仰海賊追討事、先注仰詞、内覧殿下、次院奏、次詣左府亭奉下之」とある。
(36) 『玉葉』嘉応元年十二月廿四日条。
(37) 承安三年十一月十一日官宣旨案（類聚神祇本源裏文書、『平安遺文』三六四三号）。
(38) 『玉葉』承安三年十一月十二日条。
(39) 『玉葉』嘉応二年七月三日条、『百練抄』同日条。
(40) 『玉葉』嘉応二年七月五日条。

(41)『玉葉』嘉応二年七月十六日条。兼実は「末代之濫吹、言語不及」と評している。
(42)『玉葉』承安四年十二月十五日条。
(43)『玉葉』承安五年四月廿三日条。兼実は「向右大将第、専雖孫礼、近代不必然、是右大将非其人之故也」と評し、「非言語所及、可弾指」と批判している。
(44)『百練抄』応保元年九月廿八日条。
(45)『公卿補任』仁安元年藤原成親項。以下の成親の記述も『公卿補任』による。
(46)『玉葉』承安四年三月十六日条。
(47)この時期の平氏の厳島信仰については、小倉豊文「平家の厳島信仰について」(魚澄惣五郎編『瀬戸内海地域の社会史的研究』)を参照。
(48)石井進「平氏・鎌倉両政権下の安芸国衙」(『歴史学研究』二五七)。
(49)嘉応三年正月日安芸国壬生荘立券文(厳島野坂文書、『平安遺文』補三五九号)。
(50)田中文英「平氏政権の国衙支配」(『女子大文学』二六)参照。治承三年十一月日付の入道前太政大臣家政所下文は壬生庄内壬生郷地頭の停止を命じている。壬生庄は院庁下文で立券されているから院領の筈であり、清盛の政所下文でかかる命令が出されている点は、清盛が領家であったとも解されよう。しかし厳島社が領家であったろうから、この下文は厳島社全体を本所領として支配した立場からのものと考えられる。なお仁安二年六月十五日の源頼信解(厳島神社文書、『平安遺文』三四二六号)は、その所領三田郷を厳島社に寄進するとともに、清盛の「御寿命長途」の「神楽料」にあてている。
(51)『公卿補任』仁安二年平清盛項。
(52)これ以前の平氏の荘園支配が預所や領家支配であることは、平治元年閏五月日宝荘厳院領荘園注文(東寺百合文書、『平安遺文』二九八六号)にみえる「丹後国志楽庄　大弐清盛朝臣」の例や、永万二年正月十日後白河院庁下文（丹生神社文書、『平安遺文』三三七五号）にみえる預所平重衡、領家平清盛の後白河院領備後国太田庄の例等から知られる。

(53)『玉葉』嘉応二年九月廿日条。

(54)『玉葉』承安二年九月十七日条。

(55)『玉葉』承安三年三月十三日条。

(56)この事情については森克己『日宋貿易の研究』を参照。

(57)これが承安二、三年頃のことであることは森前掲書参照。

(58)拙稿「平家領備後国太田庄」（『遙かなる中世』二）。

(59)今津については森前掲書、能盛については正木喜三郎「怡土荘の能盛法師について」（『東海大学文学部紀要』二七）を参照。

(60)『玉葉』嘉応二年五月廿七日条。

(61)拙稿「院支配権の一考察」（前掲）。

(62)石丸熙「院政期知行国制についての一考察」（前掲）。

(63)飯田悠紀子「知行国主・国司一覧」（前掲）。

(64)表は安元元年の平氏の主要人物の官位を示したものである。

安元元年当時の平氏主要人物の官位〔『公卿補任』による〕

人名	年初の官位	年内の異動（異動月日）	公卿になった年月日
重盛	権大納言・正二位・右大将	大納言（11・28）	長寛一・一・五
宗盛	権中納言・従二位・右衛門督	左衛門督（11・28）	仁安二・八・一
時忠	権中納言・従二位・中宮権大夫	右衛門督・使別当（11・28）	仁安二・二・一一

頼盛	参議・正三位・右兵衛督		仁安一・八・二七
教盛	参議・正三位		仁安三・八・一〇
経盛	非参議・従三位・大宮亮		嘉応二・一二・三〇
知盛	正四下・左中将		治承一・一・二四
重衡	正四下・左馬頭・中宮亮		養和一・五・二六
維盛	従四下・右近権少将・中宮権亮	従四上（12・5）	養和一・一二・四
通盛	正四下・能登守〔左兵衛佐〕	越前守（1・20）	寿永二・二・二一
資盛	正五下・侍従		寿永二・七・三
清宗	従五上・侍従	正五下（1・5）	治承四・五・三〇

(65)『玉葉』安元二年十月廿三日、廿九日条。
(66)『玉葉』安元二年十二月五日条。知盛は当時、左中将であり、光能は右中将だったが、この時の除目で光能は蔵人頭となっている。しかしこれには平氏の巻返しがあって、翌年正月の除目で知盛は従三位に叙せられ、公卿となっている。
(67)『玉葉』治承元年三月廿一日条。
(68)『玉葉』治承元年四月十四日、十五日条。
(69)『玉葉』治承元年四月十九日条。
(70)『玉葉』治承元年四月廿日条。
(71)『玉葉』治承元年四月廿八日条。
(72)『玉葉』治承元年五月五日、十一日、廿二日条。「仲資王記」治承元年五月廿五日条。
(73)『玉葉』治承元年五月廿七日、廿九日条。
(74)『玉葉』治承元年六月一日、二日条。

(75)『玉葉』治承三年七月廿八日条。

(76)『玉葉』治承四年五月廿六日条。それには「件両人（重衡・維盛のこと）先会合大将之家、景高等寄向之後、猶可分遣大将軍一両之由議定、欲奏事由之間、此両人無左右馳向之間、於一坂之辺、見敵軍之首等、相共帰来云々」とある。

(77)安房国に逃れて相模国にもどってきた頼朝に対する、大庭景親・伊東祐親等の敗退、駿河国目代以下の「有勢武勇之輩」の甲斐源氏による敗退（『玉葉』治承四年十一月五日条）等。

(78)『玉葉』治承四年九月十一日条。

(79)高田実「平氏政権論序説」（前掲）はこの軍兵を「駆武者」（『平家物語』巻五）とみて、その軍事力の性格を分析されている。しかし駆武者であることが平氏の軍事力の弱さを意味するのではないだろう。東国や北陸道に徴発された平家軍の弱さは主に遠征軍による疲れに基づくものであって、駆武者であるかどうかが主原因ではない。後に平氏追討に差しむけられた東国軍が疲れから士気低下をきたし、本国下向を願った例が参考となろう。

(80)『玉葉』治承元年十一月十四日条。

(81)『玉葉』治承二年六月八日条。

(82)註(80)史料。

(83)『玉葉』治承三年十一月十五日条。

(84)石母田正「平氏『政権』について」（前掲）。

(85)『玉葉』治承二年四月廿三日条。

(86)『玉葉』治承二年六月五日条。

(87)『玉葉』治承二年閏六月四日条。

(88)『玉葉』治承二年七月廿九日条。

(89)治承二年七月十八日太政官符（前掲）。

(90)『玉葉』治承二年閏六月五日条。

(91)『兵範記』保元元年閏九月十八日条。

(92)この時期の大衆・堂衆の内部対立をあげれば、『玉葉』治承元年七月十七日条の「奈良大衆蜂起云々、……大衆切払範玄律師房了件僧、法皇第一近臣也云々、」、同八月四日条の「去七月十六日、大衆切範玄房了、同廿日範玄方大衆、可切別当僧正及此僧都房等之由、風聞、……寺中偏如戦場」、『百練抄』治承元年十月七日条の「東大寺別当敏覚相語軍兵、切払本寺内房舎、或又及焼失、是去月比為衆徒被払報答云々」、同治承二年二月七日条の「清水寺々僧於寺内合戦」、『玉葉』治承二年九月廿四日条の「近日延暦寺衆徒与同堂衆、数度企合戦、一山欲磨滅」、同十月四日条の「今日已合戦、学生方兵士等為攻堂衆等、焼払大津在家等了云々」、同十月六日条の「山門学生等悉以離山了、堂衆其勢太強、敢不及為敵」、同治承三年六月五日条の「山門堂衆与学徒、今朝可決勝負、一宗之磨滅時已至云々」等の記事がある。

(93)当時の知行国支配の出発点が保元新制にあったことはつとに指摘されている所である。本免外の加納余田や庄民濫行を停止した保元新制の第二条は、知行国内の検注を可能にした。平氏の場合では保元三年に大和国において清盛が家人中原貞兼を派遣して実施した検注が知られる。これについては有本実「平氏の擡頭と院政」（前掲）、高田実「平氏政権論序説」（前掲）を参照されたい。また建仁二年二月十四日源能信・同種保申詞記（『九条家文書』、『鎌倉遺文』一二九〇号）にみえる応保二年頃の「安芸前司能盛、為平太政入道使、八田部郡内七ケ庄被検注」という例もあげられる。これについては大山喬平「武士と荘園」、高尾一彦「鎌倉政権の確立」（それぞれ『兵庫県史』第一巻、第二巻所収）を参照。ただし応保二年頃の摂津守が院近臣の高階泰経であることを考えると、院と平氏との結びつきに伴う検注と考えるべきであろう。このような平氏の検注も基本的には後白河院政下での知行国支配の強化の一環に他ならないことは石丸熙「院政期知行国制についての一考察」（前掲）の指摘の通りであろう。

(94)『玉葉』治承三年七月廿五日条。

(95)註(94)史料。

(96)『玉葉』治承三年七月廿七日条。

(97)新制は卅二ケ条で八月卅日に出された（『玉葉』同日条）。わずかに伊勢神宮に関する一条（「類聚大補任」、『群書類従』補任部所収）と、新制に基づいて検非違使が結番でもって東西市を監視するように命じた、治承三年十月廿六日検非違使廻状（『大夫尉義経畏申記』、『群書類従』公事部所収）が知られるのみである。

(98)石丸熙「院政期知行国制についての一考察」（前掲）は、このクーデタによる知行国支配を積極的に評価して、在庁把握の進展、軍役収取形態の支配体系への編成をみておられる。しかし氏のあげられる在庁把握の成功例の尾張国は、平氏が惣官職を設置した治承五年以後の事実であり（『吾妻鏡』治承五年三月十九日条）、失敗例の若狭国は二十数年にわたろうとする平氏知行国なのである。知行国支配の強化は平氏にはマイナス効果となってあらわれていることに注意したい。

(99)『玉葉』治承四年十一月廿八日条。

(100)工藤敬一「鎮西養和内乱試論」（『法文論叢』四一）。

4

(101)『玉葉』治承五年正月十九日条。

(102)石母田正「平氏政権の総官職設置」（『歴史評論』一〇七）。

(103)　『玉葉』治承五年二月八日条。

(104)　石母田正「鎌倉幕府一国地頭職の成立」(『中世の法と国家』)。

(105)　『玉葉』治承五年二月七日条。

(106)　治承五年二月廿日伊勢国留守所下文(壬生古文書、『平安遺文』三九五二号)。この二月七日には美濃・伊勢国での渡船点定の宣旨の他、京中在家の計注、丹波国諸庄園総下司職補任等の一連の宣旨が出されている(『玉葉』治承五年二月八日条)。

(107)　(治承五年)二月廿日藤原盛経書状(壬生古文書、『平安遺文』三九五三号)。

(108)　『玉葉』治承五年七月廿三日条に「邦綱卿女子等、所譲得之摂政家領等之中、両三所、預賜盛経法師室家乳母夫、天下第一之貪欲非常者也。……然間、件女子等、触訴前幕下、以外有諠譁事等」とある。盛経が知行した三ケ所について前幕下宗盛に訴えがいっている点から、盛経を宗盛の家人と判断した。

(109)　寿永二年四月十一日散位藤原能季申文(天理図書館所蔵文書、『平安遺文』四〇八三号)。これには「能季非指隣国他境之者、相伝譜代之住人……次云今両年之上郡并当郷兵士被催召事、全非能季之申行、被宛催国内一同之間、当郡通季之在郡也、可加共催之由、一旦雖被仰下」とある。

(110)　寿永二年三月日山城国和束杣工等重申状(興福寺文書、『平安遺文』四〇八〇号)。それには「可下北陸道兵士并兵粮米、度々依祝薗之馬椽之承、被加催」とある。この「祝薗之馬椽」を石丸熙論文は後にみる高田実氏の所説を否定されて国衙在庁と理解されたが、「馬椽」だから在庁であるとは言えない。「馬椽」という官名からすれば、この山城国南部に蟠居する渡辺党の武士団を想定すべきだろう(三浦圭一「中世における畿内の位置」『ヒストリア』三九・四〇合併号参照)。近くの東大寺領玉井荘下司に源昵がいる(寿永元年九月日東大寺政所下文案、『平安遺文』四〇五六号)。なお馬椽某が兵士役催促を加えた和束・天山両杣および祝薗は山城国相楽郡内にあるから、かれは相楽郡内一郡に催促を加えたのであろう。

(111) 高田実「平氏政権論序説」（前掲）はこの点について、「現実には在地の有力者の協力を媒介とせざるを得なかった点で、現実にはきわめて難航したことが明白である」と指摘されたが、在地の有力者をつかまえずに兵士役・兵粮米を賦課したならば、徴収はもっと難航しただろう。在地武士団を媒介した点こそが評価されなければならないだろう。

(112) 註(109)史料。ただしこれは摂関家政所に春日社領の惣追捕使職補任を訴え、春日社司の陳状に対して弁明したもので、発言内容は割引して考えねばならぬ。

(113) （寿永二年）三月十六日平棟範奉書（佐々木信綱氏所蔵文書、『平安遺文』五〇八〇号）。全文を左に示す。

能季申辰市惣追捕使職事、被相尋候之処、社司等申状如此、可進覧之由所候也、棟範恐惶謹言

三月十六日　木工頭棟範奉

源大夫判官殿

このうち棟範は摂関家の家司であるから、摂関家の奉書といえよう。源大夫判官季貞については、永万二年正月十日後白河院庁下文（丹生神社文書、『平安遺文』三三七五号）に「進正文兵部卿（清盛）罷了、取継左衛門尉季貞」とあるのを始めとして、『山槐記』治承三年四月廿一日条の「検非違使……左尉源季貞」、同治承三年十二月十四日条「参禅門（清盛）八条……以検非違使季貞所伝申也」、『玉葉』治承四年五月廿六日条「検非違使季貞為前大将（宗盛）使、参院」、『吉記』寿永元年三月廿五日条「前大将（宗盛）以大夫尉季貞為使、示送肥州事」とその所見は多い。

(114) （寿永二年）三月廿六日源季貞奉書（興福寺文書、『平安遺文』四〇七九号）。全文を左に示す。

天山・和束両杣兵士事、可令注進交名之由、早可令下知給旨候也、以此旨、可令申上給候、恐々謹言。

三月十六日　左衛門少将季貞

(115) （養和元年）四月廿四日紀伊国荒川荘百姓等解（高野山文書、『平安遺文』補三九七号）。また四月廿七日僧申状案（高野山文書、『平安遺文』三九八二号）はこの家人等を「近国之御家人」と称している。なおこの二つの

文書については井上満郎「鎌倉幕府成立期の武士乱行」（『日本史研究』一一〇）を参照。

(116)　治承四年十二月日高倉院庁下文（高野山文書、『平安遺文』三九四六号）。

(117)　（寿永二年）八月七日後白河上皇院宣（東南院文書、『平安遺文』四一〇〇号）。それには「東大寺領仏聖免等妨事、小東庄内前内府（宗盛）家五町六段、左三位中将（重衡）十町七段、左衛門尉能清三町七段、同羽鳥新三位（通盛）三町七段、停止彼等妨、寺家進退」とある、能清の小東庄知行は重衡による南都焼打後の寺領没収と関係あるのではなかろうか。

(118)　この佐藤能清や父の仲清と平氏との関係を分析された田中文英「平氏政権の在地支配構造」（時野谷勝教授退官記念事業会編『日本史論集』）は、佐藤氏の領主制支配を援助し、権力編成する平氏の動きを平治の乱以後一貫したものとして把握された。また西行との関連から佐藤氏の動きを追われた目崎徳衛「佐藤氏と紀伊国田中荘」（『聖心女子大学論叢』四三）も同様に平治の乱以後の佐藤氏と平氏の結びつきを強調されている。しかし治承五年以後はともかく、それ以前における平氏と佐藤氏の結びつきは薄いと考える。まず本文でも述べたように佐藤能清と相論している高野山領荒川荘には治承四年に高倉院庁下文によって高野山に勝訴の判決が下っている。これは高野山が平宗盛に訴えた結果である。ではこれ以前はどうであろうか。荒川荘は八条院が高野山へ寄進したものだが、八条院と深い関係にある平頼盛が安元元年以来、紀伊国の知行国主となっており、荒川荘は平氏に保護されていた。それに対し、能清は「祇候院中」していた。平氏は高野山・荒川荘と関係が深かったのである。高野山根本大塔が清盛の造進によることをもち出すまでもない。田中・目崎両氏が強調される平氏と佐藤氏との結びつきは能清の父仲清の時に、清盛の家人源為長が紀伊守となり、仲清とともに荒川荘に乱入したといわれる事件から指摘されている。ところが為長の荒川荘焼失・乱入事件と仲清の荒川荘押妨事件とは本来別個の事件だったのである。これらの事件に対する東寺の応保二年十一月日付の訴状案（高野山文書、『平安遺文』三二三五、三二三六号）は二通現存しているが、一通の東寺所司訴状案は「破」と記され、破棄されたものの土代と考えられ、もう一通の東寺門徒申状案は実際に提出された申状の案文と考えられる。このうち破棄された申状では為長の乱入事件と仲清等の押妨事件とは二箇条で別個に記されている。これに対して朝廷に提出された申状では二つの事件が関係づけられて記されているのみでなく、門徒奏状という大がかりな訴状の形式に改められているのである。明らかに二つの事件は訴えを有利に運ぼうとする高野山＝東寺によって、一つに結びつけられたのである。したがってこの件についても佐藤氏と平氏との結びつきは明らかではない。

以上から佐藤氏の領主制支配と平氏を結びつけるのは治承四年までの時期においては無理かと考える。

(119)『玉葉』寿永二年六月五日条。

(120)『吾妻鏡』文治三年九月十三日条。

(121)表(C)参照。

(122)近江源氏の場合、表(C)の⑯。摂津源氏の場合、『玉葉』治承四年十一月廿三日条「去夜、手嶋蔵人某……放火福原人宅、逐電向東国了」、河内源氏の場合、『玉葉』治承五年二月九日条「被渡源義基頸幷其弟二人等」、『吾妻鏡』同日条「去年冬、於河内国為平家所被殺害源氏前武蔵権守義基之首、今日渡大路」。

(123)『延慶本平家物語』巻三に追討宣旨が収められている。追討使はそれぞれ「越後国住人平助長」「鎮守府将軍藤原秀衡」である。なお『玉葉』には「越後城太郎助永、依宣旨、已襲来甲斐信濃国之由風聞」（閏二月十七日条）とみえる。

(124)「頼朝信義籠上総甲斐、秀衡助長可攻」（『山槐記』治承四年十二月二日条）。

(125)『玉葉』治承四年十二月三日条。

(126)『玉葉』治承五年八月十五日条。

(127)『玉葉』治承四年十二月十八日条。

(128)『玉葉』治承五年閏二月五日条。

(129)『玉葉』治承五年閏二月六日条。

(130)『玉葉』治承五年閏二月七日条。
(131)『玉葉』寿永三年二月廿三日条。
(132)註(12)参照。
(133)寿永三年二月日源康忠解（西宮文書、『平安遺文』四一四〇号）。
(134)高田実前掲論文はこの義経の安堵方針を「鎌倉方の軍事力編成がまさしく中世社会を準備する主体としての在地領主層の土地所有の安堵を媒介としてのみ具体化される」として高く評価し、それに対して「内乱過程における平氏の施策は、……このような指向性を発見することができない」と平氏のそれを低く評価された。しかし本宅安堵とは、本領安堵とは違って在地領主の土地所有とは直接の関係はない。西国の御家人の所領が幕府によってその後も本領安堵されることがなかったことから分るように、幕府と平氏との方針の相違を西国の在地領主の安堵政策からうかがうことは不可能である。
(135)『吾妻鏡』元暦元年二月廿五日条。
(136)義経の活動範囲は惣官職の管轄範囲より若干広いようである。例えば紀伊国が含まれている。ただこの紀伊国は惣官職設置当時、平頼盛の知行国であったから、惣官管轄範囲から除かれたようである。
(137)『玉葉』寿永三年二月廿三日条。
(138)「垂水牧兵粮米事、諸国兵粮米停止了、下知仕候了」（春日神社文書、寿永三年二月廿二日源義経請文、『平安遺文』四一三六号）、「如状者不当之事也、早可令停止其狼藉之状如件　源（花押）」（神田孝平氏所蔵文書、寿永三年三月日感神院所司等解の外題、『平安遺文』四一四五号）等。
(139)『吾妻鏡』元暦二年正月六日条所収元暦二年正月日源頼朝下文。

二　建暦期の後鳥羽院政

――『世俗浅深秘抄』と「建暦の新制」――

はじめに

後鳥羽院政の性格を探るのは意外に難しい作業である。発給文書がいたって少なく、廷臣の日記にも詳細なものが多くないことに一因がある。このために上皇が中心になって編んだ『新古今和歌集』や、慈円の歴史書『愚管抄』、さらに承久の乱を描いた『承久記』を検討して考察するか、または鎌倉幕府の歴史を描いた『吾妻鏡』から見てゆくか、いずれかの方法がとられてきた(1)。

そうした研究状況から、先に『明月記』やその紙背文書を使って、藤原定家との関わりから後鳥羽院政について探ったことがあるが、その時には次のような五期に時期区分を行って考察を加えた(2)。

第一期　治承四年から
第二期　建久元年から
第三期　正治二年から
第四期　承元四年から
第五期　承久元年から

ここで明らかにした後鳥羽院政の展開の道筋を、本稿ではさらに究明するもので、特に注目するのが第四期の初頭に位置する建暦期の院政の動向である。この時期には多くの故実書が編まれていて、それには後鳥羽院政の性格が深く絡んでいると考えられるので、まずは後鳥羽自身が上皇に関わる故実を記した『世俗浅深秘抄』から探ることにしたい。この故実書についても、先に若干は探ったことがあるが、(3)もう一度そのあり方を究明して後鳥羽の政治の方向性を見極めることにしよう。

またその書とも深く関連がある、建暦二年（一二一二）に制定された建暦の新制もあわせて考察したい。この新制については、水戸部正男『公家新制の研究』が触れてはいるが、内容に特別な新味がないと見なされてきたこともあって、その意義は低く評価されてきた。(4)しかし後鳥羽上皇が制定したものであれば、そこには後鳥羽の政治の方針が必ずや認められるに違いなく、その性格を明らかにしたい。

1　『世俗浅深秘抄』の成立

『世俗浅深秘抄』は上下二巻からなり、上巻には一四七条、下巻には一三八条のあわせて二八五箇条にも及ぶ故実を、箇条書した後に、「菩提院入道関白」（松殿基房）説を追加として収録している。一例としてその第一条を次に掲げる。

一　上皇幸時、可然近習殿上人、路頭供奉之間、必不依位階、雖下臈供奉自我位上例也、

この上皇の御幸に関わる故実に始まって、全体は上皇・天皇、廷臣に関わる故実を記したものである。その編著者については、和田英松『皇室御撰之研究』が後鳥羽上皇の手になることを指摘している。(5)そ

の根拠の一つは上巻の一四七条である。

一　上皇相具一員、参神社時、有着染下襲事、非尋常事、即余日吉参時着之、蘇芳浮織物也、裏濃文亀甲ノ中爾菊花也、先規不分明、然有所存、（後略）

上皇が一員（近衛）を具して神社に参詣する際の衣服に関し、「余日吉参時着之」と記していることから上皇自身の手になるものとわかる。さらに『花園院御記』元弘二年（一三三二）十一月十五日条に見える「後鳥羽院御説」が本書の上巻二三条と趣旨を同じくしていること、また一条兼良の『桃華蘂葉』に「後鳥羽院御抄」として引かれている部分が下巻の九条に相当することなどから、後鳥羽上皇の作とみなしたものである。

それだけでは決め手とはならないが、指摘そのものは正しいと考えられる。というのも上巻の一二一条を見ると、最勝講での次将の染装束の記事について、「土御門源内府」の語ったことが次のように記されているからである。

一　最勝講之時、可然次将着染装束日、帯蒔絵螺鈿剣也、是非尋常歟、知足院関白之説也云々、土御門源内府、同如此申之、

この「土御門源内府」は後鳥羽院の執事別当であった源通親であって、その話を聞いて記した上皇ということからも、後鳥羽上皇が本書の著者とわかるからである。したがってその成立については、通親が亡くなる建仁二年（一二〇二）十月以降で、追加された菩提院入道関白説が建暦二年（一二一二）と見えるので、箇条書の故実は建仁二年十月から建暦二年までの間に成ったことがわかる。

次に本書を著すについて、どのような文献に基づいていたのかを知るために、典拠の記事の見える箇

条を抜き出し、そこに記されている文献や年代・関係人物を調べてみたのが表Ⅲ-2-1である。これを見ると、「北山説」（『北山抄』）などの故実書に依拠することはあまり多くなく、上巻の三三条に見える「為房卿記」、「資房卿記」（春記）などの家記が多く利用されているのがわかる。このことは下巻の九八条の正月七日の節会についての記事に「此条勘見諸家記処、所見多之」と見えることからもよく窺える。

その家記も「延喜天暦二代御記」「寛平御記」「延久御記」といった天皇の日記に始まり、「貞信公記」などの摂関の記録、「小野右府記」（小右記）や「宗忠公記」（中右記）・「宗能公記」などの大臣の日記、さらに「師時卿記」（長秋記）・「行成卿記」（権記）・「為房卿記」（大記）などの公卿の日記など、広く利用されているのがわかる。

それらの典拠となった記事の多くが、白河院の時代とそれ以後のものであることは注目に値する。たとえば下巻を見ると、二三条が「嘉承例」、二九・三〇・三一条が天仁三年（一一一〇）の例、三一条が永久三年（一一一五）、三三条が天永二年（一一一一）、三四・三五条が永久四年、四三・四五条が元永元年（一一一八）の例といった具合で、多くは白河上皇の時代の例があげられている。

このことは白河院の時代に上皇に関わる故実が整えられ始めたことを意味するものであって、さらに下巻四八条では、大将の着陣の際に次将がどう振る舞うかという内容についての「白河院仰」が記され、次の四九条の賭射の記事においても「白河院仰」が記されている。すなわちこれらからすれば、後鳥羽上皇は院政を確立させた白河院の故実を探ることによって『世俗浅深秘抄』を著したものと指摘できよう。

上皇が特に白河院の仰せを尊重していたことは、『後鳥羽院記』建保二年（一二一四）四月一日条に、

表Ⅲ-2-1　『世俗浅深秘抄』の出典関係記事

巻・条	典拠・人物・年記
上 14 条	師時卿記
33 条	永保三年十一月一日為房卿記　長暦年中左中将資房　資房卿記
37 条	菩提院入道申
42 条	小野宮右府記　公任行成卿　右少弁有業　左右大夫尉盛道・光信
51 条	永久三年白河院　知足院入道　京極関白　法成寺関白　貞信公記
52 条	京極関白
53 条	宇治関白　長暦三年
54 条	宇治関白頼通　太政大臣公季
56 条	京極関白
57 条	知足院入道　鳥羽院御堂
59 条	行成卿記
67 条	三品具平親王
71 条	知足院入道　京極関白
74 条	京極関白
78 条	参議俊憲
80 条	宰相中将国信
81 条	右大臣公能
85 条	貞信公
86 条	大宮右府俊家
87 条	京極関白　宇治関白
95 条	京極関白
96 条	堀河院
97 条	後二条関白
98 条	少将顕国　仲実公
99 条	法成寺入道女
112 条	延久聖主御記
117 条	寛平法皇　醍醐天皇　御記
121 条	知足院関白　土御門源内府
125 条	長暦四年　承暦　寛治六年
128 条	宗忠公記　為房卿記
129 条	後三条院仰　宇治関白
130 条	延喜天暦二代御記
上 137 条	永久四年十一月　右近中将雅定　左近少将顕国
142 条	小野右府記
143 条	宇治関白
144 条	北山説　小記
147 条	余日吉参
下　6 条	知足院入道
7 条	寛平法皇　後三条院　鳥羽院
8 条	光仁天皇　永手大臣　光孝天皇　昭宣公　後白河院　法性寺入道
10 条	白河院
23 条	嘉承例
26 条	寛平法皇　寛平御記
29 条	天仁三年宗能公記
30 条	天仁三年宗能公記
31 条	天仁三年　永久三年
32 条	左衛門督雅俊
33 条	天仁二年右大将家忠　左少将宗能
34 条	永久四年関白臨時客　右中将師時
35 条	永久四年有仁公　白河院
41 条	永久五年白河阿弥陀堂供養
43 条	元永元年法勝寺読経　右中将
45 条	元永元年兵衛佐顕保
48 条	白河院仰
49 条	白河院仰
50 条	成通卿　忠教卿　顕実
51 条	寛治三年或記
53 条	北山説　小野宮記
75 条	八条大相国実行公
81 条	貞観式文　九条右大臣記
100 条	白河院
102 条	延久御記
106 条	閑院太政大臣　久我大相国
124 条	康和御賀
125 条	花園左大臣　大炊御門左府経宗
128 条	白河院御随身下毛野近季

「八日以前無神事儀、是雖灌仏年、自九日之神事由、先白川院所被仰也、仍存其旨者也」とあり、白河院の仰せに基づいて、四月には八日以前に神事を行わなかったことからも窺える。また『世俗浅深秘抄』のなかに京極関白（藤原師実）の説が数多く引用されているが（上巻の五一、五二、五六、七一、七四、八七、九五条）、これは師実が白河天皇の関白としてその政治を助け、白河天皇に大きな影響をあたえていたからである。

その師実の言説は孫の忠実によって語られ、『中外抄』や『富家語』などに記されているが、後鳥羽上皇がそれらを利用して『世俗浅深秘抄』を記していたことは、たとえば上巻五六条に、節会では紫緂の平緒を公卿が用いることや踏歌節会には必ず用いることを京極関白師実の説として載せているが、これが『中外抄』下巻の四八条に京極関白の説として載ることなどからも明らかである(6)。

ではこれらの家記や抄物を後鳥羽上皇はいかに入手したのであろうか。九条道家の日記『玉蘂』承元五年（建暦元年）五月十二日条を見ると、院の「近臣清範」から次のような奉書がもたらされたことが記されている。

参議長房公事抄候者、令進給也、可令借申大将殿之由、内々御気色所候也、清範恐々謹言、

五月十三日　　　　清範奉

進上　大宮宰相中将殿

「参議長房公事抄」をお持ちならば院に進めるよう、「大将殿」（道家）に借りて提出するようにという内容の院宣である。宛所の「大宮宰相中将」は西園寺公経の子実氏で、院近臣である。実氏の手元にないならば、道家に借りて提出するようにとあることから、道家にも照会があったのだが、道家は未見

であると返答している。

院から提出を求められていたこの「参議長房公事抄」とは、大納言藤原経輔の子で康平七年（一〇六四）に従三位となり、白河天皇の永保三年（一〇八三）に参議となった藤原長房の記した公事に関する書物であろう。参議の故実を記した『参議要抄』に引用されていて、その重要な出典となっている「長房卿抄」「長房抄」がこれのことである(7)。

さらに『玉蘂』同年五月十五日条を見ると、宰相中将実氏が院の使者として文治の朝覲行幸の事を知るべく「故入道記」を借覧したいと道家に言ってきたことから、道家がこれを献じている。「故入道記」とは道家の祖父兼実の記録に他ならない。その翌日には、院が再び清範奉書をもって、朝覲行幸に関わる「宇治左府御記」を進覧するようにという命令があり、この宇治左大臣藤原頼長の筆録も献じている。後鳥羽上皇は朝覲行幸について調べる必要から、このように家記の借覧を求めていたことがわかるが、『世俗浅深秘抄』には朝覲行幸関係の記事が、上巻の二七条、二八条、三五条、一一二条、下巻の一条、一二四条など多く載っている。

これらの家記類の提出が『世俗浅深秘抄』に関わるものであろうことは、時期といい、内容といい、疑いないところであろう。そうであればこの時期に後鳥羽は広く故実を整えるために力を注いでいたことが指摘できよう。

その上皇に協力していた廷臣をあげるならば、第一には上皇の使者として道家亭にやってきた西園寺実氏があげられる。『玉蘂』同年二月十七日条で道家は実氏を「高名好文人也」と高く評価しているが、その来訪記事の多くは公事に関わるものであった。三月には石清水臨時祭の習礼の件で来訪し、五月二十日、二十五日、二十六日にも立て続けに院の使者としてやって来て、公事の不審について尋ねたり、道家の回答が院の「御意」に叶うものであったことなどを伝えたりしている。なかでも次に引く六月十二日条の来訪記事は注目される。

宰相中将来談云事、於院有沙汰之事、談云、下﨟奉内弁之後、上﨟大納言参上不可改仰歟之由有沙汰云々、（中略）又談云、雨儀公卿次将、

ここに記されている院における「沙汰」では、幾つかの故実を問題としていることが知られるので、こうした院における公事沙汰を経て『世俗浅深秘抄』が成立するに至ったのではなかったか。この日の沙汰のうちの雨儀の行幸に関する次将の故実については、『世俗浅深秘抄』の上巻一七から一九条にかけて記されている。

そうであれば院の公事沙汰に実氏は深く関わっていたのであろう。実氏は後鳥羽院に仕えた後、承久の乱後には父公経とともに大きな権威を築くことになるが、『花園院御記』元弘二年十月二十八日条に「建暦実氏公、以院御説如此置之」と記されていることをも考えあわせると、『世俗浅深秘抄』の成立に大きく関与していたことが窺える。

続いて朝覲行幸に関する「宇治左府御記」を進覧するように命じてきた後鳥羽上皇の院宣に応じ、道家が請文の返答を渡した「新中納言」光親も同じく院の公事沙汰のメンバーの一人であったろう。光親は権中納言藤原光雅の子で院の政治を実務の面で支えた官僚であり、その故実に関わる話は『徒然草』四八段の「光親卿、院の最勝講奉行して」と始まる話に登場する。

藤原光親が後鳥羽の院の最勝講（金光明最勝王経の講説の法会）の奉行をした際の話であって、その法

会が終わって御前で出された供御（食事）の降ろしを食べた光親が、食い散らかした膳を御簾の中に差し入れてさっさと出て行ってしまった。それを見た女房たちが「あなきたな、誰に取れとてか」と非難したところ、院が「有職の振舞ひ、やむ事なきことなり」と感心したという。

院の命令を伝える奉者として見える院「近臣」藤原清範も考えられるが、その身分が低く、顕職に任じられていないので、メンバーというよりも「能書」と記されている点から見て、執筆にあたったと考えられる。

では故実に大いに関心を抱いていた藤原定家についてはどうであろうか。この前年の頃に次将の装束に関する故実書『次将装束抄』を編んでいることを考えれば、定家もそのメンバーである可能性があろう。残念ながら同時期の『明月記』が残っていないが、少し後の建暦元年七月から現存しており、その七月一日条に公事竪義に関する次の記事が見える。

参院、新中納言云、来十日頃可有人々公事竪義、可勤仕問者、節会源大納言、相撲土御門中納言定通卿、臨時祭宰相中将実氏卿又不及子細、乍仰天申承之由、

院は公事の竪義を企画し、その問者を勤めるように新中納言光親を通じて定家に命じている。それによれば節会の竪者は源大納言通光、相撲の竪者は土御門中納言定通、臨時祭の竪者は宰相中将実氏が勤めるものであったという。この突然の命令に定家は仰天しているので、企画そのものには関わっていなかったことがわかる。それとともに、その企画には院宣を伝えた新中納言光親や、竪者を勤めることになった源通光・定通、藤原実氏らの四人が最初から関わっていたものと見られる。

このうち光親と実氏の二人は先に指摘したように院の故実の沙汰に関わっており、久我通光と土御門

定通の二人は、『世俗浅深秘抄』に見える土御門通親の子であることを考えると、これら四人が院の故実の沙汰に早くから関わっていて、その延長上で公事の竪義でもその中心を担うようになったのであろう。なお久我通光については、『徒然草』一〇〇段に、久我相国通光が殿上で水を飲もうとした際、食事などを供する主殿司が土器に水を入れてきたので、「まがり」(椀)に入れてくるように命じ、椀で飲んだという話が見えている。

さて公事の竪義は実際には七月二十日に始まるが、その日には同日に行われた山門の大衆と堂衆との対立についての議定に参ったついでということから、藤中納言資実と三条中納言長兼が希望して参加したという。この日の竪義は行幸を扱い、問者は五人、注記は藤原定高が勤めている。『玉蘂』によれば、十五日に道家は右中将実家とともに行幸に関する記録を抄出しているが、翌日に行幸の公事竪義が予定されていたのでそれと関わるのであろう。

こうして公事の竪義は多くの人々を巻き込んで行われた。七月二十一日の節会の竪義では、源大納言通光が竪者を勤め、問者は上皇、光親、定家、藤原宗行、平経高の五人があたり、注記は藤原定高が勤めた。二十二日の相撲の竪義では、大納言藤原定輔、中宮大夫西園寺公経が日頃から伺候していたところに、徳大寺内府公継も所望して参入し、竪者は源中納言定通で、定家は注記を勤めた。終わった後には「例雑論義」が行われたという。

二十三日には「博陸」近衛家実が聴聞するなかで、旬の事についての竪義があり、竪者は新中納言光親、問者は平経高、土御門定通、定家であったという。二十四日の臨時祭の竪義には関白家実と内府公継が聴聞し、神事のために藤原宗行は参らず、聴聞していた藤原資実と三条長兼の両中納言が突然に問者に入れられ、宰相中将実氏が竪者を勤め、問者は源通方・定通、藤原資実・長兼・定家であった。竪者実氏の分明な言説は聞く者を感歎させたという。

二十六日になって定家は二十二日の注記を清書し、左近大夫清範につけて院に進呈しているので、これ以前にひとまず公事の竪義は終了したのであろう。やがて九月八日になって定家は従三位に叙せられているが、それは公事の関係によるものという情報が定家の耳に伝わってくる。すなわち『明月記』九月十三日条に、「或女房密語云、予叙上階、偏勤公事、甚叶叡慮、常被仰此事、或権勢恐有其賞、以賂親近、散三位奉公不可劣由示含、因茲未載冠之輩、涌出勤公事」とあり、定家が公事をよく勤めたことから、三位になったという噂が記されている。

こうして公事に力を入れていった後鳥羽は、さらに広く番論義をも行うようになる。早くにはこの年三月十五日には楽府の論義を行っているが（『一代要記』）、九月七日に日吉社に赴いた時に番論義を行わせて山門の大衆を喜悦させると、その延長上から二十四日には、大嘗会の番論義を企画して藤原光親が奉じた院宣によって二十人を指名している。定家もその論匠の一人に指名されたが、咳病を理由に参加を断っている。論義は二十五日に関白家実、相国藤原頼実が着座するなか行われ、失錯があれば簾中で後鳥羽が板敷を叩いたという。つまり後鳥羽は証義（判者）を勤めたのであった。

定家は出席すれば恥になるだけであるといい、終身の恨みになるとしても、当時の恥には堪え難いと不参加の理由を洩らすとともに、こうしたことはこれからもあろうことかと、番論義に関する情報を書きとめている。その時の論義のメンバーを示そう(8)。

大嘗会〈付御禊〉論義

一番　源通具卿、三条長兼卿　　二番　日野資実卿、藤原顕家卿
三番　藤原高通卿、源通方朝臣　　四番　藤原資家朝臣、藤原忠明
五番　藤原顕俊朝臣、藤原親輔朝臣　　六番　藤原宣房朝臣、藤原家宣
七番　源親長、藤原範時　　八番　平経高、藤原兼隆
九番　藤原宗房、藤原頼資　　十番　平棟基、藤原成長

この論義では、後鳥羽上皇が源中納言通具や平経高、藤原兼隆らを高く評価したことが、『玉蘂』十月二日条に三条中納言長兼からの情報として記されている。論義はさらに翌年三月五日になると「系図沙汰」の際にも行われ、これを聞いた道家は、「近代諸事被行論議、難治事歟」と批判している。

なおこれらの記事や、後世においてこの時の論義の様が後鳥羽院の時代のものとして特に語られていることなどから、後鳥羽院の時代を論義の時代であると評価した小川剛生氏は、この時の論義の前提には藤原頼長の「儒道竪義」（『台記』天養元年八月二十一日条）があったことなどを指摘している。(9)

さらに建暦元年から二年にかけての時期には、竪義や論義のほかにも、節会や行事があるとそれに先立っては必ず予行演習である習礼を行っており、その様子は『古今著聞集』収録の説話にも見えている。このあまりな過剰ぶりに、道家は建暦二年三月十二日の臨時祭の習礼を記す『玉蘂』の記事で、「近日有如此事、可悲世也」とさえ評している。

では『世俗浅深秘抄』はいつ成立したであろうか。『玉蘂』建暦元年七月十三日条に院から「師時記」（源師時の『長秋記』）の進上が命じられた記事があり、その三日後の十六日条を見ると、西園寺実氏が道家邸にやってきて、「師時記」を諸人から院が召したのは、諸人が家記を秘蔵していることから、

公卿の所作を正すために行っているのであると語っている。[10] 上皇により公事・故実の公定化がはかられて、『世俗浅深秘抄』の大概は、この時期までには成立していたことであろう。

七月一日の公事竪義の企画はその成果の上で行われたものとも考えられる。もちろんこの後に幾つかの改訂が施されたことは十分に考えられるが、『世俗浅深秘抄』は建暦元年六月・七月頃にはその大概が編まれ、それを前提に翌年の建暦二年三月二十二日に新制は制定されたのであった。

2　建暦の新制の制定

建暦の新制は承元四年に後鳥羽上皇が土御門天皇を皇位から降ろし、順徳天皇を位に即けたことに始まる徳政の一環であったと見られる。新帝誕生の直接の契機は彗星の出現にあった。

『愚管抄』は、九月に彗星が出現し、「彗星イデテ、夜ヲ重ネテ久ク消エザリケリ、ヨノ人イカナル事カトヲソレタリケリ」と世の人が騒ぎ出して様々な祈禱が行われたことを記し、それによって彗星も一旦は消えかかったのだが、再び十一月に出現し、ついに譲位が断行されたという。これは彗星の出現により王を代えて徳政を行おうという徳政思想に基づくものであるが、その新たな王の名で出されたのが建暦二年三月の新制である。したがってこの新制は代替わり新制にほかならない。

これ以前にまとまった形で出されている新制には、保元・治承・建久の三つがあるが、このうち建久の新制は建久二年（一一九一）、後白河上皇の亡くなる前年、源頼朝が上洛した直後に制定されたのではあるが、後鳥羽が成人した直後であることが注目される。その前の治承二年（一一七八）の新制は、平氏打倒の密議に起因する鹿ヶ谷事件の混乱を収拾するなかで制定されており、さらにその前の保元元年（一一五六）の新制は直前に保元の乱が起き、その内乱の収拾するなかで制定されたが、後白河の即位の直後でもあった。

こうしたことから建暦の新制は、保元の新制の代替わりの側面を引き継ぎつつ、自らが元服して出した建久の新制にならったものと指摘できよう。ただその先行する二つの新制とは違い、差し迫って出されたものではない。それだけに為政者の抱えている政治的課題がそこに端的に認められるに違いない。

新制の条文は『玉蘂』建暦二年三月二十二日条に「此日又被下新制宣旨廿一箇条云々、追可尋入有真名仮名新制、可書入」として、二一箇条の真名新制と一七箇条の仮名による「けちうのしんせい」が書き込まれていたために知られている。『業資王記』『皇帝紀抄』にも二一箇条の新制が出されたと見えている。したがって少なくとも性格の異なる二つの新制がこの時期に出されているのがわかる。

ここで少なくともと言ったのは、もう一つ別の新制が出されていた可能性があることによる。『玉蘂』の記事には「此日又」とあって記されており、二度目の新制である可能性が窺え、翌日の石清水臨時祭において、蔵人や殿上人皆が新制によって打衣を脱いだことが『玉蘂』に記されているのにもかかわらず、それを規定した条文が前日の新制には見えない。さらに後に見るように二一箇条の新制が極めて限定的な内容であることもあげられる。

以前の新制が少し間をおいて二度にわたって出されていることも重要である。たとえば建久の新制は、建久二年三月二十二日に建久Ⅰ令が出された後、三月二十八日に建久Ⅱ令が出されている。ならばもう一つの新制はいつ出されたのであろうか。

『玉蘂』によれば、これ以前の三月三日には新制が未だ下されていないとあるので、この時点ではまだ出されていなかったろう。建久の新制の例では、建久Ⅰ令と建久Ⅱ令の間は約一週間ほどあるので、あるいは『玉蘂』の記事が欠けている三月十五日・十六日付近に出されたのではなかろうか。

さて三月二十二日に出された新制の内容を見ると、「建暦二年三月廿二日　宣旨」と始まり、二一箇条が記され、「蔵人民部権少輔藤原資頼奉」と蔵人頭が奉じる口宣の形式をとっている。以前の三つの新制と比較すると、条数が少なく、それらを分類すると、表Ⅲ-2-2のように大きく三つのグループにまとめられる。

Aは寺社の保護・禁令からなり、Bは過差の停止令、Cは一般的禁令である。これを建久の新制と比較すると、Aグループは一七箇条からなる建久Ⅰ令に対応しており、BとCグループは三六箇条からなる建久Ⅱ令に対応するという関係にある。また建久令にあって建暦令には見えないのは、朝廷の官衙の守護や警備などの項目である。ならばこの建暦令の少し前に出されたと見られる新制には、前年の建暦元年から熱心に行われていた朝廷の公事に関わる条項や、差し迫っていた石清水臨時祭などの過差に関する条

表Ⅲ-2-2　建暦の新制の構成

A— 1	諸社祭祀神事勤行
2	恒例臨時仏事勤行
3	本社修造
4	本寺修造
5	京畿諸国諸社末社別宮建立停止
6	国領の寺社寄進停止
7	諸社の濫訴停止
8	神人悪僧濫行停止
B— 9	賀茂斎王供奉人装束過差停止
10	賀茂祭使者禄法過差停止
11	五節風流過差停止
12	京畿諸社祭供奉人装束過差停止
13	服飾規定
14	従者員数制定
15	諸司諸衛官人乗車停止
C—16	六斎日殺生禁断
17	僧侶兵仗停止
18	私出挙利息一倍以下
19	京中道橋の管理清掃
20	群飲射的停止
21	京中中媒停止

項が盛り込まれていたものと見られる。

次に仮名新制で定められたのは、家中新制とあるように家中法ともいうべきものであって、その多くは民庶の服飾統制からなっている。[11]たとえばその第一条には「ちけの六位、さしぬきをきるへからさる事」とあって、地下人の服飾を規制しており、第二条以下においても「をとこ、をんな」という民庶の男女に関わる規定が並んでいる。

以上から建暦の新制の総体は、真名新制のA寺社の保護・禁令、B過差停止令、C一般的禁令のほかに、D公事令と仮名新制のE家中令などからなっていると見られる。それらを順次見てゆこう。

このうち最も早く出されたと見られるD公事令は、既に述べたように前年からの後鳥羽による公事沙汰に基づくものであったろう。その公事沙汰の重要な契機になったのは、一つに順徳天皇の即位にあることは明らかであるが、もう一つ考えられるのが、焼失した閑院内裏の再建である。『玉蘂』建暦元年二月二十四日条によれば、三位中将源実朝がその造営を請け負うことを了承したとあり、文治の閑院の修造に続いて今度も幕府が請け負った。ただこの閑院内裏は通常の里内裏とは異なり、『玉蘂』建暦二年二月二十四日条によれば、大内を遷し造られたもので、その指図は上皇の宸作であった、という。大内の機能が備わるものとなったわけで、ここに保元二年の新制が大内の造営とともに制定された点が思い起こされる。

閑院の造営とともに、公事への意識が高まり、公事令も定められたと考えられるのだが、この公事令には、朝廷の公事の執行というレベルで朝廷を構成する諸権門を王権の下に統制する性格が認められる。

次にAの寺社保護禁令は、一・二条が、「建久二年之符」に基づくと本文に記されているように建久二年の新制が先例となって定められており、三・四条、八条についても、保元・治承の新制が先例になっている。ところが五条から七条には明確な先行法令がなく、ここに独自性が認められる。

このうち五条は、末社や別宮を京畿内に建てて田地を掠め取ることを禁じている。保元元年の新制第五条では、諸国で末社と号して乱暴を働く神人や講衆の行動を禁じているが、それとは異なり、本新制では京畿内諸国に限定して末社や別宮を建てることを禁じている。それは二十二社と称されるような主要な神社が、京畿内諸国に勢力を広げてゆく動きに強い警戒感を示し、これを阻止しようとしたものであったと言えよう。

神社についてこのように定められたならば、それと対になる寺院についても同じように、末寺を停止するといった規定が設けられてもおかしくないのだが、それは定められていない。これと同じく七条でも、伊勢大神宮以下の諸神社の訴訟について規定しておきながら、寺院の訴えについては言及していない。すなわち諸社の訴訟は官に付け、官が職事蔵人頭を通じて奏聞し、裁断がなされるべしとして、最近は縁について奏聞して密かに裁断を得ようとしている濫訴が横行しているのでこれを停止するとしていながら、寺院の訴えについては何らの規定を設けていないのである。

後鳥羽の近臣には寺院の僧が多くおり、また『明月記』によれば、定家はしばしば後鳥羽の女房である卿二位や越中内侍、八条院に仕える健御前などの内縁を通じて様々な訴訟を行っていた。そのことを考えれば、山門の訴訟が日吉社の神輿を持ち出して行われ、南都の訴訟が神木を捧げて行われていたことからみて、神威を翳しての訴訟や、末社形成の動きを阻止することによって、その力を利用しようとする寺院の動きを間接的に牽制したものであろう。

六条は国領が寺社に寄進されてしまっている弊害を記し、その停止を命じている。建久二年の新制は第二条で広く荘園一般について国司が認可することを停止する内容の荘園整理令を定めたが、この場合はそのうちの寺社領への寄進地を国司が認可することについてのみの禁令である。しかも荘園整理令を同時に発しておらず、ここで寺社領への寄進地の停止のみを問題にしているのは、基本的には中央での荘園整理政策を放棄し始めたことを意味するものとも評価できよう。

しかるに、このように国司が国領を寄進するのを停止しているかたわら、国司が初任の際に太政官符で荘園整理を認められる例がこの後にもあることからすれば、これ以後、国司（知行国主）のレベルで荘園整理がなされる形へと政策が変わったことが指摘できよう。

建保三年（一二一五）五月二十四日から始まった後鳥羽院の逆修に際して、人々が提供した進物注文を見ると、多くの人々は「右少弁長資知行佐渡国」などのように、その知行する国が記され、それに課されているが、「左衛門尉藤有久知行御領」のように知行する御領に対して課されていた例もある。このように国と荘園とが並列的に所課の対象とされているのは、以上のような荘園整理政策の転換と軌を一にしていると見られる。

かくしてAの寺社保護禁令は、寺社を王権の統制下に位置づけると同時に、権門の知行国や荘園をも王権の統制下に位置づけようとした政策に基づくものであったといえる。

Bの過差停止令は貴族や官人・僧侶の過差を禁じたもので、多くは建久Ⅱ令の詳細な規定を継承しているが、一三条では紅紫二色掛について、殿上の男女のほか停止としながら、一院殿上人や女房なども例外とするなど、禁色や殿上人を特別に扱っているのが目立つ。また下襲の裾の寸法を定めているのは、

『世俗浅深秘抄』に見えるところである。いずれにしても、これらは人々を装束や従者の統制を通じて王権の下に位置づける性格のものである。

Cの一般的禁令は、一六条が「京畿諸国」に対して出され、一七条が洛中洛外諸寺諸山に対して出され、一九条と二〇条とが京中に対して出されているなど、対象が具体的に示されていることから見て、それぞれ当面する課題に応じて出されたものであろう。そのなかで二一条の京中での中媒を禁じる規定は、男女をとりもつ風俗を取り締まる規定として注目される。

Cがこのように広く民庶への統制であったとすれば、仮名新制により定められたE家中法は、民庶の服飾統制にあった。仮名で新制を記したこと自体に民庶に知らせようとする意思があったことが窺え、高札のような形で周知が図られたものと見られる。

では新制はどのように制定されたのであろうか。『玉蘂』によれば、新制は三月二十二日に上卿左大臣藤原良輔、右大弁藤原宗行、蔵人頭藤原資頼という構成で出されているが、これ以前の三月四日の院議定では左右内府こと左大臣良輔・右大臣徳大寺公継・内大臣坊門信清のほかに、日野資実や三条長兼などが出席している。

したがって前年からの公事沙汰に関わっていた人物と、これら左右内府、資実、長兼らが審議に関わっていたことがわかる。なお三月七日に「大事議奏人数」のうちに道家が選ばれているので、それまでは道家は関わってはいなかったと見られる。なかでも新制の上卿である左大臣藤原良輔が大きな役割を担っていたと見られる。

良輔は建久の新制を主導した九条兼実の末子で、慈円に大きく期待され、『愚管抄』には「漢才古今ニ比類ナシ」と記されているが、この時期にその慈円は天台座主に復帰し、後鳥羽の近くにあって何かと奔走していたことを考えるならば、慈円・良輔の二人がこの時期の後鳥羽の政治には大きな影響力を与えていたと考えられる。[12]

3　後鳥羽院政と鎌倉幕府

出された新制の施行を物語るのは、『薩藩旧記雑録』所収の三通の文書である。

年月日	文書	宛所	『鎌倉遺文』番号
①建暦二年三月二十二日	官宣旨	大宰府路次国々	一九二三号
②建暦二年五月	大府宣	大宰府在庁官人	一九三三号
③建暦二年八月	大隅国司庁宣	留守所	一九四一号

これによれば①の官宣旨を受けて、大宰府から②の大府宣が出され、さらにそれを受けて大隅国から③の国司庁宣が出されているのがわかり、新制の官符請印が四月十二日であり、官符請印よりも以前、新制と同日に施行の手続きがとられているのがわかる。このことからすると、ここで施行された新制は、実はこれ以前に出されたものの可能性も考えられるわけで、施行された新制が二一箇条ではなく一一箇条としているのも気になるところである。そこで①を詳しく検討しておこう。

左弁官下　向大宰府路次国国
使　使部藤井末延　従弐人

紀　守□　従弐人

火長壱人

右、左大臣宣、奉　勅、令賚新制拾壱箇条官符、差件等人発遣如件、府宜承知使者経較之間、依例給食馬、路次之国亦宜准此、官符追下、

建暦二年三月廿二日　　大史小槻宿禰在判

右少弁藤原朝臣在判

大宰府とそこに向かう路次の国々に対して、官符を帯びる使者への食事と馬の供給を命じた官宣旨である。そこには官符は追って下すと記しているので、官符請印以前に即座に諸国に施行されたものと見てよかろう。また施行された一一箇条であるが、これは二一箇条のうちのAグループ、Cグループのなかから諸国に関わる条項を抜き出して施行したものであろう。

なおこの事例は大宰府を通じて九州諸国に施行されたものであるが、当然、幕府にも伝えられたであろう。朝廷から諸国に出された宣旨は、たとえば承久の乱における追討宣旨のように、東国十五箇国分が鎌倉に届けられ、幕府を通じて東国諸国に施行される体制ができているので[13]、遅くとも五月には鎌倉に届いて各地に伝えられたと見られる。

しかし『吾妻鏡』はこのことを全く記していない。さして重要な記事ではなかったから載せなかったことも考えられるが、実朝が請け負った閑院内裏の造営についてもほとんど触れていないので、『吾妻鏡』が朝廷との関係に関わる記事については意識的に載せなかったことも考えられる。

後鳥羽が建暦元年から意欲的に始めた公事の興行と故実の整備は、幕府に大きな影響を与えていたこ

とであろう。そこでこの時期の後鳥羽院と鎌倉との関係を注意して見ておきたい。

建暦元年七月四日に実朝は、中国唐代の政治指南の書『貞観政要』の読み合わせを始め、十一月二十日まで続けたが、これは実朝が朝廷の徳政政策に呼応して学ぶに至ったものであろう。その『貞観政要』を学んでいた時に、実朝の民を思う次の歌が詠まれている。

建暦元年七月洪水漫天土民愁歎せむ事を思ひて、一人奉向本尊聊致念と云

時により過ぐれば民のなげきなり八大龍王雨やめたまへ

『吾妻鏡』にはこの近くに洪水があったという記事はなく、おそらくは『貞観政要』を学ぶなかで詠むに至った歌であろうことについては先に指摘したことがある(14)。

そこで実朝の政策を見てゆくと、建暦元年六月二十六日に幕府は東海道に新宿を建立するように改めて守護地頭等に触れており、建暦二年二月十九日には京都大番役を解怠している国々を調査し、一ヶ月不参の場合は三ヶ月を追加して勤めるように諸国の守護人に伝えている。これらは幕府と朝廷とが関わる事項であれば、朝廷の要請に応じたという可能性もある。

さらに建暦二年七月七日に駿河前司大内惟義の使者が京都から藤中納言（資実卿）奉書を持参してきた。それは賀茂河の堤の修理の件であって、近江・丹波両国ならびに神社仏寺権門庄領等を除いて、穏便の沙汰をするようにと惟義等に下知し、諸国の守護にも命じたものであったという。これを始めとしてこの時期には様々な要請が朝廷から幕府にもたらされていた。その点で注目されるのが、『吾妻鏡』建暦三年六月二十五日条に見える次の記事である。

広沢左衛門尉実高自備後国帰参、是令海陸賊徒蜂起之間、相鎮之、去々年為使節、下向彼国、而通

志於義盛、令用意征箭尻百腰、送遣之由、讒訴出来、被仰在京之士、可誅其身之趣、及御沙汰、実
高不知之、今日已所令参着也、

「去々年」（建暦元年か二年）に広沢左衛門尉実高が備後国に「海陸賊徒蜂起」の鎮圧の使節として下向し、この時に帰参したことが記されているが、建久の新制によれば海陸賊の追捕は幕府に託されており、これも朝廷からの要請で、使節派遣となっていたのかもしれない。

なおこの時に実高は和田合戦の首謀者である和田義盛に加担していたことを疑われ、それに釈明して、義盛は侍別当であり、そこから将軍の仰せであると言われ「征箭尻百腰」を送ったものである、と陳謝して認められたが、ここに和田義盛が登場していることには注意を要する。というのも海陸賊追捕にしても、また大番役にしても、いずれにしても侍所の別当が深く関わるものであったからである。『吾妻鏡』正治二年（一二〇〇）正月十五日条によれば、京都大番役を勤めるように諸御家人が命じられたが、それを奉行したのは義盛であった。承元三年十一月二十日条では、諸国の守護人が緩怠するために群盗が蜂起しているとの国衙の訴訟が出来したので、幕府で群議を凝らした結果、守護の補任の事情調査を行っているが、それを奉行したのも義盛であった。

こうしたなかで義盛は将軍を頼んで上総国司になろうとして上総国司への挙任を所望する款状を提出していた。暫く待つように言われ、それがなかなか認められないので、建暦元年十二月二十日になって、余執を断念するために返却して欲しいと申し出ている。この義盛と将軍実朝との結びつきは、その後、建暦二年六月二十四日に、将軍が和田義盛家に赴き手厚い接待を受けるとともに、義盛から「和漢将軍影十二鋪」を御引物として贈られたことにも窺える。同年八月十八日には、伊賀前司朝光とともに和田

義盛は将軍御所の北面三間所に伺候して、「古物語」を将軍のために語る措置がとられている。

こうした義盛や実朝の動きから考えると、朝廷の徳政に呼応した実朝による幕府の徳政は、義盛が奉行して推進したのであったろう。他方で在京の武力はどうであったろうか。当時、在京して京都の守護にあたっていたのは、『吾妻鏡』建暦二年三月二十日条に見える、在京奉公の労によって一村地頭を与えられた惟義や源頼茂・佐々木広綱らであるが、後鳥羽上皇はそのうちの近臣で源氏一門の大内惟義を通じて畿内近国への支配を広げていた。この事情は惟義宛の文書を料紙にした『諸尊道場観集』の紙背からよく窺える⑮。

こうした後鳥羽の積極的な姿勢が、北条義時に危機感を抱かせたことから、やがて和田義盛を挑発して挙兵に至らしめた和田合戦が起きたものと見られる。

おわりに

建暦期には後鳥羽上皇は公事の興行と徳政政策に著しく熱心であった。多くの廷臣もそれに巻き込まれ加わったことから、それぞれの家では公事や故実が定まってゆき、また実朝の幕府にも大きな影響を与えて、幕府の体制も定まっていった。

その結果として建暦三年五月に和田合戦が起きたのではないかと考えられるが、この年の後鳥羽は、南都北嶺の争いが起きたり、慈円が天台座主の辞退を表明することなどもあって、次第に政治への意欲を失ってゆき、十一月三十日には政治を関白に委ねて籠居しようとする。これは「相国」藤原頼実や

「亜相」公経らの諫めによって思いとどまり、建暦は建保と改元される。後鳥羽は建の字を欲していて、その名がついたことを喜んだという。

建保期の後鳥羽は幕府に圧力を強めてゆくなかで、しだいに倒幕への傾斜を深めていく。その段階の後鳥羽院政の性格についてここで触れる余裕はないが、ただ指摘できるのは、それとともに多くの廷臣が後鳥羽から離れていった事実である。この結果、後鳥羽の公事沙汰に深く関わった人物のうちでは、僅かに藤原光親のみが承久の乱に加担したのであった。

注

(1) 上横手雅敬『鎌倉時代 その光と影』(吉川弘文館、一九九四年)、同「後鳥羽上皇の政治と文学」(井上満郎・杉橋隆夫編『古代・中世の政治と文化』思文閣出版、一九九四年)。五味「京・鎌倉の王権」(同編『京・鎌倉の王権』吉川弘文館二〇〇三年、本書Ⅰ)も参照。

(2) 五味「後鳥羽院政と定家」(『明月記の史料学』青史出版、二〇〇〇年)。

(3) 五味前注(2)論文、及び「王権と説話」(『書物の中世史』みすず書房、二〇〇三年)。

(4) 水戸部正男『公家新制の研究』(創文社、一九六一年)。

(5) 和田英松『皇室御撰之研究』(明治書院、一九三三年)。なお『世俗浅深秘抄』は『群書類従』雑部、『列聖全集』巻六御撰集に所収。

(6) 『江談抄　中外抄　富家語』(新日本古典文学大系三二、岩波書店、一九九七年)。同書所収の池上洵一「『中外抄』『富家語』解説」も参照。

(7) 『参議要抄』は『群書類従』公事部所収。上下巻からなり、上巻は年中行事での参議の、下巻は臨時行事での参議の勤めについて記す。その出典は『長房抄』のほかに『北山抄』『西抄』（西宮記）が主なもので、最も古い年紀のものは『唐昌抄』という記録に引用されている寛治八年七月二十一日の記事である。成立は内容から見てそれからあまり隔っていない時期と考えられる。

(8) 真正極楽寺所蔵の慈円消息に見える論義のメンバーは、定家が書き付けたこれとはやや異なって、四番と五番が入れ替わっており、九番と十番が入れ替わっている（『重要文化財22　書跡・典籍・古文書Ｖ』毎日新聞社、一九七七年）。

(9) 小川剛生「後鳥羽院と〈論議〉」（『明月記研究』九号解説、二〇〇四年）。

(10) 源師時が記した日記（『長秋記』）には極めて多くのことが記されており、その死後には鳥羽院に召されて鳥羽の北殿に置かれていたことが『今鏡』に記されている。『世俗浅深秘抄』はこの師時の日記に多くを負っていたことであろう。上巻一四条には『師時卿記』が引用されており、下巻の三四条に見える「永久四年関白臨時客」において右中将師時の所作が記されているほか、この付近の年紀がある記事は『師時記』に基づくものと推測される。

(11) 前注(4)水戸部書に詳しい分析がある。

(12) 当時、後鳥羽の後見には藤原頼実と卿二位兼子がいたが（『愚管抄』）、それでも議定のメンバーが後鳥羽院政を強力に支えていたのであった。

(13) 五味『増補吾妻鏡の方法』（吉川弘文館、二〇〇〇年）。

(14) 五味「実朝の文化空間」（『三浦古文化』五一号、一九九二年）。

(15) 田中稔「醍醐寺所蔵『諸尊道場観集』紙背文書」（『醍醐寺文化財研究所紀要』六・七号、一九八四・五年）、同『鎌倉幕府御家人制度の研究』（吉川弘文館、一九九一年）、五味『武士と文士の中世史』（東京大学出版会、一九九二年）、本郷和人『中世朝廷訴訟の研究』（東京大学出版会、一九九五年）。

三　道家の徳政と泰時の徳政

はじめに

天福元年（一二三三）五月二十一日に九条道家が提出した奏状は、「徳政」を求めたもので、「任官叙位」を広く行ない、「訴訟の決断」をすみやかに行なうことがその骨子にあった(1)。

この道家の徳政については、早くに本郷和人氏が「わずか二歳の幼帝を上申の直接の対象とするこの奏状は、実は天皇の名のもとに朝政を動かす、道家自身の施政方針の表明であった。」と指摘して、意義を論じ(2)、代替わりの徳政という面が強かったことを明らかにされているが、その徳政として早速に行なわれたのが六月二十九日の任官の除目である。

任官者の数は二百七十五人に上るとして、「希代の除目、目を驚かす者か」と日記『民経記』に藤原経光は書き留め、これを「攘災の御祈」によるものと記している。この「災」を取り除くとある「災」が飢饉にあったことを記しているのが藤原定家である。『明月記』の七月一日条には「已上二百六十五人と云々。炎旱の徳政として、成功を尋ぬる者を求めらると云々。彼の政の体、誰人の意見哉、朝議已に言ふに足らざる歟」と批判し、「炎旱の徳政」と称されていたとする。炎旱とは、寛喜二年（一二三〇）に始まって天福へと続いた大飢饉のことである。

当時、道家は政治を主導しており、その政治はまさに「道家の徳政」と称することができようが、同じ頃に鎌倉にあって幕府の徳政を進めていたのが北条泰時であり、天福元年の前年の『吾妻鏡』貞永元年（一二三二）十一月十三日条にはこう見える。

飢饉に依り貧弊の民を救ふべきの由、武州、仰せらるるの間、矢田六郎左衛門尉既に九千余石米を下行し訖ぬ。

「武州」泰時は飢饉による困窮者を救済する「撫民の術」を廻らし、なかでも美濃国ではそのために「高城西郡大久礼以上千余町」の年貢米の施行を杭瀬河宿で実施し、飢えで旅行する者には旅費を与え、また荘園への在住の措置をとったという。こうした「泰時の徳政」についても、入間田宣夫氏がつとに注目し、その動きの意義を指摘している[3]。

このように時を同じくして東西で行なわれた二つの徳政政策について、その淵源を探り、相互の関連を考えてみようというのが本稿の意図するところである。

1　道家の徳政

(1)　徳政の新制

寛喜の大飢饉は、寛喜二年（一二三〇）六月頃から本格的に始まった。七月に霜、八月に暴風雨と続き、やがて諸国から損亡の情報が京に入り始めて、京の食料蔵である北陸道がまず壊滅し、頼みの綱であった鎮西からも「滅亡」の知らせが入った。飢饉とともに疫病も流行し、餓死者は京に溢れ、諸国の荘園の人口は激減したという。源平の争乱とともに始まった養和の飢饉と同じ様相をたどった。

藤原定家は『明月記』にこうした社会の世相を細かに記すとともに、飢饉に備え、家の北庭の前栽を掘り捨てて、麦を植えるなどの自衛措置をとっていたが、翌年七月一日には、死骸が道に満ち、東北院の境内にはその数を知らずという有様であった。七月三日には死骸の死臭が家の中にまで入ってくるようになり、死人を抱いて通る人は数えられないほどだ、と記している。

この飢饉にあって、徳政が朝廷に求められるに至ったのであるが、まず動いたのは後堀河天皇である。寛喜二年四月、後堀河天皇は藤原定家を呼び出して、「宮中毎事尫弱、風情已に尽く」という状況から、新制を出すことについて話し、その年末に正月の元三の行事に関して新制を出している。(4) さらに寛喜三年五月には次の綸旨が出された（「民経記紙背文書」）。

近日飢饉の事により、倹約の沙汰有る所也。僧綱已下の従類の事、注文一紙遣す。最勝講以前、時刻を廻らさず、告知せしむべし者、天気により執達件の如し。

五月十四日　　　　　　　　　　治部権少輔（花押）奉

惣在庁御房

宮中で最勝講を始めるにあたって、飢饉による倹約の新制を出し、僧が伴となる従者の数を限定したのがわかる。このように年中行事を行なうのにあわせて倹約の新制が出されていたが、やがてこの天皇中心の新制を、自らのものとして道家が徳政を主導するようになった。

道家は安貞二年（一二二八）十二月に近衛家実の後を受けて関白になると、翌年十一月には娘を後堀河天皇の女御として入内させ、寛喜二年八月には娘の中宮が懐妊したことから発願し、「中宮御願の成就」「我が一流繁昌」「順次往生」の三箇条の願文を石山寺に捧げて皇子の誕生を祈った（『石山寺縁起』）。そして寛喜三年（一二三一）二月に無事、皇子が出産したことから、これを契機に動き始めた。

まず「風雨水旱災難」を祈るため、諸国国分寺で最勝王経を転読するようにという宣旨を出し、これは四月十九日に鎌倉に到着している（『吾妻鏡』）。五月三日に飢饉対策の評定を主催して、「去年異損、今年飢饉、死骸充満」への対策を諮問し、改元・賑給・衣服過差（倹約）・御祈りなどの審議を命じ、六月九日には山僧神人らが神領を寄付して荘園を押妨することを禁じる宣旨を出している（『新編追加』）。こうしたなかで七月に道家は関白を辞して教実に譲るが、これは皇子への譲位に備えてのものであった。

八月になると、豊年が見込まれたことから新制を出す必要はないとの意見も出されたが、五十箇条余の編目が書き出され、九月十二日には大略が定め終わり、十一月三日に四十一箇条の宣旨が出された。これが寛喜の新制である⑤。

この道家の新制には祖父兼実の大きな影響がある。兼実は源頼朝が奥州合戦を終えて上洛した建久元年（一一九〇）頃から新制の制定に意欲を燃やし、翌年の建久二年（一一九一）に新制を二度に分けて出している（建久Ⅰ Ⅱ令）。この二つ新制は朝廷のその後の政治的な方向を決定づけることになるのだが、これに倣い、道家は飢饉のさなかの寛喜三年十一月三日に四十二箇条の新制を定めたのである。「今度の制符、一向に建久二年を守り下され了ぬ」（『民経記』）と見える。

建久二年三月二十二日の建久Ⅰ令は、保元以降の新立荘園の整理を始めとする十七箇条からなり、荘園整理をはじめ、私領を神人や悪僧、武勇の輩などに寄せて特権を獲得する寄沙汰の行為を禁じ、国内の神人や悪僧の乱暴を排除するように求め、さらに国司が国務をきちんと行なうことと定めている。保元・治承の新制を継承しつつも、新たな事態に対応した統治法的性格を有するものであるが、しかし寛喜の新制にはほとんど継承されていない。

とはいえ、国司に一宮や国分寺の修造に勤めさせる規定については、これに近い規定が広く神社や寺を管理する執務の人に修造を命じる三条・四条に見えているが、国司に修造を求めたものではなく、国司の義務から切り離され、統治法としての側面が希薄になっているのがわかる。

また建久Ⅰ令の京畿諸国所部官司や源頼朝に「海陸盗賊放火」の輩を追捕することを命じた規定は、国司や将軍藤原頼経郎従らに「海陸盗賊」の追捕を命じた寛喜令の三十二条に継承されたが、このように「将軍藤原頼経郎従ら」に命じる規定は、京中の諸保夜行の励行や京中の強盗の停止を求めた三四・三五条にも存在するなど、警察関係の一般的規定となっているのがわかる。建久Ⅰ令が、幕府の上にあってその統治上の観点から定められていたのに対し、寛喜令では警察関係については全面的に幕府に依存する体制がとられている。

続く三月二十八日の建久Ⅱ令は、朝廷の官衙や京都を対象に出された三十六箇条からなり、神社・寺院の神事や仏事の励行や、朝廷の諸官衙の勤務の励行など、官人の服務規律にかかわるものが多く、また京中の整備や風俗の統制についても定めている[6]。道家の寛喜新制に直接つながるのはこの建久Ⅱ令である。

道家は、早く亡くなった父良経に代わって兼実に家嫡に立てられたこともあり、兼実の政策を継承したが、しかし兼実の時代とは違い、承久の乱により幕府に軍事的に制圧された朝廷においては、限られた領域における支配の法を定めるところとなっていた。

(2)　飢饉の徳政

寛喜の新制を定めた道家は、その翌年四月に飢饉を理由に改元した。その年号は、道家の近臣である菅原為長が勘申した『周易注疏』の「利在永貞永長也貞正也」からとられ、貞永となった。さらに閏九月に彗星が出現したことを機会に譲位をはかり、関東に二度ほど打診し、不快の意思が示されたにもかかわらず、譲位を十月に強行し、四条天皇が即位する。

それにともなって翌年四月にも改元を行なうが、ここでも同じく菅原為長の勘申した、『尚書』の「政善天福之」からとった天福を採用し、さらにその翌月の五月二十一日に既に見たように二箇条の徳政を具申する奏状を提出した。任官・叙位を広く行い、訴訟の決断をすみやかに行なうように求めた箇条からなり、後者についても兼実の影響は大きかった。

かつて養和の飢饉が起きた時に後白河院から変異や災いを除く方策を求められた兼実は、次のように徳政の必要性を答申している（『玉葉』養和元年七月十五日条）。

変異により攘災を行はるべき事、
右、客星占文の中、外寇入国の説有りと云々。而るに当時、関東・海西、寇賊奸宄する也。倩らこれを案ずるに、人事下に失ひ、天変上に見ゆ、戒め慎しまずんばあるべからざる者か。但天譴を銷し人物を済さんとせば、只祈請と徳化とに在り。

この時に徳政の具体策として、神社仏寺への祈禱、民の憂いを除くこと、諸人の訴訟を裁断すること、赦を行なうことなどを指摘しているが、そのうちの諸人の訴訟を裁断することが、訴訟の決断をすみやかに行なうことを求めた道家の徳政に直接につながる(7)。

道家は「訴訟決断の事」を求める奏状のなかで、大事については記録所で裁決し、小事については院中で評議し、また顧問に預かる人々を定めて議定を行なうことなどを指摘していたが、このうちの記録所は兼実によって文治二年（一一八六）に整備された裁判機関であり、顧問に預かる人々も兼実の意を受けた頼朝が文治元年に奏請した議奏公卿の制度にその淵源がある。

しかし当時の兼実の場合、院政下にあり、中心にあったのはあくまでも院であったのだが、道家の場合は道家自身が中心にあって、顧問の輩も院中ではなく道家の殿中の議定に組織されたもので、院中の評議の対象は小事に過ぎなかった。しかも道家の徳政の二本柱のもう一つの任官叙位を進める政策にいたっては、兼実には全く見られない。兼実は朝廷の公事や行事の再興に意を注ぎ、人材の登用には意を用いてはいたが、任官叙位には極めて慎重であった。

では任官叙位政策はどこからきたのであろうか。実は、道家が奏状で「後白河院・隠岐院の御時、世務の失多くこれ在り」と批判した「隠岐院」こと後鳥羽院の政策にこそ認められる。たとえば後鳥羽上皇は承元四年（一二一〇）に参議に藤原頼平を任じたほか、藤原信雅以下の十二人を三位に叙し、定家が三位になった建暦元年（一二一一）には藤原顕俊・三条公氏を参議としたほか、西園寺実氏以下九人を三位の公卿となしている。

これは兼実が公卿の人数を制限していたのとは大きな違いがある。たとえば兼実の時、建久三年・五年と参議になったものはなく、建久年間には非参議の三位の公卿は十五人ほどであったが、後鳥羽上皇の時代の承元二年（一二〇八）にはその倍、さらに建暦元年（一二一一）には四十人以上にも達している。

こうして見てくると、道家は兼実の政治に手法は学んだものの、その内実は大きく異なり、徳政の方向性としてはむしろ後鳥羽上皇のそれに近い。(8)このことは後鳥羽上皇によって出された建暦の新制のいくつかを寛喜令が継承していることからもうかがえるが、さらに後鳥羽の『新古今和歌集』にならって、道家は『新勅撰和歌集』の撰集にも取り組んだ。

後鳥羽上皇は正治二年（一二〇〇）に百首歌を歌人に命じて提出させると、翌建仁元年（一二〇一）に勅撰和歌集の撰集を企画し、七月二十七日に和歌所を置いて『新古今和歌集』の撰進を藤原定家・有家、源通具、藤原家隆・雅経、寂蓮らに命じ、元久二年（一二〇五）三月の奏覧へと至ったが、これに対して、道家は寛喜二年（一二二九）六月七日に百首歌を企画し、七月六日に藤原定家を呼び出して勅撰集の撰者になるよう要請し、翌年貞永元年六月十三日の勅によって定家から撰進がなされ、十月二日に序と目録が奏進されている。(9)

明らかに百首歌から勅撰集へという流れがうかがえ、後鳥羽上皇に倣っていた。しかし『新勅撰和歌集』は、後堀河天皇の治世を寿ぐ性格を有し、後堀河天皇の在位のうちに成立しており、道家にとって『新勅撰和歌集』は、幕府の存在を顧慮しつつも、道家の主導する朝廷の文化的な存在を強く訴えるものであったものと指摘できよう。

以上のように道家が徳政を展開したのに対して、鎌倉にあって道家の子を将軍に戴いていた泰時はどのような徳政を展開したのであろうか。

2　泰時の徳政

(1)　撫民の徳政

幕府の執権北条泰時は、西国で飢饉が起き始めた寛喜二年六月、美濃国の飛脚から六月九日の辰の剋に当国の蒔田庄で白雪が降った、と報告があったのに応じ、徳政を行なうように沙汰している。六月に雨が降るのは「豊年の瑞」ではあるが、涼気がひどすぎて五穀はきっと実らないであろう。この年は「飢荒」となろう。これまで泰時は関東の「政途」を廃さずに、身を忘れ、世を救うことに邁進してきており、天下は安らかになりつつあったが、近日になって時節がこれまでと異なって陰陽が同じでないのは、ただならない。今月九日に雪が降るとはまことに怪しい事態である、といった認識をこの時に泰時は示したという⑩。

その後、天候の異変が続いたことが『吾妻鏡』に記されている。七月十六日には「霜降る。殆ど冬天の如し」。八月六日には「甚雨。晩に及んで洪水。河辺の民居流失す。人多く溺死す。古老者云く、未だ此の例を見ずと云云」。八月八日には「甚雨大風。半に及んで休止。草木葉枯る。偏へに冬気の如し。稼穀皆損亡す」。九月八日にも「雨降る。申一剋より、寅四点に至るまで大風殊に甚し。御所中已下、人家多く以て破損顚倒す」など。

しかしこうした事態に泰時はあまり動いていない。というのも六月十八日に長男の六波羅探題時氏が早世したのである。やがて九月二十七日に「天変連々出現の間、御祈」がなされたのに、十月二十四日に「去夜丑刻より今日子刻に至るまで甚雨」、十月十六日に「夜半、陸奥国芝田郡にて石、雨の如く下ると云云。件の石一つ将軍家に進す。大きさ柚の如し。細長也、廉有り。石下る事廿余里と云云」、十一月十八日に「午刻俄に風雨。申剋に雷鳴。夜に入りて暴風・雷雨甚し」と、天変が続いた。そこでやっと十一月二十二日に再び「天変の御祈」を行なうとともに、西国の夜討・強盗・殺害の与党について追捕する法を定め、地頭と領家との間の裁判について六波羅探題に指示を出している。

このように寛喜二年中には泰時の動きは鈍かったが、寛喜三年に入ると、正月二十九日に「関東祇候の諸人、過差を止むべし」と幕府に伺候する人々の贅沢を止めさせる倹約令を定め、さらに道家が京で徳政に動き始めるのと時を同じくして、伊豆・駿河国で出挙米を施す徳政を実施している。『吾妻鏡』寛喜三年三月十九日条にはこう見える。

今年世間飢饉の間、人民餓死の由風聞す。尤も以て不便。爰に伊豆・駿河両国出挙を入るゝの輩、施しを始めざるにより、いよいよ計略を失ふと云々。早く把馴出挙を入るべきの由、仰せ下さるゝ所也。兼て又後日若し対捍有らば、注し申すに随ひ、御沙汰有るべきの由候也。仍て執達件の如し。

寛喜三年三月十九日　　中務丞実景奉

矢田六郎兵衛尉殿

今年は世上が飢饉、百姓が多く餓死しようかという状況にある。そこで伊豆・駿河両国において出挙米を施してその飢えを救うように、米倉のある輩に仰せ聞かせるよう命じている。泰時の徳政は基本的にはこのような撫民にあった。寛喜四年三月九日にも「伊豆国の仁科庄土民等」が飢饉によって餓死しそうなために、「農業の計」を失っているということを聞くと、出挙の三十石を貸し与え、もし彼らが弁償しない場合には、泰時が返す、ということを再三にわたって命じたという。

泰時は若い時からこうした行動をとっていたことを『吾妻鏡』は記している。建仁元年（一二〇一）十月三日に伊豆北条に撫民のために下った際の事である。北条では去年「少損亡」があり、またこの春には庶民等の食糧が乏しくなり、耕作の計を失ったとして、数十人が連署状を作成して出挙米五十石を給うように求めてきたことから、泰時がそれを給したことがあった。しかし返す時になった今年の秋も、九月に大風にあい「国郡大損亡」となって飢える人々が続出するなか、厳しい負債の取り立てにより彼らが逐電するとの風聞が泰時の耳に入ってきた。そこで民の愁を救うために北条に下ると、連署した数十人の人々を集め、目の前で証文を焼き捨てて豊年になっても返済しなくてよいと命じたばかりか、飯酒と米一斗をそれぞれに与えたという⑾。

この話はやや泰時讃美の感があり、泰時が早くに徳政を考えていたことを物語るものとして挿入されたとも考えられる⑿。とはいえ泰時は建仁元年九月二十二日に将軍頼家の鞠会の際、頼家の近臣の中野能成に次のように語ったという。蹴鞠は幽玄の芸ではあるが、この八月の大風や国土の飢饉を考えるとどうであろうか。かつて頼朝の御在世の建久年中に百ヶ日の御浜出があった際に、天変の出現があったことから謹慎され、世上無為の御祈禱を始められた。こう述べて再考を促したという。泰時は建久五年（一一九四）二月二日に幕府で元服した時、その名を頼時と命名されたが、これは頼朝から頼の一字をあたえられたもので、泰時にはこの頼朝の政策を継承する意思が強かったと考えられる。そこで頼朝の徳政について見ておこう⒀。

頼朝が伊豆で挙兵した際に「関東の事、施行の始め」として出した治承四年（一一八〇）八月十九日の下文は、山木兼隆の親戚である史大夫中原知親による蒲屋御厨への非法を、「土民を悩乱」していると否定し、その住民を安堵することを標榜している。実に泰時は、頼朝による関東の支配がはじまったこの伊豆において、徳政を始めたのである。

元暦元年（一一八四）二月二十五日に、頼朝は「朝務の事」を院に奏請したが、それは「朝務等の事」「平家追討の事」「諸社の事」「仏寺の間の事」の四箇条からなり、その第一条の朝務等の事は「先規を守り、殊に徳政を施さるべく候」と始まって、「東国北国両道の国々、謀叛を追討の間、土民無きがごとし。今春より、浪人等旧里に帰住し、安堵せしむべく候」と述べ、徳政によって民を安堵させることを武家政権の主張として掲げ、それを朝廷にも求めている。

さらに文治二年（一一八六）三月十三日に、「諸国済物の事」と題して奏請した時も、「治承四年の乱以後、文治元年に至るまで、世間は落居せず。先づ朝敵追討の沙汰の外、暫く他事に及ばず候の間、諸国の土民各官兵の陣を結び、空しく農業の勤めを忘れ、就中、関東の武士、敵人を討たんがため、数度合戦、都鄙の往反、今に其の隙無く候」と前置きして、「窮民」を安堵させるために、頼朝の知行国である相模・武蔵・伊豆・駿河・上総・下総・信濃・越後・豊後の諸国については、去年以前の年貢の未納などは免除することを告げ、他の諸国でもその宣旨を下されることを求めている。

その年の六月一日には「今年国力凋弊し、人民殆ど東作業に泥む。二品憐愍せしめ給ふの余り、三浦介・中村庄司等に仰せて、相模国中の宗たる百姓等に饗牙人別一斗を給ふと云々。且つ是れ怪異攘災の上計に依る也」とあって、相模の百姓に対し米を施し与えている。

このような頼朝の徳政を見て、泰時は成長してきたのであるが、やがて長じて仕えた源実朝の実施する徳政からの影響もあったであろう。実朝は建仁三年（一二〇三）九月七日に「関東長者」として将軍に任じられると、「代始」と称し、関東の知行国の公領と相模・伊豆の荘園・公領の百姓の年貢を減ずる措置をとる「民戸を休めらるべきの善政」を実施し、その翌年四月十六日にはそれら駿河・伊豆・相模の三箇国の内検の延期を伝えている。

駿河以下三ヶ国の内検の事、先日治定せしむと雖も、重ねて其の沙汰有りて延引す。是れ去年の御代始の故、撫民の御計有るべきにより、有限の乃貢猶員数減らされ訖ぬ。今年其の節遂げらるるに於いては、民戸定めて休み難き歟。然者善政を行なはれざるが如し。暫く閣かるべきの由と云云。

このような撫民の計らいに基づく善政を行なう一方、訴訟の裁判の迅速化もはかっている。建仁三年十二月十八日には「諸人訴論の是非、文書を進覧の後、三ヶ日に至りて下知を加へざれば、奉行人を緩怠の過に処せらるべきの由、其の法を儲く」と、訴訟の決断後にはその裁許の下知を三日以内に加える迅速処理の法を定めている。

ただこの時期の実朝は北条時政が後見をしているので、むしろ時政の徳政という面が大きかった(14)。元久元年（一二〇四）二月二十日には「諸庄園所務等、一事以上、右大将家御時之例に任せ、沙汰せらるべきの旨、遠州下知せしめ給ふと云々」とあって、頼朝の時の例を遵守することを「遠州」北条時政が下知している。

実朝は成長するに従って自立の道を歩んでいった。元久元年七月二十六日の安芸国壬生庄の地頭職をめぐる相論は、将軍による御前での裁決があって、「是れ将軍家直に政道を聴断せしめ給ふの始也」と称されているように、初めて実朝が裁断を下している。承元三年（一二〇九）に従三位となり、公卿に列すると、将軍家政所を開設して政所を整備し、政所を中心にして幕府の訴訟制度や政治制度を充実させていったのだが、⑮ その際に実朝が重視したのは朝廷の政治である。

元久元年正月に将軍の読書始が行なわれた際、侍読に後鳥羽上皇の近臣である源仲章が招かれたのを始めとして、三月に天台止観の談義が幕府で行われ、八月には実朝の妻が京都の坊門家から迎えられた。そして九月一日には「近習の輩十余人任官の事、挙げ申さる」とあるように、実朝は近臣の任官を朝廷に求めたが、この任官申請は頼朝の方針とは明らかに異なるものであった。頼朝は建久元年十二月十一日に御家人十人の任官を申請しているが、本来は二十人を申請するように院から要請されていたのを辞退してのもので、「勅命再往」ということから略して十人を申請したのである。

実朝自身の考えは上皇の政治に近いものであり、和歌を始めたのもそうである。実朝は藤原定家の弟子となった内藤朝親を通じて『新古今和歌集』を入手し、定家から和歌の指導を受け、実朝の詠んだ和歌への定家の添削が和歌の口伝とともに鎌倉に届いている。さらに上皇の芸能好みを反映して、建永二年（一二〇七）三月には闘鶏の会を御所の北壺で開き、蹴鞠も好んで建暦二年（一二一二）三月から毎月上中下旬の三回、旬の鞠会を開いている。建保元年（一二一三）には「芸能の輩」に「和漢の古事」を語らせる学問所番を置いて、当番の日に御学問所に伺候して実朝の相手をさせているが、その学問所番の一番に修理亮泰時の名が見える。

このように実朝の政治姿勢は多くは朝廷の動きに沿ったものであるから、頼朝の撫民政策を重んじていた泰時の考えとは、ややずれがあったと考えられる。とはいえ実朝にも撫民の徳政の考えがあった。

御所の中に持仏堂を設けて本尊に文殊菩薩を安置し、聖徳太子の御影を掲げて供養を行なっていたが、次の和歌には「建暦元年七月、洪水漫天土民愁歎きせむ事を思ひて、一人奉向本尊聊致念云」という詞書が見える。

時によりすぐれば民のなげきなり　八大龍王雨やめたまへ

『吾妻鏡』を見ると、建暦元年（一二一一）七月に洪水のあった記事はなく、六月には『貞観政要』を読んで、統治者のあるべき道を学んでおり、そのことがこの歌を詠ませたのであろう。実朝が祈った本尊とは持仏堂の本尊である、慈悲を庶民にもたらす文殊菩薩であり、実朝が造営した御願寺はその名も大慈寺であった。

(2)　徳政の式目

承久の乱（一二二一）により京都に進駐し、六波羅探題の基礎を築いた泰時は、父義時の死によって北条政子から鎌倉に帰るよう命じられ、執権となったが、京での体験が幕府体制の整備に大いに生かされた。元仁元年（一二二四）十二月に「政道興行の志」を抱いて、「明法道の目安」を毎日見るようになり、幕府を支えてきた大江広元が翌年の嘉禄元年（一二二五）六月に亡くなり、続いて七月十二日に北条政子も亡くなると、泰時は有力御家人による合議政治を目指した。

幕府を形成し、発展させてきた有力御家人を政治機構の中心に据える体制の構築である。十月三日に御所の移転について「群儀」を行ない、御所を若宮大路近くの宇都宮辻子の地に移転することと定め、十二月二十日に京から招いた藤原頼経が新御所に移ったその翌日、新御所に執権の泰時・連署の時房と評定衆が集まり「評議始」を行った。

これは執権が中心になり、有力御家人から選ばれた評定衆の合議によって政治を運営する体制（執権体制）の成立を意味するものであり、その場からは頼経は排除されていた。そして二十九日には遅れていた頼経の元服がなされ、翌嘉禄二年（一二二六）正月に将軍宣下を要請する使者が京都に派遣されて頼経が将軍に任じられ、ここに実権は執権主導の評定に奪われた将軍が誕生したのである。

こうして鎌倉での体制が固まってゆくなか、そこに起きたのが寛喜の大飢饉であって、泰時は撫民政策を展開しはじめ、寛喜三年に道家が徳政に動き始めるとさらにこれ以後、頻繁に法令を定めている。以下の通りである(16)。

1　四月二十日「盗賊贓物の事」（追加二十一条）
2　四月二十一日「強盗殺害人の事」（追加二十二条）
3　四月二十一日「承久兵乱之後の諸国郡郷庄保新補地頭所務の事」五箇条（追加二十三〜二十七条）
4　四月二十一日「諸社祭の時、飛礫の事」（追加二十八条）
5　五月十三日「諸国新補地頭沙汰の事」（追加二十九条）
6　五月十三日「諸国守護人地頭、六波羅召文下知を承引せざる事」（追加三十条）
7　五月十三日「諸国守護人奉行の事」（追加三十一条）
8　六月六日「海路往反の事」（追加三十二条）
9　七月「召人逃失の罪科の事」（追加三十四条）

こうしたなかで道家が寛喜三年十一月三日に四十二箇条の寛喜の新制を出すと、泰時はいったん法令を出さなくなるが、やがてまた幾つか法令を出してゆく。貞永元年四月四日に京都の大番役について定め、四月七日には「新補地頭所務」について七箇条を定め、さらに四月二十一日には「都鄙夜討強盗蜂起」を守護人地頭等に隠さぬように命じている（『吾妻鏡』）。これら一連の法や命令が次々に出されるなかで、制定されるに至ったのが『御成敗式目』（貞永式目）である。

五月十四日、泰時は「御成敗の式条」を内々に考えていたのだが、この日になって本格的に定めるところとなり、問注所執事の三善康連と相談し、法橋円全を執筆の役になしたという。「関東の諸人訴論の事」についてはこれまで法を定めてきたものの、見解が分かれることが多く、しばしば裁断が一致をみていないので、法文をしっかりと固めることで、「濫訴」を絶つものとしたという。

七月十日に、「政道の無私」を表すため十一人の評定衆から連署起請文を提出させると、その起請文に北条時房と泰時が理非決断の職として署判を加えており、この日までに貞永式目は事実上形ができていたものと考えられる。泰時が京都にいる六波羅探題の北条重時に送った、式目の趣旨を語る書状は八月八日付けで、式目本文の多くが八月十日付けになっているので、さらに整えられ正式に出されたのは八月十日であろう[17]。

この式目は一口にいえば、将軍頼朝以来の法と慣例を集大成し、幕府の裁判制度の指針として制定されたのであるが、徳政の観点から見ると、どうであろうか。四十二条の「百姓逃散の時、逃毀ちと称して、損亡せしむる事」を禁じた法は、明らかに撫民の法であり、寛喜の大飢饉を背景にした徳政としての側面をよく物語っている[18]。そこで全体を見てゆこう。

最初の二条では、神社・寺塔の修理や神事・仏事の保護を謳うが、これは寛喜の新制とは異なって、明らかに統治法の側面が打ち出されている。その対象は広く「有封」の寺社であって全国に及ぶ。そのなかで「関東の御分の国々幷びに庄園」の地頭や神主らには殊に精誠を致して修理や祭祀を行なうよう求めている。

次の三〜五条では、諸国の守護・地頭の職権について触れ、国司や領家との関わりや、本所や「土民」との関係を規定している。これもまた統治の枠組みに関するものであり、六〜八条では裁判の一般原則を示している。国司・領家の成敗に幕府が口入しないこと、頼朝からの三代および政子の代の訴訟の裁判を不易の法とすること、当知行して二十年を過ぎた所領は改善しないことなどを規定している。

さらに続く九条の「謀叛人の事」から三十六条の「旧き境を改めて相論を致す事」までは、地頭御家人の検断や所務・雑務に関わる規定を示したもので式目の中心部分をなすが、これらについては、泰時書状が「或は、ことの理非をつぎにして其人つよきよはきにより、或は、御裁許ふりたる事をわすれかしておこしたて候、かくのごとく候ゆへ」と述べているように、法を明確に定めておくことによって、事の理非ではなく、人の強弱により裁許に差別があったり、裁許が出たのを忘れて訴訟を起こしたりするのをなくすことが考えられていた。

したがって本式目は基本的には地頭御家人への徳政を意図したものである。泰時は「かねて御成敗の体を定めて、人の高下を不論、偏頗なく裁定せられ候はんために、子細記録しをかれ候者也」と記し、このように成敗の体を示すことで公平な裁判が行われるであろうことを目的としている。「この式目は只かなをしれる物の世間におほく候ごとく、あまねく人の心えやすからせんために」と述べ、仮名しか知らないような御家人も損をしないように定めたとする。

しかしその効力が及ぶのは武家にのみ限るとした。「武家の人への計らひのためにばかりに候。これにより て京都の御沙汰、律令のおきて聊も改まるべきにあらず候」と述べ、公家法とは違った性格のものであることを強調しているが、しかし武家に限定されない一般原則の規定があるばかりか、律令の法意とは違った規定も載せており、明らかに武家のみに限定されてはいなかった。

それもあって貞永式目を定めた後も、次々に幕府は六波羅に対して指示をあたえている。九月一日には「畿内近国幷西国境相論の事、共に以て公領たらば、尤も国司の成敗たるべし。庄園に於いては、領家の沙汰として、奏聞を経て聖断たるべきの由、定めらる。且つこの趣を以て六波羅に仰せらる」と、西国の境相論が朝廷の管轄下にあることを示し（追加法四二条）、さらに十二月には地頭と預所との間の相論となっている具体的な内容について九箇条の指示を出している（追加法四十三条から五十一条）。在京の御家人の大番役の問題や芸能によって幕府に仕えている人々の所領の扱いや、禁中の節会に際して大番衆の下人らが狼藉をするのを禁じ、また和市売買において好謀の輩が横行するのを取り締まる法など（『吾妻鏡』）、式目で規定されていなかったことを改めて定めている。

こうして式目を出したことの延長上で、幕府がいくつかの関連法令を出していた時期、道家が譲位を強行したので、泰時はこれに危惧を抱いたことであろう。貞永二年四月十五日に京都に派遣していた二階堂行義が京都から帰参し次の報告があった。三月二十九日に大殿道家の春日詣が無事に終わり、この三日に中宮に院号が藻壁門院と宣下されたというものであるが、その翌日に幕府が出したのが西国の「窮民を救ふ」法である。

これは大風以前の出挙について、一倍を停止し、五把の利でもって一倍と定めたもので、遍ねく諸国に下知し、奉行人を定めて派遣するとしている（追加法五十五条）。その奉行人と国々は次のようであった。

一手　宗監物孝尚（十ヶ国）
　　尾張　伊勢　伊賀　美濃　近江　若狭　摂津　河内　飛驒　越前

一手　治部丞宗成（九ヶ国）
　　山城　丹波　丹後　但馬　因幡　出雲　石見　長門　伯耆

一手　左衛門尉明定（十一ヶ国）
　　播磨　美作　備前　備中　安芸　伊与　土佐　阿波　淡路　紀伊　和泉

尾張以西、長門以東の西国諸国に幕府の使者を派遣して、撫民の法令を執行させたものである。幕府はここに朝廷の支配下にあった西国において統治権を行使しているのがわかる。道家が天福の徳政を求める一ヶ月前のことである。

これにともなって丹波国の夜久郷の百姓らが、神人・先達と称する者たちが神威に寄せて呵責すると訴えてくると、泰時はこれを庭中に召して直に問答して、計らうように六波羅に命じていて、この政策は現に実行されていった。

かつて頼朝は文治二年（一一八六）に西国の武士の乱暴の停止については、院宣により停止されるようにと奏請していたが、ここでは西国の諸国に直接に使者を派遣して政策を実行しており、まことに大きな変化といわねばならない。それは承久の乱後の幕府・朝廷間の力の変化を背景としつつ、道家が進める徳政を見ながら、より積極的に泰時が打ち出していったのである。

まず貞永式目を制定して地頭御家人の保護政策に基づいて幕府は律令を乗り越えるとともに、統治者の面を鮮明に出し、さらに天福の法による撫民政策を通じて、統治者として具体的な政策を実現していったのである。

おわりに

道家の徳政は「殿中の徳政」とも称されたように、摂関である道家の権威と権限において行なわれた徳政であり、極めて限定的であった。[19]これに対して泰時の徳政は、撫民と御家人保護政策を軸にして広く西国や朝廷の領域に入って統治権を行使していったものである。天福二年五月には、さらに従来の御家人保護政策から大きくもう一歩踏み出して、積極的な保護を行なう姿勢を示す法令（追加六八条）を出し、[20]それにともなって評定衆のみならず奉行人にも「正義」に基づく政務や訴訟の取り扱いを誓わせている。[21]

こうした二人の徳政の違いには、治承・寿永の内乱をはさんで東西で徳政を行なった頼朝と兼実の政策をいかに継承してゆくかの路線の違いであるとともに、承久の乱で軍事力により朝廷を圧倒した幕府を背負う政治指導者と、幕府に将軍を提供して朝廷の政治を領導する指導者との違いでもあった。

註

（1）『天理図書館善本叢書　和書部六八　古文書集』（八木書店、一九八六年）所収。本奏状について、その内容を疑う見解もあるが（市川浩史『吾妻鏡の思想史』吉川弘文館、二〇〇二年）、これを執筆したのが道家の弟基家であることが記され、特に著しい疑問点はないと考える。

（2）本郷和人『中世朝廷訴訟の研究』（東京大学出版会、一九九五年）。

（3）入間田宣夫『百姓申状と起請文の世界』（東京大学出版会、一九八六年）。

（4）下郡剛「鎌倉時代新制考」（『明月記研究』七号、二〇〇二年）。

（5）水戸部正男『公家新制の研究』（創文社、一九六一年）。

（6）兼実の徳政については、前注（2）本郷書参照。なお『古今著聞集』には、「建久の頃」に兼実が「公事どもをおこし行はれける」と始まる説話が見え、後世にもその公事再興は言い伝えられるほどのものであった。京では市の興行がなされ、六角町などの魚鳥を扱う供御人が立てられるなど、京の経済活動でもみるべきものがあった。さらに建久四年には伊勢神宮の雑務を評定する体制も整えられ（『百練抄』）、東寺や興福寺・東大寺の修造・造営も果たされ、その後の鎌倉時代の朝廷の体制はここに整えられたと評価できる。

（7）注（6）参照。

（8）後鳥羽上皇の建暦新制については、五味文彦「建暦期の後鳥羽院政」（『明月記研究』十号、二〇〇六年、本書Ⅲ）。

（9）『新勅撰和歌集』の撰集過程については、佐藤恒雄『藤原定家研究』（風間書房、二〇〇一年）を参照。それが後堀河天皇の治世を強調しているのは、その御代を「聖代」と称していた定家の考えに基づくものであった（『明月記』安貞元年十一月六日条ほか）。

（10）北条泰時については、上横手雅敬『北条泰時』（吉川弘文館、一九五八年）参照。

（11）前注（3）の入間田書は、この時の泰時の行動に後の借財を帳消しにする徳政令の萌芽を見ている。

（12）泰時の逸話に文飾が多いことは、たとえば『吾妻鏡』正治二年四月十日条を見るとわかる。これは掃部頭大江広元が、「去月令殺害若狭前司保季之男東手来。可為何様哉。随御意見可披露云云」と義時に意見を求めた時に、江馬太郎泰時が「為郎従身、殺害諸院宮昇殿者、於武士又非指本意。白昼所行罪科重哉。直召進使庁可被誅者歟」と語ったので、「守宮」（掃部頭広元）が感嘆し落涙に及んだという話である。しかしこの泰時の言は、『明月記』正治二年三月二十九日条に見える定家の言とほぼ同じであり、それに基づいて作られた話であろう。

(13)　頼朝の徳政に大きな影響をあたえたのが大江広元であることは、五味文彦「大井・品川の人々と大江広元」（『品川歴史館紀要』二十四号、二〇〇九年）を参照。

(14)　北条時政は次のような撫民の計らいによる地頭の非法停止を命じる関東下知状を出している（『尊経閣所蔵文書』）。

下　加賀国井家庄地頭代官所
可早且停止自由狼藉、且致撫民計、従領家御下知事、
右、当御庄者重役異他御庄也、而地頭代官以新儀非法為業之間、土民不安堵、公物難済之由、有其訴、早停止自由之狼藉、任先例可致沙汰之状、依鎌倉殿仰下知如件、
元久二年六月五日　遠江守平（花押）

(15)　実朝の徳政については、五味文彦『増補吾妻鏡の方法』（吉川弘文館、二〇〇〇年）を参照。

(16)　以下の鎌倉幕府法は佐藤進一・池内義資編『中世法制史料集第一巻　鎌倉幕府法』（岩波書店、一九五五年）による。

(17)　『吾妻鏡』九月十一日条には「武州以五十ヶ条式条、相副和字御書、被送遣于六波羅。駿河源左衛門尉、、為使者」とあって、九月一日に六波羅に伝えられたとある。

(18)　この法令は式目の後半に見えることから注意が必要である。というのも式目の後半には法の配列に乱れがあり、

順序立てて立法したというより、幾つかの問題をあげてそれに対する評議の結果を記したと見られる箇条が多い。例えば、四十九条の「両方証文、理非顕然の時、対決を遂げんと擬するの事」と題する法は、理非が明らかな場合には、「対決を遂げずと雖も、直に成敗有るべき歟」と、婉曲な表現をとっている。おそらく泰時が法の枠組みを作った上で、それに沿って評定で審議をなして制定に至ったのであろう。なお佐藤進一『日本中世史論集』（岩波書店、一九九〇年）は、後半についてはもとは式目制定以後に定めたものであり、後に整えられ貞永式目に入れられたものと説く。

(19)　寛喜二年五月二十五日に法成寺が道家の近臣である橘知宣によりすぐに修理されたことについて、「殿中の徳政也。欣感と云々」と記されている（『明月記』）。

(20)　高橋典幸『鎌倉幕府軍制と御家人制』（吉川弘文館、二〇〇八年）。

(21)　『吾妻鏡』天福二年七月六日条には「仰家司等、召起請。是奉行事、不謂親疎、不論貴賤、各存正儀、可致沙汰之趣也。其衆十七人」として、その十七人の奉行人の名があがっている。

四　使庁の構成と幕府

――一二〜一四世紀の洛中支配――

はじめに

検非違使に関する研究は最近目覚ましいものがある。ここ数年間で研究論文も十本をくだらないほどで、多くの研究者の関心をひく素材であることが知られよう。本稿もその一端を担うわけであるが、本論に入る前に、多少の問題整理というか、従来の研究者の関心の動向を整理し、本稿の問題とするところを示しておきたい。

検非違使については、戦前に浅井・谷森・三浦・小川諸氏の研究(1)があり、それらによってほぼ全貌が知られるようになった。戦後しばらくの間、検非違使を直接の対象とする研究はなかったが、すでに述べたように、ここ数年間できわめて多くの論稿が生れた。それらは以下の三つに分類される。

(1)検非違使制の成立期を中心に、時の政治権力との関係を追究せんとするもの。特に摂関政治、院政における検非違使の役割とその意義を捉えようとした。

(2)王朝の武力機構としての検非違使を分析し、それが果した国家機構上の役割をみきわめんとするもの。

(3)王朝権力の支配の最終的な拠点となった京都、それに対する行政機関としての検非違使庁を分析し、武家権力との関係を追究せんとするもの。

このうち、(1)の例としては、井上満郎「検非違使の成立と摂関政治」[2]があげられる。かかる研究の結果、摂関政治における検非違使の役割に対する評価が定まるにしたがって、検非違使の官職構成・人事配置に関する制度的考察に力が注がれだした。[3](2)の例には、森田悌「検非違使の研究」[4]がある。しかるに、検非違使の武力がさほど大きなものではなく、検非違使の武力機構としての弱体さが認識されるにつれて、「暴力装置」といった評価はうすれ、検非違使を警察制度として位置づけるようになった。上横手雅敬「平安中期の警察制度」[5]等のように。(3)の例には、佐藤進一「室町幕府論」[6]がある。

しかし、その後の鎌倉期以後の公家政権に対する研究のあいかわらずの停滞とあいまって、検非違使の洛中支配の実態の分析は深められていない。この点に言及した論文としては、黒田紘一郎「中世京都の警察制度」[7]があるが、そこでは佐藤氏の指摘を受けとめずに論旨が展開されているため、(3)の点での研究が深められていない。[8]

こうした三つの分類のうち[9]、本稿は(3)の立場をとる。検非違使の洛中支配の内容を一二世紀から一四世紀までの時期をとって、――なぜならば、一四世紀に解体する検非違使庁の洛中支配の原型は、一二世紀に見出されるから――考えようとするものである。[10]これによって、多少なりとも、鎌倉期以後の公家政権の構造、あるいは室町幕府権力の構造[11]を分析する手がかりができるのではなかろうか、と考えるからである。

1　保検非違使

(1)

一二世紀の洛中支配の分析を行なうに先立って、諸先学の研究に依拠して[12]、それ以前の洛中支配組織をみておこう。洛中の行政を担当した京職の九世紀頃の支配組織は、条令―坊長―保長の系統[13]によって編成されていた。この末端に位置づけられていた保長は、「親王及公卿職事三位已上、以家司為保長、无品親王以六位別当為保長、散位三位以下五位以上、以事業為保長[14]」と、身分による基準で選ばれ、一保四町の地域を管轄し、保内の「督察奸猾、及視守道橋」する任務を負っていた。しかるに保長は、「無長之保者隣近保長各得兼督[15]」とあるように、長無き保が存在する程に「流動性をもつ不安定な存在であった[16]」。

その後、一〇世紀中期頃より、保刀禰が出現する。保刀禰は、まず保証刀禰として売券等の保証にあらわれ[17]、その後京職あるいは使庁によって組織化され、保刀禰として、行政機構の末端に位置づけられた。保刀禰は、その補任状の文言に示される通り、「件光方、已三代刀禰者、早補任保刀禰職、令知行保内[18]」と保内の知行を行ない、ある程度独立した地位を保っていた。実際、彼等は「大舎人」や「内匠長」といった官を持ち、京職あるいは使庁直属の官人ではなく、保内に「三代刀禰」と、定着居住している、保内の有力者だった。その管轄領域は、一保約四人の保刀禰の例が多い所から、一町程度と考えられる。[19] こうした発生・管轄領域から考えて、保刀禰はある程度の地域的な組織[20]を基盤としていたものと思われる。

ではこの保刀禰制と保長制との間の関係は如何。おそらく次の過程をたどったものと思われる。①一保一保長制における身分基準による保長の任用。↓②無長保の出現等による保長の「保内堪事者」の任用。[21] ↓③保証刀禰等の「其の町に住みけるおとなしき人々[22]」の保刀禰任用に基づく一保数名の保刀禰制の採用。この①〜③の過程は、①の如き身分制に基づく上からの結保編成が崩されて、無長保が出現したため、「堪事者」の任用という現実性を指向し、さらに保内に生じた地縁組織に対応して、これを行政上に利用する保刀禰制が採用されるにいたったものと理解できる。保刀禰制の採用により、「保長」は名目のみ残り、実質は失われたものと考えられる。[23]

さて、かように京職によって、組織化された保刀禰であるが、使庁の管轄下にもくみこまれていた。これは保刀禰が一種の地縁組織を基盤としていた当然の結果であり、既述の補任状が使庁から出されているのをみても分る通り、使庁は保刀禰制を自己の洛中支配組織として利用したのである。では、この使庁の保刀禰制の利用の実態は如何。長元四年に、「保夜行者搦捕嫌疑者二人、即刀禰等付検非違使守良、(中略) 召彼保刀禰、召仰能勤夜行事之由、弥為令励事勤給、去夜夜行者六人給信濃布[24]」と、保刀禰の下で保夜行者が「嫌疑者」を追捕し、これを保刀禰が使庁に連行している事例がある。この保夜行とは、使庁に賦課され、保刀禰の下で行なう保内警備であろう。[25] また長元八年には、保刀禰は請文をもって、「博奕之輩」の濫吹制止・交名注進を約している。[26]

かかる事例は、保刀禰を中心とした地縁組織の自警制を、使庁が保夜行役を以てつかみ、自己の警察制度の下にくみこんだものと評価されるのではなかろうか。(27) 保刀禰自身が、長元七年の西七条刀禰安倍清安のように、「数多之人」(28)を随身する武力の所有者であったから、この武力に使庁が注目するのは自然の成行きだったろう。かくて、使庁は保刀禰を管轄下にくみこみ、「検非違使下左京四条三坊刀禰等」(29)と、保刀禰を通じて命令の執行を行ない、保刀禰を独自に補任する等行なった。(30)

ところで保刀禰の私的な武力に依存した保内の警備体制は、その武力の制禦ができて始めて有効なものになりえた。しかし彼等は使庁からの命令を忠実に執行するところの使庁官人ではない上に、その武力の行使は、自らの利益の追求が第一義的であり、その行動はあくまでも自警制の枠内にあったのである。したがって使庁が洛中の警察を全うするためには、使庁の直接指揮下にあって、地域ごとの警察を担当する官人機構が必要だった。(31) いわば内から秩序を維持する自警制としての保刀禰制に対して、外から秩序維持を図る制度があって、始めて警察制度が完成するといえる。

(2)

この地域的な使庁の警察制度が保検非違使制である。少し後代の史料であるが、建久二年の新制に、保検非違使に戸口調査を命じた内容のものがある。

　一、可令在家々主中寄宿輩事
　　仰、辺境浮浪之輩外、立奸謀之民、偸入華夏、恣企草窃、宜任保元治承符令寄宿家主慥人数幷来由、触当保検非違使、知不録与同罪(32)

また延応元年の幕府追加法によると、

近年四一半之徒党興盛云々、偏是盗犯之基也、如然之輩、無左右擬召取者、狼藉之訴訟出来歟、於京中者、申入別当、以保官人、可被破却其家(33)

と、保官人に在家破却を行なわしめている。この保検非違使と保官人が同一のものであることは、その職掌からみても、また当時一般に「官人」という語を、使庁官人に限定して使用する傾向があったこと(34)から考えても、妥当であろう。

さて、この保検非違使＝保官人の内容について、黒田紘一郎氏は、保刀禰の後身であろう、と指摘されているが(35)、保検非違使を保官人と称し、使庁の別当に申し入れて、保官人が沙汰を行なう等の点から考えて、これは使庁直属の検非違使と考えられる。『八坂神社記録』所収の祇園社領内犯科人跡勘例注文(36)によると、「文永二年九月十一日、五条堀川住人清重男、依殺害与同咎、破却住宅了、而保官人明盛雖申子細、被下院宣、被止其綺、社家任沙汰了」と、住宅破却に対する保官人の沙汰を排除して、社家の沙汰としている。この例は「不及使庁綺、社家致其沙汰」であるから、保官人とは使庁の命令を執行する官人であり、またこの時の保官人明盛とは、『検非違使補任』(37)によれば、左衛門少尉中原明盛に他ならない。

すなわち、保検非違使＝保官人は使庁の官人であり、洛中の保々に派遣されて「検断」を沙汰した。しかし、かかる点は、すでに佐藤進一氏によって次の如く指摘されている。「鎌倉・南北朝期について、使庁の京都市政の運営形態を見ると、京都の行政単位である保別に担当の検非違使があり、かれは保官人・保務などと呼ばれて、各管轄保内の治安・警察・裁判その他に責任を負う(38)」。まさに鋭い指摘といわなければならない。しかるに、こうした保官人は、鎌倉期以前に既に存在した。治承二年「保々末仰保官人、至于来月一日御遷幸悋可守護之由仰了(39)」と、保官人による「保々末」における遷幸の守護、永久二年「資清来、行幸京中路可令作之由、従院被仰下旨申上、当保検非違使等可作之由仰含了(40)」と保検非違使の行幸路次作製、等の例がある。一二世紀初頭には既に、使庁から派遣された検非違使が、各保の警察を担当した保検非違使制の行なわれたことが知られる。この時、保内には保刀禰があって、京職の下に保内行政を掌り、また保夜行を中心とする自警制を敷いていた故、保検非違使はこの保刀禰制と相俟って、保内警察を遂行したのであろう。

　ところが、一二世紀の中頃を過ぎる頃から、保刀禰の活動は不明瞭になってくる。売券や紛失状に保証を加えていた保刀禰の(41)名が消え失せ、保刀禰の活動は殆ど知られなくなる。かわって保官人の活動が前面にでてくる。例えば紛失状をみても、南北朝期の例ではあるが、「件地券紛失段、相尋覚昭之処、無子細之、且当管領之条、行顕成外題候、仍為保務所加証判也而已(42)」と、検非違使中原秀清が保務として証判を加えている。秀清は、当該の保官人であるが故に、「保務」として証判を加えているのである。売券に於ても、「為後証所申請保務官人等御証判也」と申請があれば、保務官人即ち保官人がこれに証判を加えた(43)。

　こうしたところから、一二世紀初頭の保官人・保刀禰の併存状態から、次第に保官人が保刀禰の職掌を吸収して、保刀禰の保内知行権を奪い、保務を掌握していったことが知られる。この権限吸収の過程は、犯科人追捕・行幸の際の守護等の保内警察から、行幸時の路次作製・掃除等の保内行政(44)に及び、治承の内乱期を経て(45)、犯科人跡の住宅資財の検封・破却や、保内の在家計注・寄宿人調査等の戸口調査を行なって、保内における権限を保務として確立し、「保内の治安・警察・裁判に責任を負う(46)」体制を成立させる順序をとった。

では、かように保刀禰の活動が停滞し、保官人が保務を掌握するにいたった背景は何か。その最大の原因は、保刀禰の活動の基盤であった地域的な組織が失われたことである。一二世紀頃より、洛中に新たな地域組織である「町」があらわれ[47]、また洛中の所領に対する荘園領主権が確立し[48]、保刀禰が依存した旧い地域組織はこれによって、壊されたものと思われる。こうした事態に対して、保官人を先頭とする使庁の洛中支配体制が強化されていったのであろう。かかる保官人の保務掌握の実態を次で考察しておこう[48]。

(3)

保官人は、当初「仰使庁相分保々可尋求之[50]」、「仰使庁幷武士等、分保保可守護[51]」と、謀叛人追捕の際、管轄保に分居したものと思われるが、彼等が保内に定住して保務を直接とりしきったとは考えがたい。あくまでも彼等は使庁官人であり、使庁における職掌――特に行事守護、裁判等――を遂行するためには、各保に分散していることは不便であったろう。その上、保官人の管轄範囲は、既にみたごとくきわめて広い地域であったから、保内にあって、保官人の指揮下で、保務を遂行する組織が必要とされたであろう。その点について考えてみたい。

保官人の職掌の一つに、犯科人の住宅検封・破却がある。「以保官人、可被破却[52]」と見える。この検封・破却の権限も、荘園領主権が洛中に確立してくると、「於其身者召出使庁、至住宅者社家破却之[53]」と、領内検断権（住宅の破却・検封）を荘園領主が握って、次第にこれによって排除されつつあった。

その頃の使庁と祇園社との間に、「高倉判官章種相触云、菍町保内有犯科者、仍相制庁下部、於社家公人、可尋沙汰」とあり、その後「於犯人者、使庁搦取之、於其跡者任例社家加検封了[54]」と社家検封が行なわれている。この事例から、社家の検封・破却は、通例使庁下部が行なうが、領内検断権を確立している本所領内に於ては、「社家公人」等の本所直属の下級役人があたったことが知られる。

かくして、保官人が保務を遂行するために、使庁下部が使われたことが分る。このことをさらに他の例で確かめておこう。暦応五年の紛失状に、「件地券紛失事、依為奉行保内、以左因《（囚ヵ）》守有沢丸相尋判形仁等之処、云紛失之段、云当知行、無相違之由申之間、加愚署而已[55]」とあって、保官人が署名を行ない、観応元年の沽却状に「申請保務官人等御証判」と申請されたのに対し、「件地事、依為奉行保内、以右円《（囚ヵ）》守彦沢（後欠）[56]」と保務官人の証明が行なわれている。このさい、保官人の命令により、在地人に当知行の実否を尋ねている左囚守や右囚守は使庁下部[57]である。これらから、保官人の保務遂行組織とは、使庁下部だったことが知られる[58]。

ところで、暦応二年の紛失状をみると、「件地券紛失段、相尋覚昭之処、無子細之、（中略）仍為保務所加証判也而已[59]」とあって、保官人が保務として証判を加えているが、使庁下部に命令して相尋ねるといった文書がなく、直接「相尋覚昭」とある。「以左囚守某」といった文言を省略したのであろうか。しかし、そうは考えられない。使庁の下部を以て相尋ねる場合、その対象は「判形仁等[60]」「連判輩等[61]」と判形をなした複数の在地人であるのに対し、この場合は覚昭なる人物――彼は判形の在地人ではない――に直接尋ねているのである。ではこの覚昭とは如何なる立場の人物か。文書には、「因幡堂執行権律師覚昭」とある。そこで注目されるのは、弘安十年の京極寺保における祇園社検断の例として、「弘安十年三月十三日、壱岐大判官康顕下人、為京極寺保地人被殺害了、康顕即相触之、仍自社家欲加検封之処、当保沙汰人兵衛入道直加自由封云々、仍即辞(解カ)彼封、自社家加検報(封カ)了」[62]とある。この中の「当保沙汰人」は、「自由封」を加えたとあるように、社家直属の下級役人たる社家公人でもなく、また使庁下部でもなかった。いわば、使庁と社家との間にあって、ある程度の独立を確保していたものと言えよう。覚昭の地位は、この「当保沙汰人」またはそれにちかいところにあったろう[63]。

以上から、保官人の保務掌握形態は、直接使庁下部を以てする系統と、間接的に保沙汰人を媒介として管轄する系統とがあったものとみえる。後者の場合、保内に於て、あるいは荘園領主の所領があって、使庁下部を排除する傾向が強まったり、あるいは新たな地域組織が現われ、同様な傾向が強まった時[64]、かかる本所所領の沙汰人や地域組織の沙汰人を以て、保官人が保務遂行の組織としたものと思われる。

では、寺社本所が所領内に検断権その他の知行権を掌握し、保官人の保務が完全に排除された時[65]の使庁の対応は如何。建武三年の紛失状に、「且賜近隣御証判、且為祇園領内之上者、諸社家証明、為備」とあり、社家執行等の証判があるが、その後暦応三年になって、「件文書紛失事、近隣人々幷祇園執行浄晴法印幷顕詮法印等証判分明之間、依為当社寄検非違使、就望申与判而已[66]」と使庁官人が与判を行なっている。その時の使庁官人の資格が「寄検非違使」であることに注意されたい。寄検非違使について詳しくは第二節で分析するが、使庁の寺社領対策は、保官人によってではなく、寄検非違使を通じて行なわれたのである。

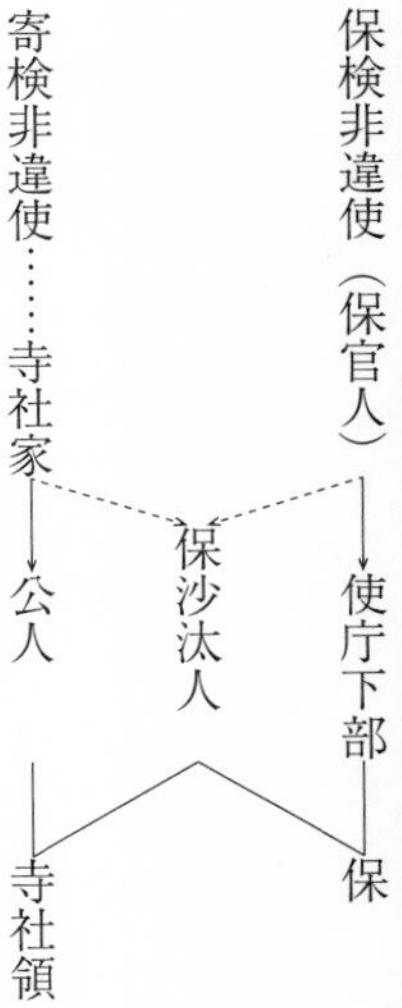

以上の関係を図式化したのが右図である。この図から、使庁の洛中支配方式が分ると同時に、寺社本所領・保沙汰人の沙汰領域の拡大により、保官人の直接掌握できる領域が縮小する姿がよみとれる。

(4)

使庁は、保を単位に保検非違使を派遣して、各保の警察・行政を掌握していったが、洛中は保内警察のみによってはその警備を全うできなかった。この点について考えてみたい[67]。貞観年間、使庁の管轄領域は、洛中のみではなく「津頭及近京之地」に拡大されていた。これは、「奸猾之輩」が、「城辺之地」に住み「避使等検察」ける状態に対応して、行なわれた措置である[68]。その際、これら津頭や近京の地の非法に対処して「津廻」や検非違使の派遣が行なわれた。

しかし一一世紀頃になると、こうした検非違使の巡察や派遣の体制が崩れてくる。それは、国司が犯罪者糺断のみでなく、臨時雑役譴責のため使庁の派遣を要請したり、また使庁官人が独自に「差遣看督長於京外、及随身城外[69]」等したため、近京の地では使庁の使を拒否する傾向が強まり、また荘園領主権が形成されてくるにしたがって、荘園不入の動きが高まっていったためである[70]。かかる動きは、寺社の

「権威」「神威」を背景にした僧兵や神人の横行、「武威」を背景にした荘園「住人」の経廻といった形態をとり、使庁の洛外における巡察・派遣体制をつきくずしていった。かくして使庁の警備領域は洛中に限定されつつあった。それでも最低限、洛中と洛外（山城）との出入口だけは、厳重な警固が必要であったろう。それにあたったのは何であったか。それは山城拒捍使ではなかったろうか。まず、次の史料をみられたい。

御所近辺河原穢物可掃除之由、可下知使庁者、（中略）保々末仰保官人、至于来月一日御還幸慥可令守護之由仰了、又粟田口掃除仰山城拒捍使左府生経広了[72]

これは還幸の際の掃除・守護の分担をきめたものであるが、各保については保官人が、粟田口についてては山城拒捍使、がこれにあたっている。その警備能力はともかく、洛中と山城国の出入口である京都諸口を警備できるのは、洛中にも山城国にも自由に警察力が発揮できる、使庁官人の中から任命された山城拒捍使であったろう。そこで、さらに次の史料をみよう。

府生経則来云、今日斎院御禊点地也、仍所罷向也、是依為山城拒捍使也[73]

これによると、賀茂祭の時の斎院の御禊の点地に、山城拒捍使が派遣されている。それは洛中から山城国にかけての警備にあたった山城拒捍使の職掌に基づくものであったろう。

保とは違った内容をもつ地域としては、諸口の他に東西市があった。東西市は京職の管轄下にあり、人口の密集地域・商業流通上の要地であるにもかかわらず、使庁の管轄外にあった。これへの使庁の対策はどんなものだったろうか。『官職秘鈔』[74]によると、「東西市、検非違使尉兼任之」とある。一般に、東西市正を使庁官人が兼任したものとみえるが、これはあくまでも兼任であって、使庁が東西市を管轄したことを意味するものではなく、また使庁官人以外に東西市正になった例も多い。そこでまず東西市の機構を調べておこう。東西市は、市管轄にあたる東西市官人たる「市司」[75]と、それに駆使される下級職員である「市司下部」[76]、これら市司・市司下部に管轄される「居住市町之輩」[77]等によって構成されていた。しかるに、市司の統制とこれに対する市町居住の輩の「衆類」[78]の対抗の過程を経て、後者から「市刀禰」[79]が生れた。この市刀禰が洛中の保刀禰に対応する存在であることが知られよう。[80]

かかる東西市と使庁とは、使庁の非違糺弾——就中私鋳銭の取締りに基づく沽価法制定への参与、およびその遵守によって結びつき、先に記した如く東西市への使庁官人の進出[81]がなされたのである。しかし使庁が東西市を掌握したわけではなかった。[82]

治承三年以後、東西市に対する使庁の積極的な施策が行なわれる。八月に沽価法の制定がなされ、違法勘糺のため使庁官人が結番編成をもって東西市に行き向うことが九月の宣旨、十月の別当宣によって、命令されている。[83]これによって、東西市司の機構とは別に、使庁が東西市を掌握するところとなったものと思われる。文治五年には、「七条面市」を停廃したことが知られる。[84]『拾芥抄』によると、東市は七条にあったとあり、この「七条面市」とは、東西市周辺の「市」をさすと考えられ、東西市に対する使庁の施策の一端を窺うことができる。[85]以後、使庁が如何に東西市を管轄したかは知られないが、東西市の使庁による掌握が、治承三年以後可能となったことは、以上で知られるであろう。

保管轄外の地域としては、これらの他に「河」があった。これには防河使が置かれていたが、検非違使が多く任命され、また臨時の官庁で堤防修築を任務としていたため、その「河」流域の警察・行政は、検非違使が実質的に握っていた。[86]

使庁の洛中内の寺社本所領対策には寄検非違使がこれにあたったのであろうと、第一節で指摘したが本節ではこの寄検非違使について考えてみたい。使庁は寺社本所領から「不可入使庁使之由、自故殿御時被沙汰置也(87)」と、使庁使入部を拒否されていた。これが公家領の場合、洛中所領は広くなくかつ疎であったから問題なかったが、寺社領の場合、広大な上、境内四至内は「神威」に基づく聖域であり、その周辺地域は在家の密なるところであったから、使庁がこれに何の対処もしないはずがなかった。それが寄検非違使制の成立要因である。

2　寄検非違使

(1)

　この寄検非違使を、従来の見解の多くは寺社本所下にあって、寺社本所の検断を沙汰する存在、と指摘している。例えば、故清水三男氏は、『日本の中世村落』において、「祇園社が俸禄を宛行うた検非違使とは、かかる神社の検断事務に当った者を指すので、朝廷の検非違使ではないであらうと思ふ(88)」と述べている。この際の根拠となる史料は、「苾町保四条坊城、但近来被宛行寄検非違使俸禄也(89)」というものである。従来の見解の殆どは、「近来被二宛行一、寄二検非違使俸禄一也」と読解して、「寄」と「検非違使」を分離して考えている(90)。しかし、これは「寄検非違使」と結びつけて読むべきである。例えば「依為当社寄検非違使(91)」とか「任先例付挙状於当社寄検非違使章世判官(92)」とかがある。すなわち、正式には「祇園社寄検非違使」であり、祇園社以外にも「最勝光院寄検非違使」[93]等の例がある。そして、この寄検非違使が寺社側の検非違使でないことは、先に引いた「祇園社寄検非違使章世判官」が中原章世という使庁官人で[94]、「最勝光院寄検非違使」が中原章忠という使庁官人である[95]ことから知られる。かくして寄検非違使とは、使庁官人の中から寺社に寄せられた検非違使であると指摘できる。これを寺社寄検非違使と呼ぼう。

さて、かかる寄検非違使であるが、この寺社寄検非違使の他に、実はもう一つのタイプの寄検非違使がある。弘安九年三月二十一日に、「寄検非違使宣下」が出され、検非違使平宗明が「宜令行春日行幸事」と命令されている[96]。また、文応元年十月二十五日に、大嘗会悠紀・主基所の勤行を四人の検非違使に命じた宣旨が出されたが、その際「大嘗会寄行事検非違使」と呼称されている[97]。これらの例から、寄検非違使には、寺家に寄せられた寺家寄検非違使と、朝廷・寺社の行事に寄せられた寄行事検非違使の二つのタイプがあったことが知られる。このうち、後者の寄行事検非違使は、朝廷の行事等に際してその都度任命されて、行事の守護・警備を担当したのであろう。『中右記』永久二年三月九日条に、「法勝寺御念仏従明日被始之間、寄検非違使二人宗実所労資清重服有障、可令参誰人哉、仰云、検非違使なくてありけん者」とある如く、朝廷・寺社の行事に際して、寄検非違使は重視されたのである。前者の寺社寄検非違使については、詳しく考察しておこう。まずその成立であるが、次の史料を見られたい。

○永久二年八月十六日
　彼寺(円宗寺)寄検非違使経則[98]
○永久二年十二月十八日
　宗実彼寺(法勝寺)寄検非違使也[99]

○治承二年正月八日
　法勝寺寄検非違使左大夫尉遠業(100)
○建久六年正月二十一日
　東大寺寄検非違使、可仰季国(101)

これらはいずれも一二世紀の例であり、寄検非違使の制度が、一二世紀の初頭には既に成立していたことが分る。ただ、いずれも寺院の寄検非違使の例のみで、後にみられるような「祇園社寄検非違使」の如き、神社の寄検非違使の例は見出せない。

(2)

かかる寄検非違使は、如何なる任務を負ったのだろうか。永久二年十二月に「高畠下人宅」に押入った強盗八人の内、三人は射殺され、二人は搦め取られたが、三人は逃がれた。しかるに「件同類宅一所ハ法勝寺四至内」にあることが分り、「於法勝寺四至内、宗実彼御寺寄検非違使也、早可尋之由被仰也(102)」と、法勝寺寄検非違使に命じて「尋」ねさせている。おそらく犯科人の身柄引渡しを要求したものであろう。永久二年八月の例では、「六条富小路窃盗法師、罪円宗寺三昧僧許事、仰云早召出可仰彼寺寄検非違使経則(103)」と、寄検非違使に寺家四至内の犯科人の身柄引取りを命じている。

かかる事例から思い出されるのは、祇園社の「祇園社領内犯科人跡不及使庁綺、社家致其沙汰勘例(104)」注進状である。それには、例えば、「承久元年七月五日、錦小路白川住人貞弘男、依盗犯科、於其身者、召使庁、至住宅者社家破却之」とある。身柄の使庁引渡し、住宅等の社家沙汰とは、明らかに永久二年の例と同様の内容である。これらから、本所検断権の確立した寺社に対して、寄検非違使が設定され、寺社領内の犯科人の身柄引渡しがこの寄検非違使を通じて行なわれたものと指摘できる。

その他、永久二年十二月に「円宗寺御封未済、付検非違使可催由依院宣大蔵卿下知、以件注文給府生経則了、彼寺寄検非違使也[105]」とあり、寺社への御封未済の催促を寄検非違使が行なっていることが知られる。この催促は、「使甲斐守奏円宗寺御封未済雖相催不叶事、是修正之間依可事闕、以検非違使被催也[106]」と、未済国の国司に対して行なわれたのであろう。

また、社の行事――特に朝廷にとっても重要な行事――の際の寄行事検非違使は、当然この寺社寄検非違使が兼ねるところであった[107]。さらに「於法勝寺四至内鴨川辺取魚犯人説兼召取将来、是今朝従法勝寺付資清訴申之犯人也[108]」とあるように、訴訟の際、寄検非違使に付けて訴え出ている。これは刑事訴訟の場合であるが、使庁が民事訴訟をも積極的に扱うにいたった鎌倉後期以後になると、「任先例付挙状於当社寄検非違使[109]」と、寄検非違使が使庁の窓口となって、挙状を受け取り、披露し、使庁評定における寺社の訴訟の取り継ぎを行なっている。この訴訟上での寺社と寄検非違使の結びつきの結果、寺社領内の家地の紛失に際して申請があれば、寄検非違使はこれに証判を与える等の行政上の便宜を計った[110]。

こうした職掌をもつ寄検非違使の成立事情は、一二世紀初頭頃より、洛中に使庁の検断権を排除して、本所検断権を獲得した寺社本所に対して、使庁は寄検非違使を設置し[111]、空白となった寺社本所領の警察を補わんとしたものとみられる。この寄検非違使と先に指摘した保検非違使制とによって、洛中支配を推進したのである。当初寄検非違使が設置された寺社はさほど多くはなかったと思われるが、寺社が次第に洛中検断権を確立すると共にその数も増え[112]、また寄検非違使と寺社と結びつきが深められてゆき、その行動は寺社の利益を代弁するところのものとなっていった。このことを物語るように、寄検非違使の俸禄が寺社から宛行なわれるところとなった。例えば最勝光院寄検非違使の俸禄は、その執務職をもつ東寺から毎年千疋宛行われることとなり、南北朝期には、中原章有・章忠父子二代にわたって、その俸禄を受けている。(113)祇園社では寄検非違使の俸禄として、下記の如く、

四条南北保但近来為寄検非違使俸禄、被宛行之

惣町保四条坊城、但近来被宛行寄違使俸禄也(114)

四条南北保と惣町保を宛行なっている。かような寺社と寄検非違使との結びつきが、先の最勝光院寄検非違使の如く、父子二代にわたって同一本所の寄検非違使に任ぜられたように、寄検非違使の世襲化を(115)招いたのである、

(3)

前項までは、主として洛中の警察制度を中心に行政機関としての使庁に関して考察してきたが、使庁の重要な機能には、この他に裁判があった。裁判機関としての使庁は早くから刑事裁判を担当し、その判例は「庁例」として独自の慣習法を成立せしめたといわれる。(116)民事裁判の方は京職の担当するところで、使庁も民事訴訟を取扱ったが、京職の民事裁判権との関係もあって、積極的に民事訴訟を受理し、裁判を行なったとは考えがたい。(117)しかし、鎌倉末期から南北朝期にかけて、使庁は洛中の刑事・民事裁判権を行使し、京職の民事裁判権を完全に吸収したことが知られる。従って京職の民事裁判権を使庁が吸収する過程は、使庁の洛中支配上重要な意味をもっていたものと思われる。

その点を検討するために、まず鎌倉末期以後の使庁の裁判制度の概要を調べておこう。この時期の使庁の判決文書は、次の三通の文書が一括されているのが常である。(a)諸官評定文、(b)別当宣、(c)検非違使庁下文。[118] (a)に於て、使庁官人の評定の結果を参仕官人の連署によって記し、(b)では、「任昨日評定文、可令下知給」[119]と、評定文に基づいて使庁別当の判決が出、(c)によって、判決の執行がなされた。この三通の文書によって知られる裁判制度上で特に目をひくのは、使庁官人による評定である。事実上、評定の結果が判決となり、評定文が判決・執行文書として一括して保存されていることは、[120]評定の重要性を示すものである。その評定に於て、訴論人の対決が行なわれ、諸官が実名のみで一揆の形で評定文を記していることは、[121]特に注目されるべきである。

さてかかる使庁の裁判の進行上に於て、保官人や寄検非違使も相応の役割を果たしている。訴訟が提起され訴論人の対決が必要な場合、当該保の保官人が論人の出頭を催促し、[122]寺社家の訴訟に対して寄検非違使が挙状を受け付け訴訟の周旋を行なったりしている。[123]

さらに所領相論では、当知行の実否が判決を左右するが、この証明を示す紛失状には保官人や寄検非違使による諸官証判が与えられている。[124]また判決の執行に際しては、使庁下部と共にこれにあたったであろう。

では、かかる使庁の裁判制度はいつ頃整えられたのであろうか。治承三年には、

院庁下　左京職

可早停止非論、任券契理、領知末貞私領左京四坊一町西四行北門内（中略）事[125]

と、院庁下文が京職に下され、京職の民事裁判上の機能が見出される。おそらく民事裁判が京職と使庁

の間で並行して行なわれた一二世紀の段階から、次第に後者による前者の吸収の過程が進行したことであろう。そのためには洛中の行政組織――これは判決の執行組織でもある――を、使庁が握ることが前提となり、鎌倉末期のような使庁の裁判制度の整備が行なわれるには、王朝全体の訴訟制度の改変が必要とされたであろう。このうち、鎌倉期には洛中の行政が使庁―保官人の手に吸収されるから、これを契機に民事裁判権も使庁のものとなったであろう。では、王朝全体の訴訟制度の改革(126)――従って使庁の訴訟制度の整備はいつ頃であろうか。その出発点は弘長三年の新制の発布と考えられる。

この新制は、従来の新制と違って時代に即応した、かつ積極的な施策を含んだ新制(127)で、訴訟関係に四ケ条をさき、訴訟制度の振興に関心を示している(128)。翌弘長四年正月に徳政の沙汰が審議され、記録所・院文殿の興行が計られており、この時使庁興行もなされたであろう。乾元二年に使庁興行の院宣が出された時、「固守弘長院宣」「弘長院宣条々内、於敏者、不可限六斎日(129)」とあるのは、この時のものと考えられる。その後、文永十年の新制(130)に於て、下記の如く使庁の訴訟裁断の進捗を命じている。

一、可早速裁断使庁訴訟事。

使庁者、非違糺行之砌、法曹者理致決断之官也、頃年民庶之論訴裁判、徒渉旬月、文書之理非勘録、弥累歳華、為世為人、不可不禁、自今以後、不論親疎、加廉潔之沙汰、偏任理非、致早速之成敗

これら弘長三年から文永十年にかけての朝廷の使庁訴訟に対する施策は、鎌倉末期以後の使庁訴訟制度における訴訟裁判の迅速化という特徴(131)にみあうものである。さらに院評定の充実というもう一つの特徴(132)に関しては、寛元四年に院に評定制が敷かれ、それが定着し、使庁に於て院評定を模範に文永頃使庁

評定制が確立したものと考えられる[133]。かくて、弘長・文永期に原型が成立し、その後、永仁年間、乾元二年と改革が加えられ[134]、元亨以後[135]、完成された使庁の裁判制度を見出すことができる。

(4)

続いて、使庁の商業課税について考えてみたい。使庁は洛中の非違糺断にあたった関係上、当然商業上の取締りもその職掌であった[136]。このことは先に記した使庁の東西市との関係をみても知られる。取締りは商業関係の調整であるから、商業上の保護をもその結果行なうのであり、ここに使庁商業課税の前提があるのだが、保護がそのまま課税にはつながらない[137]。保護課税を行なう官衙は、警察・裁判等により、商業活動全般の調整や取締りを行なう使庁ではなく、一部商業者の特権に対応する官衙である。例えば、仁治元年に造酒司の挙げた洛中課役の状況をみるならば[138]、内蔵寮内膳司は「於市辺召取魚鳥、交易之上分備進日次供御」、左右京職は「仰京中之保々、宛召染藍并人夫等」、装束司は「宛召市之苧売買之輩上分」であり、当の造酒司も「東西両京并諸酒屋等」に課役を賦課せんとした。京職を除き[139]、内膳司は魚鳥を扱う商人、装束司は苧商人、造酒司は酒屋と、特権と課税関係にあった。使庁とこれらの商業者との関係は、前者の保官人・寄検非違使・使庁下部等が、後者の保護を通じて受取る私的得分にあり[140]、課役関係ではなかった。康永二年の綿本新座相論の際、使庁諸官に対し、新座＝執行側から秘計がおくられているが[141]、こうした得分により、使庁官人・下部と商業者が結びついていたのである。

しかし、南北朝期に入ると、使庁の商業課税が登場するのであり、この課役として、先学に指摘されているものに、紺屋・酒屋・土倉役がある。そこで、これらを順次考えてみたい。紺屋課役に関しては、豊田武氏によって指摘され、[142]佐藤進一氏によって、それが京職の染藍業支配の継承であろうと指摘された。[143]この京職の染藍業支配とは、先に引用した「左右京職者仰京中之保々、宛召染藍并人夫等」[144]の史料から導かれたものである。京職は保単位に染藍・人夫を宛召したが、この仁治年間には、既に保は保官人によって掌握されていたことを考えると、京職のこの課役は、京職が、保刀禰を通じて保内を支配していた歴史的根拠をふまえ、保内を支配できずに得分を減少させていた段階で、賦課するにいたったものではなかろうか。使庁の紺屋課役も、保官人が保務の掌握が困難になった時期に見出される。すなわち、貞治元年四月に、「四座下部」への「紺年預得分」が与えられた事例[145]をみるのである。

これは、保官人の保務掌握困難になった段階で、従来京職の保単位の染藍業支配を保障してきた使庁が吸収継承したものと考えられる。その契機は、貞和二年に使庁の四座下部の俸禄として酒壺役が賦課されんとした際、山門の反対を恐れ、実現しなかった事件に求められよう。その時、「以他料足可被宛行」とされたが、[146]この他の料足が紺屋役であろう。というのも、貞治三年に四座下部への俸禄として紺屋役があてられたのに対し、四年には酒麹売年役があてられているように、[147]紺屋役と酒屋役は相関関係があったからである。

酒屋役に関しては、小野晃司『日本産業発達史の研究』[148]等に指摘されて以後、様々な視角から究明されている。[149]それらによると、仁治年間に、造酒司の酒屋賦課が申請されたが、許可されなかった。その後貞和四年に酒壺役を賦課し、四座下部の俸禄になさんとしたが、山門の反対にあい、やっと貞治初年の頃、造酒司の酒麹売課役が成立した。それが一旦貞治四年に看督長の俸禄にまわされたが、貞治六年には既に造酒司の知行にもどっている。[150]かように使庁の課役としての酒屋役は、僅か一、二年の間、それも紺屋役の替りに賦課されたにすぎない。

土倉役[151]については、正和四年の日吉神社神輿造替料足として、土倉課役がかけられ、その際「神人沙汰」と「庁沙汰」の二種の課役があり、[152]この庁沙汰を使庁の沙汰と解釈するところから、[153]使庁の土倉役賦課が推測されている。しかし乾元元年の神輿造替が「生得神人沙汰、仲良奉行」で行なわれ、同二年の造替が「上皇御願、庁奉行」で行なわれたとあるので、[154]先の「庁沙汰」とは明らかに院庁沙汰である。したがって使庁課役としては土倉役はなかった。しかるに、使庁はこの土倉役課役と関係がなかったわけではなく、使庁下部により催徴・譴責が行なわれたのである。[155]朝廷の臨時課役が洛中を支配する使庁の手を通じて催促・徴収されるのは当然である。

すなわち使庁の洛中課役は、南北朝期になって、紺屋乃至酒屋役として下部俸禄に充行うべく賦課されるにいたったことが知られる。なお使庁等官衙の課役は、朝廷の許可を経て賦課されるのであり、使庁が独自に賦課できるわけではなかった。さらに朝廷が臨時に賦課する土倉役等は、使庁の催徴・譴責によって達成されたのである。

以上、二節にわたって使庁の洛中支配の構成を考えてきたが、続いて、この使庁の支配と並び、あるいはその権限を吸収した幕府の洛中支配について考えてみたい。

3　幕府の洛中支配との関係

(1)　鎌倉期

〈1〉

武士政権が鎌倉に成立すると、洛中支配のため特別な措置がとられた。それは承久の乱までは京都守護が、承久の乱後は六波羅探題が洛中支配にあたるなど、鎌倉政権の出先機関としての役割を同時に果たす性格のものだった。

まず京都守護は、源平内乱後の平家追討、義経追討及び洛中の治安維持の目的と、鎌倉政権の朝廷との折衝のため設置され、北条時政、一条能保、平賀朝雅等の鎌倉政権の執政者と縁の深い人物が起用された。(156) この京都守護及び、鎌倉政権により派遣された在京の武士勢力は、文治三年八月の時点で、「時政下向之時、東国武士少々差置候訖、其外も或為兵粮米沙汰、或為大番勤仕、武士等在京事多々候、（中略）仍常胤行平を差進候、於東国有勢者候(157)」とある頼朝の書状にみえる所から、

①京都守護一条能保とその家人
②北条時政「差置」の東国武士
③「兵粮米沙汰」の在京武士
④「大番勤仕」の在京武士

⑤頼朝「差進」所の「東国有勢者」の五つに分類される。彼等に洛中警固が期待されたのだが、③④は洛中警固とは目的を異にした在京武士群であり、[158]特に③は臨時的性格が強い。従って、①②⑤が本来的に洛中警固を行なう武士群である。このうち②と⑤は、あるいは北条時政の郎従であり、あるいは東国の有勢者として独立の性格の強い武士群であるから、京都守護の統制に服する武士ではなかったので、洛中警固の如き治安維持活動に必要な組織的機動力を有さなかった。このため「彼輩不鎮狼藉、還疲計略」といわれ、洛中には群盗の蜂起があいついだ。すなわち①～⑤のうち洛中警固として有効な武力は①のみであった。

こうした体制は承久の乱まで続く。京都守護とその家人、幕府派遣の有勢御家人、内裏警固の大番御家人からなる在京武士は、主従制的関係に強く拘束され、[159]洛中警固のための実行力に欠けていたため、使庁の洛中支配上の機能を奪うことはなかった。むしろ使庁のとっていた組織的警備体制に依存していた。使庁は、「仰使庁相分保々尋求之」[160]とある如く、保ごとに末端の警備を行ない、また京中夜行を実施していた。これに対し武士は「仰使庁幷武士等、分保保可守護」[161]と、使庁と共に保々守護にあたり、「被催京中夜行」[162]の時はこれに従う等、使庁の警備組織に依存するのみだった。これでは、保内行政を保官人が握っていた当時に於て、保内の治安維持にある程度の役割を果たしても、使庁の行政機構を掌握するのは不可能な上に、使庁の組織への依存は有効な警備体制を築くことを不可能にした。

承久の乱後、京都守護にかわって六波羅探題が設置されると、探題は「可守護高陽院之由、下知畿内家人等、今日於六波羅定結番」[163]「相催在京幷近国勇士数千騎」[164]と、畿内近国の御家人に対して、強力な軍事指揮権を確立せんとした。洛中警固のために、在京御家人の身分・地位を定め、[165]「在京御家人者、大番不能勤仕[166]」と大番役免除、「不退在京奉公、不退祇候六波羅[167]」と六波羅への常勤奉公が規定された。こうして、六波羅の下知に服従し、洛中警固にあたる統制のとれた組織的な武力が編成されたのである。しかし、洛中の群盗横行は頻々と起こり、「武家雖有警衛之聞、全無守護之実」「武士巡検無詮事也[168]」といわれるように、警固体制は依然として不十分であった。これは「令在京郎従、分居諸保[169]」と、末端の警備体制が相変わらず使庁の保支配に依存する諸保分居体制にあったからである。ここに新たな末端の警固組織の編成が必要となった。

嘉禎四年五月、「為洛中守護、可被居置武士於縦横大路之末々候、而当寺領唐橋南大宮東角其便宜候云々、被立替他所候也[170]」と、洛中警固のため、「大路之末々」に武士が置かれることになり、六月にはこれが「為洛中警衛、於辻々可懸篝之由被定、仍被宛催其役於御家人等[171]」と辻々に篝屋が設置され、御家人の所役と定められた。こうして、始めて幕府は洛中警固のための独自な組織――篝屋を設置し、これをもって、洛中支配の拠点となした。この篝屋警固の実際は、仁治元年の洛中強盗蜂起の対策として、「篝辻」ごとに太鼓が置かれ、「於事出来之時、随発其声、毎在家令用意続松、不経時刻、可指出松明之由、保官人可申沙汰、於不相従下知之在家者、可被処罪科[172]」というもので、太鼓の音とともに、指し出す松明を、在家が用意するよう保官人が申沙汰することになっている。これは、[173]保内警固に保官人があたり、保外の大路・辻々の警固に篝屋守護人があたるという警固の分割を意味するものである。

かくて鎌倉期の洛中警固は、使庁保官人の保内警固と、六波羅篝屋守護人の大路・辻警固からなる体制が整備されたのである。

洛中警固に関しては以上みた通りであるが、洛中支配における他の場面での使庁と幕府との関係はどうだったろうか。

〈2〉

承久の乱以前の京都守護の時期には未だ明確な権限の分割はなかったであろう。文治二年の義経謀叛に関係した山僧追捕の際、山僧を京都守護は「惣領」せんとしたが、院はこれを使庁に渡したように(174)、その時々の政治的判断によって、武士沙汰か使庁沙汰かが決定されていた。しかし、一般的には「強盗之犯人」や「謀反」人は武士沙汰となっていたものと思われる(175)。ただ京都守護は、一条能保の如く使庁別当となり、平賀朝雅の如く院近臣になる等、朝廷内部と深く結びついていたため、明確な権限分割にはいたらなかったものと思われる。

承久の乱後、六波羅探題が設置され、さらに貞永式目の制定により、使庁と六波羅との間に洛中支配に関し、権限の明確化が要請された。天福元年八月十五日六波羅からの注進状に対する関東押紙(176)に、次の一条がある。

一　京中強盗殺害人事

右此条、可為使庁沙汰之由、去年被仰下候畢、而猶武士相共可致沙汰之由、自殿下被仰下候、何様可候哉

押紙云、武家不相交者、難事行歟、随被仰下、可有沙汰也

これによると、前年の貞永元年に「京中強盗殺害人」は「使庁沙汰」となしたことが窺える。これは、

『吾妻鏡』貞永元年十一月二十九日条の「六波羅成敗法十六ケ条、被仰下之」とある一条であろう。それが九条教実からの申し出により、武士と使庁とが共に沙汰することとした、というものである。

続いて文暦二年になると、次の制規がみえる。(177)

一　京都刃傷殺害人事

右、為武士之輩、於不相交者、可為使庁之沙汰也

これは、京中の刃傷殺害人に関し、武士が関係しない場合、使庁の沙汰とするというもので、前々年の京中強盗殺害人に関する規定の内、強盗をさらに刃傷にまで対象を拡大すると共に、武士と使庁とが「相共」に沙汰するという不明確な内容を、武士に関係する事件の武士沙汰、関係しない場合の使庁沙汰の二つに分割したものである。

その後、暦仁元年の篝屋設置にともない、警固地域が分割されると、(178)相互の他の領域での管轄が問題となり、翌延応元年に管轄権限の分割がなされる。

一　近年四一半之徒党興盛云々、偏是盗犯之基也、如然之輩、無左右擬召取者、狼藉之訴訟出来歟、於京中者、申入別当、以保官人、可被破却其家、（中略）随見及可搦之、凡随召禁、申給其身、可令下関東也(179)

一　武士召取犯人住宅事

為鎮狼藉、雖被召取其身、至住宅資財者、別当殿触申可為保官人沙汰(180)

一　於篝屋打留物具事

可被充行其守護人者(181)

まず、四一半の徒党や銭切等に対し、これが「盗犯之基」である理由から、強盗の予防と称し、六波羅の追捕の対象とし、使庁が召禁する場合も、申請して関東へ送ることとした。これは武士の犯罪の場合であろう。その際の住宅は保官人の沙汰となした。続いて、一般の武士の召取った犯人の住宅資財も保官人沙汰となした。当然使庁召取の場合は保官人沙汰である。しかるに資財のうち篝屋に打留められた物具は、篝屋守護人の沙汰としたのである。かくして博奕のうち武士の関係するものは武士沙汰となり、犯科人の住宅資財の処分については、保内のそれは保官人沙汰、篝屋に打留められたそれは篝屋守護人沙汰と規定された。

この延応元年には他に次の法令が発布された。それは使庁や本所の追捕・裁判権を認めた上で、さらに武士が身柄を拘束するという、第二次的検断権ともいうべき事柄の法令である。すなわち、諸社神人等の狼藉について、「相触本所」て、「狼藉輩無遁方者、解却其職、随召給其身、可被進関東」[182]というもの、あるいは重科之族に対して「傍輩」への懲粛のため、「強盗幷重科之輩、雖被禁獄、申出其身、可被進関東」[183]と二重に刑罰を行なうこと等である。後者の重犯についてはその後仁治二年に、再度この執行を沙汰している[184]。

かように延元元年に使庁と武士との洛中支配に関する諸権限の分割が完成した。その後は僅かに弘長二年の法令で、従来の原則を記した「武家不相交之沙汰、自公家被仰下、於狼藉之条者、随事躰可致其沙汰」の条文[185]と、使庁の民事訴訟制度の改革[186]に伴い提示された「洛中屋地」に関して、「没官領之外」は武士が「不可及沙汰」という条文[187]が知られるのみである。

(2) 室町期

〈1〉

室町幕府は京都に政権をおくと共に洛中支配にのりだした。この幕府の洛中支配と使庁との関係は、すでに佐藤進一氏によって、次のように指摘されている。「幕府の京都市政権は警察（刑事裁判を含む）↓治安↓民事裁判↓商業課税の順で次第に確立する」[188]。この指摘により、幕府の京都市政権掌握の概要が知られるにいたったが、さらに使庁との関係に即して、掌握の実態を考えてみたい。

南北朝初期には、すでに地頭御家人の輪番夜廻が実施され[189]、幕府は洛中で治安警察を行なっていた。これは鎌倉期の篝屋制を中心とした洛中警固体制を継承したものであり、使庁の保務による洛中警察と共に、洛中警固を行なったものと考えられる。しかし御家人役あるいは守護役として行なわれた幕府の洛中警固は早い時期に侍所の直接管轄するところとなった[190]。観応三年十二月祇園社に対して、侍所から夜廻を厳重にするように触れが来ているのは[191]、このことを示すものである。

羽下徳彦氏の指摘するところによると、この洛中警察を担当した侍所の構成は、頭人―所司代と、賦―開闔―奉行人との二系列からなっており、後者の奉行人の系列には、「独自に行動し得る若干の側面―裁判機能に関する面と行政事務的な面があって、独自に小舎人・雑色を指揮することも可能であった」[192]とされている。氏の指摘される通り、頭人―所司代の系列は侍所の主要な武力ではあったが、一、二年の間に侍所頭人がかわり、そのたびに武力構成は一変した。そのため洛中の行政上の支配は、変化の少ない奉行人―雑色・小舎人の系列によって行なわれたのである。

かくて洛中の警察行政は、侍所の奉行人—雑色・小舎人の系列と、使庁の保官人—使庁下部の系列が共存するところとなった。この共存関係で特に注目したいのは、雑色・小舎人と使庁下部との支配の末端にある両者の関係である。貞和三年三月の追加法(193)に、

一　雑色小舎人雑仕給物事貞和三三九御沙汰

彼料足為地頭御家人役之条、前々其沙汰畢

とある如く、侍所の雑色・小舎人等への給物が、地頭御家人役として定められ、給禄の充実がはかられた。しかるにまさにこの時期、使庁においても使庁下部への俸禄として酒壺役を充行おうとしたが、山門の反対によりやめている(194)。この雑色・小舎人給物の充実と使庁下部俸禄の窮迫の二つの事柄の間に、使庁下部の雑色・小舎人への流入という事態を推測できるであろう(195)。幕府の奉行人は鎌倉期の鎌倉のように保奉行人を置いて保務管轄を行なわなかったが、それは保がもはや機能しなくなっていたからであり(196)、といって洛中を幕府が再構成して把握する能力があったかというと、それにかけていたからである。

このため幕府—侍所奉行人は洛中支配のため使庁下部を吸収するという簡便な手段をとったものと思われる。観応三年九月に「自侍所小舎人来、先月三条白河公強盗屋不被申侍所、被壊取社家之条無謂、寺社領等検断屋被寄籠舎修理之条、公方被定法、可被存知(197)」と、寺社領等の検断屋の破却・検封を侍所が主張し、小舎人がこれにあたる等、住宅の検封・破却から洛中祭礼の警備等の使庁下部の権限を奪って、侍所の雑色・小舎人がこれを行なっているのは、以上の結果によるものであろう。

かくて僅かに保官人は使庁下部を以て保務掌握の足場にしていたものが、使庁下部の雑色・小舎人流入によってその権限を侍所奉行人に次第に吸収されていった。ただ、この過程は、一挙に進行したわけ

ではない。幕府の政権の動揺――特に京都の放棄とも関連して、使庁の下部の回復も行なわれたと考えられる。[198]貞和年間から貞治年間へと徐々に進行したであろう、このゆるやかな進行を速めたのが、応安の管領制の成立である。これは、佐藤・羽下両氏[199]によって指摘されたように、侍所の職権の一部――特に守護・御家人統制権――が管領の権限に移され、侍所の支配権は山城・京都に限定されるところとなった。この結果、侍所の軍事力たる頭人―所司代の系列の武力支配の対象が、山城・洛中に向けられ、積極的な支配体制が築かれる準備ができた。おりしも山門強訴があり、王朝の無能が露呈され、使庁の洛中支配機構の弱体が意識された結果、[200]応安二年に侍所は始めて洛中に禁制を発布し、[201]翌応安三年に山門公人の「煩」と「悪行」に対する検断権を獲得し、[202]ここにほぼ侍所の洛中支配――治安警察が完成するのである。[203]

ところが、他の洛中の屋地の裁判権等はまだ使庁の手に属していた。

〈2〉

応安・永和と続いた細川頼之の管領支配は、康暦の政変によって、斯波義将のそれへと転回する。この康暦の政変は、斯波の管領就任と同時に、二つの幕政上の重要な人事をもたらした。その一つは地方の設置と頭人への二階堂行光の就任で、他の一つは政所への伊勢貞継の就任である。[204]地方は「京中諸家地事、云知行之安堵、云訴論之糺決、為当所之沙汰者也[205]」と洛中家地の安堵・裁判を管轄する機関で、これが設置され、かつ評定衆で前政所執事たる二階堂行光の就任によって、洛中の屋地裁判を幕府が全面的に行なう体制が整えられた。

しかるに使庁の裁判に於ては、裁判進行上重要な役割を果たした保官人と寄検非違使[206]のうち、保官人は保務を行なうに必要な使庁下部を失って、事実上機能を停止し[207]、寄検非違使は幕府が山門奉行・東寺奉行・八幡宮奉行・東大寺奉行等の寺社関係の行政・裁判の取り継ぎを行なう奉行を設定したため[208]、その機能がこれらの奉行に移行した。応安年間から、東寺と最勝光院寄検非違使との間に、その俸禄をめぐって相論がおこされているのは[209]、寄検非違使の役割の低下に起因していると考えられる。

　かくて使庁の裁判機能は著しく低下し、幕府の地方裁判は次第にその機能を高めていった。永徳三年、洛中敷地の丈量を命ぜられた使庁は、「官人沙汰緩怠無尽期之至[210]」と評され、その無能力を暴露している。さらにこの時期をもって、使庁の裁判を示す諸官評定文・別当宣・使庁下文が消滅する[211]。かくして至徳元年侍所の洛中遵行が始めて行なれ[212]、至徳二年「事子細於地方奉行可申候[213]」と地方奉行の屋地裁判を示す例がみえる。すなわち、至徳元年には洛中において、地方裁判―侍所遵行の体制が確立した。

　他方、政所は、本来は「雑務公事、凡将軍家御家務条々[214]」をその管轄としていたが、伊勢貞継が執事に就任すると共に、この二つの職掌がそれぞれ分化発展することになる。というのも、伊勢氏は代々将軍家に仕える譜代の家人であり、その上貞継は義満を養育した関係から、将軍との強いつながりをもっていた。このため政所は、伊勢氏を中心に将軍家家務機関としての性格を著しくさせた。特に伊勢氏は御厩や御服所を管轄していたから、政所執事に就任することにより、御厩料所・御服所料所の他に政所料所をも管理するところとなり、将軍家料所の殆どが伊勢氏により掌握されるところとなった[215]。

　政所における伊勢氏を中心とした将軍家家務の機能のこのような活発化は、他の機能――雑務公事――の活発化をも導いたと考えられる。桑山浩然氏の指摘によれば、中期以後の政所は執事―政所代の系列と執事代―寄人の系列とにその機能が分化し、「執事は世襲的な将軍家との繋りによって将軍家の家宰的性格を強め、執事代は政所寄人を統轄して事務官僚的なものになっていった」。その結果「将軍の私的な経済生活は執事によって、幕府としての公的な活動は執事代によって総括され」たとのことである。(216)

雑務公事の機能は、執事代―政所寄人の系列によって、政所執事への伊勢貞継の就任を契機に活発化したのではなかろうか。それを示すように、至徳三年に「山門の神人以下に対して、幕府の雑務沙汰(売買貸借など債権関係の訴訟)裁判権に服すべきことを求め(217)」、ここに洛中の雑務裁判権が政所に掌握されたのである。続いて、料所管理の機能が伊勢氏の執事―政所代の系列に移った後(218)、政所の公的な財源は、明徳四年に「政所方年中行事要脚」として、土倉・酒屋役が賦課され調達された(219)。なおこの土倉・酒屋役及びこれに関連する納銭方は、桑山氏の指摘のごとく、執事代―政所寄人の系列によって後々まで管理されている(220)。

かように康暦の政変を契機に、洛中支配体制は侍所・政所・地方の行政・裁判機関により進められたことがわかった。ただ侍所について一言付け加えるならば、侍所の洛中遵行は至徳元年に始まるが、翌年至徳二年の山城守護職設置(221)によって、侍所の管轄地域は洛中のみとなり、これによって侍所の洛中支配は一層強化され、かくて、使庁の洛中支配は幕府により完全に吸収されたのである(222)。

おわりに

使庁と幕府との洛中支配の関係を追究する意図をもって分析してきたが、余りに残された課題が多いことを痛感する。以下それらを記して結びとしたい。

①使庁の支配を洛中に限定して考察したため、洛中と同様に重要な位置をしめていた山城国について殆ど触れるところがなかった。鎌倉幕府は山城国に守護を設置せず、室町幕府は直轄地（御料所）、侍所兼帯とするなど、幕府もこれには特別の措置をとっていた。かかる意味から山城国に対する支配の分析は重要な意味をもつものと思われる。

②使庁の歴史のなかで最も際立った内容をもった時期は建武期である。使庁の権力はこの時期に一段と拡大されており、その内容の分析は建武政権の性格のみでなく、室町幕府の性格の一端を知る上で欠かせないものと思われる。

③使庁と幕府との関係の分析は、王朝と幕府との関係を知る上で欠かせないものであるが、本稿は王朝と幕府との一般的関係を提示しえなかった。ただ幕府の王朝に対する政策の一端は示したつもりである。そこにみられた鎌倉幕府と室町幕府の性格に関してはさらに自己の課題として分析を進めてゆきたい。

〔追記〕
本稿作成にあたり、石井進・笠松宏至・河内祥輔諸氏の御助言を頂いた。記して感謝したい。なお本稿成稿後、国史学会大会に於て、秋元信英氏の「中世の寄検非違使」なる報告があり、渡辺直彦氏の著書『日本古代官位制度の基礎的研究』が出版されたが、前者については聞く機会を得ず、後者は参考とする余裕がなかった。記して諒解を乞いたい。

注

はじめに

(1) 浅井虎夫「併帰使庁考」(『史学雑誌』一四―一一、一二)、谷森饒男『検非違使ヲ中心トシタル平安時代ノ警察状態』、三浦周行「明法家と検非違使」(『続法制史の研究』所収)、小川清太郎「検非違使庁例の研究」(『早稲田法学』一六)、同「検非違使の研究」(『早稲田法学』一七、一八)。

(2) 『日本史研究』九三。

(3) 満富真理子「検非違使に関する一考察」(『九州史学』三五)、同「院政と検非違使」(『史淵』一〇四)、森田悌「検非違使成立の前提」(『日本歴史』二五五)、朧谷寿「十世紀に於ける左右衛門府官人の研究」(『平安博物館研究紀要』四)、渡辺直彦「『逸文・拾遺』『検非違使起源の問題』」(『新訂増補国史大系月報』五一)等。

(4) 『史学雑誌』七八―九所収。

(5) 『律令国家と貴族社会』所収。この他に黒田紘一郎「中世京都の警察制度」(『京都社会史研究』所収)がある。

(6) 佐藤進一「室町幕府論」(『岩波講座日本歴史』中世3所収)。

(7) 前注(5)黒田氏論文。

(8) 前注(1)の小川論文は、概括的ではあるが、かかる研究の先駆的業績である。また、村山修一『日本都市生活の源流』は、京都における検非違使の活動を克明に分析している。

(9)　この三つの分類に属さぬ研究には、検非違使庁の裁判制度、特に庁例のそれがある。滝川政次郎「事発日記―庁例に於る証拠法の発達―」(『法制史研究』六)、羽下徳彦「中世本所法における検断の一考察」(『中世の法と国家』所収)等。

(10)　本稿の表題の「使庁」とは検非違使庁の略称である。以後は全てこの略称を使用する。また「使庁の構成」という場合、本来ならば、使庁を構成する官人の全ての職掌・配置等を考察しなければならないのであるが、副題の如く、洛中支配の場における使庁の構成に限定して分析した。如上の点は、前注(3)の諸論文を参照されたい。ただ次の点のみ指摘しておきたい。使庁官人はほぼ二つの系統によって編成されている。その一つは「追捕官人」で、武力をもって犯人の追捕、争乱の鎮圧等の治安の維持にあたり、他の一つは「明法道輩」や「文章生」等の文官で、彼等は刑事裁判や洛中行政を担当した。前掲分類(2)の研究は特に追捕官人の動向を分析し、使庁の武力的側面の解明を行なった。本稿はこれに対して、明法の輩の動向に注目し、使庁の行政・裁判上の側面の分析に重点を置いた。というのも、院政期から鎌倉・室町期にわたって、使庁の武力は武士に代替されるが、依然として使庁の洛中支配は維持されており、その原因を考えてみるには、使庁の行政・裁判制度を分析する必要があるのではなかろうか、と思われたからである。

(11)　「王朝・本所の権力を支える強固な政治経済諸機構をどのように押え、解体させて、幕府の支配を打ち立てるか、その過程を具体的にかつ克明に追究すること」(前注(6)佐藤氏論文)という指摘がある。

1 (1)

(12)　特に前注(5)黒田紘一郎「中世京都の警察制度」によるところが大きい。

(13)　職員令左京職条には、大夫・亮・大進・少進・大属・少属の他に坊令・使部・直丁を京職の職員とすることが載せられ、戸令置坊長条には、坊令の下に坊長が置かれており、同五家条には保長の規定がある。当初、坊令は

「正八位以下明廉強直、堪時務」、坊長は「白丁清正強幹」という任用基準であった（戸令取坊令条）わけで、官人とは異なっていたが、延暦十七年にいたり、坊令に対して「少初位下官」（『類聚三代格』巻五延暦十七年四月五日太政官奏）・「職田二町」（同巻一五延暦十七年四月五日太政官奏）を与え、官人となした。また坊長については、坊令との密接な関係からみて、その後官人になったものと思われる（以上、森田悌「検非違使成立の前提」『日本歴史』二五五参照）。これから、坊令―坊長の系統と保長とが多少の相違があることが知られる。

(14)　貞観四年三月十五日太政官符（『類聚三代格』巻一六）。

(15)　昌泰二年六月四日太政官符（同上巻二〇）。

(16)　前注(5)黒田氏論文。

(17)　秋宗康子「保刀禰について」（『史林』四四―四）。

(18)　応徳二年四月十七日検非違使庁下文（『朝野群載』一一）。

(19)　この一町程度という領域は、空閑地の少ない保に於ける保刀禰の管轄領域と思われ、空閑地の多い保では、保刀禰の数は少なかったであろう。なお、保刀禰の職掌に関しては、前注(5)黒田氏論文参照。

(20)　この地縁組織の内容は、内部に階層の差を含みこんだルーズな構成をとっており、これが上部の政治機構に掌握された時、ルーズな構成から秩序ある構成にかわってゆく。

(21)　前注(15)参照。この官符の趣旨は貞観年間における「皇親之居」「卿相之家」周辺地域の保長任用制の後を受け、その違反者に対する罪科を定めて、保内の「督察奸猾」体制を強化せんとしたものである。したがって無長の保という場合、貴族居住地に隣接する保を指し示し、保内の堪事者任用も貴族居住地から離れた保で一般的に当初から行なわれていたとも考えられるが、一応本文の通りにしておく。

(22)　『今昔物語集』巻二九―一一「幼児瓜を盗みて父の不孝を蒙りし語」。なお、この点については、前注(5)黒田氏論一三一頁参照。

(23)　鎌倉期に入ってからの寛喜の新制に於て、「令在京郎従分居諸保、以助保長坊令」と、保長の存在が知られる。この時には、逆に保刀禰の存在は知られない。保長・坊令が京職の完全な系列下にあり、その形式的な存在の故に、名目のみ存続したといえる。ここで記しておきたいもう一つのことは、①〜③への展開の過程に対する異論である。森田氏前掲注(3)論文における「旧来の坊令・坊長・保長が性格を変化し、ついで保刀禰に転化していく」(七一頁)との理解は、坊令・坊長等の京職の官人（前注(5)黒田氏論文参照）が、非官人たる保刀禰（保刀禰自身は他の官衙の官人ではありえても、京職の官人ではない）となり、再度京職の末端に編成される、という理解を導くこととなり、これは「自然」な理解とは考えられない。実際、坊令と保刀禰は並存し、両者共に家地売券に登場することが頻々と見出される。また、黒田氏は前注(5)論文で、「保刀禰の前駆的形態としてただちに保長をあてはめるのは、その律令的下級官人という共通点は認められても、論理的には無理があるので、これ以上の深入りは慎しまなければならない」(一三〇頁)と述べられている。この意味が、保刀禰の前駆的形態は保証刀禰等であり、これは保長とは異なる、というものであるならば、確かにそうであるが、逆に保長と保刀禰との間の関係はどんなものか、という問を発するならばどうであろうか。氏の論文には、この点への言及が殆どない。果してこの問に答えることが、慎しむべき「深入り」かどうか。さらに保長・保刀禰を「律令的下級官人」と言いうるのであろうか。

ただ、もし私の①〜③の理解に問題があるとするならば、それは保長と保刀禰の併存という点である。しかし、保長と保刀禰とが各々独自の職掌を持って、同一時期に存在する事例を知らない。唯一つ『新猿楽記』の「七条已南保長」たる金集百成の例がある。彼は「鍛冶鋳物幷銀金細工」であった。この例を物語だとして無視しえないのは、西七条刀禰等が「針」を行事所に進じなかったという『中右記』嘉保二年六月二十五日条の記載があるからである。『新猿楽記』成立の時点では、既に保刀禰が存在したはずなのに、何故、保長と記してあるか。しかし、著者が「右京大夫」藤原明衡ならば、保刀禰を保長と称するのも当然であるし、また後代に西七条で行事所へ針を進ずる役を仰せつかったのが「刀禰」であることを考えると、「七条已南保長」とは、実際は「保刀禰」ではなかったろうか。

(24)『小右記』長元四年正月二十三日条。

(25)天承三年五月十六日付の宣旨は、強盗の横行に対して、「各仰当保、且令尋召嫌疑之者、且可令致夜行之勤焉」（『朝野群載』一一）と命令している。この保の場における夜行の勤が「保夜行」の系譜を引くものに他ならない。また、長寛二年の官宣旨では「神祇官町」の「住人」が、使庁の賦課する「保内之夜行」を勤めたことが記されている（長寛二年十月十六日官宣旨案『平安遺文』三三一一号）。

(26)長元八年十二月二十六日左京五条四坊一保刀禰解（『平安遺文』五五四号）他、『平安遺文』五五五～五六九号参照。

(27)『小右記』寛仁三年四月六日条に、京中所々の放火対策として、「夜行」や「造道守舎、仰保々令宿直」の案が出されている。

(28)長元七年二月八日播磨大掾播万貞成解（『平安遺文』五二四号）。

(29)承暦四年九月三日検非違使庁下文（同一一七九号）。

(30)保刀禰を京職が補任した文書としては、康和五年二月十三日付の右京職符が『朝野群載』に載せられている。

(31)特に、院政期に入ると、僧兵・神人等の強訴、永長の大田楽にみられる爆発的な大衆の示威行動が行なわれ、保刀禰を中心とした私的武力も、これらにくみこまれることが多く、保単位の自警制が揺さぶられることとなった。このため、使庁の地域的な警察機構の必要性は増加した。

1 (2)

(32)建久二年三月二十八日宣旨（水戸部正男『公家新制の研究』所収）。

(33) 延応元年四月十三日鎌倉幕府追加法一〇〇条（『中世法制史料集』第一巻所収）。
(34) 衛府官人、京職官人等の官人の場合、管轄官庁を示した限定詞付の官人であるのに対し、ただ官人とある場合、殆ど使庁官人をさしている。
(35) 前注(5)黒田氏「中世京都の警察制度」。これによると、「保刀禰と保官人が同一のものであるということを明確に示す史料はないが、前節において検討した保刀禰の職掌を前提にすると、その同一性を直接的な延長線上に考えることができる。」（一五〇頁）とある。保刀禰と保官人が同一である論拠は、職掌の一致である。しかし、これは同一性を示す確実な論拠ではない。恐らく、氏の考えには、刀禰＝官人の発想があったのであろう。しかし、これは誤りである。
(36) 『八坂神社記録』下九七八～九八三頁。
(37) 『続群書類従』補任部四上所収。
(38) 前注(6)佐藤氏「室町幕府論」三三頁。この指摘を黒田氏前注(5)論文が見逃している点は残念である。この点「はじめに」参照。
(39) 『山槐記』治承二年正月十七日条。
(40) 『中右記』永久二年二月八日条。
(41) 家地の売券に保刀禰の証判を加え坊令と共に京職の判を申請する制度は、一一世紀の間に崩れたが、紛失状に保刀禰等在地人の証判を得て、職判を請う制度は一二世紀にも存続した。即ち、永久三年四月二十六日平資孝文書紛失状（『平安遺文』一八二三号）は、天永三年の左京七条二坊一保の火事で、焼失した券文に付き、「在地人々」の証判を得ている。それには「左京保刀禰大中臣」が証判を与えている。長承三年四月日の藤原経則文書紛失状（『平安遺文』二三〇一号）にも、刀禰と在地随近の証判及び職判がある。しかし、その後の紛失の際の証判は、「在地署判」とあっても保刀禰としての証判がなく、また職判の申請も行なわれていない（久安六年四月八日藤原氏女家地券紛失状案『平安遺文』二七〇〇号、長寛元年五月二日藤井国方家地売券『平安遺文』三三二五五号、寿永三年二月二十九日勘解由判官源長清文書紛失状案『平安遺文』四八九〇号）。恐らく、こうした在地人証判のみの紛失状作製から、さらに保務証判を申請するものへと変化していったとみられる。

(42)　暦応二年六月一日藤原藤久文書紛失状案（『八坂神社記録』下一〇六八頁）。

(43)　観応元年八月十日尼法然沽却状（「鹿王院文書」所収。赤松俊秀「町座の成立について」『日本歴史』二二参照）。「為後証所申請保務官人等御証判也」との申請に対して、後欠ではあるが、「件地事、依為奉行保内、以右円《(因カ)》守彦沢」とあり、保務官人の証判が与えられたものであろう。この他、暦応五年三月日法印俊聖文書紛失状案（『八坂神社記録』下一〇六四頁）参照。

(44)　これは、「先例仰左右京職令進人夫、近代不叶、仍仰検非違使令召進人夫」（『中右記』永久二年十二月十七日条）と京職―保刀禰の行政組織を吸収する過程であった。

(45)　この時期は、平氏政権下で、平時忠が検非違使別当となり、「被仰下京中在家、可被計注之由、左右京職官人、官使、検非違使等注之」（『玉葉』治承五年二月八日条）と、使庁の洛中支配が強化され、さらに官使や検非違使が美濃国等に派遣されて渡船・兵粮米の点定が行なわれた。以上、石母田正「鎌倉幕府一国地頭職の成立」（『中世の法と国家』所収）参照。この洛中支配強化と、続いての鎌倉幕府による諸国守護の設置に基づく使庁の管轄地域の限定により、使庁の洛中掌握は急速に進展した。

(46)　前注(6)佐藤氏論文。

(47)　赤松俊秀「町座の成立について」（『日本歴史』二二）、秋山国三「条坊制の『町』の変容過程について」（『京都社会史研究』所収）参照。町尻小路を中心に発達した三条町、四条町、七条町等の「町」が保刀禰の基盤とした地域組織と異なることは、前注(41)の紛失状に保刀禰の証判のない例、久安六年の藤原氏女家地券紛失状案、長寛元年の藤井国方家地売券、がいずれも、四条町等の「町」であることから知られよう。

(48) この点に関しては、第二節参照。

(49) ところで保官人の管轄範囲はどの程度だったろうか。保官人の絶対数には制限があり、洛中の保を網羅するためには、いくつかの保をまとめた管轄地域に保官人が割りあてられたのであろう。佐藤進一氏の『鎌倉幕府訴訟制度の研究』一九三頁(註)六によって紹介された、東洋文庫所蔵の「制法」によれば、洛中は十二の管轄地域に分けられ、それに保官人が充てられている。すなわち下記の通りである。

四条以南五条以北　秀清朝臣
五条以南六条以北　章兼朝臣

これによると、一条以南二条以北の地域が五つに分割され、保官人の管轄の比重は内裏・官衙等の公家の支配地域に高いことが知られる。

1
(3)

(50) 『吾妻鏡』文治二年十一月二十九日条。

(51) 『玉葉』文治三年十月六日条。

(52) 注(33)参照。

(53) 康永二年三月日祇園社領内犯科人跡不使庁綺社家致其沙汰勘例注進状（『八坂神社記録』下九七八～九八三頁）の承久元年七月五日の例。

(54) 京極寺等検断事書（『八坂神社記録』下三二一頁）の建長三年七月二十六日、同二十七日の条。

(55) 暦応五年三月日法印俊聖地券紛失状案（『八坂神社記録』下一〇六四頁）。この文書を使って、黒田氏前注(5)論文は、「使庁が与判を加える前に保官人の有沢丸なるものがまず保証し、その有沢丸の紛失・当知行相違なしとの判断によって使庁が保証判を与えるという形式をもっている」（一五四頁）と述べているが、この有沢丸は

「左囚守」で、使庁下部であり、保官人は文言の後に証判を与えている中原某である。

(56) 観応元年八月十日尼法然沽却状「鹿王院文書」。

(57) 『師守記』貞治四年四月二十六日条に、使庁の下部を「四座下部」と称し、それの構成を、左右看督長、左右囚守としている。この看督長、囚守の各々の左右の四部構成によって四座と称したものか。なお、この囚守について、紛失状所載の刊本は、あるいは、因守、圓守、あるいは国守と読解しているが、いずれも囚守の誤りであろう。

(58) このことについて、前注(6)佐藤氏「室町幕府論」は、「二、三の史料から知られるように、検非違使は使庁の下級職員である左右囚守・左右看督長、いわゆる『四座の下部』（およびおそらく検非違使自身の郎従）を手足として、このような職務を行なう」（三三頁）と指摘している。

(59) 暦応二年六月一日藤原藤久地券紛失状案（『八坂神社記録』下一〇六八頁）。

(60) 前注(55)史料。

(61) 文和三年七月日法印真聖地券紛失状（「東寺百合文書」イ二五之四五）。

(62) 前注(54)史料、弘安十年三月十三日条。

(63) 覚昭が、「当保沙汰人兵衛入道」と全く同じ性格を持っていた、とは考えられない。覚昭や兵衛入道が保沙汰人という職掌でもって包括できるぐらいの意味である。

(64) 一二世紀頃に成立した「町」が、保刀禰の基盤とした地域組織を壊していったことはすでにみたが、この「町」がさらに発展して、内部に強固な組織「座」が発生し（赤松俊秀「町座の成立について」『日本歴史』二一参照）、官衙への供御を媒介として生じた組織「供御人」が成立（豊田武「四府駕輿丁座の研究」『史学雑誌』四五―一）した。

(65) 鎌倉末期の後宇多上皇院宣に「東寺領八条院町検断事、保務官人沙汰、可為学衆進止」（「東寺百合文書」五月十四日宣房奉院宣）とある。

(66) 建武三年八月日比丘尼良明文書紛失状案（「東寺百合文書」京一之一五）。

1（4）

(67) 寺社本所領に関しては、第二節参照。

(68) 『三代実録』貞観十六年十二月二十六日条。なお、森田悌「検非違使の研究」（『史学雑誌』七八―九）参照。

(69) 長保五年十一月二十八日別当宣（『政事要略』一一）。

(70) 上横手雅敬「平安中期の警察制度」（『律令国家と貴族社会』所収）。

(71) 拒捍使は、正税官物未進の輩に対する譴責のため、畿内国司・京職の申請に基づいて派遣された使庁官人である（長保五（三カ）年五月二十二日宣旨『政事要略』五三、なお、竹内理三「拒捍使」『国史辞典』四所収）。大宰府管内では、府官が拒捍使として派遣されている（石井進『日本中世国家史の研究』七九頁註42）。使庁官人の畿内派遣の例としては、『朝野群載』所収の承平五年十二月四日別当宣に、摂津国拒捍使がある。本稿で指摘した山城国拒捍使の例としては、天喜元年に東大寺領山城国玉井庄に課役責勘のため入部した「右衛門府生笠高吉」（天喜二年二月二十三日官宣旨『平安遺文』七〇九号）、永保元年同庄に入部した拒捍使（永保元年五月六日官宣旨『平安遺文』一一八三号）等が知られる。彼等は国司の申請に基づいて置かれて、課役拒捍者に対する責徴を行なったが、その後常置されて、洛中と山城との間の警備を担当するにいたったものと思われる。鎌倉期に入って、「宮城外」の「路地掃除」を山城拒捍使が沙汰している（『公衡公記』正和四年四月二十五日条）。なお、検非違使が派遣された場合、その供給は国司が行なったが、拒捍使の如く常置されると、そのための供給田が設置されたものと思われる。建仁元年八月九日の奏聞（『三長記』同日条）も一箇条に「山城国拒捍使田事　仰、可問国司」とある拒捍使田は、供給田のことであろう。

(72)『山槐記』治承二年正月十七日条。

(73)『中右記』永久二年四月十日条。

(74)『群書類従』五輯。

(75) この『官職秘鈔』の例をもって、「早くより市司の実力は弱体化しており、その替りに市司の職掌を検非違使が継承し平安京の商品流通を支配下に置いていったと考えられる」（森田氏前注(68)論文二八頁）、また「『延喜式』の規定する市司の職掌は京職から離れてそのまま使庁に移行したと考えられる」（前注(5)黒田紘一郎「中世京都の警察制度」）とする見解には従えない。

(76)『延喜式』東西市式条。

(77)『長秋記』長承三年九月十一日条に「市司下部等、寄事於権威、小屋五六破」とある。

(78) 前注(76)史料。それに「凡居住市町之輩、除市籍人令進地子」とある。市町居住の輩とは、市籍人と地子進納の市町人から構成されていたことが分る。

(79)『類聚三代格』所収の貞観六年九月四日の官符によると「在市籍者、市司所統摂、而市人等属仕王臣家不遵本司、事加召勘則称高家従者、要結衆類凌轢官人」とある。

(80)『康平記』康平五年十一月二日条（『群書類従』二五輯所収）によると、「向東市買餅（予兼日仰市刀禰等、令用意）」とある。この市刀禰が市司に対抗して成長した市町住人の組織を基盤としているとみるのは、保刀禰の場合からの推測である。

(81)『類聚三代格』所収の貞観十六年十二月十六日官符は検非違使の起請に基づいて、「応没私鋳銭者田宅資財事」と私鋳銭者に対する罪科をきめている如く、私鋳銭の取締りは、検非違使の当初からの職掌であった。この私鋳銭取締りが、沽価法制度につながることは、治承三年の沽価法制定の際、「基広注申銭売買之間事、近代渡唐土之銭、於此朝恣売買云々、私鋳銭者処八虐、縦私雖不鋳、所所旨同私鋳銭、尤可被停止事歟」（『玉葉』治承三年七月二十七日条）との意見が出されていることから知られる。すなわち、王朝の手による銭貨の鋳造が行われなくなって以後、沽価の問題は私鋳銭取締りと密接な関係があったわけで、これが沽価法の制定について、「代々使庁之沙汰也」（同治承三年七月二十五日条）となったのである。

(82) 天暦二年四月五日に「為令行沽価事、以検非違使尉任市司権正何、是諸卿所定申也」（『貞信公記』同日条、なお、森田氏前注(68)論文三八頁参照）。

(83)『玉葉』治承三年七月二十五～二十七日条、『大夫尉義経畏申記』（『群書類従』七輯所収）。

(84)『仲資王記』文治五年九月六日条（『大日本史料』四編二）。秋山国三「条坊制の「町」の変容過程について」（『京都社会史研究』所収）参照。

(85) 前注(84)秋山氏論文参照。

(86) 渡辺直彦「防鴨河使の研究」（『神道学』六六）。

2
(1)

(87)『玉葉』建久三年三月三日条。

(88) 同書第一部第二章「保と村落」七五頁。寄検非違使の指摘を最初に行なったのは片山勝「寄検非違使考」（『史学雑誌』五九―一二）であるが、口頭発表の要旨のみであり、簡単な指摘に終わっている。

(89) 貞和三年八月二十九日感神院別当得分注進状（『八坂神社記録』下九八七～九九二頁）。

(90) 前注(5)黒田紘一郎「中世京都の警察制度」は「感神院別当得分から俸給を受けた検非違使は有沢丸のごとき保官人であったと推測されるのである。おそらく東寺の最勝光院検非違使の存在も同様のものであったろう」（一五五頁）と記しているが、「寄」の字が欠落し、保官人と混同している。

(91) 建武三年八月日比丘尼良明文書紛失状案（「東寺百合文書」京一之一五）。

(92)『八坂神社記録』上「社家記録」康永二年七月八日条。

(93) 応安四年九月日東寺申状案（「東寺百合文書」江一七之二二『大日本史料』六編―三四、四七八頁）。
(94) 『八坂神社記録』上「社家記録」康永二年九月十三日条に、綿本新座相論の沙汰があり、その時の「今日諸官六人明清、明成、章有、章兼、章世、明宗」の章世である。
(95) 『八坂神社記録』下の永徳元年五月二十三日諸官評定文の参仕官人に「章忠」がいる。
(96) 『勘仲記』同日条。
(97) 『妙槐記』文応元年十月二十八日条。
(98) 『中右記』同日条。
(99) 『中右記』同日条。
(100) 『山槐記』同日条。
(101) 『玉葉』同日条。

2(2)

(102) 『中右記』永久二年十二月十八日条。
(103) 『中右記』永久二年八月十六日条。
(104) 康永二年三月日同注進状（『八坂神社記録』下九七八〜九八三頁）。なお、注進状のうち、建長三年七月二十七日条「惣町保内犯科人跡、依高倉判官章種触申、検封之」の高倉判官章種はその職掌から寄検非違使と考えられる。
(105) 『中右記』永久二年十二月二十一日条。
(106) 『中右記』永久二年十二月二十九日条。
(107) 『中右記』永久二年三月九日条に、「法勝寺御念仏、従明日被始之間、寄検非違使二人宗実所労資清重服有障」と、法勝寺

御念仏に寄検非違使二人を寄行事検非違使に起用せんとして支障があり、その人事を討議している。また『山槐記』治承二年正月八日条に、法勝寺の行事に寄検非違使を起用せんとしたが、これも「重服」により、代官を起用している。なお、かかる寄行事の検非違使はその性格上、一二世紀以前に成立していたものと考えられよう。

(108)『中右記』永久二年三月二十六日条。

(109)『八坂神社記録』上所収「社家記録」康永二年七月八日条。この時の綿本新座の相論における寄検非違使中原章世の動きに注意されたい。

(110)建武三年八月日比丘尼良明文書紛失状案（「東寺百合文書」京一之一五）。

(111)寄検非違使の設置の要求は、使庁内部の他に寺社側にもあったと考えられる。寺社が境内四至に使庁の使の入部を拒否するならば、独自の警察体制を敷かなければならなかったから、その治安能力がない時には使庁の警察に援助を請う必要があった。また寺社の行事の際にはその警備を行なうのに使庁の助成が必要だった。こうした寺社側の要求と本文でみたような使庁側の要求のもとにあった寄検非違使体制であったから、本所検断権も犯科人跡の住宅破却・検封権上のものではなく、寄検非違使の俸禄を寺社が出すということが行なわれたりしたものと思われる。

(112)第二節の1項で指摘したように一二世紀の寄検非違使はいずれも寺院のそれである。祇園社の寄検非違使の設定されたのがいつかは知られないが、本文に引いた注進状（前注(104)参照）が承久元年を最初の例としているところから考えることができよう。

(113)応安四年九月日東寺申状案（「東寺百合文書」江一七之二二）。

(114)貞和三年八月二十九日感神院別当得分注進状（『八坂神社記録』下九八七～九九二頁）。

(115)祇園社寄検非違使の場合はどうか。注(104)注進状の弘安十年正月二十七日条に四条堀川住人四郎左衛門尉久能の住宅を社家側が破却した時、「近衛判官職隆、重々雖申子細不沙汰」と職隆が「重々」子細を申したとある。

これは「保官人」や「奉行」として申したのではないと思われる。おそらく寄検非違使によるものであろう。この職隆の嫡男が後の寄検非違使章世（『検非違使補任』文永四年条）。祇園社寄検非違使も職隆―章忠と二代にわたって世襲されている。

2(3)

(116) 羽下徳彦「中世本所法における検断の一考察」（『中世の法と国家』所収）三三九頁。なお、庁例については、滝川政次郎「事発日記」（『法制史研究』六）参照。

(117) 平安期における使庁の民事裁判の例としては、小川清太郎「検非違使の研究」（『早稲田法学』一七、一八）、森田悌「検非違使の研究」（『史学雑誌』七八―九）の挙げるところを参照。

(118) この三通の文書を『大徳寺文書』の内から列記しておこう。

(a) 諸官評定文（四六一号）

元亨元年五月十五日評定

千鶴丸与松鶴丸相論北小路大宮地事

件相論事、（中略）執憲履縄務従折中、千鶴丸令紀返千五百疋直銭於松鶴丸、全領掌之条、不可乖物宜哉

章敦
章躬
（中略）
章有
章勝

(b) 検非違使別当宣（四六二号）

千鶴丸与松鶴丸相論北小路大宮地事、任昨日評定文、可令下知給之由、別当殿仰所候也、仍執達如件

元亨元年五月十六日　　前備前守忠経

謹上　博士大夫判官殿

(c) 検非違使庁下文（一六五号）

検非違使庁下　千鶴丸

北小路大宮地事

右別当宣副諸官評定文如斯、早可被存知之条、下知如件

元亨元年五月十六日修理左宮城判官明法博士兼左衛門権少尉安芸権介中原朝臣（花押）

なお、(a)の文書について、『大日本古文書』の編者は「文殿諸官評定文」と、また相田二郎『日本の古文書』も同様の文書名を附しているが、これは検非違使庁の諸官評定文である。文殿の場合、その注進状は、文書の冒頭に「文殿」と記し、文殿衆（文殿の場合、諸官とは言わない）の連署には必ず官名を記している。

(119) 注(118)(b)史料。

(120) 注(118)史料参照。特に(c)の使庁下文に於て、「別当宣副諸官評定文如斯」とあるように、三通の文書が一括して、付されていた。

(121) 注(118)史料参照。このことは評定の結果がそのまま判決を左右する効力をもっていることを示すものである。

(122) 佐藤氏前注(6)「室町幕府論」。氏の引かれる貞和三年十一月七日使庁諸官評定文（「東寺百合文書」ヒ三二―四三）には、論人に対して、「保務官人相共被催促之条、下部等注進」とある。

(123) 前項参照。

(124) 暦応二年四月十二日諸官評定文（「泉涌寺文書」所収）に「任諸官証判紛失状、被下別当宣」とあるによる。

(125) 治承三年七月二十一日院庁下文（『平安遺文』三八八一号）。

(126) 鎌倉期の朝廷の訴訟制度に関しては、八代国治「記録所考」(『国学院雑誌』一一―(1)～(5)、特に(5)の部分)、細川亀市「中世における朝廷の民事裁判所」(『法曹会雑誌』一四―一一)、同「中世公家法における民事訴訟法」(同上一五―四)、古田正男「鎌倉時代の記録所に就て」(『史潮』八―一)、橋本義彦「院評定制について」(『日本歴史』二六九)等の論文がある。このうち、古田氏論文は記録所について、橋本氏論文は院評定を中心とする訴訟制度について詳細に分析している。

(127) 水戸部正男『公家新制の研究』二二一頁。第二、二一、二二、二三条の四箇条は訴訟に関する箇条であるが、二条は神宮訴訟、二一～二三条は記録所その他訴訟機関の内容に関するものである。

(128) 『新抄』文永元年正月三日、二月三日、二月十八日条。

(129) 『吉槐記』乾元二年二月十三日条。

(130) 前注(127)水戸部氏著書所収文永十年九月二十七日新制第一五条。この新制は、弘長三年の新制の「違反者多き実情を見て、相当時日をかけて評議決定に至ったもの」(同書二三二頁)と評価されている。

(131) この特徴は、①評定の充実と裁断が即日乃至は翌日下されるという点、②訴論人の召喚・呼出し、評定の進行が保官人・寄検非違使によってスムーズに行なわれている点、この点に基づく。

(132) 鎌倉期の王朝の訴訟制の特徴は「評定」と「庭中」に求められる。前者は院や使庁に於て、後者は記録所や文殿に見出されるものである。評定の場合、評定衆や官人によって審議された内容は評定文に記されるが、それには連署による評定としての統一の判断が記される。この判断は、事実上、院評定では院上皇の、使庁評定では使庁別当の裁断を拘束した。記録所や文殿の場合、最初「評定」と呼ばれていたが、それは訴訟に対する諮問機関、問注機関であって、その評定の結果は答申に他ならなかった。しかるに、正応六年の記録所庭中とその後の文殿庭中の成立によって、その庭中の結果は即日あるいは翌日に院や天皇への奏聞を経て裁断されるにいたった。こうして庭中も院評定や使庁評定と同様な性格をもつのである。では評定と庭中の相違は何かというと、前者がある程度同等な資格を有する評定衆や諸官の合議制であるのに対し、後者は上卿・弁・寄人（あるいは文殿衆）等の資格の異なる構成員の合議制であることに求められる。

(133)『吉槐記』乾元二年正月二日条に使庁評定の次第が記されている。

(134)『吉槐記』乾元二年二月十三日条に、前日十二日に出された使庁興行の院宣が示され、それに「固守弘長院宣・永仁宣旨」とあるによる。

(135)前注(118)史料以後、「東寺百合文書」等に頻繁に見出される。

2
(4)

(136)例えば、有名な永承三年の私織綾錦の制止に検非違使があたっている（永承三年八月七日宣旨『平安遺文』六六五号）等。

(137)佐藤氏前注(6)「室町幕府論」。

(138)『平戸記』仁治元年閏十月十七日条。

(139)京職の染藍業賦課の根拠は、染藍業者が京職の管轄下にあったことによるものではないだろう。他の官衙の支配の及ばぬ業種であったと思われる。

(140)前注(6)佐藤氏論文は、検非違使が金融業者のために、差し押え・取り立てと「この種の実力行使を行なうことによって、訴訟手続きによらない積極的な営業保護を」（三三頁）与えたと推測している。

(141)『八坂神社記録』上「祇園社記」康永二年条。

(142)「四府駕輿丁座の研究」（『史学雑誌』四五—一）。

(143)前注(6)参照。

(144)前注(138)参照。

(145)『師守記』貞治元年十一月十五日条。
(146)『園太暦』貞和二年三月二十七日条。
(147)『師守記』貞治四年四月二十六日条。
(148)特に「中世酒造業の発達」「室町幕府の酒屋統制」の二論文。
(149)脇田晴子『日本中世商業発達史の研究』。
(150)以上の酒屋役に関しては、注(148)論文参照。
(151)土倉役に関しては、奥野高広「借上と土倉」(『史学雑誌』五九―一〇)、桑山浩然「室町幕府経済機構の一考察」(同上七三―九)、脇田氏前注(149)書参照。
(152)『元徳二年三月日吉社幷叡山行幸記』(『群書類従』三輯)。
(153)前注(149)脇田氏書、二七九頁。
(154)『公衡公記』正和四年四月二十五日条。
(155)前注(149)脇田氏書。

3
(1)〈1〉
(156)上横手雅敬「六波羅探題の成立」(『ヒストリア』七)。
(157)『吾妻鏡』文治三年八月十九日条。
(158)大番役の武士に関しては、五味克夫「鎌倉御家人の大番役勤仕について」(『史学雑誌』六三―九、一〇)参照。大番御家人は京都守護の統制下にあったが、本来の目的は内裏警固であり、しばしば洛中に於て騒乱を起こしていた。
(159)上横手雅敬『日本中世政治史研究』第三章。

(160)『吾妻鏡』文治二年十一月二十九日条。
(161)『玉葉』文治三年十月六日条。
(162)『玉葉』文治四年五月十五日条に「去年被催京中夜行之時、件知家下人以闕其事功、検非違使擬取之」とあるによる。
(163)『吾妻鏡』承久三年九月十六日条。
(164)『吾妻鏡』承久三年十月十二日条。
(165)篝屋守護の在京人に関しては、前注(158)五味氏論文参照。以下の叙述はこれによるところが大きい。
(166)『吾妻鏡』貞永元年十二月二十九日条。
(167)『吾妻鏡』寛元元年十一月十日条。
(168)『明月記』安貞元年正月二十六日条。
(169)寛喜三年十一月三日宣旨（水戸部正男『公家新制の研究』所収）の第三四条「可令催勤京中諸保夜行事」、三五条「可令停止京中強盗事」の二条に関し、かかる規定がある。
(170)「東寺百合文書」イ一之二四（『中世法制史料集』第一巻参考資料第三条）。
(171)『吾妻鏡』暦仁元年六月十九日条。
(172)『吾妻鏡』仁治元年十一月二十九日条。
(173)鎌倉市中警固の場合、篝用途は保内在家に賦課されているのに対し、洛中の場合それは御家人に賦課されている。このことは、鎌倉中の支配が保奉行により一元的に行なわれているのに対し、洛中支配が篝屋守護御家人と保官人とに分割されていることを示すものである。

3⑴〈2〉

(174)『玉葉』文治二年閏七月二十一日、二十二日条。
(175)『玉葉』文治二年閏七月二十二日条に、「近如強盗之犯人、猶為武士之沙汰、何況於此悪僧者、朝敵之一党、謀反之同類也、奉追討使之武士、尤可尋沙汰」と兼実の言がある。
(176)鎌倉幕府追加法五六～六五条（『中世法制史料集』第一巻）。この法令について、石井良助「鎌倉時代の裁判管轄」一（『法学協会雑誌』五七―九）は、条文中の「去年」を文暦二年にあて、その内容を文暦二年七月二十三日の法令（鎌倉幕府追加法八五条）にあてているが、『中世法制史料集』編者の如く『侍所沙汰篇』により、天福元年とするのが適当であろう。
(177)鎌倉幕府追加法八五条（『中世法制史料集』第一巻）。
(178)第三節第1項〈1〉参照。
(179)延応元年四月十三日鎌倉幕府追加法一〇〇条（『中世法制史料集』第一巻）。
(180)延応元年四月十三日鎌倉幕府追加法一〇四条（同上）。
(181)『吾妻鏡』延応元年四月十三日条。
(182)延応元年四月二十四日鎌倉幕府追加法一一三条（『中世法制史料集』第一巻）。
(183)延応元年七月二十六日鎌倉幕府追加法一一七条（同上）。
(184)仁治二年六月十日鎌倉幕府追加法一六二条（同上）。
(185)弘長二年五月二十三日鎌倉幕府追加法四〇九条（同上）。
(186)第二節第3項参照。
(187)弘長二年五月二十七日鎌倉幕府追加法四一五条（『中世法制史料集』第一巻）。

3
(2)
〈1〉

(188)　佐藤氏前注(6)「室町幕府論」三五頁。
(189)　建武四年六月二十七日武田信武施行状（『毛利家文書』一五二六号）。
(190)　羽下徳彦「室町幕府侍所考―その二　初期の機能―」（『中世の窓』一三）。
(191)　『八坂神社記録』上「祇園社記」観応三年十二月七日条。
(192)　羽下徳彦「室町幕府侍所考―その一　初期の構成―」（『白山史学』一〇）五九頁。
(193)　『中世法制史料集』第二巻、室町幕府追加法四三条。
(194)　『園太暦』貞和二年三月二十七日条。なお、第二節第4項参照。
(195)　前注(6)佐藤氏論文の三九頁に「『四座の雑色』の系譜関係から、使庁の下部の侍所・政所への流入を類推することはさして困難ではない」とある。
(196)　この点については、第一節第3項参照。
(197)　『八坂神社記録』上「祇園社記」観応三年九月三十日条。
(198)　使庁下部への俸禄に関して、貞治元年、貞治四年と相論が行なわれ、下部に対し、紺屋役や酒屋役が充行なわれているのをみる。この点、第二節第4項参照。
(199)　前注(6)佐藤氏論文、前注(190)羽下氏論文。
(200)　これは具体的には、応安三年の「仰詞」となって現われる。それによると山門公人の悪行に対して、「為武家召捕彼輩等、可被処罪科乎」と、王朝側から武家への授権がなされているのである。
(201)　室町幕府追加法九九～一〇三条（『中世法制史料集』第二巻）。
(202)　室町幕府追加法一〇五条（同上）。

(203) 前注(6)佐藤氏論文。

3(2)〈2〉

(204)『花営三代記』康暦元年八月二十五日条。

(205)『武政軌範』地方沙汰篇参照。

(206) 第二節第3項参照。

(207) 第三節第1項〈1〉参照。

(208) これら諸奉行がいつ頃設置されたか明らかではないが、山門奉行や八幡宮奉行等は応安四年頃には見出せる(『花営三代記』参照)。

(209) 応安四年九月日東寺申状案(「東寺百合文書」江一七之三二)。

(210)「後愚昧記」永徳元年十月二日条。

(211) 前注(6)佐藤進一「室町幕府論」。

(212) 羽下徳彦「室町幕府侍所頭人付、山城守護補任沿革考証稿」(『東洋大学紀要』文学部篇一六)。

(213)『八坂神社文書』下一二五五、六号至徳二年武家事書案。

(214)『武政軌範』政所沙汰篇。

(215) 以上の点について若干補足しておきたい。幕府料所に関しては、桑山浩然「室町幕府経済の構造」(『日本経済史大系』二所収)の料所の分布・機能の詳細な研究があり、料所の支配と管理については最近、森末由美子「室町幕府御料所に関する一考察」(『史艸』一二)も発表されている。これらの研究から幕府料所の多様性が指摘され、その複雑な機構を知るのであるが、料所はその管轄から、(1)政所料所、(2)御厩料所、(3)御服所料所、(4)供御料所、(5)その他料所に分類される。このうち(5)のその他料所はさらに、東山山荘建立や読経等臨時の行事の費用を賄う料所と、その他料所とに分かれる。⑵の御厩料所は、応安四年十一月二十五日「御厩奉行、被仰伊勢入道」（『花営三代記』同日条）とあって、伊勢氏が以後、代々の管理するところとなった。応永三十一年に「貞経（伊勢）預御厩料所」（同上応永三十一年十一月九日条）とある。⑶の御服所料所は、応安元年の義満元服の際の装束として「御装束以料所年貢伊勢入道沙汰進之、御服所調所、奉行方申付之」とあり、同様に伊勢氏の管理するところであった。したがって伊勢貞継の政所執事就任により、伊勢氏は少なくとも⑴～⑶の料所を管理することとなった。

その後の料所の管理で注目されるのは御料所方の存在である。嘉吉元年十二月に「御料所方事　飯尾為秀布民貞基　斎民基恒等為奉行各申付之」と御料所方奉行が任命されている。この三人の奉行のうち、斎藤基恒が政所寄人であった他は、飯尾為秀、布施貞基のいずれも政所寄人ではない。これは御料所方が政所執事代―寄人の系列により運営される性質のものでないことを示している。そこで注目したいのは『御料所方支証目録』である。この「御料所方」が嘉吉元年の「御料所方」と同じであると考えるのは自然であろう。とすると、この目録に所載する料所の内容から御料所方の実態が知られるのであろう。桑山氏前掲論文によると、「『支証目録』というのは蜷川家あるいは蜷川家の主家たる伊勢家に関係ある料所の文書目録と推定される」（一九六頁）とのことである。さすれば、伊勢氏の管轄する料所監理機関が「御料所方」なのではなかろうか。御服料所たる越中国阿怒庄や御厩料所たる海津西庄（前掲森末氏論文参照）が、『支証目録』に所載されているのは、このことを裏付けるものである。

以上から、⑴～⑶の伊勢氏の管理下の御料所（さらに供御方料所たる桐野河内も『支証目録』にある故、⑷の供御方料所も）は、御料所方という機関の管轄するところとなり、将軍家家務機関の財源となった。

(216)　桑山浩然「中期における室町幕府政所の構成と機能」（『日本社会経済史研究』中世編所収）一三七、九頁。
(217)　前注(6)佐藤氏論文。
(218)　前注(215)参照。

(219)　明徳四年十一月二十六日洛中辺土散在土倉幷酒屋役条々（『中世法制史料集』第二巻追加法一四六～一五〇条）。

(220)　前注(216)桑山氏論文。

(221)　前注(212)羽下氏論文。なお、この論文で、羽下氏は、守護職を山名氏清にあて、守護の設置について、「この年の侍所は、年末に山名弾正少弼某から土岐満貞に交替したと認められるから、侍所が山名から土岐に移るに際し、従前の両職兼帯が廃されて守護職は氏清に与えられたのかとも考えられるが、断定は避けねばならぬ」（八八頁）と述べられている。しかし、氏清の山城守護は至徳二年十二月三日にその徴証があり（『至徳二年記』同日条）、これは侍所が山名弾正少弼であった時期である（羽下氏論文八七頁）。従って、両職兼帯が廃されたのは、侍所が山名から土岐に移る際のことではない。また弾正少弼について満幸か時義か断定をさけておられる（九五頁注5）が、当時、時義の官は伊予守であるから、弾正少弼は満幸と考えられる。時義が伊予守を称したことは、『花営三代記』永和四年十二月二十七日条の南方に発向した山名弾正少弼が同五年正月二十二日条で伊予守となっており、かように弾正少弼から伊予守に官が替った人物としては時義が知られるのみであること、またその後、至徳二年七月六日に「山名与州」（『至徳二年記』）がおり、康応元年五月四日に時義は死去したがその時に伊予守であった（『常楽記』）こと、これらに基づく。かような満幸の侍所、氏清の山城守護の意味は、両者が山名時義への対抗勢力である点を考えると、その政治抗争上の問題というよりも、幕府の洛中支配強化に基づく侍所職権の分割という点にあるように思われる。

(222)　幕府の洛中における諸課役の全容は未だ明らかではない。土倉・酒屋役等の営業課税の他に所謂一国平均としての洛中地口棟別銭の徴収がある。この課役を幕府がいつ頃洛中に成立させたか明らかではないが、応安四年十一月の後円融院即位沙汰として、諸国は棟別役、洛中は土倉・酒屋役が賦課され（『花営三代記』応安四年十一月二日条）、未だ恒常的な賦課が達成されなかったものとみえる。しかし永徳年間から洛中所領注文と諸課役免除の御教書がみえ、この頃には何等かの形で恒常的な賦課が達成されていたものと思われる。すなわち東寺領では、永徳元年十二月日の日付で「東寺領洛中散在当知行敷地注文」（『教王護国寺文書』六〇〇号）があり、これに対し「東寺領洛中散在敷地等課役事、前々免除」（「白河本東寺文書」永徳二年四月十三日幕府御教書案）、「東寺敷地以下地口事、可止其責」（同上永徳三年三月四日幕府御教書案）と課役免除がなされている。祇園社領でも、「祇園社領洛中散在敷下地事」と題する注文に基づいて、嘉慶二年に「段銭地口」の免除がなされている（『八坂神社記録』下祇園社記二五）。こうした洛中の地口棟別の徴収形態は、多少時代が下るが康正二年の造内裏料足の場合、「右筆方老若於管領于時京兆以鬮子分之、各二人町別侍所被官人一人召具之、於町々注棟数了、便宜ニ在所取宿申也」と、町別に右筆方奉行を定め、彼等が侍所被官人と共に徴収にあたっている（『斎藤基恒日記』康正二年四月二日条）。これは、造内裏料の場合であるが、節季要脚料の洛中地口の場合には、政所寄人を町別奉行に定め、徴収している（『斎藤親基日記』寛正六年十二月七日条）。これは、用途に従って、右筆方・政所方・神宮方等の奉行が徴収事務を行ない、これに洛中遵行を担当する侍所被官人が副えられたものであろう。

五　絵巻の身体――『一遍聖絵』と『石山寺縁起』――

はじめに

永仁三年（一二九五）に著された『野守鏡』は、これまで和歌の書として見られてきたが、実は警世の書であって、当時の社会に広がる和歌や禅宗、読経、念仏などに見られる新たな動きをとりあげ、批判を展開している。なかでもその六年前の正応二年（一二八九）八月二十三日に亡くなった一遍の活動については、ことに厳しい批判を加えている。

一遍房といひし僧、念仏義をあやまりて、踊躍歓喜といふはをどるべき心なりとて、頭をふり足をあげてをどるをもて、念仏の行儀としつ。

すなわち一遍は、「念仏義」を誤って理解し、「踊躍歓喜」とあるのを踊るべき心を意味するものである、と捉え、頭を振り足を挙げて踊るのが「念仏の行儀」であるとし、人々に勧めていると指摘した後、「踊躍歓喜の詞は、諸経論にありといへども、諸宗の祖師一人として、をどる義をたてず」と、これまで諸宗の祖師は誰一人として踊ることを宗義にすることはなかったとし、それの非であることを批判している。

この批判からも明らかなように、宗教活動に身体性に注目したのが一遍であった。そこで一遍の活動を手がかりにして、宗教者と身体との関わりを探ってみよう。一遍の踊り念仏がどのように始まり、広がっていったのかを追うとともに、その一遍の一生を描いた『一遍聖絵』の性格も考えてみたい。

1　一遍と踊り念仏

『野守鏡』が一遍を非難した点は次の三点にまとめられる。第一は、すでに見たように、諸宗の祖師が一人として踊りを義として立てていないのに、一遍のみが「念仏義」を誤って、踊りを念仏の行儀としている点である。第二は「直心即浄土」という文に沿って、万に偽りをしてはならないと主張し、このために一遍に従う人々は裸になっても見苦しいところを隠さず、憎いと思う人をはばかるところなく放言している点。そして第三には、一遍に従う人々が「如来解脱」の貴い法衣を改め、馬衣を着るなど外道に等しいという点にあった。

「上下貴賤」が、こうしたことの問題点を理解しようとせず、一遍をゆかしく尊く正直であるなどと語り合って、「こぞり集まりし事、さかりなりし市にもなをこえたり」と、群集している状況であることから、『野守鏡』の著者がこれら三点について一遍を質したところ、その「陳答はなく」、次の歌が返ってきただけであったという。

　はねばはね踊らばおどれ春駒の法《のり》の道をば知る人ぞ知る

身体を動かし、春駒のように踊るうちに、仏の法の道が自ずからわかってくるということの歌からは、一遍が身体の作用を強く意識し、それを念仏の布教に利用していたことがよくうかがえる。

『天狗草紙』の批判

『野守鏡』が著された翌年の永仁四年（一二九六）の年紀がみえる絵巻『天狗草紙』もまた、一遍の活動を次のように語っている。

馬衣を着て衣の裳を着けず、念仏する時は頭を振り肩を揺りて踊る事、野馬のごとし。騒がしきこと、山猿に異ならず。男女根を隠すことなく、食物を掴み食ひ、不当を好む有様、併しながら畜生道の業因を見る。

一遍に従う人々が馬衣を着て衣の裳も着けておらず、念仏する時には頭を振り、肩を揺って踊るのは野馬のごときものであり、騒々しいのは山猿に異ならない。男女が性器も隠さず、食物をつかみ食いしたり、不当なことを好む有様は、すべて畜生道の業因を見る思いがする。

これは『野守鏡』の批判とほとんど同じ内容であるが、さらにその詞書に沿ってつけられた絵は、一遍に付き従う僧尼が手づかみで食事をとる不作法や仕種、踊り念仏の風景、一遍が貴人に念仏札を配って念仏を勧める風景、さらには一遍の尿が病に効くということから、人々がそれを争って求めている風景などを描いている。

『天狗草紙』は、興福寺・延暦寺・三井寺などの顕密寺院をはじめとする寺院の僧らが天狗道に陥っていることを批判した絵巻であって、その巻頭にあたる興福寺巻には、絵巻制作の目的を「天狗の七類をあらはして、人執の万差なる事をしめす」ものと語り、「卑慢・慢・過慢・慢過慢・我慢・邪慢・増上慢」の七種の慢に基づく天狗の七類の姿を「興福・東大・延暦・園城・東寺・山臥・遁世」などの魔道に堕ちた僧徒として描いたという。このうちの遁世の僧徒として一遍の活動が描かれており、天狗のなせる「増上慢」、つまり慢心の度が最も高い部類とされている。

その絵を見ると、踊り念仏の集団が「や、ろはいや」「ろはいや」などの掛け声とともに踊るその近くの空に天狗があって、花を降らせ、「天狗の長老一辺（遍）房、今は花も降り、紫雲も立つらむぞ。御房立ち出でてみ□□」などと言っている。つまり天狗の長老である一遍の指示によって天狗が花を降らせているといわんばかりの図となっている（図Ⅲ-5-1）。『野守鏡』や『天狗草紙』などの書物が書かれ描かれたのは、一遍が亡くなって少し後のことであるが、それはすなわち一遍の跡を継承した時衆の動きが大きな広がりを見せていたことを物語っている。

図Ⅲ-5-1　踊り念仏と花を降らせる天狗（『天狗草紙』）

一遍の絵巻の制作

こうした一遍に対する強い批判に応えるかたちで、また一遍の志の継承を目指して、一遍の弟子聖戒が「一人の勧めにより」「一念の信を催さむがため」に、一遍の行状を描いたのが『一遍聖絵』（『一遍上人絵伝』）である。奥書によれば、正安元年（一二九九）八月二十三日に詞書を西方行人聖戒が記し、絵は法眼円伊が描き、外題は三品世尊寺経尹が書したという。一遍の近くにいたその弟子と考えられる弟子聖戒の手になるもので、そこには一遍の生涯が詳細に描かれている。

図Ⅲ-5-2　信濃小田切の里での踊り念仏
（『一遍聖絵』巻 4）

一遍自身は死の直前に書物などを焼いてしまったため、その言動を知る材料は少ないが、この絵巻には比較的客観的な態度が認められ、一遍の踊り念仏がいかに生まれたのかという問題や、一遍と身体の関わりについてのあり方を探るうえで有効な史料である。もちろんそこには一遍の後継者をめぐる争いや主張がこめられていることも疑いなく、その点を割り引いて考察する必要はあるのだが、貴重な史料であることは疑いない。

その踊り念仏の絵は、画中に念仏房と記された人物を真ん中にして、僧俗を交えて円を描くように踊っている図である（図Ⅲ-5-2）。一遍はというと、招かれた武士の屋敷の縁にあって、武士の夫婦から食事の提供を受けている。この武士は「小田切の里、或武士の屋形にて」としか記されておらず、顔も描かれていないのは、何らかの事情があったのであろう。

一遍については、『一遍聖絵』のほかにも、『一遍上人絵詞伝』（『遊行上人縁起』）という一遍の高弟であった他阿弥陀仏真教の立場に即して描かれた絵巻が制作されているが、そこでもこの時の信濃の伴野での歳末の別時念仏に紫雲が立ったことが特記されているので、一遍を祖師とする教団にとって記念すべき事件であったことは疑いない。なおこの『一遍上人絵詞伝』は全一〇巻からなり、前半の四巻を一遍の行状にあて、後半の六巻を真教の行状にあてている。その構成からしても、一遍の後継者たる真教が、いかに一遍の跡を継いで布教に尽くしたのかを描いたものである。奥書によれば、鎌倉末期に宗俊という僧が記したとあるが、その人物像についてはつまびらかでない。

踊り念仏の始まり

『一遍聖絵』は、踊り念仏の始まりについて次のように語っている。空也上人が市屋や四条の辻などで始めたものであるが、以後、それに学ぶ者はいても利益が遍く及んでいなかったところ、今に時がいたり、機が熟したものである、と。

この説明は、『野守鏡』に見える「諸宗の祖師一人として、をどる義をたてず」という批判をかわすために主張されたもので、新たな宗を立てるためには、その根拠となる先師の例が必要とされていたので、空也を持ち出してきたのであろう。

宗を立てるためには、さらに拠るべき経論が必要とされるが、このことについて『一遍聖絵』は、踊り念仏の経論の根拠として、「かつて更に世尊を見し者は、即ち能く此事を信じ、謙敬して聞きて奉行し、踊躍して大歓喜す」という『無量寿経』に見える一文や、「行者は心を傾け、常に対目騰神、踊躍して西方に入る」といった『善導和尚御釈』に見える一文をあげているが、これについては『野守鏡』

が「念仏義」を誤って理解したものと批判している。

なお『野守鏡』が記す、一遍に詰め寄ったという話は、『一遍聖絵』にも見えていて、それによれば近江国の守山の焔魔堂で延暦寺東塔桜本の兵部竪者重豪という僧が詰め寄ったものとして記されている。この時の二人のやりとりは次のようであったという。

踊りて念仏申さる丶事けしからずと、申ければ、

聖

跳《は》ねば跳ねよ踊らば踊れ　春駒の法《のり》の道をば知る人ぞしる

重豪

心駒乗り鎮めたるものならば　さのみはかくや踊り跳ぬべき

聖、又返事

とも跳ねよかくても踊れ心駒　弥陀の御法《みのり》と聞くぞ嬉しき

重豪が一遍の春駒の歌に対して、心が鎮まれば踊り跳ねる必要はないのではないか、と問うと、一遍はともかくも踊り跳ねなさい、そうすれば阿弥陀の法の声が聞こえてこよう、と答えたという。こうしたやりとりがあった後、重豪はやがて発心して念仏の行者となり、今は摂津の小野寺に住んでいると記している。一遍にはこうした批判が数多く寄せられたのであろう。

重豪と一遍のやりとりがあったのが近江国の守山であれば、一遍は信州から東国を回って弘安六年（一二八三）に尾張の甚目寺に滞在し、その翌年の閏四月に近江の関寺から京に入っているので、二人の接触の時期は弘安六、七年の頃であろう。

こうして一遍により踊り念仏は始まったのだが、その契機を考えるために、踊り念仏を始めるにいたるまでの一遍の動きを『一遍聖絵』から見ておこう。

一遍の出家と修行

一遍は延応元年（一二三九）に伊予国の武士・河野通広の子として誕生したが、早くに母失ったことから出家し、法名を随縁と号して（図Ⅲ-5-3）、建長三年（一二五一）に鎮西に渡っている。その鎮西では浄土宗西山義の大宰府聖達上人の門を叩いたところ、まず学問をするように勧められ、肥前国の清水の華台上人に弟子入りして智真と法名も改められて学んでいる。

その後、聖達の許に送り返され修行すること一二年に及ぶも、弘長三年（一二六三）に父の死を知らされて郷里に帰ると、ここでは俗塵に交わるようなこともあって、そのなかで一遍は悩んだ末にある境地に達したという。

童子にたはぶれて輪鼓《りゆうこ》をまはすあそびなどもし給き。ある時この輪鼓地におちてまはりやみぬ。これを思惟するに、まはせばまはる、まはさゞればまはらず、われらが輪廻も又かくのごとし。三業の造作によりて、六道の輪廻たゆる事なし。自業もしとゞまらば、何をもてか流転せむ。こゝにはじめて心にあたて生死のことはりを思ひしり、仏法のむねをえたりき、とかたり給き。

このように子どもが遊んでいた輪鼓が止まるのを見て、回せば回る、回さなければ回らぬ、人の輪廻もこのようなものである、と仏法の奥旨を悟ったという。この輪鼓の話は、実際の遊びで見たものではなく、夢でのことだったのだが、ここには早くから身体との関わりから仏の教えを獲得する思考が培わ

図Ⅲ-5-3　一遍の旅立ち
（『一遍聖絵』巻1）

れていたことがうかがえよう。

こうして一遍は文永八年（一二七一）から各地の修行の旅に出た。東国の霊地である信濃の善光寺に詣でた後、いったん伊予に戻って窪寺に籠り、「交衆をとゞめて、一人経行し、万事を投げ捨てゝ、専ら称名す」ること三年の孤独な修行の月日を送った。しかしそこで「長く境界を厭離し、速やかに万事を放下して、身命を法界に尽くし、衆生を利益せんと思ひ立ち給ふ」という境地に達した。この「万事を放下して、身命を法界に尽く」すこと、これこそが一遍における身体の発見と指摘できよう。

さらに観音が影現する地である伊予の菅生《すごう》の岩屋に籠って、その境地を霊夢で確信すると、文永十一年（一二七四）に伊予を出て摂津の四天王寺に赴き、そこで「十種の制文を収めて如来の禁戒を受け、一遍の念仏を勧めて、衆生を済度」する念仏勧進を始めるようになる。これ以後、積極的な念仏勧進を始めるにいたったわけだが、この「十種の制文」は聖徳太子の一七ヵ条の憲法を強く意識してのものであろう。天王寺は聖徳太子創建と伝える寺であり、その太子信仰の影響を受けたことは明らかである。

そしてその足で高野山に赴くと、「六字名号の印板をとゞめて、五濁常没の本尊とし給へり」と、南無阿弥陀仏の六字の名号を印板に記しとどめて人々に配ることを思い立つ。この賦算の開始も、札を手渡す行為という点で身体性と深い関わりがあるばかりか、札そのものが一遍の身体の一部として示され、捉えられるようになったという点でも身体性と関連がある。それが高野山から始まったのは、その頃に高野版と称される版行が高野山で始まっており、それが取り入れられたのであろう。

図Ⅲ-5-4　熊野での念仏札賦算の始まり（『一遍聖絵』巻3）

念仏札の賦算

一遍は続いて熊野に足をのばし、熊野参詣に赴く途中で、ある僧に念仏を勧めて札を渡そうとした。ところが、自分は一念の信を起こしていない、とその僧（実は熊野権現）に断られてしまった。一遍は周囲の道者が見ているなかで、このように断られたことで迷いが生じたが、一念の信が起こらずともよいから受け取るようにと強引に渡したところ、僧はそれを受け取り、周りにいた道者たちもこれを見習って受け取ったという（図Ⅲ-5-4）。

しかしこのようなかたちでの念仏勧進でよいものかと一遍は思い悩みつつ、阿弥陀仏を本地とする熊野本宮の証誠殿の

図Ⅲ-5-5　熊野本宮での奇瑞
（『一遍聖絵』巻3）

前で祈っていた時、阿弥陀仏の権現である山伏が現れ、以下のように告げたという。

御房の勧めによりて、一切衆生はじめて往生すべきにあらず。阿弥陀仏の十劫正覚に、一切衆生の往生は南無阿弥陀仏と決定する所也。信、不信を選ばず、浄、不浄を嫌はず、その札を配るべし。

これを聞いて一遍が目を開くと、童子一〇〇人ばかりがやってきて、手を捧げ念仏を受けたいと言うので、その札を渡したところ、それを受け取った童子たちは南無阿弥陀仏と申して消え去ったという（図Ⅲ-5-5）。ここに一遍は他力本願と賦算の意義を確信したが、熊野の本地は阿弥陀仏であり、その阿弥陀仏から信仰への確信があたえられたのであった。

絵巻は熊野三山をたっぷり描いている。最初に道者を連れた僧と山中で遭遇する一遍の姿を描き（図Ⅲ-5-4）、次に本宮の証誠殿の前で山伏と逢い、

その近くで子どもたちに札を渡す一遍を描き（図Ⅲ-5-5）、続いて川を下って新宮、さらには那智滝と那智宮などを描いている。この付近の場面はこれまで絵の順番が間違って貼られていたが、正しく直されるとこのような接続になる。

さてこの確信を契機にして、一遍は念仏の形木を同行してきた超一ら三人に渡して、賦算を行うように託して別れを告げると、以後、西日本の各地に足をのばして回ることになった。恩愛の情を断ち切り、「捨聖」としての念仏勧進をめざしたのである。ここに新たな身体性を求める遊行へと、一遍は進んでいったことになる。

その際に一遍が赴いたのは、若い時期に修行した九州であった。建治元年（一二七五）秋には一遍は伊予にあったが、やがて九州に向かって聖達上人に逢った後、九州各地を念仏勧進の遊行をしている。おそらく前年の蒙古襲来と深い関係があると見られる。蒙古軍に襲われた九州の各地をめぐって苦難に耐えるなかで、新たな布教の行を求めたのであろう。

しかし予想されたごとく九州の修行の旅は苦しいものであった。「九国修行の間は、ことに人の供養などもまれなりけり」というように、人々からの食事の提供もままならず、たまたまある僧から贈られた破れ七条袈裟を腰にまとい、縁を求め、足にまかせての念仏を勧める旅であった。「山路の日くれぬれば、苔をはらひて露にふし、渓門に天あけぬれば、梢をわけて雲をふむ」という苦難の連続であったという。

その苦しい九州修行を終えて四国に渡ろうとした時に、豊後で大友兵庫頭頼泰の帰依を受け、そこで衣を与えられ、法門を談じると、その頃に七、八人が同行の契りを結ぶようになったという。この同行の僧の参加によって、一遍の教団は小さいながらも成立したのであって、この時に同行として加わった他阿弥陀仏真教が一遍の死後に教団を組織することになるのである。

2　踊り念仏の展開

時衆の形成

一遍は他阿弥陀仏らを引き連れて九州から伊予に渡ると、仏法東漸の流れに沿って東へと向かう。安芸の厳島社を経て上洛をめざしたが、その途中の備前国藤井で吉備津宮神主の子息の家を訪ねた際、その妻女に念仏を勧めると、妻女は発心を抱いたばかりか、一遍の導きで出家を遂げる。

そのまま一遍が備前の福岡市まで来て念仏を勧めていたところに、留守中に妻女を出家させたことに怒った亭主が追いかけてきた。ところが逆にこれを出家させて修行の道に導いたばかりか、さらに弥阿弥陀仏をはじめとする二八〇余人もの人を出家させたという。

絵は、備前国藤井の神主の子息の家での妻女の出家の場面に始まり、その神主の子息を福岡市で出家させている場面までを描いているが、圧巻は一遍と武士の対決の場面であり、身命を捨てて念仏勧進を行おうとする迫力ある一遍の姿が描かれている（図Ⅲ-5-13）。

こうして弘安二年（一二七九）の春には上洛し、京の因幡堂に一宿した。ここは薬師如来を本尊とする庶民の信仰を集めた寺であった。当初は内陣に入れてもらえなかったのだが、堂の執行の民部法橋覚順が聞きつけて、縁にいた一遍を廊に招じ入れるという厚遇を受けている。その後、八月に因幡堂を発って信州に向かうと、四八日をかけて生身の阿弥陀仏を安置する善光寺に到着し、すでに見たごとく、その年末に踊り念仏を始めたのであった。

以上の一遍の動きから考えるならば、踊り念仏を始めた契機としては、第一には一遍の早くからの身体性への関心があげられるが、さらに次の点もあげられよう。その第二は、蒙古襲来により大きな影響を受けた九州を修行して回るなかで、異国の文化的刺激を肌で感じた点である。新たな文化は新たな文化接触や交流とともに始まる。この時に『蒙古襲来絵詞』が制作され、モンゴルの人々の姿が描かれたように、外部の身体に触れた人々は、自らの身体を顧みることになった。一遍も、間接的ではあれ、大きな影響をうけたことが指摘できよう。

第三点は、同行の集団が膨れ上がるなかで、その集団の結びつきを強めてゆく必要性があげられる。踊り念仏を行うことによる一体感は、集団を結束させることになったであろう。『一遍聖絵』では、踊り念仏を始めて以後の一遍に同行する人々を「時衆」と称しているが、その時衆の集団を結束させる要請からも踊り念仏は生み出されたと考えられる。

第四に、遊行するなかで、各地で踊る芸能に触れていた点があげられる。後世の史料なので問題はあるが、『一向聖人縁起絵詞』によれば、一向俊聖は文永十一年（一二七四）に九州の大隅八幡宮で踊り念仏を始めたという。これは一遍が念仏勧進のために九州に赴く少し前のことである。また念仏と芸能との結びつきという点では、『徒然草』二二八段に「千本の釈迦念仏は、文永の比、如輪上人、これを始められけり」と記されている京の千本釈迦堂（大報恩寺）での念仏もあり、それが開始されたのは、一遍が踊り念仏を始める数年前のことであった。

そして第五に、踊り念仏を始めた信州の地域性の影響もあげられよう。信州佐久は多くの牧がある馬の産地であった。一遍は念仏踊りを春駒に譬えており、その馬の跳躍する姿が踊り念仏を考案するヒントをあたえたことも考えられる。

踊り念仏の展開

一遍によって創始されて以後、踊り念仏はどのように展開していったのであろうか。

1	弘安二年冬	信州小田切の武士の屋形	一遍の踊り念仏、道俗の結縁	巻4
2	弘安二年冬	信州佐久郡大井太郎の屋形	数百人踊り板敷を踏み落とす	巻5
3	弘安五年三月末	相州片瀬浜の地蔵堂	道俗群集、紫雲立ち、花降る	巻6
4	弘安七年閏四月	近江関寺	七日の行法	巻7
5	弘安七年閏四月十六日	京の四条京極釈迦堂	貴賤上下群集	巻7
6	弘安七年閏四月五月	京の市屋道場	四八日の行法	巻7
7	弘安八年五月	但馬の久美浜	浜の道場での行道、龍の結縁	巻8
8	弘安八年	美作一宮	一宮楼門外の踊屋（詞のみ）	巻8
9	弘安九年冬	山城淀の上野	板屋での踊り念仏（絵のみ）	巻9
10	正応二年	淡路	板屋での踊り念仏（絵のみ）	巻11

図Ⅲ-5-6　信濃大井太郎の館での念仏踊りの後
（『一遍聖絵』巻5）

『一遍聖絵』から一覧表を作成してみたものであるが、このうちの1の始まりのあった直後の2は、一遍が信州佐久郡の大井太郎の館に招かれて踊り念仏を行った時のことで、数百人が踊り回ったために館の板敷きは踏み落とされたという。

絵は1とは違って、踊り念仏の図を全く描かず、一遍の一行が帰路につく図を描く（図Ⅲ-5-6）。帰路の一遍の一行には一遍を先頭に僧俗の姿が描かれ、それを見送る大井太郎の館の縁は、踊った人々によって板敷きが踏み落とされて破れており、館の屋根の煙出しから出る煙が一遍一行を食事でもてなしたことを表現している。1では一遍を招いた武士の名は伏せられているが、この武士は大井太郎と記されている。

ここにおいて踊り念仏は定着したのであったが、続く3は、相模の片瀬で板屋が設けられてそこで行われた踊り念仏の風景である。

片瀬の浜の地蔵堂に移りゐて数日を送り給けるに、貴賤あめのごとくに参詣し、道俗雲のごとくに群集す。

同道場にて、三月の末に紫雲たちて花降り
はじめけり。その後は時にしたがひて連々
この奇瑞ありき。

絵では多くの人々が群集するなか、一遍と時宗が板屋の上で円をつくって踊り回っている様子が描かれている（図Ⅲ-5-7）。詞書には地蔵堂の道場とあるが、その地蔵堂は描かれておらず、板屋が造られて、それが道場とされたのであった。舞台が造られ、そこを踊って念仏の場とすることがここに始まったのである。詞書には踊り念仏とともに、紫雲が立ち、花が降るという奇瑞が起きたとあるが、それはここでは描かれていない。

図Ⅲ-5-7　相模の片瀬での板屋の踊り念仏
（『一遍聖絵』巻6）

「その後は時にしたがひて連々この奇瑞ありき」とあるように、一遍教団にとって極めて重要な奇瑞の始まりであるが、それは並々ならぬ決意をしての鎌倉入りが拒否された直後のことであった。すなわち時衆以外に「徒衆」をも引き連れて鎌倉入りしようとして拒否された一遍は、その批判に応えて翌日の片瀬の館の御堂では、僧と尼僧の集団の間に十二光箱を置いて両者を区別しており、そして近くの地蔵堂に板屋を設けて踊り念仏を行ったところ、奇瑞が起きたのである。

危機にあった時衆集団の結束を求めての踊り念仏だったのであるが、『一遍聖絵』はこの奇瑞とともに多くの人々が一遍に帰依するようになったと縷々記している。徳大寺家に仕える肥前前司貞泰の話に始まり、託間僧正公朝や上総の生阿弥陀仏、尾張の二宮入道などの話を次々と載せて、信仰の広がりを示している。

それとともに一遍は各地の民衆の信仰を集めていた堂に板屋を造って踊り念仏を行った。片瀬浜の地蔵堂での地蔵信仰、踊り念仏を批判した重豪と出会った守山の焰魔堂での閻魔信仰、4の関寺での弥勒信仰、5の四条の釈迦堂での釈迦信仰など、そうした信仰に阿弥陀信仰を重ね合わせて念仏勧進を進めていったわけである。なお尾張の甚目寺では踊り念仏を行ったとは記されていないが、ここでは毘沙門天の信仰との関係が描かれている。

踊り念仏の演出

『天狗草紙』は、一遍が民衆の信仰の場に入り、踊り念仏によって広く人々を集めるなかで、紫雲が立ち、花が降るといった奇瑞が起きたことについて、踊り念仏の際に花が降るのを天狗が花を降らせている図を描いて批判を加えたのだが、『一遍聖絵』は奇瑞に疑いを向ける人に対し、一遍は「花の事は花に問へ、紫雲の事は紫雲に問へ、一遍しらず」と受け流したと記している。

しかしその言からも、踊り念仏においては様々な演出が試みられたことは疑いない。松岡心平氏が指摘しているように、片瀬での踊り念仏では、板屋の舞台で集団で鉦をたたき、板を踏み鳴らしているが、

図Ⅲ-5-8　京の四条釈迦堂での踊り念仏
（『一遍聖絵』巻7）

その音は極めて効果的であったろう（『宴の身体』）。4の関寺での踊り念仏では、関寺の中島に道場が設けられて踊っている場面が描かれているが、中島に道場を造ったのは水の反響を考慮してのことであろう。水辺では裏頭の衆徒をはじめ道俗様々な人が見物している。

この話は、逢坂の関の近くにある関寺に一遍が入ろうとしたところ、園城寺の衆徒からの制止があったために付近の草堂に立ち寄っていると、衆徒からの許可がおりて、関寺で七日の行法を行い、さらに十四日の行法も行ったというものである。

こうして東海道を京へ上るなかで各地で布教し、ついに弘安七年（一二八四）閏四月に京での活動を行うことになった。四条の釈迦堂を皮切りに因幡堂や三条悲田院、蓮光院などの京の堂を回るなかで多くの信仰を集めたが、『一遍聖絵』はそのうちの5の四条釈迦堂における大きな賑わいの図を「貴賤上下群をなして、人はかへり見る事あたはず、車はめぐらすことをえざりき」という詞書に沿って描いている（図Ⅲ-5-8）。

祇園社へ参詣するために賀茂川に掛けられた四条橋に続いて、四条大路を東西から牛車や馬、徒歩で釈迦堂へと急ぐ人々の姿を描き、その門前では雑踏のために馬や牛がもがくさまを描く。踊り念仏の舞台は釈迦堂境内の堂前に設けられていて、群衆が立錐の余地もなくひしめき合い、牛車が乗りつけられるなど、雑踏のために踊りの集団の姿も掻き消されるかのようである。そこで一遍はやむなく肩車に乗って札を配っている有様で、家の屋根の上から見物している子どもや女性の姿もある。多くの信仰を集めたことが見事に示されており、一遍が京に凱旋したことが描かれているのであった。

図Ⅲ-5-9　京の市屋道場での踊り念仏
(『一遍聖絵』巻7)

その凱旋公演というべきものが、6の京の市跡に設けられた市屋道場での踊り念仏である。ここは空也が布教の場とした遺跡であって、空也の正統なる後継者であることを示すとともに、新たな場に道場を建てて布教してゆくことを宣言する意図がこめられていたと見られる。そのためにここでの踊り念仏は四八日間にも及んだのだが、それとともに唐橋法印印承や三位基長卿などの貴人の帰依を得るにいたったのである。

　絵を見ると、市の跡の広場に板屋の舞台が造られ、そこで踊る念仏集団を牛車で取り囲み、さらに桟敷が造られて、そこから飲食しながら眺めている図が描かれている（図Ⅲ-5-9）。ぐるりと取り巻く桟敷は屋根つきのものもあれば、屋根のないものもあって、観覧席として造られたのであった。近くの堀川では材木が筏として浮かべられているが、その材木が舞台や桟敷の建築に使われたのであろう。ここでの踊り念仏はまさしく芸能興行となっているのがわかる。

道場の形成

　一遍はその後も新たな道場を各地に建て、そこを踊り念仏の場としていった。なかでも7の但馬の久美浜での出来事は興味深い。海から一町ほど離れた所に道場を造ったところ、沖の方から雷が鳴り、龍王が結縁のためにやってきたのかと思ったら、風雨が強くなり、波が荒く潮がさしてきて、時衆は股まで海水に浸かってしまった。慌てて行道を止めようとする時衆を制して一遍は行道を続けさせると、潮は元のごとく引いたという。

　絵は道場で潮につかりながら行道をしている場面を描き、空には龍が飛び去ってゆく姿を描いている。これまでは奇瑞があったとしてもそれを直接に描くことはなかったが、ここでは龍の姿を描いている。それはこの奇瑞を通じて、一遍の布教が新たな段階を迎えたことを物語っていよう。

　そのことを示しているのが、8の美作一宮での出来事である。美作一宮にやってきた一遍に対して、穢れている人を連れているとして境内に入ることが許されなかったため、楼門外に踊り屋を造って踊り念仏を行い、次の金森へと向かった。ところが一宮の禰宜の夢に大明神から一遍を招くようにという告げがあったことから、一遍のみならず時衆も神殿に入るのを許され、釜で炊かれた粥を振る舞われたという。

そしてこれ以後、一遍は備後一宮・石清水八幡・厳島神社・大山祇神社・淡路二宮・天神社などの神社や、天王寺・当麻寺・教信寺・書写山などの寺院の境内、その殿舎の内部にまで立ち入ることが許され、多くの人々の信仰を獲得するようになったのである。しかしそれとともに『一遍聖絵』はこれ以後、踊り念仏に触れることが少なくなり、8や9には描かれていても、8には賑わいの様子が描かれておらず、また9では板敷ではなく地面の上での踊り念仏の風景が描かれている。踊り念仏が定着するなかで、布教も新たな段階に入ったことがうかがえる。

こうして一遍の踊り念仏は定着していったが、西国を遍歴する中で、一遍は、「わが化導は一期ばかりぞ」と語って死を悟るようになり、死を前にして聖教類を焼き捨てるなどして、教団を持続させる意思は示さなかった。身体に執着した一遍は自らの肉体の死とともに、身に付随するものをも焼き捨てたのである。まさに「捨聖」一遍らしい生き方であって、『一遍聖絵』はその一遍の臨終をもって終わっている。

もう一つの一遍の絵巻

一遍に帰依し、同行してきたのに置き去りにされた時衆のうちから、早くに一遍に同行し、時衆となった他阿弥陀仏が、跡を一遍から託されたとして、時衆教団の形成へと向かうことになる。『一遍上人絵詞伝』（『遊行上人縁起』、以下『絵詞伝』と略す）は、その他阿弥陀仏真教の立場に即して一遍と真教の行状を描いた絵巻である。前半の四巻を一遍の行状にあて、後半の六巻を真教の行状にあてている。

『絵詞伝』は『一遍聖絵』とは違い、一遍の行状を描いてはいても、生涯にわたって忠実に記すのではなく、特別な事件のみを取り出して描いており、したがってその事件の描かれ方に他阿真教の立場がうかがえる。そこでその描かれた事件に託された意味を、『一遍聖絵』との比較を通じて考えてみよう。

　最初に描かれているのは、建長年間に一遍が親族に危うく殺害されそうになり、敵の太刀を奪い難を逃れ、発心するにいたるという場面である。『一遍聖絵』は、一遍の出家した事情を母が亡くなったことと関連づけ、その後の建長三年（一二五一）に鎮西に渡ったことを語るのみで、このような出家の事情については全く触れていない。それだけに『絵詞伝』の記事は信頼に足るものといえよう。一族をめぐる争いだけに、親族の一人である聖戒の手になる『一遍聖絵』は詳しく語ることがなかったものと見られる。一遍の出家もまた法然の出家とよく似通っており、武士同士の争いに起因していたのである。

『絵詞伝』が次に描いているのは、一遍が熊野に参詣し、信不信を選ばず、念仏札を配って念仏を勧めることを確信した場面である。この出来事は『一遍聖絵』も重視しているが、『絵詞伝』がそれを文永十一年（一二七四）のことではなく、建治二年（一二七六）としているが、これは誤りで、『一遍聖絵』が正しいと考えられる。『一遍上人略年譜』も文永十一年のこととしている。他阿弥陀仏が一遍の弟子となったのが建治三年であるから、『絵詞伝』は、この重要な事件をすぐ近くの前年の建治二年のこととしておきたかったのであろう。

　このように二つの絵巻を比較してゆくと、聖戒と真教の立場の相違がはっきりと見えてくる。その点に注目して二つの絵巻が描く踊り念仏などに対する考えの相違を探っていくべく、次に『絵詞伝』に記された一遍の話をあげておく。

1　弘安元年　備前藤井の領主の娘を出家させ、娘の夫の怒りをかう
2　弘安元年　備前福岡市で吉備津宮神主の子息を出家させる
3　弘安二年　信濃伴野での歳末の別時念仏に紫雲が立つ
4　弘安三年　奥州の白河の関で他阿弥陀仏と一遍とが歌を詠む
5　弘安三年　松島の見仏上人の旧跡で他阿弥陀仏が歌を詠む
6　弘安五年　相模龍口で利益すると、貴賤上下が群集し、紫雲が立ち花が降る
7　弘安五年　駿河国富士川であぢさか入道が往生する
8（弘安六年）尾張国甚目寺で近くの萱津宿の在家人が供養を申し出る
9（弘安七年）近江の関寺で比叡山の僧と法門の問答をする
10　弘安七年　四条京極の釈迦堂での念仏に門前市をなす
11（弘安七年）市屋道場で数日を送り唐橋法印と面会、続いて因幡堂に逗留して法談
12（弘安九年）摂津四天王寺で舎利が出現する奇瑞
13　正応元年　伊予三島社に参詣し奇瑞、同三島社での念仏法楽
14　正応二年　讃岐から阿波・淡路を経て兵庫へ
15　正応二年　兵庫で他阿弥陀仏が病気になり、一遍も病気になって一遍は臨終

意外にも他阿弥陀仏と一遍とが初めて交わりをもった九州での出逢いの場面が描かれていない。その

ために他阿弥陀仏がどのような人生を送っていたのかが、うかがえない。また1と2の場面は『一遍聖絵』にも詳しく描かれ、踊り念仏の場面も、『一遍聖絵』と同じく3の伴野に始まったとしており、そこでは一遍を中心にして時衆の踊る姿を描いている。ただ踊り念仏が始められたとして重視はしているものの、一遍による踊り念仏の風景を描いているのはここのみである。『絵詞伝』は概して踊り念仏への関心の薄いことがわかる。

時衆教団の形成へ

注目されるのは『一遍聖絵』に特筆されている片瀬の板屋での踊り念仏の場面が、6で描かれていない点である。6の片瀬の図では、堂があってその前庭から、周囲を時衆や俗人に取り囲まれた一遍が、堂にいる人物に向かって念仏を勧め、法門を説いている風景を描いている。

その詞書を見ると、託間僧正法印公朝からの書状が載っており、公朝が一遍に帰依していたことが語られているので、この場面を描いたのであろう。『一遍聖絵』にもその点は詞書に記されているが、残念ながら絵は失われている。『絵詞伝』は、一遍が同じような宗教者でもある貴人の帰依を獲得したことに力点を置いているようである。

それはその後に一遍が多くの外護者から援助を得る始まりであって、京に入ると、10の釈迦堂では入道大臣と頭弁、11の市屋道場では唐橋法印と天台座主菩提院僧正、竹中法印などと交わりをもつにいたったと語っている。鎌倉入りを阻止された一遍の動きを、板屋での踊り念仏と貴人の帰依との二つで語った『一遍聖絵』に対し、『絵詞伝』は後者に限って語っているのがわかる。

図Ⅲ-5-10　尾張の甚目寺での粥施行の風景
（『一遍上人絵詞伝』巻3）

『絵詞伝』が特筆しているのは4と5であって、ここでは他阿弥陀仏の存在に焦点があてられている。そのうち4は、奥州に赴く途中の白河の関で、他阿弥陀仏と一遍とが歌を詠みあう場面を描き、5では松島の見仏上人の旧跡で他阿弥陀仏が歌を詠む場面を描いている。一遍が祖父の墓を訪ねて奥州に赴くのに随逐している他阿弥陀仏の存在が強調されているのがわかる。そこには一遍の親族である聖戒はついていかなかったのに、他阿弥陀仏は同行したという主張がこめられているやに見受けられる。

『絵詞伝』の絵師が最も腕を振るったのは8の場面である。尾張国甚目寺において近くの萱津宿の在家人が供養を申し出たことから、そこに提供された飲食が人々に振る舞われる風景が詳しく描かれているのである（図Ⅲ-5-10）。

施行の対象は四つのグループからなる。一つは堂の中で座って提供を受けるグループで、これが時衆である。一遍の前に十二光箱が置かれており、詞書にもそのことが記されている。次のグループは輪をつくり、あたかも行道しながら飲食の提供を受けるという風情のグループで、これは結縁衆に相当する。さらに輪をなして座って食事の提供を受けるグループがあり、これは一遍とともに移動する「徒衆」であろう。そして最後に、残った飲食の施行を受けるのがその他の非人グループである。『一遍聖絵』にはこのような場面はなく、ここには時衆教団の秩序が整えられていたことが示されている。それは時衆教団が京に入る前からすでに大きく成長していたことを語ろうとしたもので、他阿弥陀仏がめざす時衆のあり方を先駆的に描いたものと指摘できよう。

そして15では一遍の臨終に際し、後継者として跡を託された他阿弥陀仏の存在が描かれている。他阿弥陀仏が病気になって、続いて一遍が病気になるという描かれ方は後継者が他阿弥陀仏であることを暗示させるものであり、その次の他阿弥陀仏の遊行の巻へと続く。『絵詞伝』は、一遍の後継者としての他阿弥陀仏の活動に注目して描いていることもあって、『一遍聖絵』と比較すれば、一遍の身体性に注目した描き方はいささか見劣りがし、独自性も薄い。

したがってさらに他阿弥陀仏の物語を探ることはせずに、再び『一遍聖絵』に戻って、その身体的関心に基づく描き方について考察することにしよう。そこには新たな描き方がうかがえる。

3　『一遍聖絵』と身体

人物の描写

『一遍聖絵』は一遍の生涯を描いた絵巻であれば、一遍を各場面において描いているのは当然ではあるが、それがリアルに描かれているばかりか、同じような表情ではなく、それぞれの場面にふさわしく描かれている。たとえば最後の場面を見ると、五輪の供養塔がある横に堂が描かれ、そこに一遍の等身大の像が安置されているのがわかる。「観音寺の前の松のもとにて荼毘したてまつりて、在家の輩、墓所荘厳したてまつりけり」とある詞書を絵にしたものである（図Ⅲ-5-11）。

これは直前の群衆に囲まれての臨終の場面とは違って、静寂さをたたえていて極めて印象的に描かれている。この部分は後補されたものという見解もあるが、冒頭に描かれている、一遍が出家して生家を離れ、旅立ってゆく場面（図Ⅲ-5-3）と対照的に配置されており、『一遍聖絵』の身体への並々ならぬ関心がうかがえる。

図Ⅲ-5-11　一遍を供養する
（『一遍聖絵』巻12）

広く『一遍聖絵』の表現全体を見ても、実に多くの人々が個性的に描かれているのがわかる。ことに群衆の場面での筆致はまことに冴えていて、踊り念仏における群集の踊りの躍動感の表現はひときわ見事である。その舞台で群集が踊る風景は『年中行事絵巻』に描かれた東遊《あずまあそび》の場面に似るものがあることから、あるいはそれが参考になったかとも思われるのだが、その躍動感は見物する群衆と相俟って『年中行事絵巻』をはるかに上回っている。

しかも群衆が一様でなく、様々な身分を描き分けている点も重要である。見物する群衆の少し離れた

図Ⅲ-5-12　筑前の武士の館での念仏勧進
（『一遍聖絵』巻 4）

ところに描かれている非人・乞食など差別されている人々の動きも一様でなく描かれている。片瀬の板屋での踊り念仏では、琵琶法師や商人が道を行く姿を添えて賑わいを表現しており（図Ⅲ-5-7）、四条の釈迦堂での踊り念仏では、境内の周囲を小屋や車が取り囲んで立錐の余地のない賑わいが表現されている（図Ⅲ-5-8）。市屋道場での踊り念仏では桟敷と車と人がごった返している（図Ⅲ-5-9）。

一遍が各地を遊行するなかにいくつかの対決の場面があるので、これを次に見てゆこう。まず九州修行の旅をしていた時の、筑前の武士の館を訪れた際の場面である。建治二年（一二七六）に酒宴の最中の武士の館を訪れた一遍が念仏を勧めたところ、家主は装束を正して手を洗い、口をすすいで受け、「此僧は日本一の狂惑のものかな。なむぞのたふと気色ぞ」と語った。これを聞いた客人が、ならばどうして念仏の勧めを受けたのかと問うと、「念仏には狂惑なきゆへなり」と家主が答えたので、一遍はこれを聞いて子の武士はまことの信心の持ち主である、と誉め讃えたという。

絵は館の庭で、家主が一遍の勧めで念仏を受けている場面が描かれている。武士の館らしく、出入りの門は侍によって固められており、門の上の櫓には盾や弓矢が備えられ、館の内には厩と馬場があり、鷹もいる。図の右手に観音開きの扉があって縁で犬が寝転んでいる板葺きの建物があるが、これは家主の信心を物語る持仏堂を描いたものであろう。主屋では酒宴の真っ最中ということから、鼓を手にした遊女が側に侍っている。一遍は庭にあってやや腰を屈め、身には七条袈裟をまとっており、念仏を主人に勧める姿で描かれている（図Ⅲ-5-12）。

ところが最近、『一遍聖絵』の修理が行われた時に、これは当初の図ではなく、改変されたものであり、本来は一遍は褌だけの姿で描かれていたことが明らかにされた。この後の九州修行についての記事に「七条の袈裟のやぶれたるをたてまつれりけるを、腰にまとひて只縁に随ひ、足にまかせて勧めありき給けり」とあることから、それに沿って描いたものと見られている。この絵巻が絹本であることから裏に紙が貼られており、それを剝いだことから知られるにいたった事実である。

おそらく当初は詞書どおりにリアルに描いていたのであるが、さすがに宗祖をその姿に描いておくのは忍びがたいということから、表面から袈裟を描き足す修正が施され、現在見られるような姿に改められたのであろう。

対決の場面

次の対決の場面は、備前の福岡の市での吉備津宮神主の子息との対決である。その少し前、子息が留守中に、一遍が赴いて子息の妻に念仏を勧めたところ、妻女は発心して出家を遂げてしまった。帰宅し

図Ⅲ-5-13　備前福岡市での念仏勧進
（『一遍聖絵』巻4）

た子息は怒って、一遍を追いかけ、福岡の市で念仏を勧進している一遍を捜し出して殺そうとした場面である。ところが「汝は吉備津の宮の神主の子息か」と問われた一言に、一瞬にして怒りが消え、害心も失せて一遍を尊く思う心が起き、子息は出家を遂げたという。

図は最初に藤井政所で一遍が妻女が出家するのに剃刀をあてている場面を描き、続いて子息が一遍を追いかけ福岡の市で対決する場面を描き、最後に子息を河原で出家させるにあたって一遍が剃刀をあてている場面を描いている（図Ⅲ-5-13）。二つの出家の場面を最初と最後に置いて、それらを挟むかたちで一遍と子息の対決を劇的に描いているのがわかる。

周囲は市の賑わいが表現されており、備前焼の壺が並び、米や衣類・魚類の販売の風景などが描かれている。そのなかで多くの人々の視線は、一遍と子息主従三人の対決に集まっている。一遍は子息に向かって指さして語っている風情であるが、これは詞書の「汝は吉備津の宮の神主の子息か」と問うている場面であろう。子息は刀に手をかけて身を乗り出し、今にも切らんという構えであり、郎従二人も刀に手をかけている。

ところがここでも改変が認められている。従者のうち左手で刀を握り、右手を口のところにしている従者が、本来は弓を射かける姿で描かれていたのであるが、弓矢などを緑青で塗りつぶされていたのであった。その付近は表からも若干はうかがえたが、裏を剥いで確かめられたのである。

この場合、その前に描かれている同じ郎従は弓矢を所持しているのであるから、同じように変える必要もあったろうが、そうはしていない。改変により傷がついてしまったので他の箇所はそのままにしておいたのかも知れないが、一貫性は認められない。とはいえ変えたことによって、読者の視線が対決の場面により集中するようになったことは疑いない。

図Ⅲ-5-14　一遍の鎌倉入り阻止の風景
（『一遍聖絵』巻5）

第三の対決の場面は、鎌倉入りをしようとして阻止される場面である（図Ⅲ-5-14）。一遍は決意して鎌倉入りを果たすことで、今後の布教の成否を試そうとした。『一遍聖絵』は、鎌倉に入るにあたって一遍はこう語ったという。

鎌倉入りの作法にて、化益の有無を定むべし。利

益たゆべきならば、是を最後と思ふべき由、時衆に示して、三月一日、こぶくろさかより入り給ふに、

しかし北条時宗一行に入るのを制止され、鎌倉の外ならば御制の地ではないということで、近くの山の中で念仏をしたところ、鎌倉中の道俗が群集したという。当日は「今日は太守山内へいで給事あり、この道よりは悪しかるべき」という忠告を受けていたにもかかわらず、あえて通行しようとしたのは、鎌倉幕府の実権を握る北条氏に直接に信仰を訴えようとして、北条氏得宗家の直轄下にある小袋坂を通ることを考えたのであろう。

場面は馬に乗って坂に駆けつける武士に始まり、一遍一行と馬上の武士との対峙の様子が描かれ、続いて山坂の境界から侍所の小舎人に追われる徒衆の姿と、山中で鎌倉の人々が集まって一遍らに食事を提供している風景が描かれている。動と静の対照性において緊張感のあふれる場面を描いているのがわかる。

図Ⅲ-5-15　一遍の臨終の場面
（『一遍聖絵』巻12）

一遍一行に向かって馬を駆使して現場に急ぐ武士、徒衆を睨みつけて木戸から追い払おうとする小舎

人の動に対して、馬上の武士を睨み、山中で人々に囲まれている一遍の静が対応している。さらに一遍に率いられて山中で食事をとる時衆はといえば、一遍への信頼感に満ちているかのようである。まさにこの場面からは、人々の動きから心理状態までが浮かび上がってくるのである。

こうして対決の場面や絵巻の改変に注目するならば、様々な問題が見えてくるが、一遍の臨終の場面にも改変が認められる。現状では一遍は右を頭にして左下がりに仰向けにして合掌する姿で描かれているが（図Ⅲ-5-15）、下絵では左右が逆で、左に頭を向け左手で腕枕をし、横向きに寝るという、同時代の仏涅槃図のように描かれていることが明らかにされている。それをどうも制作途中で方針を変更し、現状のような形に改められたものらしいのだが、常識を破って改変している点にも一遍の身体へのこだわりを表現しようとしたことがうかがえる。

その場面も周囲を雲で隠し、平行四辺形の枠内に収め、その中心にいる一遍に群衆の視線が集中するように描かれ、見守る老若男女の様々な身分の人々が描き分けられているのである。

『一遍聖絵』の身体表現

絵の改変を通じて、身体性への注目を探ったが、このほかに身体の表現として注目される図を二、三あげておこう。建治元年（一二七五）に伊予国に帰った時、人々が三輩九品の念仏道場で「遊びたはぶれ」ている様子を批判した話が見える。

その三輩九品の念仏道場の建物のなかにいる人物は、明かり障子に映る影として描かれている（図Ⅲ-5-16）。吹き抜け屋台という描き方をとらずに、建物の内部の様子をそこはかとなく示している点は、

図Ⅲ－5－16　念仏道場での明かり障子に映る影
（『一遍聖絵』巻3）

新たな身体表現というべきであろう。なおこの建物は伊予国の道場とされているが、鎌倉中期に淀の住人によって建てられた九品の念仏道場が淀川に沿ってあったことが『平戸記』に見え、記主の平経高が時々そこに足を運んでいたということからすると、その建物がモデルになったと考えられる。

それに続く九州での修行の旅の場面を見ると、師である聖達上人から風炉の接待を受け、その風炉の中で二人が法談をする話があるが、そこに描かれている釣瓶井戸から水をくみ上げている僧は上半身裸で、筋骨のたくましい身体表現がなされている（図Ⅲ－5－17）。

こうした肉体表現に目を注ぐと、同じような風景として描かれているのが、京の桂川で水浴びをしている男たちであり、下野の小野寺で雨に濡れ衣を脱いで上半身を裸にしている時衆であって、さらに備前の福岡市に向かう神主の子息に付き従う侍が弓を片手に片肌脱いで現場に急行しているようなものもある。

広く見られるのは労働する肉体である。信濃の善光寺の近くの川岸を荷駄を担いで上半身裸で行く旅人の姿、備前の福岡市で片肌脱いで米を売る商人の姿、常陸の国で溝に落ちた銭を捜している褌一つの烏帽子姿の男、踊り念仏が行われている片瀬の浜へと急ぐ人々を船に乗せて櫓をこぐ上半身裸の男と、海に入って船を引っ張る男、尾張の甚目寺にいる一遍のために提供する食事の入った荷唐櫃を担ぐ上半身裸の男、関寺の門前を馬に米俵を乗せて運ぶ上半身裸の男、鴨川の河原で裸になって馬を洗う男たち、京の堀川で水に入って材木を引っ張る男たち、桂川で鵜飼いをする男、兵庫の観音堂に向かう一遍らの乗る船を陸から引っ張ってゆく男たちなどである。

次にあげられるのは、貧しくて胸のあばら骨が見えるような乞食・非人の姿である。これはもう枚挙に暇がないほどに描かれている。天王寺の西の鳥居の近くに座る乞食をはじめとして、備前の福岡市で市小屋の近くにあって食べ物を乞う褌一つの男（図Ⅲ-5-13）、京の因幡堂の堂の下で片肌を出して寝る乞食、信濃の伴野市の小屋で喧嘩する犬を追い払おうとしている乞食、鎌倉で侍所の小舎人に追われるざんぎり頭の乞食。

図Ⅲ-5-17　水浴びする僧
（『一遍聖絵』巻3）

さらに片瀬の浜の小屋に描かれている非人・乞食には裸姿が多く見受けられるが、そのうちの一人はもう死が間近にあり、筵の上に横たわっているようである。関寺の門前の非人と乞食、京の七条市跡で小屋を掛け、住み着いている非人・乞食たち、さらに桂の道場近くの小屋にいる乞食や、美作一宮の楼門近くに小屋掛けしている乞食等である。

衣服によって身分が示される中世社会にあ

って、このように肉体の露出の表現を巧みに使って描写しているところに『一遍聖絵』の絵師の手腕が認められよう。それはいかに身体性に関心を寄せていたのかをもよく物語っている。

一遍をとりあげ身体性に注目してその活動を探ってきたが、そこからは身体を描く絵巻の身体性の問題が見えてきた。

そこで次には、鎌倉時代の後期に生まれた絵巻における身体表現について考えてみることにしよう。鎌倉後期の代表的作品といえば、春日信仰を描いた『春日権現験記絵』、石山寺の縁起を描いた『石山寺縁起』などがあげられ、蒙古合戦を描いた『蒙古襲来絵詞』も見逃せない。そのうち『石山寺縁起』をとりあげ、身体表現に注目して当代の絵画の特徴を把握したい。

4　『石山寺縁起』と身体

如意輪観音の福徳

『石山寺縁起』は近江国の石山寺の近くの大津や逢坂関周辺の風景を描いていることから、中世社会を探るうえで歴史史料としても貴重である。絵巻は全部で七巻からなり、今に残されている詞書については鎌倉後期に作られたものと見られるのに対し、絵に関しては様々な説がある。

これまでのところ巻一から三までと巻五とは鎌倉末期から南北朝期にかけての制作になるが、残る巻四は室町末期、巻六・七は江戸時代の後補と見られている。

話は全部で三三段からなり、ほぼ年代順に配列されている。第一段に序によれば、三三段からなるのは「大慈大悲分身応化の数」に応じたものであるといい、『法華経』普門品に説かれている、観音菩薩が衆生を救済するべく姿を変えて現す三三種の化身に因むものであった。石山寺の本尊は如意輪観音であり、その観音信仰に由来する話を配列したわけで、その構成は次のようになっている。

巻一　①序と良弁の夢　②良弁の草庵建立　③石山寺建立　④常楽会の草創　⑤宇多法皇の御幸

巻二　①淳祐の美男への再生　②皇慶阿闍梨の受法　③藤原道綱母の参籠　④源順の万葉集理解　⑤円融上皇の参詣　⑥歴海と龍王　⑦殺生禁断

巻三　①東三条院の参詣　②東三条院の再度の参詣　③菅原孝標女の参詣

巻四　①紫式部の源氏物語　②藤原道長の参詣　③座主深覚の法験　④深覚の加持　⑤火事と本尊　⑥行尊の夢想

巻五　①藤原国能妻の参籠と出産　②藤原忠実の寄進　③東国の人の奇瑞　④松君長者娘の奇瑞

巻六　①中原親能の謀叛人追討　②良澄の守護　③藻璧門院の御産の祈り　④京極院の御産の祈り

第七　①円兼僧都の病回復　②白河尼の娘の奇瑞　③伏見院の愛染王供　④亀山・後宇多の参詣

ほぼ年代順に配列されており、『春日権現験記絵』と比較すれば、摂関時代の話が巻二から四までと手厚く、院政期の話がわずか巻五の一巻のみと手薄い。またそれと関連して摂関期の著名な文化人が何人も登場している。巻一の歌人の大友黒主をはじめ、巻三の『更級日記』の作者の菅原孝標女、巻四の『源氏物語』を書いた紫式部などで、その多くは観音が授ける福徳と知恵に関わる話である。

絵巻の制作意図については、序で、「内証外用、値遇の恩徳を報じ奉り」、「故きを温ね新しきを知る、将来の見聞に伝へしむ」ために著したといい、また「王公卿士より童男・童女に至るまで」もが、「平等の法雨」をあまねく濯がれ、慈悲が垂れんことを願ってのものであるとしている。寺中に秘すべきものではなく、「賢愚とも見つべし」と広く見られることを願うとしている。

さらに寺が「楽浪大津宮に霊験無双の伽藍のあること」を示すとともに、「聖化正中の暦、王道の恢弘し、仏家紹隆せること」を知らしめるために著したとも説いており、ここに著作の意図と制作の時期とが明記されている。すなわち「聖化正中の暦」とは、後醍醐天皇の治世の正中元年（一三二四）から正中三年四月までを意味し、「王道の恢弘」「仏家紹隆」とは、「王道」（後醍醐）と「仏家」（石山寺）の繁栄を祈ったものとわかる。

この点から小松茂美氏は、石山寺の座主益守が洞院大納言公賢の弟であることや、巻六の四段に洞院家の実雄の娘京極院が後宇多院を産んで家門が繁栄したという話が見え、最終の段に亀山・後宇多などの大覚寺統の天皇の話が見えることなどから、この益守と公賢の二人が、正中三年の春に進められていた持明院統の皇子の擁立運動に危機感を抱いて、絵巻を制作したものと見ている。

興味深い推定ではあるが、すでに見たように序文からは政治的意図があまりうかがえず、広く勧進を意図する話が多く、また巻七の三段には持明院統の伏見天皇の時の話、その母の玄輝門院の話もあるなど、持明院統に対する危機感から本絵巻がなったとは、簡単には見なしがたい。したがって制作時期についても、そうした政治的意図とはひとまず別に考えるべきであろう。

中宮御産の祈り

そこで探ってゆくと、正中三年（一三二六）二月七日に女院号をあたえられた顕親門院の名が巻六の四段に見えており、この年の四月二十六日に改元されて嘉暦元年になっているので、正中三年二月から四月の間に成立時期は限定される。

次に絵巻の話から制作者や制作の真意を探ってみると、まず問題になるのが最終段で、これは正安元年（一二九九）に亀山法皇・後宇多法皇が石山寺に参詣した時の話から始まっている。後宇多法皇が寺の流記をみていたところ、一匹の蜘蛛が「宜しく当寺より帰りて永年昌栄すべし」という字の上を這っていたので、法皇は涙を抑えつつ礼拝すると、やがて後二条天皇が践祚することになった。ところが、その後二条が「さしたる御帰依の色も現れず」ということで亡くなってしまい、法皇が徳治三年（一三〇八）八月に近江国大石庄を石山寺に寄進すると、九月には第二親王が太子に立ち、さらに延慶三年（一三一〇）に虫生庄を寄進したところ、文保二年（一三一八）二月に春宮が即位することになり、法皇は再び治天の君となったが、これは当寺の霊験によるものであるという。

この第二の太子が文保二年に春宮から即位した後醍醐天皇であれば、確かに後醍醐天皇の治世を寿ぐことが意図されていたと見てよい。ただこのことから絵巻を大覚寺統の立場とのみ即断してはならない。というのも当時の大覚寺統は後宇多の第一皇子であった後二条の系統と、第二皇子の後醍醐の系統に分かれており、正中年間の東宮は後二条の皇子邦仁親王であり、後醍醐の後には邦仁が天皇となることが約束されていた。しかるに後二条には、石山寺への「御帰依の色」が見えなかった、と語っているので、この後二条・邦仁親王の立場に立つものではない。

そうであれば洞院公賢を絵巻の制作者としてあげるわけにはゆかない。公賢は東宮大夫として邦仁を支える存在であったからである。では制作の真意はどこに、また制作者は誰に求められようか。改めてどのような霊験が石山寺に求められていたのかに注目して絵巻を見てゆこう。その際に注目するのは絵巻の制作に近い鎌倉時代の話を扱う巻六である。

巻六の一段は、中原親能の謀叛人追討の話から鎌倉幕府が石山寺を保護するにいたった経緯を記した話であり、「鎌倉右府将軍」（源実朝）の帰依があって関東の御願寺となったことや、承久の乱後にも保護をあたえられたことなどが語られている。ここでの石山寺の霊験は、毘沙門天の法力によって謀叛人追討を成就させた点にある。

二段は、文泉房律師良澄が、住坊の北の坊に聖教を納めて、死後も何かあれば「数多の異類」をともなって「鬼形」として現れ、聖教を守護し、非法の族を退治すると誓ったところ、その死後に夢を見た弟子の菩提院法眼行宴が夢の通りに寺の西山に赴くと、金色の鬼形が現れ出て、誓いが本当であったと確信したという話。霊験は寺僧の法力にあった。

三段は、九条道家の娘で後堀河天皇の中宮であった藻璧門院の御産の祈りの話で、寛喜二年（一二三〇）に道家は中宮が懐妊したことから発願し、中宮御願成就、わが一流繁昌、順次往生の三ヵ条を祈ったところ、翌年に皇子が生まれ、ついで位に即き、九条家の繁栄が続いたことが語られている。霊験は中宮の懐妊にあり、如意輪観音の胎内に聖徳太子の像を籠めたという。

四段は、山階実雄が娘で亀山院の皇后であった京極院の御産を祈ったところ、皇子が生まれた話。それが後宇多天皇で、その後も娘たちが国母となり、実雄の家は大きく繁栄したという。実雄の正安の清暑堂の宴での琵琶や、その子の公守の和歌糸竹の才を特筆している。これも霊験は皇后の懐妊にあった。

こうして見ると、とりあげられている話には御産の祈りによって福徳が得られた話が多い。藻璧門院や京極院の御産の祈りでは、石山寺に王妃の御産の祈りがなされた結果、王権の繁栄につながっていることが語られているが、巻五以前の話を見ても、巻三の二段は東三条院が皇子誕生を祈って一条院が生まれたといい、巻五の一段の藤原国能の妻は参籠した結果、懐妊して子が生まれたという。ならば絵巻は当時の天皇であった後醍醐天皇の中宮の懐妊に向けて制作されたのであろう。

後醍醐天皇の意図

この絵巻を制作していた頃、後醍醐天皇の中宮の懐妊は大きな政治問題になっていた。『太平記』は「元亨二年の春比より、中宮懐妊の御祈とて、諸寺諸山の貴僧・高僧に仰て、様々の大法秘法を行はせらる」と記し、やがて関東調伏の祈禱に転化していったと語っている。

この『太平記』が語る内容は、『増鏡』ほかの記録から、嘉暦元年（正中三年）六月の頃からであることが知られるが、そうなるとこれに先立つ中宮懐妊を祈っての絵巻制作ということが考えられよう。実際、この時の『御産御祈目録』によれば、同年三月十一日に着帯が行われており、絵巻の制作の時期と合致している。

後醍醐の中宮にはそれまで内親王しか生まれておらず、そこに親王が生まれたならば、皇位継承の道が大きく開かれてくることになる。というのも中宮の父は西園寺実兼で、幕府とのつながりは申し分ないからである。そうした後醍醐への働きかけを念頭に置いて絵巻は制作されたのであろう。そこでさらに制作に関わった人物を具体的に探ってゆくと、仏家の立場からの主張がこめられ、歴代の石山寺座主に触れていることから見て、石山寺の座主が制作に関わっていたと見てよかろう。

この時期の座主は洞院家の出身者が占めており、実雄の子の守恵、実泰の子の益守、さらに公賢の子杲守と続いているが、このうち守恵は正和二年（一三一三）九月二十三日に亡くなっており（『尊卑分脈』）、絵巻制作時の座主は益守である（『石山寺座主伝記』）。益守は元応二年（一三二〇）十二月から元亨二年（一三二二）十二月までと、建武元年（一三三四）十二月から同三年九月までの間に東寺長者の任にあり、それはいずれもが後醍醐天皇の在位の時であることを考えるならば、益守が絵巻制作に関わったことは十分に認められよう。嘉暦元年の『御産御祈目録』によれば、中宮の御産において益守が担当した修法は「如意輪護摩」であり、まさに石山寺の如意輪観音の威徳を引き出すに相応しいものであった。

では俗人として絵巻制作に関わった人物がいるとすれば、それは誰であろうか。巻六の四段で洞院家に触れて、「凡そ文永より以来、家門殊に栄へ給ふ事、偏に観音の利生方便にやとぞ覚え侍り」と記しているので、洞院家から探すと、益守の兄弟で、公賢の弟の公泰が注目される。『継塵記』嘉暦元年十月十九日条には次のように見える。

伝へ聞く、中宮御産遅々の間、七仏薬師法、普賢延命法結願せらる、晴儀となす、公卿は三条中納言実忠、左衛門督公泰、春宮権大夫公宗、権中納言藤房、侍従宰相親賢など着座す。

中宮御産の祈禱の記事に公泰の名が見えるが、当時、公泰は中宮権大夫であって、中宮御産の奉行をしていたことが知られる。そうであれば絵巻は益守と公泰とが関わって制作されたものと見るべきであろう。後醍醐の治世となって、その石山寺への信仰を引き出すためにこの絵巻の制作がなされたのであろう。こうして『石山寺縁起』は中宮懐妊と関わって制作されたことがわかるが、このように具体的な制作目的があることにも、絵巻の身体性がうかがえる。

なおこの時の中宮懐妊の祈禱は、やがて関東調伏の祈禱へと転化していったことが『太平記』に記され、その徴証は多くあるが、絵巻にもその機能が求められたかどうかは定かではない。

職人尽の図

絵巻の制作事情がほぼ明らかになったところで、絵について考えてみよう。すでに指摘したように七巻からなるうちの巻一から三までと巻五が鎌倉末期から南北朝期にかけての制作になるので、それらが検討の対象となる。

身体の視点からすれば、まずは山野河海などの現場で働く人々の動きが、極めて生き生きと、軽快に描かれている点が大きな特徴としてあげられよう。

巻一の三段　石山寺建立の場面　山野を開く樵、牛の荷車で運ぶ車力、材木を整形する大工（図Ⅲ-5-20）

巻二の二段　皇慶阿闍梨受法の場面　長刀を回すなどして遊ぶ従者（図Ⅲ-5-27）

同四段　源順の石山詣　米俵を運ぶ馬借、店先で糸をつむぐ老婆と洗濯する母親

同五段　円融上皇の参詣　唐櫃を運ぶ従者

同七段　殺生禁断の場面　狩人と漁師、取り締まる法師と武者（図Ⅲ-5-26）

巻三の一段と二段　東三条院の参詣　供をする人々と様々な見物人

同三段　菅原孝標女の参詣　出会った馬借と武士の一行（図Ⅲ-5-19）

巻五の一段　藤原国能妻の参籠　逢坂の関で勧進を行う聖、馬を操る漁師一行（図Ⅲ-5-18）

藤原国能の屋敷　　　家に魚介類を持ち運び、宴の支度などをする男。裁縫や煮物の料理をする女、厩で馬の世話をする人
同三段　東国の人の奇瑞　　武士の一行、行商人、宇治川で漁を行う漁師（図Ⅲ-5-24）
同四段　伊勢の松君長者　　従者

なかでも漁師の姿が様々に描かれているのがわかる。漁をしている風景だけでなく、巻五の一段には、釣竿や魚を手にして連れ立ち馬を操って道を行く漁師の姿や（図Ⅲ-5-18）、魚を売る漁師などが描かれているのは、ほかの絵巻には見えない図柄である。殺生禁断の取り締まりの様子が描かれているのも貴重で、絵巻が制作された頃、宇治川では律宗の叡尊が朝廷に訴えて殺生禁断が厳しく行われていただけに興味深い。

漁師以外でも、馬借や車力なども克明に描かれているが（図Ⅲ-5-19）、このように労働する人々の姿を多数描いている『一遍聖絵』にしても、これほど精彩には描いていない。なおその『一遍聖絵』は関寺近くの逢坂を往来する人々の動きを描くが、この絵巻ではさらに逢坂の関で勧進をする聖を描いている点でも面白い。大工の描写は『春日権現験記絵』にもあって、そこでは竹林殿の造営の場面が詳しく描かれているが、大工の表情や力の入れ方などの表現は本絵巻のほうが優れている（図Ⅲ-5-20）。

このように当時の労働に従事する人々の姿を活写している点では、兼好の『徒然草』が思い起こされよう。そこには様々な職人の言動が生き生きと描写されているが、さらに職人といえば、『東北院職人歌合』『鶴岡八幡宮職人歌合』という二つの職人歌合がこの頃に作られている。

『東北院職人歌合』は、「建保第二の秋の比、東北院の念仏に」集まった多くの貴賤男女のうちから

「道々のものども」が月・恋を題にしての一二番の歌合を行ったとして制作されているが、その場とされた東北院は、一条大路南・東京極大路東に藤原道長の娘上東門院彰子が発願して建立した三昧堂であって、法成寺境内の艮（東北）角に位置したことからその名がある。承安元年（一一七一）七月十一日に焼亡した後（『玉葉』）、再建されていて、この東北院に多くの人が集まるようになったのは承久の乱後のことと見られ、『明月記』は毎年八月十五日の東北院の盂蘭盆会に集まる雑人の相撲のことをしばしば記している。また飢饉の年にはここに餓死者が集められたことも記されている。

図Ⅲ-5-18　馬で逢坂をゆく漁師
（『石山寺縁起』巻5）

図Ⅲ-5-19　逢坂の関を通る馬借
（『石山寺縁起』巻3）

行列と参籠の風景

第二の特徴としては、行列の図が極めて豊かに描かれている点があげられる。行列は

図Ⅲ-5-20　石山寺の建築工事
（『石山寺縁起』巻1）

権威と権力とをアピールするのに格好なものだけに、これまでの絵巻にもしばしば描かれてきた素材であって、院政期に制作された『年中行事絵巻』にも朝覲行幸の図が描かれているが、その多くは都のなかの行列であった。

巻一の五段　宇多法皇の御幸　琵琶湖を背景に行列を描く
巻二の四段　源順の参詣　浄衣の順らの一行を描く
同五段　円融上皇の参詣　誦経使の一行を示す
巻三の一段　東三条院の御幸　行列のみを克明に描く
同二段　東三条院の再度の参詣　山野の風景を背景に一行を描く
同三段　菅原孝標女の参詣　女性の旅の一行を描く
巻五の三段　東国の人の奇瑞　武士の一行を描く（図Ⅲ-5-23）

ところがこのように『石山寺縁起』に描かれた行列は、都から外に出て湖や山野を背景にしており、興趣が深いものとなっている。絵巻の性格上、都を離れられない天皇の行幸図は見えないものの、上皇や女院の御幸や様々な人々の行列が描かれている。
同じ頃に制作された『春日権現験記絵』には、平氏都落ちの安徳天皇の行幸図があり、『駒競行幸絵巻』には藤原頼通が高陽院殿で行われる駒競に後一条天皇が赴く行幸の行列図があるなど、行列への関心の高まりがうかがえる。なかでも絵は残されていないが、『元徳二年三月日吉社幷叡山行幸記』と称せられる絵巻の存在は興味深い。というのも『群書類従』に載るこの絵巻は後醍醐天皇の行幸を描いているからである。

図Ⅲ-5-21　内陣で参籠する僧と外陣で参籠する俗人
（『石山寺縁起』巻2）

それは「呂一」と始まる、後醍醐天皇が元徳二年（一三三〇）三月に日吉社と延暦寺に行幸した様子を記したものと、「律一」と始まる、正応年間（一二九〇年前後）から元亨四年（一三二四）に及ぶ山門の訴訟の様子を記したものとの二つからなるが、そこには後醍醐天皇が日吉社などに行幸するまでの行列の様子がたっぷりと描かれていたことであろう。

さらに特徴の第三は、参籠の場面を極めて多様で、詳しく描いている点である。『春日権現験記絵』では神社の参籠の場面を描くが、ここでは貴賤が石山寺に参籠して、富と福とを獲得する場面を描いている。

巻二の一段　淳祐の参籠

格子の奥の内陣では、参籠する淳祐を僧が上

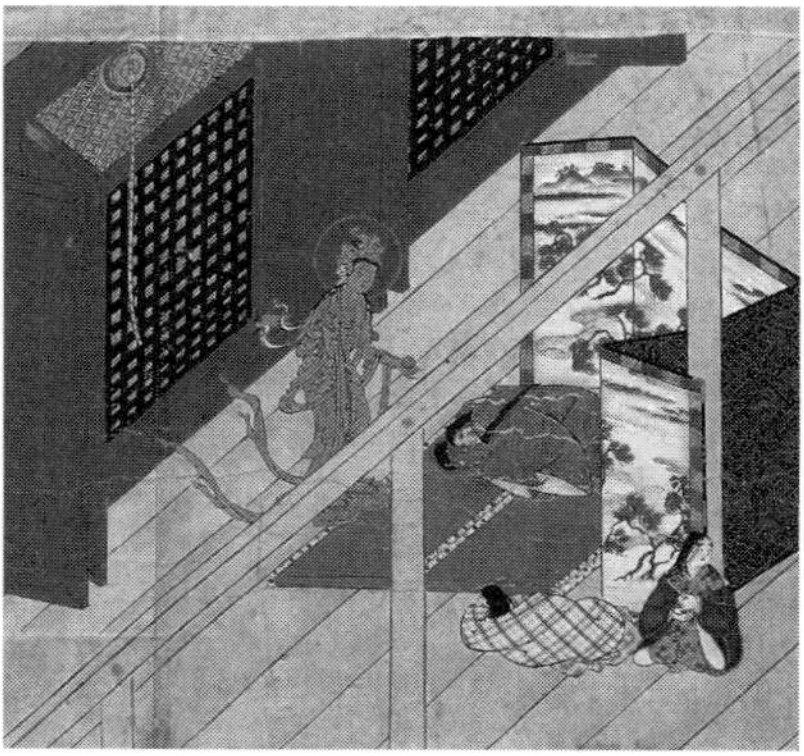

図Ⅲ-5-22　屏風に囲まれ参籠する女に現れた観音菩薩（『石山寺縁起』巻5）

下に動かし、外陣の畳の上では女性四人と烏帽子姿の男一人が参籠。（図Ⅲ-5-21）

同三段　藤原道綱母の参籠
几帳に帷が掛けられ、畳が敷きつめられている部屋で、傍らに侍女二人、外の縁に侍女一人と警護の侍二人がいる。

同五段　円融上皇の参籠
金堂の一角に上皇が御簾のうちにあって参籠し、板敷の上に畳を敷いて、浄衣の公卿・殿上人と僧とが座る。

巻三の二段　東三条院の参詣
内陣に経をあげる僧がおり、外陣の御簾をめぐらしたなかに女院がいて、近くに参籠のための多数の女性。供の公卿・殿上人は畳の上に、縁の欄干の近くに裹頭の僧と童が並ぶ。

同三段　菅原孝標女の参詣
外陣の一角の御簾をめぐらした内部におり、板敷の畳を敷いたところに老尼が参籠。

巻五の一段　藤原国能妻の参籠
外陣の畳敷の上で、まわりを屏風で囲んでおり、近くに侍女二人、一般の参籠者は後方の畳敷の上に座る。（図Ⅲ-5-22）

同二段　藤原忠実の参籠
外陣の一角にある御簾のなかにいて、浄衣の伴人と童が板敷の畳の上に座る。荘園の寄進状を寺僧に渡す浄衣の人物は忠実の伴人、御簾から顔をのぞかせるのは参詣に誘った僧。（図Ⅲ-5-25）

同四段　伊勢国の松君の長者と娘の参籠
外陣の畳の上で、周りを屏風で区切っており、侍や侍女は板敷の上に座る。

このように参籠の種々相を描き分けており、当時の参籠の実情がうかがえる。仏堂は内陣・外陣（礼堂）からなっており、僧は内陣にあって参籠し、俗人は礼堂にあって参籠していたこと、また俗人でも貴人は御簾で姿が隠されており、女性は屏風で画されていた。一般の人は畳の上にあったが、床板の上にいる場合もあったことなどがわかる。

5　絵巻と文書

文書の紛失

『石山寺縁起』の特徴の第四としてあげられるのは、文書が重要な役割をもって語られ、描かれている点である。たとえば巻五の三段に見える、東国の人が得た院宣を勢多橋で落としてしまったという話を見ることにしよう。

東国なる人、公家に訴へ申べき事ありて、京へ上りて、安堵の院宣を賜はりて、下人に持たせて、先づ本国へ下りけるが、勢多橋を通り侍けるに、河を何となく見下ろしける程に、彼院宣を落とし入れてけり。

朝廷に訴訟をして安堵の院宣を獲得したところが、近江の勢多の唐橋で川の中に落としてしまい、途方に暮れて近くの石山寺の観音に祈った。すると夢のなかで、宇治で魚を買うようにいわれたので、それに従って宇治に赴くと、引き上げられた鯉の腹のなかから院宣が出てきたという。

絵は勢多の唐橋の上から川の下を覗いていて首にかけていた院宣を落とす場面（図Ⅲ-5-23）に始まり、下流の宇治で漁をしていて捕まえた鯉の腹から院宣が出現した場面（図Ⅲ-5-24）を描き、近くの宇治橋の風景をもって終わっている。橋に始まり橋に終わる趣向のなかで、文書が印象的に描かれているのがわかる。

この話を載せる絵巻の巻五は、院政期の話からなっており、それから考えると、東国の人が安堵の院宣を獲得したというのにはやや問題がある。おそらく院宣で安堵が行われるようになった鎌倉後期の事情が話に反映してのものであって、所領の安堵のために遠方に訴訟に赴くという鎌倉後期によく見られる動きを反映しているのであろう。

そうした旅の途中で文書を紛失した場合に備えて、しばしば文書の案文の裏に次のような裏書を得ることが鎌倉後期には行われるようになっていた。

此御下文等、就安堵注進持参関東之間、於長途若紛失者、可為難儀旨、所申無子細、任申請所有其沙汰也。

元亨三年九月五日

図Ⅲ-5-23　勢多橋を行く武士の一行が院宣を川に落とす
（『石山寺縁起』巻5）

図Ⅲ-5-24　宇治で捕った魚の腹から院宣が出現
（『石山寺縁起』巻5）

修理亮（花押）

これは弘安四年（一二八一）四月十六日の島津久経の譲状以下三通の文書が張り継がれ、その案文の裏に鎮西探題北条修理亮英時が記した元亨三年（一三二三）九月五日の裏書である。所領の安堵を幕府から受けるために、島津久長から所領の譲りを受けた島津宗久が関東に譲状の正文を持参しようとしたが、正文を紛失する恐れがあったので写しを書き探題に裏書を申請したのである。

これに応じて探題はその申請を認め、もし正文が紛失した際には、これら三通が正文の代わりになると記している。この裏書が記された三通の譲状は、張り継がれた上に、所々に合点が付されて「校正了」の文言がそれぞれの文書の端上に記されている。

寄進状と絵巻

続いて巻五の二段には、摂関家の藤原忠実に御願があって石山寺に寄進状を捧げて祈ったところ、その御願が成就したという話が見える。

富家の禅定殿下、年来心中の御願を祈申されけるが、久安四年閏六月、当寺に御参詣ありて、当国波多庄の御寄進状をたてまつらせ給ける。其詞に云、多年観音に帰依し、二世其利生を仰ぐ、祈念の願ひ、悉く成弁を得と云々。

このように寄進状を引用しながら、所領を寄進したことが語られているのである。寄進の事実に触れるだけでなく、あえて寄進状という文書を得たことを記し、しかもその文言を引用しているのは、文書への強い関心がうかがえよう。したがって絵もその寄進状を忠実が渡す場面を描いている（図Ⅲ-5-25）。

なお絵巻と寄進状ということから注目されるのは『山王絵詞』という絵巻であろう。現在は絵が失われているが、最終の巻一四の一三段において、西園寺公衡の娘広義門院が皇子を出産した次第を語るなかで、公衡の寄進状の全文を載せ、それをもって絵巻を終えているのである。その全文は次の通りである。

奉施入　日吉十禅師宝前

紺紙金字妙法蓮華経一部在開結二経等

右所願旨趣者、為愚老息災安穏・寿命長寿・家門無為・子孫繁昌・臨終正念也。別者奉為量仁親王御息災・御宝算長久・御運開発・継体守文、敬以法印権大僧都覚守、於当社宝前、転読講論斯経、且所勤修本地護摩也。親王降誕事、専為当社之冥助之趣、霊告非一、仰信且千。仍始自当毎年時而可臨時限未来際、可令施行此願。山王廿一社、惣満山三宝、伝教慈覚慈恵等大師、各施慈愍之恵給、令成就弟子所願。敬白

図Ⅲ-5-25　藤原忠実が寄進状を僧に渡す
（『石山寺縁起』巻5）

正和三年二月　日　　沙弥静勝　敬白

公衡は正和三年（一三一四）二月に法華経を日吉の十禅師社に寄進し、それはわが身と家の繁昌を祈るとともに、皇子の降誕を祈ってのもので、覚守大僧都に経の転読・講論をさせたところ、その願が成就したので以後、毎年行うように、と記している。

これから見れば、絵巻はこの時に誕生した皇子の皇位継承を祈って制作されたのであろう。話にも「量仁親王、若天子の位に備給ば、山王御威光もいちじるしく、我山の繁昌も昔にはぢずこそとぞ、時の人は申ける」と記されており、天子の位に即くことが期待されている。寄進状を詞書に載せたのは、絵巻の作成において重要な意味をもっていたからである。

親王は正和二年七月九日に出生すると、八月十七日に早くも量仁親王の宣下がなされ、やがて文保二年（一三一八）二

月に天皇が花園から後醍醐天皇に代わり、後二条天皇の皇子の邦仁親王が皇太子に立ち、この辺りから量仁親王の立坊（立太子）運動が開始されていった。元亨元年（一三二一）十月四日に後伏見院が量仁の立坊を祈って石清水八幡宮に願書を捧げているのは、そうした運動の高まりを示すもので、その立坊が実現したのは、邦仁の死にともなう嘉暦元年（一三二六）七月二十四日のことであった。

願文と関東下知状

『石山寺縁起』を見ると、『山王絵詞』と同じく一つだけ文書が生のままで載せられている。それは寛喜二年（一二三〇）に九条道家が中宮の懐妊から発願して記した三ヵ条の願文である。

これは巻六の三段にある、九条道家の娘で後堀河天皇の中宮であった藻壁門院が懐妊したことから御産の祈りのために発願して、三ヵ条の願文を書いたところ、翌年に皇子が生まれ、ついで位につき（四条天皇）、九条家の繁栄が続いていったという話である。

啓白　発願三箇条

一　中宮御願成就事

右、石山寺者

聖武天皇濫觴之地、良弁僧正修練之砌也。法興院禅定太閤・法成寺禅定相国、殊以帰依之由聊有所見。於是東三条院者、円融院之正后、一条院之母后也。上東門院者、後一条院、後朱雀院之国母也。国之良弼、近不過彼両閤、家之吉例、亦可在彼両院者歟。方今中宮忽示蘭夢之瑞、可期蓬矢之慶也。（中略）再降阿闍梨之綸旨、永備当伽藍之鏡鑑必率由其佳躅、可被果遂今御願矣。

一　我一流繁昌事
右宜以当寺尊崇之丹誠、必遂我家繁昌之素懐。女則叶東三条上東門両仙院之佳例、為正后為国母。男亦継法興院法成寺両禅閤之勝躅（中略）摂関之名不及余流、千子万孫相承無絶、聖主賢臣合体如此矣。
一　順次往生事
右昔有一相者、見当山云、此地者是往生砌也。栖此者可遂其望。詣此之人果如其言。夫順次往生者弟子蓄懐也。猗矣。此寺叶于此道、殊運信力可期菩提。大悲観音済度勿愆。
以前三箇条、発願如件。
寛喜二年八月日
弟子関白正二位藤原朝臣道家啓白

第一条で石山寺の濫觴を語った後、東三条院と上東門院という二人の国母の佳例を語って、中宮の皇子誕生を祈り、続いて第二条でそれによる家の繁栄を祈り、第三条で望みを果たしたうえでの往生を祈っている。先にこの絵巻が後醍醐天皇の中宮の御産の祈りに向けて制作されたものと見たが、この願文の存在からもそのことを指摘できよう。

さらに絵巻は寄進状や願文のほかに、奏状や官符、関東下知状をも引用している。巻二の七段は、石山寺の寺辺への殺生禁断の命令が永延・建久・永仁と下されたことを次のように語っている。
永延の比、寺領のほとりに長く殺生をとどむべき由、寺家奏申侍けるに、慶（滋）保胤筆をそめていはく、夫江海非狭、鱗類是多、何必観音慈眼之前、動殺生命、伽藍堺地之畔、長卜漁潭云々、かさねて建久の聖代にも官符を下されて云、応任先格後符、慥従停止石山寺辺漁猟事、華夷遠近莫不

図Ⅲ-5-26　石山寺周辺での殺生禁断の実行
（『石山寺縁起』巻2）

帰依、是以自往古以来、当国武勇之輩雖宛満、於寺辺者更不企殺生者也。東西両岸之間、不謂寺領他領、一条院御宇殊降綸言、永被禁断殺生了、乃至且欲破却彼伶濆冗者、権中納言藤原朝臣隆房宣奉勅云々。しかのみならず後、永仁年中に関東下知状にも、たとひ他領たりといふとも、寺領のほとりに永く漁猟を禁断すべしと侍るとかや。

まず永延年間に慶滋保胤の手になる寺家の奏状が朝廷に提出されると、殺生禁断の命令が出され、続いて鎌倉時代の建久年間には権中納言藤原朝臣隆房の奉勅による太政官符が出され、さらに永仁年中には関東下知状によって殺生禁断の命令が出されたという。絵は殺生禁断を実行している図（図Ⅲ-5-26）を描いたもので、文書を描いてはいないのだが、このように三つの文書に基づいて詞書を作成し、それらを引用しているところに文書への関心がうかがえよう。

さらに関東下知状は巻六の一段にも登場している。石山寺が「関東の御願寺」になった事情を語った後、「さればは承久三年の冬の比、武家に訴へ申こと侍ける時」に幕府か

図Ⅲ-5-27　授法の風景と供人の遊び
（『石山寺縁起』巻2）

らあたえられた下知状を次のように引用している。

当寺者観音垂跡之勝地、霊験掲焉之道場也。貴賤投私之浄財、祈現当、誰人奪彼仏物招重罪。自今以後、永守此旨、不煩僧徒勿妨寺用云々。

関東下知状が二度も引用されているのは、「ことに武家崇重の寺なり」とあるように石山寺が幕府によって厚く保護されている寺であることを強調しようとするものであり、それを裏付けるものとして文書が重視されていたのである。

文書の授受と保管

巻二の二段には、文書が記されて渡されている絵が描かれている（図Ⅲ-5-27）。山門の谷阿闍梨皇慶は普賢院内供からの受法が叶わなかったが、その弟子である元杲大僧都から「印璽」を伝えられ、天台の秘事を授けられたという話で、絵にはその受法の様子が描かれている。

元杲が机の前に座って巻物に執筆しており、その前の座にある皇慶がその授法を待っているという図であって、なぜか庭では従者たちが長刀を振り回したりして遊んでいる。話では法を授けられた皇

図Ⅲ-5-28　綸旨を読む絵師
（『絵師草紙』）

慶からその弟子の長宴が印璽を伝えられたことも記しており、鎌倉後期に、古今伝授のような口伝などの伝授が流行するのと相俟って描かれるようになったものと見られる。

文書の保管についても描いている。巻六の二段の内容については前述したが、その詞書には、

文泉房律師朗証といひしは、当流の人師、中古の明匠也。此寺に北坊と名つけたる所は、彼住坊なり。庫蔵を造立して、一期所学の深秘、諸流相伝の聖教を納置けり。誓云（中略）我必ず鬼形と現じて、数多の異類を具足して、且は此聖教を守護し、且は非法の族を対治すべしと云々。


とある。残念ながらこの部分の絵は後補のためにどのような絵が構想されていたものか明らかでないが、おそらく文書を納める蔵は描かれていたことであろう。

こうして『石山寺縁起』からは文書の多様な利用法が浮かびあがってきたが、このことは文書が身体の一部として考えられ、機能していたことを物語るであろう。なお文書そのものが絵巻の題材になっている『直幹申文絵詞』では、天暦年間の文人である橘直幹が朝廷に提出した民部大輔の官を望む申文に関わる話が素材になっている。

直幹がその申文で「人の依て事異なり」と記したのを見て、天皇は機嫌を悪くしたのであるが、内裏

本の豊かな世界と知の広がりを伝える

吉川弘文館のPR誌

本郷

定期購読のおすすめ

◆『本郷』(年6冊発行)は、定期購読を申し込んで頂いた方にのみ、直接郵送でお届けしております。この機会にぜひ定期のご購読をお願い申し上げます。ご希望の方は、何号からか購読開始の号数を明記のうえ、添付の振替用紙でお申し込み下さい。

◆お知り合い・ご友人にも本誌のご購読をおすすめ頂ければ幸いです。ご連絡を頂き次第、見本誌をお送り致します。

●購読料● (送料共・税込)

1年(6冊分)	1,000円	2年(12冊分)	2,000円
3年(18冊分)	2,800円	4年(24冊分)	3,600円

ご送金は4年分までとさせて頂きます。

※お客様のご都合で解約される場合は、ご返金いたしかねます。ご了承下さい。

見本誌送呈 見本誌を無料でお送り致します。ご希望の方は、はがきで営業部宛ご請求下さい。

吉川弘文館

〒113-0033 東京都文京区本郷7-2-8/電話03-3813-9151

吉川弘文館のホームページ http://www.yoshikawa-k.co.jp/

が炎上した時に、「直幹の申文は取り出でたるや」と天皇が尋ねたことにより、直幹の名声が高まったという話である。

さらに絵巻を、文書のごとく訴状にしてしまったのが『絵師草紙』である（図Ⅲ-5-28）。天皇から拝領した綸旨により所領を得て喜んだ絵師が、その知行地がある伊予国に使者を派遣して調査したところ、そこがすでに法勝寺の所領にされていて知行できないと知り、何とかして欲しいと窮状を訴えているさまが描かれている。訴状そのもの、あるいは訴状に副えられた具書としての機能を有していたものと考えられる。そこに描かれている綸旨といい、絵巻を訴状にしていることといい、ここではまさに文書が主役となっているのがわかる。

このように文書が絵巻のなかで重要な役割を果たすようになったのは鎌倉後期のことで、それ以前にはほとんど見られない。また、文書が著しく重要な役割を果たすようになっているのは、絵巻と文書がともに身体と深く関わっていたからである。

参考文献

松岡心平『宴の身体』岩波書店、一九九一年。

林　温「国宝一遍上人絵伝（一遍聖絵）と修理」（『講座日本美術史』一）東京大学出版会、二〇〇五年。

五味文彦「永仁の前奏曲」（『ＺＥＡＭＩ中世の芸術と文化』〇一）、二〇〇二年。

藤原良章・五味文彦編『絵巻に中世を読む』吉川弘文館、一九九五年。

小松茂美『日本絵巻聚稿』中央公論社、一九八九年。

六　王権と幕府――殺生禁断令を媒介に――

殺生禁断とは、生き物を殺してはいけない、という仏教の教えからくる戒律である。「不殺生戒」は仏教の戒律のなかでも、最も重いものといわれ、国王が信者であれば国内に、地方の支配者がそうであれば、その領内の民に不殺生戒を強制的にまもらせたといわれる。事実、早くは律令に「凡そ月の六斎日、公私皆、殺生を絶て」とあり、六斎日（毎月八・十四・十五・二十三・二十九・三十日）における殺生禁断が規定されている。この日には、天界から四天王が下ってきて、衆生を監視すると考えられていた。

ここに殺生禁断に着目するのは、中世になってしばしばこれを命ずる法令が出され、大きな社会的影響を与えているからに他ならない。中世の開始を告げる院政時代に白河法皇によって発せられた殺生禁断令を始めとして、鎌倉幕府も早い時期から鶴ケ岡八幡宮の放生会に際して殺生禁断令を発しており、鎌倉末期には律宗の叡尊が、朝廷から官符を得て宇治川での殺生禁断を行うとともに漁民に菩薩戒を授けている。

そこに中世の王権を考える手掛かりがあるように思う。なお、江戸時代のことではあるが、徳川綱吉が生類憐みの令を発して全国的に殺生禁断を命じたことも注目されよう。

1　殺生禁断の論理

まず注目したいのは、白河院政の最末期に諸国に発された禁断令である。『百練抄』は天治二年（一一二五）条に「この年以後、殺生禁断甚し」と記しており、この年から禁断令が発されて、以後、院がなくなるまで強力に実行されている。そうした動きをよく記しているのが『今鏡』である。

この御時ぞ、昔の跡を興させ給ふことは多く侍りし。（中略）法文なども、まことしく習はせ給ひけるにこそ。（中略）また生きとし生けるものの命を救はせ給ひて、かくれさせ給ふまでおはしましき。五月の狭山《さやま》に照射《ともし》する賤の男もなく、秋の夕暮、浦に釣する海士も絶えにき。

これからまずいえるのは、殺生禁断令が白河院の仏法への厚い帰依からおこっていることであろう。院の出家は娘の郁芳門院の死がきっかけであったが、その後、嘉承二年（一一〇七）に子の堀河天皇がなくなると、「重祚」の意思はあったものの、出家後のことであるため断念し、孫の鳥羽を位に即けて「陣ノ内ニ仙洞ヲバヲコナワセ給ニケリ」と、本格的な院政を開始した（『愚管抄』）。

そうなると法体で政治を行う積極的な意味と意義が主張されねばならない。そこに登場したのが王権仏授説であった。白河院が殺生禁断を開始するより二年前の保安四年（一一二三）に白河院が石清水神社に捧げた告文には、「王法は如来の付属によりて国王興隆す」と記されている（『石清水文書』）。王権は仏によって授けられたとみる王権仏授説が唱えられたのである。

この告文は、越前国敦賀郡でおきた争いに起因しておきた諸社諸寺の「神民禅徒」らの訴訟、悪行について、これを鎮めるべく出されている。仏の力をかりた、広範な人々の活動に対する規制と統合の論理、それこそ王権仏授説に他ならない。

こうして殺生禁断令の背景をなす論理は見えてきたが、その規制の対象となったのは、一口で言えば山野河海で活動する人々である。特に殺生を業とする「兵」の活動であった。この禁制によって、諸国の兵が殺生を理由に京都に召され、院の尋問を受けたという話が『古事談』や貴族の日記（『長秋記』）に見えている。そこには院と諸国の兵との間を結ぶ直接の回路ができたと評価できるのではないか。

確かにこれまでにも院は武士を組織してきた。源義家の院殿上の昇殿、平正盛の受領・検非違使への任用はそうした事例であるが、それはまだ院の警備などを然るべき武士に託すといった性格のものであった。この殺生禁断令を通じて初めて諸国の兵は院を意識し、また院もその存在を強烈に感じ取ったと見られる。

院に召喚された兵のひとり加藤成家は、「勅勘ハ縦ヘ禁獄流罪と雖も、命ニハ及ぶべからざるによる」と言い放ち、「源氏平氏の習」に従ったまでだ、と広言して憚らなかった。院もこれには「サル白《しれ》物《もの》ヲバ追放すべし」と舌を巻くしかなかった。ある意味では、殺生禁断令は諸国の兵を院の下に呼び込んだのであった。

兵と同様に、広く非農業民の活動も規制を受けているが、この面でも、直接の回路が生まれたと言えよう。禁断令が解除されてから数年して、諸国の悪僧・神人・供御人らの動きが急速に活発になった。「諸国土民、課役を逃れんがため、或は神人と称し、或は悪僧として、部内を横行し、国務を対捍す」と称されるような事態が生まれ、さらに諸国から京都へと活動の範囲は広がっている（『藤原敦光勘文』）。

保延三年（一一三七）には、伊勢神人が三三ヵ条の要求を、ついで南都の大衆が七〇〇〇人の人数をもって、翌年には天台の大衆が神輿を担いで列参して、強訴を朝廷に突き付けているのである。

さらにここで考えなければならないのは、規制される場の問題である。この時期は荘園公領制の展開によって山野の囲い込みの運動が盛んになっていたことが思い出される。全国的な荘園整理令がだされ、荘園の整理が断行されていたのは、後三条天皇の時代をピークにして白河院政の前半までであり、その後半にはむしろ荘園が宣旨や院庁下文でもって立荘されてゆき、しかもそれらが院の周辺に集積される傾向さえ見せ始めていた。これにともなって荘園と公領をめぐる場での紛争・葛藤が増大していた。

例えば、天治二年（一一二五）の山城国の賀茂荘の住人の訴えでは、隣接する山田牧の住人らが八〇余人の随兵を率いて荘園内に乱入し、住宅の垣や栗林を切り捨て焼き払ったという。同じく山城国の玉井荘と石垣荘との間では、それまで用水と田畑をめぐって争われてきたが、この時期に玉井荘の山林伐採権が押さえられている。その際、玉井荘側では「諸国の習、山路の法、皆便に随ひ例に依る、是定事也」と主張しているが、そうした主張を超えて、堺をめぐる争論が頻発していた（『東大寺文書』）。

白河院の殺生禁断令はこうした荘園公領制の展開に王権として対応しようとしたものと言えよう。興味深いのは、しばしば寺領荘園の領主が殺生禁断を梃にして荘園領有権の一円性を主張している点である。殺生禁断は容易に領有権に転化する論理であった。そうであれば白河院は日本全国に殺生禁断令を発することにより、国土の領有を宣言したのであって、そうした高い次元の立場から、山野河海に活動する人々を統轄し、規制したものと言えよう。そう見てこそ鳥羽院の死後におきた保元の乱を経て発布された保元の新制の内容が理解できる。

2　殺生禁断令の系譜

九州の地は一人の有つところなり、王命の外、何ぞ私威を施さん。

保元の新制はこの言葉を第一条の冒頭に置いて、荘園整理の断行を述べている（『兵範記』）。しかしこの言葉は単に荘園整理の方針を示すものではなかった。第二条以下に述べられているように、荘園の形成に動いている人々や、盛んな活動を示し始めた悪僧や神人をも統制する理念であった。ここに王権は王土と王民をはっきりとらえようとしたのである。

このことと、保元の乱を経て「武者の世」になったという『愚管抄』の指摘とは、決して矛盾するものではない。武者（兵）の活動が媒介となって、王権はその活動を把握する新たな論理を探り、その結果、この王土王民の論理を生んだのである。王権そのものが絶対的に優越していたわけではない。次の平治の乱後に成立した武家政権が王権を武力で守護する立場をとったのも、そうしたことを物語っている。以後の王権と武士との基本的枠組みはここにつくられた。

では、源頼朝のつくった鎌倉幕府はどのような存在だったろうか。朝廷への反乱から始まった幕府は東国にもう一つの王権の成立を目指した。文治三年（一一八七）に幕府は殺生禁断令を東国に発しており、翌年には東国に発した後、朝廷に申請して全国に発することを求めている。つまり幕府は東国の王権を目指したが、同時に、平氏政権を受け継いで西の王権（朝廷）の守護をも担うことになる。建久元年（一一九〇）に上洛した頼朝は朝廷から諸国の守護権を与えられた。

幕府の東国の王権としての性格は、承久の乱後になって、内裏大番役に模した幕府御所の大番役や、内裏・洛中を模した幕府御所・鎌倉中を聖域とする様々なタブーの形成などにより強められた。この動きは皇族将軍の誕生によって一つの画期を迎え、やがて幕府の王権を物語る神話『曾我物語』と歴史『吾妻鏡』がつくられ、幕府は自らを公家に対して公方と称するにいたる。

こうした幕府王権の動きとともに、さらに蒙古の外圧というインパクトもあって、朝廷の内部には王権の危機感が生じた。それは後嵯峨院や亀山院の儒学への傾倒をもたらし、その周辺からは王権至上主義が主張されることになる。同時にこれとは別の立場も主張され、朝廷には二つの流れが形成された。大覚寺統と持明院統の二つの皇統である。

ところで南北朝時代にはいった康永三年（一三四四）六月、幕府は朝廷に対し洛中に殺生禁断令を出すように求めると、これを受けて、洛中を管轄する検非違使庁の別当は、先例を勘申することを外記に命じている（『師守記』）。

その時に注進された先例とは、㈠弘長元年（一二六一）令、㈡弘長三年（一二六三）令、㈢弘安八年（一二八五）令、㈣元亨元年（一三二一）令の四つの法令であるが、このうち㈠㈡が後嵯峨院、㈢が亀山院、㈣が後宇多院の時のものであって、後嵯峨院から亀山・後宇多に続く大覚寺統の政権下で出されていることに気づく。どうも殺生禁断令は大覚寺統の政権に特有な法令といえそうだ。

ここで興味深いのは、正中二年（一三二五）に作成されたとみられる『石山寺縁起』である。この絵巻は大覚寺統の後宇多院政をたたえる内容を持つが、そのなかの巻二に殺生禁断の話がある。これは

「永延の比」（九八八年前後）に慶滋保胤が禁断の官符に筆を執った話に関連して「建久の聖代」（一一九〇年代）に藤原隆房が奉行して官符が出され、「永仁年中」（一二九〇年代）に幕府の下知状が命じたことなども記されている。

話の流れから言えば「建久の聖代」「永仁年中」のことは特に触れる必要はないにもかかわらず、この二つを挙げたのにはやはり意味があったと見られる。「建久の聖代」という時期と表現に注目すれば、これは後鳥羽院の時代のことであり、大覚寺統が承久の乱以前の天皇中心の政治に帰れ、という主張を掲げていたのと、まさに対応している。ところが次の「永仁年中」とは持明院統の伏見天皇の時代である。だがそこには伏見の名は出されておらず、代わりに幕府の下知状により命じられたとある。大覚寺統の立場は歴然としていよう。殺生禁断令は大覚寺統の政権と深い関係にある法令であった。

では殺生禁断令はどうして大覚寺統のみに見られる法令なのだろうか。まずそれを基礎づけている論理を探ろう。（二）の弘長元年令をみると、「不殺生は十戒の第一」とあり、「世尊の群類を利するは、十戒を以て最となす」と記しているように、仏法に基づくことが謳われているが、さらに「五常の中の仁なり」と述べ、「明王の民を撫づくは、五常を以て最となす」とあって、儒教の五常・仁・明王・撫民の思想も前面に押し出されている。（四）の元亨元年令にも「釈尊の戒行、明王の仁政」とある。

ここから浮かび上がってくるのは、仏教と儒教とによって支えられている王権の姿である。しかも「山野禽獣の群、命を惜しまざるは無く、河海亀鼈の類、猶身を愛する有り」と述べるところからすれば、山野河海に生きとし生けるものすべてを掌握して、統制を加える、至高なる王権の一側面を表現している。

そこで次に、大覚寺統の政権によって出された法令を持明院統のそれと比較してみると、聖断至上主義の傾向がはっきりうかがえる。大覚寺統の弘安八年（一二八五）の法令と持明院統の正応五年（一二九二）の法令の比較でみると、弘安令は第七・八条で子孫相伝の地や朝恩の地について、「根源を尋ね捜し、聖断有るべし」と規定したほか、第一〇の家領の売買・譲与の訴訟は「上奏を経て、宜しく向後の争論を絶つべし」と、第一三条の相伝不分明な土地についての訴訟は、「根源を尋ね究め、聖断有るべし」としている。聖断の絶対性が高言されている。

正応令は全体に慎重さが目立つ。第三条の寄沙汰という、訴訟の当事者が係争地を権門に寄せ、その権威をかりて裁判に勝とうとする行為について見ると、「公人幷びに諸司被管の輩」による行為のみを問題として当事者の範囲を著しく限定しており、しかもその実行はかれらの属する機関に処罰を命ずるという、間接的なものであった。弘安令が後嵯峨院のときの聖断をたてに一律に厳しく禁じているのとは対照的である。明らかにそこには幕府の存在が考慮されていた。

持明院統の正応令は、朝廷の支配領域を狭く限って、その領域を堅く守ることに主眼が置かれていたといえよう。正応令を継受した文保元年（一三一七）の法には、

訴訟出来の時、子細を尋ね下さると雖も、左右無く勅裁有るべからざる事、

とさえ規定されている。恐らく幕府と交わる領域については、裁断を幕府に預け、朝廷固有の領域についてのみ、訴訟の興行をはかろうとしたのであろう。そのため、持明院統政権下の法令の規定は細かい訴訟の手続きが大半をなしており、厳格な手続きによる徳政の実行を意図したのであった。

これに対し、大覚寺統の弘安令には朝廷の固有の領域という考えは全くうかがえず、むしろ幕府の領

域をも含み込む立場からの法の規定であった。聖断には幕府とても従わねばならない、というのが大方針であった。そのことを裏づけるのは、大覚寺統の亀山・後宇多・後醍醐がいずれも自ら訴訟審議の場に出向いて、直断していた事実であろう。亀山・後宇多院政下での聴断、後醍醐親政下での記録所庭中は、まさにそうした性格の訴訟機構であった。

鎌倉末期、朝廷には幕府の成長に対応するなかで、二つの流れが生じた。一つは幕府の路線に合わせながら、朝廷固有の領域を固守しようという持明院統、もう一つは幕府と蒙古襲来という外圧から、儒教と仏教思想で武装し王権に権力を集中して危機を逃れようとする大覚寺統の流れである。

3　天皇の権威の行方

殺生禁断令は聖断至上主義の訴訟制度と相俟って、大覚寺統の王権至上主義に基づく法令であることが明らかになったが、まさに後醍醐の政策と行動は、この王権至上主義に則って行われた。綸旨万能により、外の権力・権威を否定して、ついには倒幕に向かったのは、その顕著な現れである。

また山野河海で活動する人々を広く掌握して、組織したこともあげられる。殺生禁断令には、京都と全国を対象とした二つの法令があるが、そこからも窺えるように京都の都市民の活動を保護・統制するとともに、全国の非農業民をも統括しようとしたのであった。

やがて後醍醐の王権至上主義は、倒幕をもたらし、公武一統の建武政権を生んだが、数年にして瓦解している。その理由は様々にあるが、ひとつにはすべてを後醍醐個人が勅断するシステムに本来的に無理があったといえる。だがその結果、天皇の権威が綸旨の形で広くばらまかれたことの意味は大きい。天皇の権威が、京都の都市民を始め、全国の非農業民に、さらに個々の荘園村落にまで下降していった。

かれらは綸旨を得て、あるいは偽綸旨を作成して、自己の権利を主張した。そのため朝廷に集中していた権威は広く分散していったのである。だがそれはそのころに各地で村・一揆などの自立集団が生まれてきたのとはパラレルな関係にあったことはいうまでもない。その集団に天皇の権威が内的に結びついたといえよう。

鎌倉幕府は、その末期には公家に対して公方と称していたが、この公方を否定して築かれた後醍醐の公武一統が崩壊した後、各地には様々な公方が生まれた。室町幕府は公方様、鎌倉府は鎌倉公方、そして所々には所の公方、または時の公方と、公方の多元化がおきた。こうして逆説的に天皇の権威は日本国中に分散しながら定着したのである。

そこでは天皇の権威を超えるためには、もはや外部と結ぶしかない。南北朝を合一した足利義満がさらに明と国交をもって「日本国王」と称したのも、「太閤」豊臣秀吉が全国を統一した後、朝鮮に侵略していったのも、そのことを考えないと理解できまい。

それらとは異なって、徳川幕府は鎌倉幕府と同様に東国の王権を目指した。天皇を封じこめ、それとは違った場に王権を構築しようとしたのであり、綱吉の生類憐みの令もその現れであったろう。しかしその王権を崩したのが、再び外圧であったのは歴史の皮肉と言うべきであろう。西洋からの外圧により朝廷の王権は回復した。

中世王権は白河院の殺生禁断令にその姿を現し、やがて保元の乱の危機のなかで理念を明示した。鎌倉幕府は東国に新たな王権を目指したが、朝廷の王権の壁を超えることができずに瓦解、その結果、誕生した王権至上主義による政権が解体することにより、天皇の権威はむしろ広く日本国中に分散して定着していった。これが本稿で考えたことである。

おわりに

本書を成して改めて思うのは、『吾妻鏡』の存在の大きさである。前著『吾妻鏡の方法』は、そのことを意識して著したが、本書もその延長上にあって、『吾妻鏡』の見方や主張に著しく依存している。しかしそれだけでよいはずもない。

『吾妻鏡』は、以仁王の令旨による頼朝挙兵から宗尊親王将軍の京都追放までの歴史叙述であって、将軍歴代の将軍記という性格を有する。当然、頼朝挙兵以前との関わりについては、これからは見えてこず、将軍宗尊の追放以後についても見えてこない。となれば『吾妻鏡』を相対化し、違った見方を考える必要があり、そのため日記や文書の分析を行ってきており、文学作品からも考えてきたが、改めて他の歴史書が鎌倉時代をどう扱っているのかを見ておく必要があろう。対象になるのは『保暦間記』『梅松論』である。

一

『保暦間記』は、保元元年（一一五六）の保元の乱に始まって、暦応二年（一三三九）の後醍醐天皇の死までを描いていて、なかに鎌倉時代を挟み、記事は次のように始まる。

夫古今を窺ひ拾ふに、保元の乱より以来、僅かに二百余歳に足らずに、その間の事を見聞するに、奢る者久しからず、猛き人必ず滅ぶ。

『平家物語』の盛者必滅の考えで叙述され、保元から承久の乱までは、『保元物語』『平治物語』『平家物語』『曾我物語』『承久記』などの軍記物に基づいて記され、承久の乱以後は、「皇胤既に絶させ給ふ程に」と始まって、北条義時・泰時など北条氏の動きを中心に幕府政治の推移を描いている。

やがて後醍醐天皇の代になって、その「御政も目出度き」ものであったのに対し、幕府では北条高時の「管領」である長崎高資が「天下の事」を行うようになり、承久三年以来、関東の下知に背く人がいなかったのに、「武威も軽く成、世も乱れそめて、人も背き始めし」こととなって、ついに後醍醐天皇が倒幕に向かったと記す。天皇が隠岐に流されて旗揚げしたが、そこから次のように足利尊氏が中心に描かれてゆく。

東国より上る武士の中に、源高氏と云人あり。右大将頼朝の曾祖父義家朝臣の子に源義国後胤也。昔よりさるべき勇士也ければ、国の護りとも成るべき仁体也。

尊氏は後醍醐から挙兵を勧められ、「頼朝の跡」を興し「国の静謐」を思って挙兵を了承したという。最後は後醍醐天皇が吉野に逃れ亡くなったところで筆を擱く。

改めてなぜ保元から記事を始めたかといえば、慈円が『愚管抄』に「保元元年七月二日、鳥羽院ウセサセ給テ後、日本国ノ乱逆ト云コトハヲコリテ後、ムサノ世ニナリニケルナリ」と喝破したように、この時期から武者の世になったと見ていたからであって、後醍醐天皇の死をもって終えるのは、これをもって完全に武者の世になったと見たからであろう。

もう一つの『梅松論』は、北野の神宮寺の毘沙門堂に集まった人々に、老僧が語る形で記されている作品で、その名の「梅松」とは、足利将軍の栄華を梅に、子孫の長久を松に譬えたもので、足利将軍の家職の繁栄を語っている。その叙述は、「承久元年より武家の遺跡絶てより以来、故頼朝卿後室二位禅尼」政子が、公家から将軍を迎えた時点を始まりにして、北条時政の子孫が将軍の後見として天下を申し行ってきたという。

しかし記事は朝廷の動きが中心にあって、「関東の無道なる沙汰」が積もるなか、後醍醐天皇が退位を迫られて都を逃れ、捕縛され隠岐に移され、倒幕に動いた結果、「早馬関東へ馳せ下る間、当将軍尊氏、重ねて討手として御上洛」と尊氏の登場となる。以後は尊氏を中心に合戦の経過を記し、尊氏・直義「両御所」の働きで戦乱が鎮まったとする。

この二つの歴史書は共通して、鎌倉幕府の歴史を承久の乱を境にして捉えていて、『梅松論』は、鎌倉幕府について次のように語る。

治承四年より元弘三年に至まで百五十四年之間、関東将軍家幷執権の次第は、頼朝、頼家、実朝以上三代武家也。又頼経、頼嗣以上二代は摂政家なり。亦宗尊、惟康、久明、宗邦已上四代は親王なり。惣而九代也。次に執権の次第は、遠江守時政、義時、泰時（中略）高時以上九代、皆以将軍家の御後見として政務を申し行ひ、天下を治め、（下略）

このように承久の乱を境にして、それ以前の源氏三代の将軍を「武家」と記し、以後の将軍家を「摂政家」「親王家」と記している。源氏三代の政権を「武家」政権と見ており、それ以後は北条氏が執権となって将軍を後見する政権、すなわち北条政権ということになろう。『梅松論』はその北条政権に続く政権として足利政権を位置づけていたのである。

二

頼朝に始まる武家政権については、これまで東国の武士団を結集して成立してきたことから、平氏政権との違いが強調されてきたが、平氏政権との共通性、連続性をも考える必要性がある。その共通点をいくつかあげるならば、第一に、ともに平氏・源氏の一門が政権の上層にあった点があげられる。平家の一門による支配についてはこれまでよく指摘されているが、幕府でも源氏の一門が上層にあった。

『吾妻鏡』治承四年(一一八〇)十二月十二日条は、頼朝が鎌倉の大倉御所に移徙した記事で、その行列は「北条殿、同四郎主、足利冠者義兼、山名冠者義範、千葉介常胤、同太郎胤正、同六郎大夫胤頼、藤九郎盛長、土肥次郎実平、岡崎四郎義実、工藤庄司景光、宇佐美三郎助茂、土屋三郎宗遠、佐々木太郎定綱、同三郎盛綱以下供奉」とあって、頼朝に続いて、源氏一門や頼朝の外戚となり、その後は御家人である。

以後、幕府の公式の行列や行事において、源氏一門・外戚が前を進み、前に着座している。明らかに源氏一門と御家人とは身分、地位に差があった。承元三年(一二〇九)五月十二日条は、和田義盛が上総国司を望むと、「故　将軍御時、於侍受領者、可停止之由、其沙汰訖」と、頼朝の時には侍の受領が認められないとされていたことを理由に認められなかったとする。すなわち武家政権は、鎌倉殿、源氏一門・外戚北条氏、侍(御家人)の三層からなっていて、基本的に平氏政権を引き継いでいた。

第二に経済的基盤の共通性があげられる。平氏政権は平家知行国と荘園所領を経済的基盤としており、平氏一門が受領となっていたが、幕府はこれを踏まえ源氏一門が受領になり関東知行国を知行していた。文治元年（一一八五）八月二十九日条は、頼朝の申請により「源氏多く以て朝恩を承る。所謂義範（伊豆守）、惟義（相模守）、義兼（上総介）、遠光（信濃守）、義資（越後守）、義経（伊与守）等也」と、頼朝の知行国の受領に源氏一門がなったことが記されている。さらに平家の膨大な荘園所領は、幕府が平家没官領として獲得し、関東御領に編入された。

第三は、軍制の共通性があげられる。ともに朝廷から追討・追捕使に任じられ、武士を動員する体制をとっていて、さらに平氏は、治承五年に平宗盛が畿内近国の惣官となって地域的軍制をしくと、幕府も実力で支配してきた東国の管領権を寿永二年十月に朝廷に認められ、地域的な軍制による武士編成を行った。

第四は侍層の処遇の共通性である。平氏は個々に侍と主従関係を構築しつつも、皇居大番役を通じて諸国に武士を掌握したが、幕府もまた個々の侍を御家人として主従関係を築きつつ、皇居大番役をその御家人役として勤めさせた。

この侍層の所領について、平氏政権は地頭に任じ安堵することもあったが、幕府はそれを拡大して、広く地頭職に任じ、所領を給与、安堵していったのである。

三

平氏政権を継承して武家政権を築いた鎌倉幕府は、文治六年（一一九〇）の奥州合戦を経て大きく変わる。追討の宣旨なくして軍勢を率い奥州藤原氏を滅ぼして、陸奥・出羽両国を併合、名実とも東国の王となった頼朝は、関東知行国九か国のうちの武蔵・駿河・相模・伊豆四か国のみを知行国とした。『吾妻鏡』文治六年二月十一日条に「上総国は関東御管領九ヶ国の内として、源義兼を以て国司に補任せらるるの処、去年御辞退の間、正月廿六日、遠江国とともに同日に国司（平親長）を任ぜらる」とあるが、ここに見える上総・遠江両国のほか、信濃・越後・豊後が頼朝知行国から外れたのである。

続いて頼朝は上洛して後白河法皇に謁見し鎌倉に帰ると、守護地頭制度を全国に拡大してゆき、政所を置いて行政機構を整備し、政所下文により地頭職を安堵・給与するようになり、それとともに弟の範頼を始め、源広綱、大内惟義、安田義定、武田信義ら源氏一門を次々と退けてゆく。

この源氏一門の排除に危機感を抱いたのが源氏一門の足利義兼であって、建久五年（一一九四）十一月に鶴岡八幡宮で「両界曼荼羅」二鋪を供養しているが、その目的を大江広元に問われた際、供養の曼荼羅を「将軍家御祈禱」のため宮寺に奉納し、上宮東廊に安置したものと語っているが、いうまでもなく足利氏のためでもあった。その「両界曼荼羅」に祈禱を行う鶴岡供僧を記す『鶴岡両界壇供僧次第』には、「天下安全」と「御当家累代宝祚延長」の願が祈られ、料所として足利荘の粟谷郷が寄せられたとある。ここに足利氏は幕府の中に確固とした基盤を築いたのである。

ここで『保暦間記』が保元元年（一一五六）の保元の乱から始まっていることに戻ってみると、義兼の父義康は、保元の乱で義朝・清盛に次ぐ軍勢を擁して崇徳上皇方を攻め、その功により昇殿し、検非違使となっている。この保元の乱での天皇方の主力のうちの清盛が平氏政権を築き、義朝の子頼朝が源氏政権を築いていて、流れからいえば義康の子義兼が頼朝の跡を継いで武家政権を構築しても不思議ではなく、そう見られていたことであろう。

そうであるからこそ、義兼は文治五年（一一八九）、奥州合戦の戦勝を祈願し、伊豆走湯山の理真朗安を開山として足利に樺崎寺を創建したのである。このことは鑁阿寺に伝わる「鑁阿寺樺崎縁起幷仏事次第」から知られ、ここには運慶作と推定される「厨子入木造大日如来坐像」（現光得寺所蔵）と木造大日如来坐像（現真如苑所蔵）が安置され、後者の入っていた厨子には、建久四年（一一九三）の年紀があったという。

義兼はまずは足利荘での基盤を整え、それに基づいて、幕府の内部に基盤を確立させたのである。そして建久六年の東大寺再建供養に列席した後、三月二十三日に出家し（法名義称）、建久七年には高野山から理真を招聘し、居館に大日如来を奉納した持仏堂を整備し、堀内御堂を建立している（後の鑁阿寺）。

後の足利政権にいたる足場を築いた義兼は、頼朝が亡くなった正治元年（一一九九）正月の二か月後、三月八日に亡くなったため、足利氏は頼朝死後の将軍頼家と北条氏らとの争いに直接に関わることもなく、北条氏が勝利すると、義兼の子義氏は母が時政の娘であることも関係して幕府内での地位を温存できた。そればかりか、実朝が将軍になるとその御台所に義氏の姉妹が候補にもなっている。元久元年八月四日条にはこう見える。

将軍家御嫁娶の事、日来は上総前司息女たるべきかの由、其の沙汰ありと雖も、御許容に及ばず、京都に申さること、已に訖ぬ。仍て彼御迎以下用意の事、今日内談有り。

義氏の姉妹との結婚が実現すれば、事態は大きく変わっていたことであろう。しかしそうはならず、北条氏が将軍頼家との抗争をへて、足場を確固とし、実朝暗殺、承久の乱後の北条政権の成立となった。足利氏はそれを近くで見つつ、次の時代を迎えることになる。

以上、簡単な素描をもって、鎌倉時代論、鎌倉幕府論の今後の研究に期待したい。なお以下に本書に関連する拙著をあげておく。

『明月記の史料学』（青史出版、二〇〇〇年）
『書物の中世史』（みすず書房、二〇〇三年）
『中世社会史料論』（校倉書房、二〇〇六年）
『西行と清盛』（新潮社、二〇一一年）
『日本史の新たな見方、捉え方』（敬文舎、二〇一二年）
『後鳥羽上皇』（角川学芸出版、二〇一二年）
『源実朝』（角川学芸出版、二〇一五年）
『増補吾妻鏡の方法（新装版）』（吉川弘文館、二〇一八年）
『伝統文化』（日本の伝統文化1、山川出版社、二〇一九年）

最後になったが、『現代語訳吾妻鏡』に始まり、本書の編集の労をもとられた吉川弘文館の宮川久氏に深く感謝したい。

著者略歴

一九四六年、山梨県に生れる
一九七〇年、東京大学大学院修士課程修了
神戸大学講師、お茶の水女子大学助教授、
東京大学教授、放送大学教授等を経て
現在、東京大学名誉教授、放送大学名誉教授

〔主要編著書〕

『院政期社会の研究』（山川出版社、一九八四年）
『書物の中世史』（みすず書房、二〇〇三年）
『源実朝』（角川学芸出版、二〇一五年）
『文学で読む日本の歴史《中世社会篇》』（山川出版社、二〇一六年）
『現代語訳吾妻鏡』全十六巻・別巻一（共編、吉川弘文館、二〇〇七〜二〇一六年）
『増補吾妻鏡の方法〈新装版〉』（吉川弘文館、二〇一八年）
『伝統文化』（日本の伝統文化1、山川出版社、二〇一九年）

鎌倉時代論

二〇二〇年（令和二）三月十日　第一刷発行

著　者　五《ご》味《み》文《ふみ》彦《ひこ》
発行者　吉川道郎
発行所　株式会社　吉川弘文館
東京都文京区本郷七丁目二番八号
郵便番号一一三―〇〇三三
電話〇三―三八一三―九一五一〈代〉
振替口座〇〇一〇〇―五―二四四番
http://www.yoshikawa-k.co.jp/
印刷＝株式会社　ディグ
製本＝誠製本株式会社
装幀＝河村　誠

© Fumihiko Gomi 2020. Printed in Japan
ISBN 978-4-642-08372-0

JCOPY 〈出版者著作権管理機構 委託出版物〉
本書の無断複写は著作権法上での例外を除き禁じられています．複写される場合は，そのつど事前に，出版者著作権管理機構（電話 03-5244-5088，FAX 03-5244-5089，e-mail：info@jcopy.or.jp）の許諾を得てください．